教育部高等学校材料类专业教学指导委员会规划教材
普通高等学校材料科学与工程学科规划教材

U1013629

# 材料的化学合成、制备与表征

## （第2版）

主　编　顾少轩
副主编　殷官超　雷丽文
　　　　祝振奇　张　媛

武汉理工大学出版社
·武　汉·

## 内 容 提 要

材料的化学合成、制备与表征实验是大学本科材料化学专业的专业必修课程，主要介绍现代材料的合成、制备方法和材料表征与性能测试方法。本教材共分为 4 章：第 1 章为材料化学实验基础；第 2 章为材料化学合成、制备实验；第 3 章为材料表征实验；第 4 章是综合性创新性实验。本课程充分体现了能力培养上的创新，兼顾学生技术能力和非技术能力培养。通过基础性实验，巩固学生所学理论知识，提高学生的动手能力、理论联系实际能力。通过综合性创新性实验，培养学生解决新材料研制和器件开发中的复杂工程问题的能力、科研素养和创新能力，培养学生基于材料化学、材料工程的相关背景知识，合理分析和评价实验中的新技术、新工艺和解决方案对社会、健康、安全、法律以及文化影响的能力。每个实验均配有思考题，以帮助学习者巩固学习重点。

本书除作为高等学校材料化学专业、材料科学与工程专业的教材外，还可以作为相关专业的实验教学参考书使用。

**图书在版编目(CIP)数据**

材料的化学合成、制备与表征/顾少轩主编. —2 版. —武汉：武汉理工大学出版社，2023.9
ISBN 978-7-5629-6883-2

Ⅰ.① 材… Ⅱ.① 顾… Ⅲ.① 材料科学-应用化学-高等学校-教学参考资料 Ⅳ.① TB3

中国国家版本馆 CIP 数据核字(2023)第 190942 号

Cailiao de Huaxue Hecheng Zhibei yu Biaozheng
**材料的化学合成、制备与表征**

项目负责人：田道全　王兆国　　责任编辑：田道全　雷红娟
责任校对：陈　平　　版面设计：正风图文
出版发行：武汉理工大学出版社
社　址：武汉市洪山区珞狮路 122 号
邮　编：430070
网　址：http://www.wutp.com.cn
经　销：各地新华书店
印　刷：武汉中远印务有限公司
开　本：889×1194　1/16
印　张：18
字　数：533 千字
版　次：2023 年 9 月第 1 版
印　次：2023 年 9 月第 1 次印刷
印　数：1—1000 册
定　价：48.00 元

凡购本书，如有缺页、倒页、脱页等印装质量问题，请向出版社发行部调换。
本社购书热线电话：027-87515778　87515848　87785758　87165708(传真)
·版权所有　盗版必究·

# 前　　言

现代材料化学是一门以现代材料为主要研究对象，研究现代材料的制备、化学组成、结构（电子结构、晶体结构和显微结构）与材料性能和效能之间的关系及其合成（制备）方法、检测表征、材料与环境协调等问题的科学。通过分子模拟、实验测试和理论分析的综合研究，在分子与介观尺度范围揭示材料微结构、性能与制备的关系。它是材料科学的一个重要分支，又是应用化学的一部分，具有明显的交叉、边缘学科的性质。它主要研究的是与新材料有关的问题，是材料设计与制备领域的关键科学，具有前沿学科的特点，在整个材料科学发展中占有极其重要的地位。

现代材料化学的研究对象包括新型金属材料、先进无机材料、高分子合成材料和现代复合材料。学科内容主要包括：(1)用结构理论、化学热力学与动力学等基本原理，研究各类材料的成键本质、结构与性质的关系，研究实际材料的化学反应；(2)研究现代材料制备原理和合成方法；(3)研究各类材料的性能，特别是各类材料在环境介质中的腐蚀破坏与防护，探索各类材料与环境协调方面的问题；(4)现代材料的表征技术和方法，材料设计与改性的基本原则。

现代材料制备原理和合成方法的研究是现代材料化学的核心内容。现代材料的合成、制备方法按技术特点，可分为传统的和先进的。传统的，如金属材料的熔炼法、无机材料的陶瓷法、高分子材料的聚合法等；先进的，如采用高新技术（高温、高压、低温、高真空、失重、辐射以及其他极端技术条件）及新的合成方法和制备工艺（例如 Sol-Gel 法、水热法、自蔓延高温合成法、CVD 法及复合技术等），制备各种单晶、多晶及非晶态材料，纳米材料，薄膜材料，高分子材料以及液晶等。

材料表征与性能测试的目的是了解、获知材料的成分、组织结构、性能以及它们之间的关系。通过对材料组织结构和性能的全面分析，掌握材料组分及各组分的各种特征，为材料的设计、加工提供信息，从而保证材料满足使用要求。

材料的化学合成、制备与表征实验是研究现代材料的合成、制备方法和材料表征与性能测试方法的科学，是大学本科材料化学专业的专业必修课程。开设材料化学合成、制备与表征实验课程，可以对学生进行实验思路、实验设计技术和方法、实验结果分析能力的培养，使学生巩固在理论课程中所学知识，加深对专业知识的认识和理解，完善材料化学专业的知识结构，进而培养学生的动手能力、理论联系实际的能力和创新能力，提高学生的科研能力和科研素质。

本教材共分为 4 章。第 1 章主要综述现代材料制备的化学方法，材料的结构、形貌与组成的表征方法，材料的热学性能、光学性能、电学性能、磁学性能和力学性能等的表征方法，材料化学实验室安全知识、材料化学实验操作基本规程和实验室 6S 管理。现代材料制备的化学方法从概念及特征、分类、研究与应用实例等几个方面进行综述。综述材料结构、形貌与组成、性能的表征方法时，以实测结果为例，介绍其所应用的表征方法与手段、表征方法的特点、图谱的分析方法以及通过图谱可以得出的结论。第 2 章共设 15 个材料化学合成、制备实验，既涉及现代新材料的典型合成、制备方法，又包含特殊合成技术，合成、制备的材料既有陶瓷材料、玻璃材料，又包括多孔材料、介孔材料，还包括块体材料、薄膜材料、纳米材料。第 3 章共设 20 个材料表征实验，涉及材料的结构、形貌与组成、电学、热学、声学、光学、磁学、电化学和力学等结构和性能表征。第 4 章共设 8 个综合性创新性实验项目，涉及纳米材料、分子组装、半导体材料的制备、结构和性能综合分析与评价实验，锂离子电池、太阳能电池、半导体热电微器件的制备和综合性能分析实验，大气多污染物的综合分析与评价实验等。每个实验均配有思考题，以帮助学习者巩固学习重点。

本教材由顾少轩担任主编，殷官超、雷丽文、祝振奇、张媛担任副主编。全书由顾少轩负责统稿，祝振奇、张媛负责校核。本教材的编写工作得到了周静、夏冬林、余志勇、赵春霞、金伟、杨爽、戴英、黄端平、朱泉峣、刘曰利、刘保顺、甘小燕等老师的大力支持，在此表示衷心的感谢。

在本教材的编写过程中，参考了许多相关著作，在此向这些作者表示衷心的感谢。

本教材中所涉及的各个实验均与参编者的科研相关，鉴于编者的知识范围和水平有限，故书中不足、错误之处在所难免，希望读者给予批评指正。

编　者

2023 年 3 月

# 目　　录

# 1 材料化学实验基础

现代材料化学以现代材料为主要研究对象，材料制备原理和合成方法的研究是现代材料化学的核心内容，对材料的化学组成、结构从宏观到微观不同层次的表征以及材料性能的测试是现代材料化学的一个重要部分。因此，本章首先概要介绍材料的化学合成、制备方法，然后从材料的结构、组成形貌和性能等角度介绍表征方法，最后简要介绍材料化学实验操作规程。

## 1.1 材料的化学合成、制备方法

材料制备原理和合成方法的研究是现代材料化学的核心内容，固相法、液相法（例如溶胶-凝胶法、沉淀法、水热法等）、采用高新技术（例如自蔓延高温合成法，化学气相沉积法，高温、高压、低温、高真空、失重、辐射以及其他极端条件下的技术）合成法等是现代材料制备的重要方法。在材料科学的发展过程中，制备技术往往会成为整个新材料研究和开发的关键步骤。因而现代材料制备原理和合成方法的研究也就成为材料科学的核心和研究热点。

### 1.1.1 固相法

固相反应是材料制备的固相合成法中的基础反应，它直接影响材料的生产过程、产品质量及材料的使用寿命。固相反应不使用溶剂，具有高选择性、高产率、工艺过程简单等优点，是人们制备新型固体材料的主要手段之一。

#### 1.1.1.1 概念

广义而言，凡是有固相参与的化学反应都可称为固相反应，例如，固体的热分解、氧化以及固体与固体、固体与液体、固体与气体之间的化学反应等都属于固相反应范畴。因此，可以认为固相反应是指有固体物质直接参与的反应，它既包括经典的固-固反应，也包括固-气反应和固-液反应，如金属氧化，碳酸盐、硝酸盐和草酸盐等的热分解，黏土矿物的脱水反应以及煤的干馏等反应。

但从狭义而言，固相反应常指固体与固体间发生化学反应生成新的固体产物的过程。

#### 1.1.1.2 固相反应的分类

固相反应可按多种方式分类，如按反应物的组成变化、固体中成分的传输距离、参加反应的物质的状态、反应性质、反应机理、反应温度等进行分类，有些分类之间有相互交叉的现象。

在材料制备中，固相反应按反应温度可分为高热固相反应、中热固相反应和低热固相反应。

高热固相反应：反应温度高于 600 ℃，又叫高温固相反应。传统固相反应通常是指高温固相反应。高温固相反应只限于制备那些热力学稳定的化合物，而对于低温稳定、高温分解的化合物或动力学上不稳定的化合物不适于采用高温合成。

中热固相反应：用于一些只能在较低温度下稳定存在而在高温下分解的介稳化合物，在中热固相反应中可使产物保留反应物的结构特征。由此而发展起来的中热固相反应如前体合成法、熔化合成法、水热合成法的研究特别活跃。其特点是可提供重要的反应机理信息，可获得动力学控制的、只能在较低温度下稳定存在而在高温下分解的介稳化合物，可使产物保留反应物的结构特征。

低热固相反应：反应温度降至室温或接近室温（又叫室温固相反应），即在室温或接近室温的条件下，固相化合物之间所进行的化学反应。其最大的特点在于反应温度会降至室温或接近室温，固相化合物之间的化学反应具有便于操作和控制的优点。此外还有不使用溶剂、高选择性、高产率、污染少、节省能源、合成工艺简单等特点。

#### 1.1.1.3　固相反应特征和反应机理

广义固相反应具有如下一些共同的特点：固体质点（原子、离子或分子）间具有很大的作用力，故固态物质的反应活性通常较低，速度较慢；固相反应总是发生在两种组分界面上，是非均相反应。对于粒状物料，反应首先是通过颗粒间的接触点或面进行，随后是反应物通过产物层进行扩散迁移，使反应得以继续。因此，固态反应一般包括相界面上的反应和物质迁移两个过程。在低温时，固体在化学上一般是不活泼的，因而固相反应通常需在高温下进行。但固相反应温度常低于反应物的熔点或反应混合物的低共熔温度，此温度与反应物内部开始呈现明显扩散作用的温度一致，称为泰曼温度或烧结开始温度。由于反应发生在非均相系统中，因而传热和传质过程都对反应速度有重要影响。而伴随反应的进行，反应物和产物的物理化学性质将会变化，并导致固体内部温度和反应物浓度分布及其物性的变化，这都可能对传热、传质和化学反应过程产生影响。

固相反应一般是由相界面上的化学反应和固相内的物质迁移两个过程构成。相界面上化学反应都包括以下三个过程：反应物之间的混合接触并产生表面效应；化学反应和新相形成；晶体成长和结构缺陷的校正。物质迁移遵循扩散的一般规律。那么，对于由许多物理或化学步骤综合而成的固相反应过程，只有每个步骤都完成，反应才结束，因而速度最慢的步骤对整体反应速率有决定性作用。

#### 1.1.1.4　固相反应的影响因素

除了反应物的化学组成、特性和结构状态以及温度、压力等因素外，凡是可能活化晶格，促进物质的内外扩散作用的因素都会对固相反应产生影响。

（1）反应物化学组成与结构的影响。反应物结构状态、质点间的化学键性质、各种缺陷的多少都会影响反应速率。反应物中质点间的作用力愈大，反应物结构愈完整，则可动性和反应能力愈弱，反之亦然。

（2）反应物颗粒尺寸及分布的影响。颗粒尺寸可改变反应界面、扩散界面以及颗粒表面结构。物料颗粒尺寸愈小，比表面积愈大，反应界面和扩散界面增大，反应产物层厚度减小，同时键强分布曲线变平，弱键比例增大，使反应速率增大；在同一反应系统中，固相反应速度还与各反应物间的比例有关，改变比例会改变产物层厚度、反应物表面积和扩散界面的大小，从而影响反应速率；同一反应物系由于物料尺寸不同，反应速率可能会由不同动力学范围控制。

应该指出，在实际生产中往往不可能控制均等的物料粒径，这时反应物料的颗粒级配对反应速度同样是重要的，因为物料颗粒大小对反应速度的影响非常大。于是，即使有少量较大尺寸的颗粒存在，都可能显著地延缓反应过程的完成。故生产上宜将物料颗粒分布控制在较窄范围之内。

（3）反应温度、压力与气氛的影响。温度变化对化学反应影响较大，一般随温度升高，质点热运动动能增大，反应能力和扩散能力增强。对纯固相，压力可显著改变粉料颗粒间的接触状态，如缩短颗粒间距离，增大接触面积，提高固相反应速率；对有液、气相参与的固相反应，反应不是通过固相粒子直接接触进行的，压力增大对反应的影响不明显。对于一系列能形成非化学计量化合物的物质，气氛可直接影响晶体表面缺陷和扩散速度。

（4）矿化剂的影响。矿化剂是指能促进或控制固相反应而加入配料中的物质，并以某种方式参与固相反应。矿化剂的作用机理是复杂多样的。一般认为，它们可以通过与反应物形成固溶体而使其反应增强，或是与反应物形成低共熔物，使物系在较低温度下出现液相，加速扩散对固相的溶解作用，或是与反应物形成某种活性中间体而处于活化状态，或是通过矿化剂离子的极化作用，促使其晶格畸变和活化等。

(5) 反应物活性的影响。同一物质处于不同结构状态时其反应活性差异甚大。一般说来，晶格能愈高、结构愈完整和稳定的，其反应活性也低。因此，对于难熔氧化物间的反应和烧结往往是困难的。为此通常采用具有高活性的固体作为原料。例如 $Al_2O_3+CoO \longrightarrow CoAl_2O_4$ 反应中，若分别采用轻烧 $Al_2O_3$ 和较高温度煅烧制得的死烧 $Al_2O_3$ 做原料，其反应速度相差近 10 倍，轻烧 $Al_2O_3$ 具有高得多的反应活性。

1.1.1.5　固相反应的研究实例与现状

由固相反应的影响因素可知，原始粉料的尺寸、分布和形状、所含杂质的种类和数量、热历史等都对固相反应的动力学产生显著的影响，因此，固相反应的实验研究具有一定的难度，要获得固相反应过程中的各种信息，常常需要使用多种研究手段。下面用几个固相反应的研究实例来说明固相反应常用的某些研究方法。

Unsimaki 等研究了 $BaTiO_3$ 和 $SrTiO_3$ 在高温下形成 $(Ba_xSr_{1-x})TiO_3$ 的固相反应。首先应用平均粒径为 2 μm 的氧化物粉料合成 $BaTiO_3$ 和 $SrTiO_3$，再以 50wt% $BaTiO_3$ 和 50wt% $SrTiO_3$ 高温合成两者的固溶体。在 1050 ℃、1075 ℃、1100 ℃和 1150 ℃，参与反应的固态粉料分别恒温若干时间，应用 HT-XRD 动态测定反应的结果，并做定量的相分析，据此得到的固相反应的动力学特点见图 1.1。将图 1.1 中所示的实验数据用杨德方程加以讨论，结果见图 1.2。由图 1.2 可见，当转化率 $G \leqslant 0.5$ 时，$(1-\sqrt[3]{1-G})^2$ 与 $t$ 呈线性关系；而当 $G>0.5$ 时，此关系偏离线性，这说明了杨德方程的局限性。

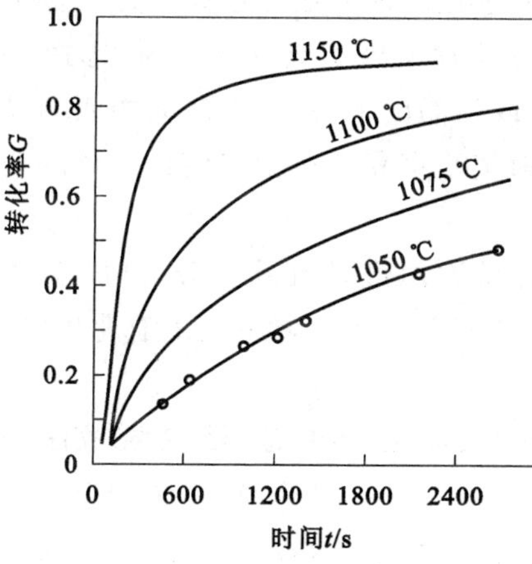


图 1.1　50 wt% $BaTiO_3$ 和 50 wt% $SrTiO_3$ 固相反应的已反应的分数与时间及温度的关系

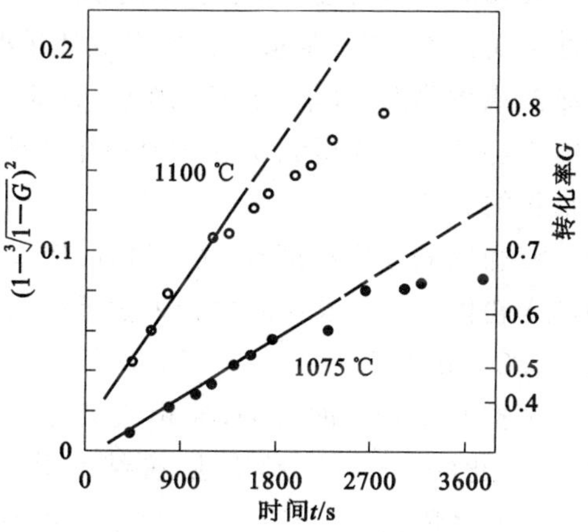


图 1.2　杨德方程与实验数据的拟合性

Beretka 等研究了粉料尺寸不同的方镁石（含 97.7 wt%MgO）与刚玉（含 99.2 wt% $Al_2O_3$）发生固相反应形成 $MgAl_2O_4$ 的动力学特点。摩尔比为 1∶1 的方镁石与刚玉粉料混磨后，应用筛分方法、显微镜观察方法等把粉料按粒径大小分为三类：一类为 1～3 μm，第二类为 45～50 μm，第三类为90～105 μm。这三类粉料分别在高温下恒温若干时间，然后对试样进行 X 射线衍射分析和电子探针微区分析，以确定试样中产物的种类及数量，建立动力学模型（图 1.3）。结果表明，原始粉料越细，固相反应进行得越快，而且原始粉料的尺寸不同，其固相反应的动力学方程也有所不同。

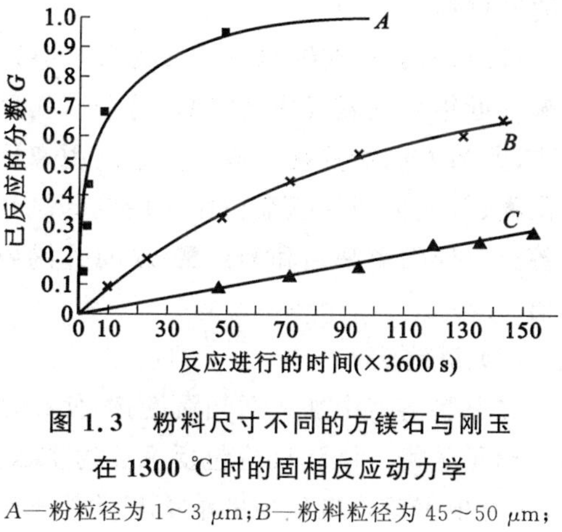


图 1.3　粉料尺寸不同的方镁石与刚玉在 1300 ℃时的固相反应动力学

A—粉粒径为 1～3 μm；B—粉料粒径为 45～50 μm；C—粉料粒径为 90～105 μm

Beruto 等研究了外加剂 $Li_2CO_3$ 对 CaO 粉料与

$CO_2$ 气体发生固相反应的影响。CaO 和 $CO_2$ 发生反应，在 CaO 的表面形成 $CaCO_3$ 产物层，当产物层达到一定厚度时，$CO_2$ 气体通过该层的扩散将变得非常缓慢，进而阻止反应的进一步进行。在添加 $Li_2CO_3$ 后，当反应温度接近于 $Li_2CO_3$-$CaCO_3$ 低共熔温度时，$Li_2CO_3$ 与 CaO 表面的 $CaCO_3$ 形成低共熔相，使 $CaCO_3$ 产物层在低共熔相中溶解并重新淀析，因此反应被大大加速；在低于 $Li_2CO_3$-$CaCO_3$ 低共熔温度时，外加剂 $Li_2CO_3$ 使得所形成的多晶 $CaCO_3$ 产物层的粒子尺寸减小、边界数量增多，为 $CO_2$ 气体提供了很多的扩散进入 CaO 的界面扩散通道，因而使反应速率增大。

从以上所列举的几个固相反应的研究实例可以知道，由于固相反应的复杂性和多样性，所选用的研究方法与手段也相应地具有复杂性和多样性，必须适应于所研究的固相反应系统。实际应用中，要控制固相反应，通常从影响固相反应的系列因素入手，通过改变相关条件来实现对固相反应的控制。

从固体无机化学的发展过程来看，固相反应尤其是高温固相反应一直是人们制备新型固体材料的主要手段之一。但长期以来，由于传统的材料主要涉及一些高熔点的无机固体，如硅酸盐、氧化物、合金等，通常合成反应多在高温下进行，所得的是热力学稳定的产物，而那些介稳中间物或动力学控制的化合物往往只能在较低温度下存在，它们在高温时分解或重新组成热力学稳定的产物。为了得到介稳态固相反应产物，扩大材料的选择范围，有必要降低固相反应温度。

### 1.1.2　液相法

#### 1.1.2.1　概念及特征

液相法是指通过溶液进行化学反应生成新固体产物的过程。该方法是选择一种或多种合适的可溶性金属盐类，按所制备的材料组成计量配制成溶液，使各元素呈离子或分子态，再选择一种合适的沉淀剂或用蒸发、升华、水解等操作，使金属离子均匀沉淀或结晶出来，最后将沉淀物或结晶物进行脱水或者加热分解而得到所需材料粉体。液相合成法是目前实验室和工业上应用最广泛的合成超微粉体材料的方法。

液相法的主要特征有：① 可精确控制化学组成；② 容易添加微量有效成分，制成多种成分均一的纳米粉体；③ 纳米粉体材料表面活性高；④ 容易控制颗粒的尺寸和形状；⑤ 工业化生产成本低。

#### 1.1.2.2　分类

根据制备过程的不同，液相法又可分成以下几种方法：沉淀法、水热法、溶胶-凝胶法、水解法、电解法、氧化法、还原法、喷雾法、冻结干燥法。

（1）水解法

水解反应是指盐的组分离子与水离解的 $H^+$ 和 $OH^-$ 结合成弱电解质的反应，可以根据多重平衡规则计算水解反应的程度。在无机合成中主要是利用金属阳离子的水解反应来制备氧化物陶瓷微粒及纳米材料。

目前，水解法在纳米 $TiO_2$、纳米 $Fe_2O_3$、纳米 ZnO 等纳米氧化物材料的制备中有着广泛的应用。水解法近年来发展很快，特别是有较高实用价值的新方法——烷基金属盐水解法或称烷基氧化物水解法，尤为人们所重视。该方法是利用离子反应和水解作用来得到各种结晶、非结晶或无定形的金属氧化物、氢氧化物的超细粉粒。用烷基氧化物水解法制备超细粉粒的典型实例是超细氧化铝陶瓷的制备。三异丙氧基铝和异丙醇-水的共沸物在控制一定水量的条件下发生水解反应，可得到超细氧化铝。

（2）沉淀法

在原料溶液中加入适当沉淀剂，使得阳离子形成沉淀物。沉淀反应的理论基础是难溶电解质的多项离子平衡。沉淀反应包括沉淀的生成、溶解和转化，可根据溶度积规则来判断新沉淀的生成和溶解，也可根据难溶电解质的溶度积常数来判断沉淀是否可以转化。沉淀的生成一般要经过晶核形成和晶核长大两个过程。形成沉淀的离子浓度的乘积超过该条件下沉淀的溶度积时，离子通过相互碰撞聚集成微小的晶核，晶核逐渐长大形成沉淀微粒。液相沉淀法是液相化学反应合成金属氧化物纳米材料最普通的方法。它是利用各种溶解在水中的物质反应生成不溶性氢氧化物、碳酸盐、硫酸盐和乙酸盐等，再将沉淀物加热分解，得到最终所需的纳米粉体。液相沉淀法可以广泛用来合成单一或复合氧化物的纳米粉体，其优点是反应过程简单，成本低，便于推广和工业化生产。

液相沉淀法主要包括直接沉淀法、共沉淀法和均匀沉淀法。

① 直接沉淀法

直接沉淀法是使溶液中的金属阳离子直接与沉淀剂，如 $OH^-$、$C_2O_4^{2-}$、$CO_3^{2-}$，在一定条件下发生反应而形成沉淀物，并将原有的阴离子洗去，经热分解得到纳米粉体。直接沉淀法操作简便易行，对设备、技术要求不太苛刻，不易引入其他杂质，有良好的化学计量性，成本较低，因而与其相关的研究也较多，只不过其合成的纳米粉体粒径分布较宽。以硝酸镁、碳酸钠为原料，用直接沉淀法合成的纳米氧化镁，其平均粒径为 30 nm。用一定浓度的 $ZrOCl_2$ 和氨水溶液在聚乙二醇水溶液中混合反应，经抽滤、洗涤、干燥、煅烧后得到纳米 $ZrO_2$，其中聚乙二醇起到保护胶粒的作用。

② 共沉淀法

在混合离子溶液中加入某种沉淀剂或混合沉淀剂使多种离子同时沉淀的过程，叫共沉淀。共沉淀法是在混合的金属盐溶液(含有两种或两种以上的金属离子)中加入合适的沉淀剂，反应生成均匀的沉淀，沉淀热分解后得到高纯纳米粉体材料。它是制备含有两种以上金属元素的复合氧化纳米粉体的主要方法。其在制备过程中完成了反应及掺杂过程，因而得到的纳米粉体化学成分均一、粒度小而且均匀。共沉淀法已被广泛用于制备钙钛矿型材料、尖晶石型敏感材料、铁氧体及荧光材料。用 $Al(NO_3)_3$ 和 $ZrO(NO_3)_2$ 混合溶液，加氨水共沉淀制备了一系列 $Al_2O_3$ 含量由低到高的 $ZrO_2$-$Al_2O_3$ 纳米复合氧化物。人们采用喷射共沉淀法制备了尖晶石型 $ZnGa_2O_4$ 纳米晶，晶粒细小均匀，形状完整，粒径小于 10 nm，无 ZnO 杂相峰。

③ 均匀沉淀法

均匀沉淀法是指沉淀离子之间并不直接发生反应，而是通过溶液中发生的化学反应，缓慢而均匀地在溶液中产生沉淀，从而使沉淀在整个溶液中均匀缓慢地析出的沉淀方法。由于该过程的成核条件一致，因此可获得颗粒均匀，结晶较好，纯净且容易过滤的沉淀。

常用的沉淀剂有尿素和六亚甲基四胺。均匀沉淀法可以较好地控制粒子的成核与生长，制得粒度分布均匀的纳米粉体。用硝酸锌为原料，尿素为沉淀剂，反应温度超过 70 ℃，尿素发生水解，水解产生的氨均匀分布在溶液中，随着氨的不断产生，溶液中的 $OH^-$ 浓度逐渐增大，在整个溶液中均匀生成氢氧化锌沉淀，然后经过洗涤、干燥、煅烧制得粒度在 20～80 nm 的氧化锌粉体。采用硫酸锌为锌源，硫代乙酰胺(TAA)作为硫源，TAA 水溶液在酸性和一定条件下水解，均匀地释放出 $H_2S$，随着 $H_2S$ 的不断产生，溶液中 $S^{2-}$ 的浓度逐渐增大，产生硫化锌沉淀，洗涤、干燥后即得粒度均匀的纳米硫化锌。

(3) 喷雾法

喷雾法是指溶液通过各种物理手段进行雾化获得超微粒子的一种化学与物理相结合的方法。它的基本过程是溶液的制备、喷雾、干燥、收集和热处理。其特点是颗粒分布比较均匀，但颗粒尺寸为亚微米到10 μm。具体的尺寸范围取决于制备工艺和喷雾工艺。目前，喷雾法有如下三种：

① 喷雾干燥法

喷雾干燥法是将金属盐水溶液送入雾化器，由喷嘴高速喷入干燥室获得金属盐的微粒，收集后经灼烧变成所需要成分的超微粒子，然后被雾化器高速雾化，破碎成很小的颗粒。在冷却过程中，微小的颗粒有足够长时间长大，由于表面张力的作用，颗粒逐渐长成球形。

例如，铁氧体的超细微粒制备，具体程序是通过镍、锌、铁的硫酸盐的混合水溶液喷雾，获得10～20 μm混合硫酸盐的球状粒子，经 1073～1273 K 焙烧，即可获得镍锌铁氧体软磁超微粒子。

② 雾化水解法

雾化水解法是将一种盐的超微粒子，由惰性气体载入含有金属醇盐的蒸气室，金属醇盐蒸气附着在超微粒子的表面，与水蒸气反应分解后形成氢氧化物微粒，经灼烧后获得氧化物的超细微粒。这种方法获得的微粒纯度高、分布窄、尺寸可控。具体尺寸大小主要取决于盐的微粒大小。

例如高纯 $Al_2O_3$ 微粒可采用此法制备，具体过程是将载有氯化银超微粒（868～923 K）的氦气通过铝丁醇盐蒸气室，氦气流速为 500～2000 $cm^3/min$，铝丁醇盐蒸气室的温度为 395～428 K，醇盐蒸气压小于或等于 1133 Pa；在蒸气室形成以铝丁醇盐、氯化银和氦气组成的饱和混合气体；经冷凝器冷却后获得了气态溶胶，在水分解器中与水反应分解成勃母石或水铝石（亚微米级的微粒）；经热处理可获得纯 $Al_2O_3$ 的超细微粒。

③ 雾化灼烧法

雾化灼烧法是将金属盐溶液经压缩空气由窄小的喷嘴喷出而雾化成小液滴，雾化室温度较高，使金属盐小液滴热解生成了超微粒子。

例如，硝酸镁和硝酸铝的混合溶液经此法可制成镁铝尖晶石。溶剂是水与甲醇的混合溶液，粒径大小取决于盐的浓度和溶剂浓度，粒径为亚微米级。

(4) 水热法

水热法合成纳米粉体是指在高压下将反应物和水加热到 300 ℃左右时，通过颗粒的成核与生长，制备出形貌和粒度可控的氧化物、非氧化物或金属纳米颗粒的过程。反应物包括金属盐、氧化物、氢氧化物及金属粉末的水溶液或液相悬浮液。由于水热反应的均相成核及非均相成核机理与固相反应的扩散机制不同，因而可以制备出其他方法无法制备的新化合物和新材料。水热法是一种在密闭容器内完成的湿化学方法，与溶胶-凝胶法、共沉淀法等其他湿化学方法的主要区别在于温度和压力。水热法反应温度在 130～250 ℃之间，相应的蒸汽压是 0.3～4 MPa。它的优点是所得产物纯度高、分散性好、粒度易控制。下面介绍用水热法合成纳米粉体的相关实例。

制备氧化锆纳米材料，锆粉通过水热氧化可得到粒径约为 25 nm 的单斜氧化锆纳米微粒，具体的反应条件：压力为 100 MPa，温度为 523～973 K。制备纳米 $SnO_2$，将一定比例的 0.25 mol/mL 的 $SnCl_2$ 溶液和浓硝酸溶液混合，置于衬有聚四氟乙烯的高压容器内，于 150 ℃加热 12 h，待冷却至室温后取出，得白色超细粉，水洗后置于保干器内抽干而获得 5 nm 的四方相 $SnO_2$ 的纳米干粉体。

(5) 溶胶-凝胶法

溶胶-凝胶法属于无机液相合成的一种，是指用金属的有机或无机化合物，经过溶液、溶胶、凝胶过程，接着在溶胶或凝胶状态下成型，再经干燥和热处理等工艺流程制成不同形态的产物，例如块状、纤维、薄膜和微粉材料等。严格地讲，溶胶-凝胶法应当称为溶液-溶胶-凝胶法。所制备的材料化学纯度高、均匀性好，可用于制备超细粉末、中空球、玻璃、涂料、纤维、薄膜、表面涂层等多种类型的材料。

首先将原料分散在溶液中，然后经过水解反应生成活性单体，活性单体进行聚合，开始成为溶胶，进而生成具有一定结构的凝胶，最后经过干燥和热处理得纳米粒子，即经过分子态→聚合体→溶胶→凝胶→晶态（或非晶态）的过程。由于这种方法在材料制备初期就在相当小的尺寸范围内进行控制，其均匀性可达到亚微米级、纳米级甚至分子级的水平，因而近些年来越来越受到人们的青睐。溶胶-凝胶法包括以下几个过程：溶胶的制备，溶胶-凝胶转化，凝胶干燥。

溶胶-凝胶法制备出的 $TiO_2$ 纳米微粒（粒径小于或等于 6 nm）平均粒径只有 1.8 nm（用透射电镜和小角散射来评估），工艺过程如下：在室温下 40 mL 钛酸丁酯逐滴加到去离子水中，水量为 256 mL，边加边搅拌并控制滴加和搅拌速度，钛酸丁酯经过水解、缩聚形成溶胶。超声振荡20 min，在红外灯下烘干，得到疏松的氢氧化钛凝胶。将此凝胶磨细，然后在 873 K 烧结 1 h，得到 $TiO_2$ 超微粉。

(6) 微乳液法

微乳液法是指表面活性剂在油中稳定地分散形成纳米水微滴，把水微滴作为反应场的合成方法。其优点是可以制备非常小的颗粒，可以控制颗粒特性、尺寸以及形态。缺点是产量低，需要使用大量的液体。由两种互不相溶的液体在表面活性剂及助表面活性剂作用下形成的热力学稳定、各向同性、外观透明或半透明、粒径为 1～100 nm 的分散体系称为微乳液。在微乳液体系中，用来制备纳米粒子的一般是 W/O(水/油)型体系，该体系一般由有机溶剂、水溶液、表面活性剂、助表面活性剂 4 个组分组成。常用的有机溶剂多为 $C_6$～$C_8$ 直链烃或环烷烃，芳香烃；表面活性剂一般可分为阴离子表面活性剂、阳离子表面活性剂、非离子表面活性剂；助表面活性剂一般为中等碳链 $C_5$～$C_8$ 的醇。

如果取两个完全相同的 W/O 型微乳液，并将试剂 A 和 B 分别溶解在两个微乳液的水相中，则在混合时，由于水滴的碰撞和聚结，试剂 A 和 B 穿过微乳液界面膜相互接触并形成 AB 沉淀。这种沉淀局限在微乳液液滴的内部，并且形成的颗粒大小和形状反映了液滴的内部情况，这就是用微乳液制备纳米粒子的原理。反应的基本过程是：将两种反应物分别溶于组成完全相同的两份微乳液中，然后在一定条件下混合两种反应物；微乳液彼此相遇进行物质交换，发生反应，生成纳米微粒，通过超速离心使纳米微粒与微乳液分离，再用有机溶剂除去附着在纳米微粒表面的油和表面活性剂，最后经干燥处理即可得到目标产物。此法得到的纳米颗粒粒径小、分布均一，可精确控制化学计量比，易实现高纯化。

由草酸盐制备镍酸镧($LaNiO_3$)纳米粒子的步骤如下：所选的沉淀反应是硝酸镧和硝酸镍的混合溶液与草酸反应。首先配制含有硝酸镧和硝酸镍的 W/O 型微乳液——两个微乳液 A 和 B。微乳液 A 由非离子表面活性剂 NP-5(带 5 个环氧乙烷的壬基酚醚)、石油醚(沸点为 60～80 ℃)和含等物质的量的硝酸镧和硝酸镍(纯度均大于 99.9%)的混合水溶液组成。微乳液 B 为 NP-5-石油醚-草酸水溶液体系。在室温、不断搅拌的情况下使微乳液 A 和 B 混合。反应 6～7 h 后，离心分离，得到超细的金属草酸盐沉淀。用丙酮洗涤此沉淀物数次以除去 NP-5。在 110 ℃下干燥过夜，所得到的浅绿色粉末再经 800 ℃灼烧 20 h 后，慢慢地冷却到室温，即得到所需的 $LaNiO_3$ 细粉。

## 1.1.3 化学气相沉积法

### 1.1.3.1 概念及特征

化学气相沉积法(Chemical Vapor Deposition，CVD)是通过化学反应方式，利用加热、等离子激励或光辐射等各种能源，在反应器内使气态或蒸气状态的化学物质在气相或气固界面上经化学反应形成固态沉积物的技术。简单来说就是：两种或两种以上的气态原材料导入一个反应室内，然后相互之间发生化学反应，形成一种新的材料，沉积到基片表面上。从气相中析出的固体的形态主要有下列几种：在固体表面上生成薄膜、晶须和晶粒，在气体中生成粒子。

化学气相沉积法的主要特征有：在中温和高温下，通过气态的初始反应物之间的气相化学反应而沉积固体；可以在大气压(常压)或者低于大气压(低压)下进行沉积。一般来说低压效果要好些；采用等离子和激光辅助技术可以显著地促进化学反应，可在较低的温度下进行沉积；镀层的化学成分可以改变，从而获得梯度沉积物或者得到混合镀层；可以控制镀层的密度和纯度；绕镀性好，可以在复杂形状的基体上镀制；气流条件通常是层流的，在基体表面形成厚的边界层；沉积层通常具有柱状晶结构，不耐弯曲。但通过各种技术对化学反应进行气相扰动，可以得到细晶粒的等轴沉积层；可以形成多种金属、合金、陶瓷和化合物镀层。

### 1.1.3.2 分类

根据反应机理的不同，化学气相沉淀法又可分成以下几种方法：热分解法、氧化还原反应沉积、化学合成反应沉积、化学输运反应沉积、等离子体增强的反应沉积。

(1) 热分解法

热分解反应是最简单的沉积反应，利用热分解反应沉积材料一般在简单的单温区炉中进行，其过程通常是首先在真空或惰性气氛下将衬底加热到一定温度，然后导入反应气态源物质使之发生热分解，最后在衬底上沉积出所需的固态材料。热分解反应沉积可应用于制备金属、半导体以及绝缘材料等。最常见的热分解反应有：氢化物分解、金属有机化合物的热分解、氢化物和金属有机化合物体系的热分解、其他气态络合物及复合物的热分解。

(2) 氧化还原反应沉积

一些元素的氢化物、有机烷基化合物常常是气态的或者是易于挥发的液体或固体，如果与氧气同时导入反应室内，就会发生氧化反应，沉积出相应的氧化物薄膜。例如：

$$SiH_4 + 2O_2 \xrightarrow{325\sim475\ ℃} SiO_2 + 2H_2O$$

许多金属和半导体的卤化物是气体化合物或具有较高的蒸汽压，如果与还原性气体同时导入反应室内，就会发生还原反应，得到相应的薄膜。在化学气相合成法中，常常采用氢还原的方法，通过该方法获得的金属膜纯度高、工艺温度低、操作简单，有很高的实用价值。例如：

$$SiCl_4 + 2H_2 \xrightarrow{1150\sim1200\ ℃} Si + 4HCl$$

(3) 化学合成反应沉积

化学合成反应沉积是由两种或两种以上的反应原料气体在沉积反应器中相互作用合成得到所需要的无机薄膜或其他材料的方法。这种方法是化学气相沉积中使用最普遍的一种方法。例如：

$$SiCl_4 + 2N_2 + 2H_2 \xrightarrow{850\sim900\ ℃} SiN_4 + 4HCl$$

与热分解法比，化学合成反应沉积的应用更为广泛，因为可用于热分解沉积的化合物并不很多，而无机材料原则上都可以通过合适的化学合成反应得到。

(4) 化学输运反应沉积

把所需要沉积的物质作为源物质，使之与适当的气体介质发生反应并形成一种气态化合物。这种气态化合物经化学迁移或物理载运而输送到与源区温度不同的沉积区，再发生逆向反应生成源物质而沉积出来。这样的沉积过程称为化学输运反应沉积。

(5) 等离子体增强的反应沉积

在低真空条件下，利用直流电压(DC)、交流电压(AC)、射频(RF)、微波(MW)或电子回旋共振(ECR)等方法实现气体辉光放电在沉积反应器中产生等离子体。由于等离子体中正离子、电子和中性反应分子相互碰撞，可以大大降低沉积温度，例如，在通常条件下，硅烷和氨气的反应在 850 ℃左右发生，并沉积氮化硅，但在等离子体增强反应的条件下，只需在 350 ℃左右就可以生成氮化硅。

根据反应压力或反应方式的不同，化学气相沉积又可分成：低压化学气相沉积(LPCVD)、常压化学气相沉积 (APCVD)、亚常压化学气相沉积 CVD(SACVD)、超高真空化学气相沉积(UHCVD)、等离子体增强化学气相沉积 (PECVD)、高密度等离子体化学气相沉积( HDPCVD)、快热化学气相沉积(RTCVD)和金属有机物化学气相沉积 (MOCVD)。其中，LPCVD、APCVD 和 PECVD 最为常见，HDPCVD 在集成电路制造中也有一定应用。

① 低压化学气相沉积(LPCVD)：用加热的方式在低压条件下使气态化合物在基片表面反应并沉积形成稳定固态薄膜。由于工作压力低，气体分子的平均自由程和扩散系数大，故采用密集装片方式来提高生产效率。可用于沉积多晶硅、氮化硅、氧化硅磷硅玻璃、硼磷硅玻璃、非晶硅及难熔金属硅化物等多种薄膜，广泛应用于半导体集成电路、电子电力、光电子等行业的生产。

② 常压化学气相沉积(APCVD)：在大气压下把一种或几种含有构成薄膜元素的化合物、单质、气体通入放置有基材的反应室，然后通过气相化学反应在基体表面上沉积一层固态薄膜。该方法系统简单、反应速度快，但是均匀性较差，台阶覆盖能力差，所以一般用于厚的介质沉积，如太阳电池的发射极制备。

1.1.3.3 研究实例

近年来，各国科学工作者对化学气相沉积进行了大量的研究，并取得了显著的成果。目前，用CVD技术所制备的材料不仅应用于航天工业上的特殊复合材料、原子反应堆材料、刀具材料、耐热耐磨耐腐蚀及生物医用材料等领域，而且还被应用于制备与合成各种粉体材料、新晶体材料、陶瓷纤维、金刚石薄膜及光纤预制棒等。

(1) 制备超细陶瓷材料

超细粉表面积大，烧结温度降低，可以成为一种有效的烧结添加剂。如氮化铝是一种高导热陶瓷，做成集成元件的基板取代现有的基板材料，可以提高导热率，从而可以解决当集成元件的集成度提高时所带来的热量难以迅速散发出去的问题。但是，氮化铝的致密烧结非常困难，需靠添加氧化物烧结剂来使氮化铝致密烧结，大量添加氧化物会使氮化铝中第二相增多，反而降低整体的导热率。添加5%～10%的氮化铝超细粉，一方面可以利用烧结驱动力大的特点促进氮化铝烧结，另一方面也可以减少第二相，对提高氮化铝的导热率有较好的效果。除此之外，像碳化钨、碳化硅、氮化硅等都可以通过添加这些物质的纳米粉体的方法来促进烧结。

(2) 制备晶体或晶体薄膜

由于现代科学技术对无机新材料的迫切需求，晶体生长领域的发展十分迅速。化学气相沉积法不仅能极大改善某些晶体或晶体薄膜的性能，而且还能制备出许多其他方法无法制备的晶体，由于化学气相沉积法具有设备相对简单、操作方便、适应性强等特点，因而成为制备无机新晶体的主要方法之一，广泛应用于新晶体的研究与探索。CVD最主要的应用之一是在一定的单晶基体上沉积外延单晶层。最早的气相外延工艺是硅外延生长，其后又制备出外延化合物半导体层。气体外延技术亦广泛用于制备金属单晶薄膜及一些化合物单晶薄膜。

(3) 制备梯度功能材料

梯度功能材料是为了适应未来新技术、新设备发展的需要，在20世纪80年代后期发展起来的一类组成、结构与性能呈连续变化的高性能材料。首先在航空航天领域中获得了系统的研究和实际应用。随着科学技术的进步及相关工业的发展，在机械工程的设计、制造中也普遍采用了梯度功能材料。目前的梯度功能材料制备方法有粉末铺层法、薄膜沉积法、CVD法、等离子喷涂法、自蔓延燃烧法等。在这些方法中，由于CVD能按设计要求精确地控制材料的组成、结构和形态，并能使组成、结构与形态从一种组分到另一种组分连续变化，无须进行烧结等处理即可制备出致密的、性能优异的梯度功能材料，因而备受人们的重视。目前，已用CVD方法成功地制备出了碳-碳化硅、碳-碳化钛、碳化钛-碳化硅等体系的梯度功能材料。

(4) 制备光纤预制棒

光纤预制棒是具有特定折射率剖面并用于制造光纤的石英玻璃棒，一般直径为几毫米至几十毫米，工业上用化学气相沉积法制备。用于沉积的衬管两端分别与化学原料供应系统和反应尾气收集系统相连，置于衬管底部的可移动热源为化学反应、沉积以及熔缩提供热量。精确控制的反应气体(如$SiCl_4$、$GeCl_4$和高纯度$O_2$)通过供气系统连续不断地充入旋转的衬管中，当化学原料混合物被加热到1400～1600℃时，即发生化学反应，生成包含所需掺杂剂的二氧化硅玻璃微粒并沉积于热区下游的衬管的内表面上。热源通过控制系统沿衬管的轴向以合适的速度来回移动，从而实现反应物在衬管内部的逐层沉积，根据折射率剖面的设计需要，可以改变每一层的原料气体流量从而获得合适的折射率分布。在沉积完成之后，根据衬管和掺杂剂的不同以1800～2200℃的温度把沉积的高纯材料连同衬管一起熔缩成实心石英玻璃棒，即芯棒。

### 1.1.4 材料合成、制备的其他方法

1.1.4.1 电化学合成法

利用电化学反应进行合成的方法即为电化学合成法。电化学合成本质上是电解，故也称为电解

合成。

电沉积亦即电结晶过程，是一个多步骤的复杂过程，涉及溶液体相中和电极表面层的交叉变化。在水溶液、熔融盐和非水溶剂（如有机溶剂、液氨等）中进行电沉积，可合成多种不同类型和聚集状态的材料。

金属电沉积是在外加电压下，通过电解液中金属离子在阴极还原为原子而形成沉积层的过程。金属电沉积不仅是发生在电极/离子导体界面上的电荷传递过程，而且包含了在外电场影响下的成核和晶体生长等一系列成相过程。根据电沉积条件的不同，金属沉积物的形态有大块多晶、金属薄层、粉末或枝晶等。

理想晶面上金属电沉积主要经历以下几个阶段：溶液中的金属离子（或络离子）向电极界面附近传输；离子在界面上放电生成吸附原子，后者聚集在一起形成二维晶核；新产生的吸附原子通过表面扩散到达台阶，然后沿台阶边缘扩散到扭结位置，最后进入金属晶格并放出结晶热；随着台阶和扭结的不断延伸，电极基体最终被新生成的晶层覆盖。如果晶体要继续生长，务必在新生的晶层上再次形成晶核，以便产生新的台阶。上述过程即所谓的二维成核-生长机理，该过程可被描述为单原子过程，晶体的生长是逐层进行的。

电结晶理论研究与金属电沉积实践有着直接的联系。首先，晶核形成和晶体生长的竞争决定了沉积层中晶粒的尺寸，晶核形成的速度越快，金属沉积层中的晶粒越细。其次，晶体的生长方式决定了沉积层的结构与外观。如果晶粒在垂直于基体表面上的生长速度较快，将得到纤维状的沉积层；如果晶粒在平行于基体表面上的生长速度较快，将得到光亮的沉积层。

电沉积过程实质上就是电氧化还原过程，电氧化还原过程与传统的化学反应过程相比有下列一些优点：

(1) 在电沉积中能够提供高电子转移的功能，这种功能可以使之达到一般化学试剂所不具有的氧化还原能力。

(2) 合成反应体系及其产物不会被还原剂（或氧化剂）及其相应的氧化产物（或还原产物）所污染。

(3) 由于电氧化还原过程具有特殊性，因而能制备出其他方法不能制备的许多物质和聚集态。

现代电化学沉积研究的应用主要体现在三个方面：

(1) 新型、符合质量和技术要求的镀层及其叠层在电子工业中的应用

在电子工业中线路板、接触器上的镀层，微电子镀覆，半导体材料上镀覆，以及磁记录介质和磁头中采用的磁性材料镀层、叠层等，必须达到符合要求的物理、机械和电性能。如密度、硬度、延性、内应力和结合力、抗张强度、表面光洁度、孔隙率、组织结构、电阻率和接触电阻等，现代电化学沉积可以满足要求。

(2) 在制备纳米材料和纳米微加工技术中的应用

电化学制备纳米材料所采用的仪器简单、廉价，工艺成本低，室温下即可操作，所获得的纳米材料性能却很优越。电化学沉积技术主要应用于制备纳米结构材料和纳米晶体材料，还可用于微加工技术。微加工技术可以精确地对微部件进行高速加工，是高性能、低成本和短周期电子设备的小型化和轻量化的基础。

(3) 电化学沉积制备复合镀层

应用电化学沉积制备复合镀层是电化学材料科学中一门拓展的学科。电沉积制备复合镀层的主要作用在于自修复，提高材料的耐磨、耐腐蚀性和强度。例如，对 SiC 的表面进行处理使 SiC 纤维表面形成一层完整、致密的氧化膜，这改善了纤维表面形貌，弥补了表面缺陷，并使晶间夹角变大，缓解了纤维受拉载荷时的应力集中状态；同时氧化膜的形成使纤维表面呈压应力状态，抑制了表面裂纹源的形成与扩展，使纤维抗张强度大幅度提高。

#### 1.1.4.2　微波合成法

微波是指波长在 1 mm～0.1 m 范围内的电磁波，频率范围是 300 MHz～3000 GHz。微波可以

用来加热，这在民用微波炉上已得到了很好的应用。同时微波作为一种安全的能源，也能加热陶瓷与无机物，它可以使无机物在短时间内急剧升温到 1800 ℃，所以可用于微波化学合成，如超导材料的合成、沸石分子筛的合成及超微粉体的制备、精细陶瓷的快速高温烧结和连接等。

直流电源提供微波发生器的磁控管所需的直流功率，微波发生器产生一个交替变化的电场，作用在处于微波加热器内的被加热物体上，因此，被加热物体内的极性分子随外电场变化而摆动，又因为分子本身的热运动和相邻分子之间的相互作用，使分子随电场变化而摆动的规则受到了阻碍和干扰，从而产生了类似于摩擦的效应，使一部分能量转化为分子杂乱运动的能量，使分子运动加剧，从而被加热物质温度迅速升高。与传统加热方法不同，在微波加热过程中，热从材料内部产生而不是从外部热源吸收，被加热物质的温度梯度和热流与传统加热方法的相反，因此，被加热物体不受大小及形状的限制，大小工件（或试样）都能被加热。

根据材料对微波的反射和吸收的情况不同可将其分成四种情况：即良导体、绝缘体、微波介质和磁性化合物。金属为良导体，它们能反射微波，因此可用作微波屏蔽，也可以用于传播微波的能量，常见的波导管一般由黄铜或铝制成。绝缘体可被微波穿透，正常时它所吸收的微波功率极小，可忽略不计。玻璃、云母和部分陶瓷属于此类。微波介质性能介于金属和绝缘体之间，能不同程度地吸收微波能而被加热，特别是含水和脂肪的物质，吸能升温效果明显。磁性化合物对微波产生反射、穿透和吸收的效果。

影响微波加热效果的因素首先是微波加热装置的输出功率和耦合功率，其次是材料的内部本征状态。微波加热所用的频率一般被限定为 915 MHz 和 2450 MHz，微波装置的输出功率一般为 500～5000 W。单模腔体的微波能量比较集中，输出功率在 1000 W 左右，对于多模腔的加热装置，微波能量在较大范围内均匀分布，因而需要更高的功率。在指定的加热装置上，材料的微波吸收能力与材料的介电常数和介电损耗有关。真空的介电常数为 1，水的介电常数大约为 80，而多数陶瓷材料的室温介电损耗一般比较小，所以对无机陶瓷材料的加热，一般要采用比家用微波炉功率更大的微波源。

微波合成法的优点有：选择性加热；加热速度快；可改进合成材料的结构与性能；热惯性小；可改善劳动环境和劳动条件。

使用微波加热，可以使化学反应远离平衡态，这就可以获得许多常用高温固相反应难以得到的反应产物。如一般加热的 ZrC-TiC 的固溶反应，固溶量只在 5%左右，而采用微波加热的固相反应，可以使固溶量超过 10%，这是微波能够使固溶相快速升温的结果。再比如，用微波能合成单相的尖晶石，几乎不含其他相，表明了微波可促进合成反应和增加固溶相的稳定性。

微波合成材料的应用范围广泛：如沸石分子筛的合成，沸石分子筛的离子交换，微波辐射法在无机固相反应中的应用，在多孔晶体材料上无机盐的高度分散，金刚石薄膜沉积和光导纤维棒的气相沉积，稀土磷酸盐发光材料的微波合成等。

微波合成法应用于陶瓷烧结，可降低烧结温度，缩短烧结时间，在性能上也与传统方法制备的样品有很大区别，可以形成致密均匀的陶瓷制品。如既可制备结构陶瓷（如 $Al_2O_3$、$ZrO_2$、ZTA、$Si_3N_4$、AlN 和 BC 等），也可制备电子陶瓷（$BaTiO_3$ 等）和超导材料。目前，利用微波合成陶瓷材料粉料的研究也在增多，如利用氧化物加热反应，在微波场中分别合成了 SiC、TiC、NbC、TaC 等超硬材料，而且只要 15 min。此外，导电金属中加入一定量的陶瓷介质颗粒后，也可用微波加热烧结，还可以将不同性能的陶瓷用微波将其烧结在一起。

#### 1.1.4.3　自蔓延高温合成法

自蔓延高温合成法（Self-propagation High-temperature Synthesis，简称 SHS 或 Combustion Synthesis）是一种利用化学反应（燃烧）自身放热制备材料的新技术。它经加热源点火启动反应后，放出热量，形成燃烧波并向下传播，通过燃烧波的自维持反应得到具有所需成分和结构的产物。

自蔓延高温合成法的优点：能耗少，设备和工艺简单，生产效率高，成本低；在加热和冷却时，存在极高的温度梯度，易造成合成材料中存在高浓度的缺陷和非平衡结构，从而使合成材料具有高的活性，如烧结力、催化性能等；在某些高放热反应体系中可以达到常规加热技术达不到的高温（3000～4000 ℃），有利于合成耐高温材料；可以在一定程度上通过改变热的释放和传输速度来控制反应过程的速度、温度、转化率和产物的成分及结构。

自蔓延高温合成法按应用大致分为六种类型：SHS 制粉技术、SHS 烧结技术、SHS 致密化技术、SHS 熔铸技术、SHS 焊接技术、SHS 涂层技术。

（1）SHS 制粉技术

让反应物料在一定的气氛中燃烧，然后粉碎、研磨燃烧产物，便能得到不同规格的具有非常好的研磨性能的高质量粉末，如制备 TiC 粉末等。通过 SHS 制粉技术制备的粉末，可用于陶瓷及金属陶瓷制品的烧结，还可用作保护涂层、研磨膏以及刀具材料等。

（2）SHS 烧结技术

SHS 烧结技术就是通过固相反应烧结，从而制得一定形状和尺寸的产品，它可以在空气、真空或特殊气氛中烧结。SHS 烧结技术能制得高质量的高熔点难熔化合物产品，其强度受温度变化的影响不大。还可用于过滤器、催化剂载体和耐火材料等。

（3）SHS 致密化技术

把 SHS 技术同致密化技术相结合便能得到致密产品。常用的 SHS 致密化技术有 SHS-等静压、SHS-准等静压、SHS-动态加压、热爆-加压等。SHS 致密化技术可用于无钨硬质合金的合成等领域。

（4）SHS 熔铸技术

SHS 熔铸技术就是通过选择高放热型反应，获得液相难熔化合物，进而进行铸造处理而获得难熔化合物的铸件。此项技术可用于陶瓷内衬钢管的离心铸造、钻头或刀具的耐磨涂层等。

（5）SHS 焊接技术

以 SHS 产物为焊接材料，通过 SHS 反应放出的热量，在对缝焊件的对缝中形成高温液相，从而实现焊件的强力结合。它的优点是能焊接其他方法不易焊接的难熔材料，可进行陶瓷-陶瓷、陶瓷-金属、金属-金属的焊接。

（6）SHS 涂层技术

利用 SHS 熔铸技术可获得涂层，但涂层较厚。而利用气相传输 SHS 可以在金属、陶瓷或石墨等材料表面形成一层 2～150 μm 厚的耐磨耐蚀涂层，此即为 SHS 涂层技术。对于不同的反应物料，可以采用不同的气体载体，例如，氢可以传递碳，卤素气体可以传输金属。

## 1.2 材料的表征方法

物质宏观的物理和化学性质与材料的组成和结构密切相关。熟悉并掌握材料的组成、结构、形貌的表征方法，将有助于我们了解材料的结构，并有助于在物质内部微观结构、原子水平的基础上，阐明材料各种性能的机制。熟悉并掌握材料性能的表征方法，将有助于我们掌握材料的各种性能与材料的组成和结构之间的关系，这为改善材料的性能、探索新型材料和促进材料化学的发展提供了重要的科学基础。

### 1.2.1 结构的表征方法

材料的结构是决定材料性能的关键因素，对于现代材料来说，结构的检测与表征显得尤为重要。

应用 X 射线在晶态和非晶态物质中的衍射和散射效应，可对物质结构进行分析，判断材料的结晶属性。图 1.4 是石英晶体、石英玻璃的 X 射线衍射图谱。可见，晶体材料的特点是衍射强度时强时弱，在不同衍射角处出现尖锐的衍射峰；非晶态材料的特点是呈现宽阔的衍射峰包。

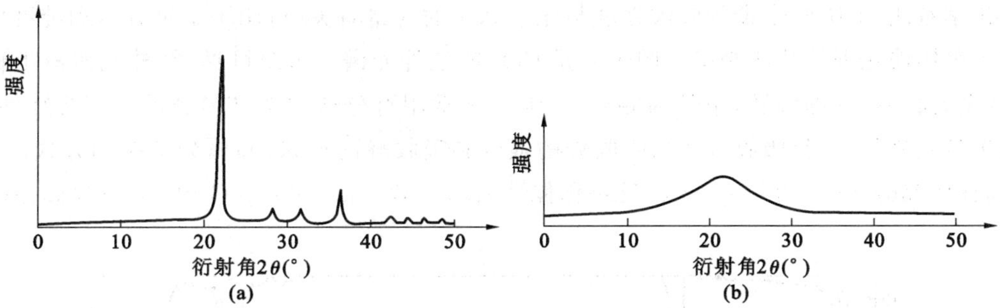


**图 1.4 石英晶体、石英玻璃的 X 射线衍射图谱**

(a) 石英晶体；(b) 石英玻璃

根据晶体的粉末 X 射线衍射图谱，可以求解点阵中每一个对应于粉末相的可能衍射线的面指数，即进行粉末 X 射线衍射图谱的指标化；根据晶体的粉末 X 射线衍射所提供的衍射线的位置、峰形和强度等有关晶体结构的信息，可求得晶体精确的点阵常数；根据晶体的粉末 X 射线衍射图谱，还可以测定多晶体中晶体的结构，测定固溶体的类型、固溶体原子位置，测定金属合金固溶体的有序度与堆垛层错数，测定无机化合物空位有序化、金属化合物组分的有序化等。

若试样 X 射线衍射峰的宽化仅是由晶粒尺寸造成的，而且晶粒尺寸是均匀的，则可用谢乐(Scherrer)公式计算粒径尺寸，谢乐公式为：

$$D = \frac{0.89\lambda}{B\cos\theta} \tag{1.1}$$

式中 $D$——晶粒垂直于晶面方向的平均厚度，nm；

$\lambda$——X 射线波长，nm；

$B$——衍射峰半高宽，rad；

$\theta$——衍射角，°。

谢乐公式的应用要点：扫描速度要尽可能慢，一般为 2°/min；计算晶粒尺寸时，一般采用低角度的衍射线，如果晶粒尺寸较大，可用较高衍射角的衍射线来代替，晶粒粒径大于 100 nm 时，用谢乐公式不太准确；谢乐公式求得的是平均晶粒尺寸，且是晶面法向尺寸，除非晶粒是均匀的球形，才能代表单个晶粒。应用谢乐公式时，衍射线的宽化仅是由晶粒尺寸造成的，而且晶粒尺寸是均匀的。谢乐公式一般不能用于高分子，因为畸变严重。

在一般多晶体中，某些情况下，晶体的晶粒在不同程度上围绕某些特殊的取向排列，就称为择优取向。微晶玻璃中，在一定的热处理条件下，微晶也会沿某个晶向择优生长。根据粉末 X 射线衍射图谱，对照 JCPDF 卡片，可分析晶体是否出现择优取向以及对应的晶向。图 1.5 (a. u. 即 avb. units，表示任意单位）是 22$Li_2O$-8BaO-8$TiO_2$-62$TeO_2$ 玻璃在 80 ℃下处理 12 h 的 X 射线衍射图谱。析出的晶态物质是 $Li_2TeO_3$，图谱仅出现 (002)、(004)和(006)晶面的衍射峰，说明此时 $Li_2TeO_3$ 晶体择优取向。

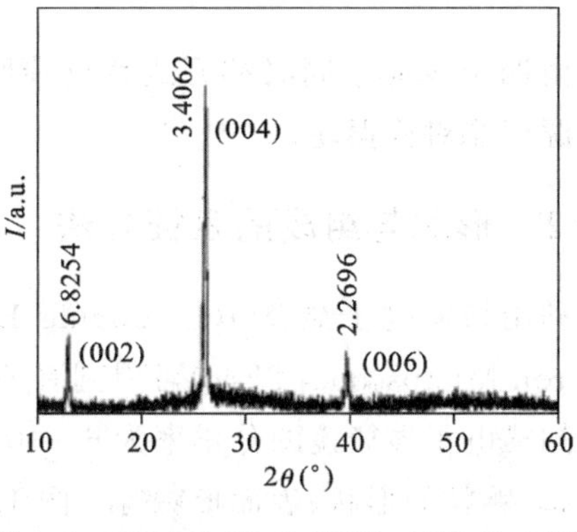


**图 1.5 22$Li_2O$-8BaO-8$TiO_2$-62$TeO_2$ 玻璃在 80 ℃下处理 12 h 的 X 射线衍射图谱**

应用拉曼光谱和红外光谱，可对材料结构的振动性能进行分析。

红外光谱是处于电子基态的分子中两个振动能级间的跃迁产生的，通常在红外区内用吸收光谱来表征。红外光谱吸收峰的位置与强度反映了分子结构上的特点，可以用来鉴别未知物的结构组成或确定其化学基团；而吸收谱带的吸收强度与化学基团的含量有关，可用于定量分析和纯度鉴定。固体样品通常采用溴化钾压片法制备。图 1.6 是 $CO_2$ 的红外光谱。由图可见，红外光谱横坐标为吸收波长（$\mu$m）或吸收频率（即波数，单位为 $cm^{-1}$），纵坐标常用百分透过率 $T\%$ 表示。分析红外光谱，重要的是确定吸收峰的位置（吸收频率）、吸收峰的强度和吸收峰的形状，归属分子振动方式。图 1.6可见两个吸收峰，2369 $cm^{-1}$ 为 O═C═O 反对称伸缩振动，667 $cm^{-1}$ 为 O═C═O 面内弯曲振动和面外弯曲振动。

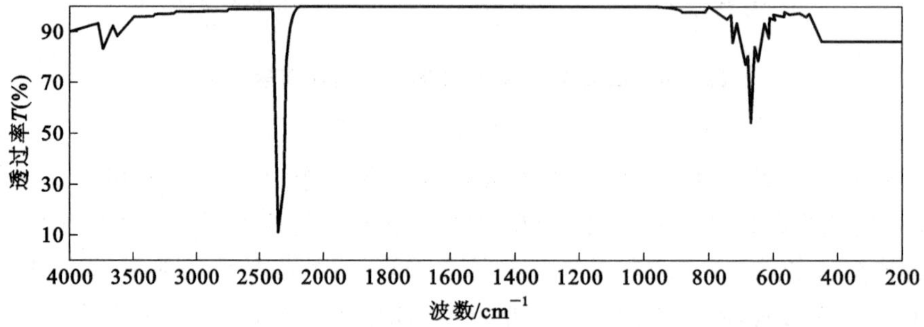


**图 1.6**　$CO_2$ 的红外光谱

拉曼光谱的产生是由于紫外光或可见光所引起的电子极化，可获得分子振动、转动方面的信息，并应用于分子结构研究、鉴别物质并分析物质的性质。测试时无须样品准备，样品可直接通过光纤探头或者玻璃、石英和光纤进行测量。此外，常规拉曼光谱只需要少量的样品就可以得到，这是拉曼光谱相对常规红外光谱一个很大的优势。图 1.7 是 $CCl_4$ 的拉曼光谱，实验条件为 $Ar^+$ 激光，激发波长为 488 nm。由图可见，拉曼光谱的横坐标为拉曼位移，以波数表示；纵坐标为拉曼光强。由于拉曼位移与激发光无关，一般仅用 Stokes 位移部分。对发荧光的分子，有时用反 Stokes 位移。分析拉曼光谱，重要的是谱峰归属。图 1.7 中 Stokes 位移部分的谱峰归属是：459 $cm^{-1}$ 处谱峰是由四个氯原子同时移开或移近碳原子所产生的对称伸缩振动引起的，而218 $cm^{-1}$、314 $cm^{-1}$ 处谱峰源于非对称振动。

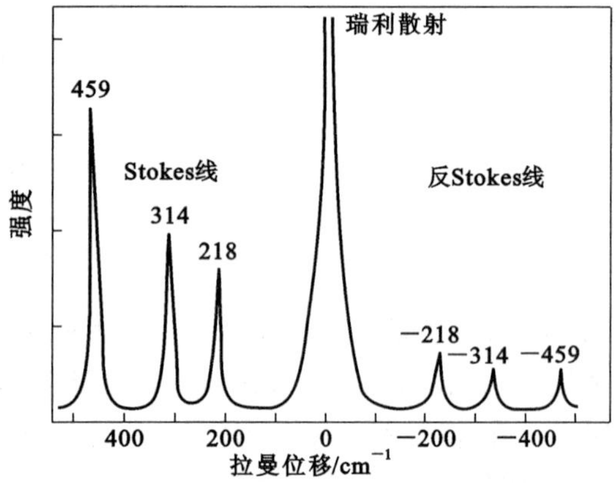


**图 1.7**　$CCl_4$ 的拉曼光谱

## 1.2.2　形貌与组成的表征方法

利用扫描电子显微镜（Scanning Electron Microscope，SEM）、透射电子显微镜（Transmission Electron Microscope，TEM）可得到有关物质微观形貌的信息。

扫描电子显微镜的分辨率为 6～10 nm，试样为块状或粉末颗粒，主要观察材料中颗粒的尺寸及其分布、颗粒的形状、表面形貌等。图 1.8 是陶瓷材料烧结前后的扫描电镜照片，可以清晰地看到：烧结前球形颗粒间空隙较大，而烧结后粒子长大，颗粒间紧密接触，形成平直晶界。

透射电子显微镜的分辨率为 0.1～0.2 nm，可直接观察纳米级颗粒的形貌，样品需要处理得很薄（通常是样品分散在液体中，然后挂在预处理过的铜网上进行观察），可进行晶体结构分析、成分分析等。图 1.9 是采用蒸汽诱导水热法于 120 ℃下制备的 $TiO_2$ 纳米晶的透射电镜和高分辨率透射电镜

(a)　(b)

**图 1.8　陶瓷材料烧结前后的扫描电镜照片**

(a) 烧结前;(b) 烧结后

照片。如图 1.9(a)所示,晶粒尺寸在 7.8～14.9 nm 之间,从 1.9(b)中可以看出,每个 $TiO_2$ 纳米颗粒为 $TiO_2$ 单晶,其晶面间距为 0.35 nm,表明该 $TiO_2$ 纳米晶的暴露晶面为锐钛矿(101)面。通过对不同材料在透射电镜下的电子衍射谱分析,可以得到晶体点阵的类型和点阵常数、晶体的相对位向、晶体的结构缺陷等结构信息。图 1.10 是多晶及单晶薄膜材料的电子衍射谱。

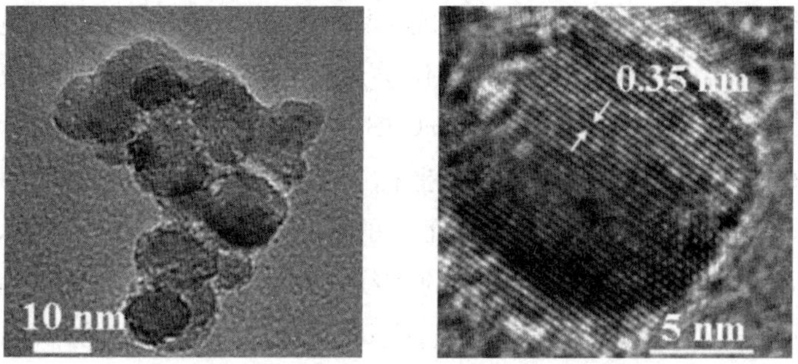


(a)　(b)

**图 1.9　采用蒸汽诱导水热法于 120 ℃下制备的 $TiO_2$ 纳米晶的透射电镜和高分辨率透射电镜照片**

(a) 透射电镜照片;(b) 高分辨率透射电镜照片

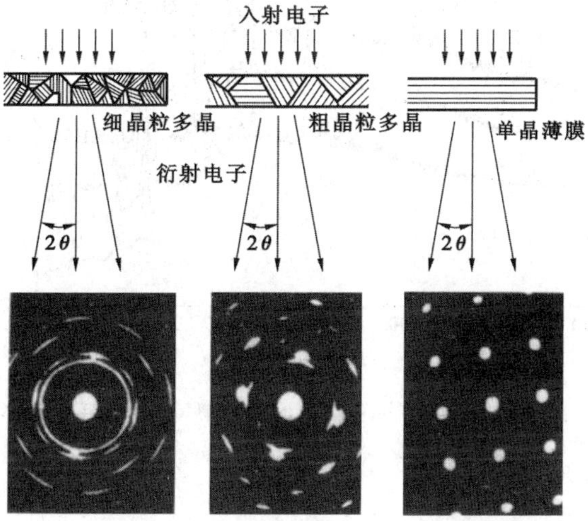


(a)　(b)　(c)

**图 1.10　多晶及单晶薄膜材料的电子衍射谱**

(a) 细晶粒多晶薄膜电子衍射谱;(b) 粗晶粒多晶薄膜电子衍射谱;(c) 单晶薄膜电子衍射谱

材料的成分及其分布可以采用多种方法加以分析。表 1.1 列出了一些常用的材料成分分析方法的特点。

**表 1.1　常用的材料成分分析方法的特点**

| 分析方法 | 分析元素范围 | 检测极限(%) | 空间分辨率 | 深度分辨本领 |
|---|---|---|---|---|
| X 射线能量色散谱(EDX) | Na—U① | 约 0.1 | 约 1 μm | 约 1 μm |
| X 射线波长色散谱(WDX) | B—U | 约 0.01 | 约 1 μm | 约 1 μm |
| 俄歇电子能谱(AES) | Li—U | 0.1～1 | 50 nm | 约 1.5 nm |
| X 射线光电子能谱(XPS) | Li—U | 0.1～1 | 约 100 μm | 约 1.5 nm |
| 卢瑟福背散射技术(RBS) | He—U | 约 1 | 1 mm | 约 20 nm |
| 二次离子质谱(SIMS) | H—U | 约 $10^{-4}$ | 1 nm | 约 1.5 nm |

注：① 在采用超薄窗口的情况下，可分析的元素范围与 X 射线波长色散谱相同。

X 射线光电子能谱 (X-ray Photoelectron Spectroscopy，XPS)是材料成分分析中最常用的表征方法，是表面科学研究领域标志性的研究手段。根据能谱图中出现的特征谱线的位置可鉴定除 H、He 以外的所有元素；根据能谱图中光电子谱线强度(光电子峰的面积)得出原子的含量或相对浓度；可分析固体表面的化学组成或元素组成，原子价态，表面能态分布，测定表面电子的电子云分布和能级结构等；可以对化合物内层电子结合能的化学位移进行精确测量，提供化学键和电荷分布方面的信息。图 1.11 是(100－$x$) (0.8$GeS_2$-0.2$Ga_2S_3$)-$x$CdS 玻璃样品的 XPS 谱图。可见，X 射线光电子能谱图以被光子激发出来的光电子的束缚能为横坐标、强度为纵坐标。从图上可见各元素的 XPS 谱线，将图中的峰进行去卷积、量化处理可得到各元素的原子百分含量和结合能，并确定样品的主要成分是 $GeS_2$、$Ga_2S_3$ 和 CdS。图中 Ge、Ga、S 元素的谱线的强度未发生明显变化，但随样品含量的变化发生了位移。Cd3$d_{3/2}$和 Cd3$d_{5/2}$的峰值明显增强，是因为 CdS 含量的增加所造成的。进一步研究某个谱峰的强度与位移时，需对该谱峰附近进行精细扫描得到谱线放大图。

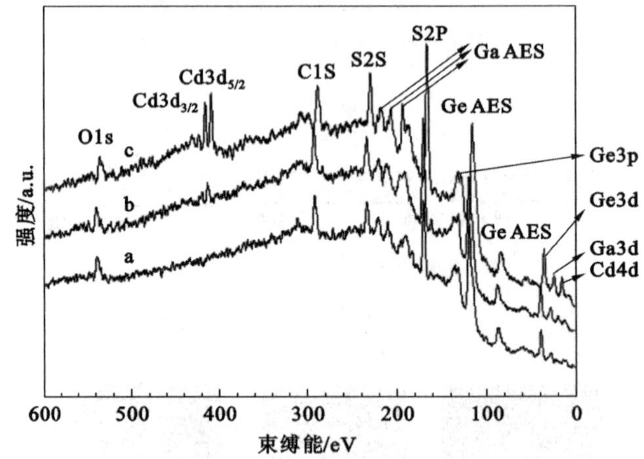


**图 1.11**　(100－$x$) (0.8$GeS_2$-0.2$Ga_2S_3$)-$x$CdS **玻璃样品的 XPS 谱图**

a—$x$=0；b—$x$=10；c—$x$=20

### 1.2.3　热学性能的表征

材料的热学性能包括：材料加热或冷却过程中产生的热效应和特征温度，材料及其制品在一定的温度环境下使用时表现出的热物理性能，如热容、热膨胀、热传导、热稳定性等。热学性能的表征与分析是进行材料科学研究的重要手段之一，特别是对于确定临界点并判断材料的相变特征具有重要意义。

获取材料加热或冷却过程中产生的热效应和特征温度的分析就是热分析，热分析技术是用热力学参数或物理参数随温度变化的关系进行分析的方法。最常用的热分析方法有：差热分析（DTA）、热重量法（TG）、导数热重量法（DTG）、差示扫描量热法（DSC）、热机械分析（TMA）和动态热机械分析（DMA）等。热分析技术能快速准确地测定物质的晶型转变、熔融、升华、吸附、脱水、分解等变化，在物理、化学、化工、冶金、地质、建材、燃料、轻纺、食品、生物等领域得到广泛应用。图 1.12 是石膏（$CaSO_4 \cdot 2H_2O$）的差热曲线。由图可见，150 ℃左右石膏吸热伴失重，石膏脱水变成半水石膏；170 ℃半水石膏脱水变成无水石膏；372 ℃放热，无水石膏转变成可溶性石膏；1216 ℃吸热，无水石膏发生晶型转变。图 1.13 是 $GeS_2$-$Ga_2S_3$-CdS 体系的玻璃样品的典型综合热分析曲线。由图可见，玻璃转变温度 $T_g$ 为 436 ℃（以拐点温度作为玻璃化转变温度），玻璃晶化温度 $T_c$ 为 595 ℃（以明显放热峰外推起始温度作为玻璃晶化温度），当温度高于 700 ℃时伴随明显失重。

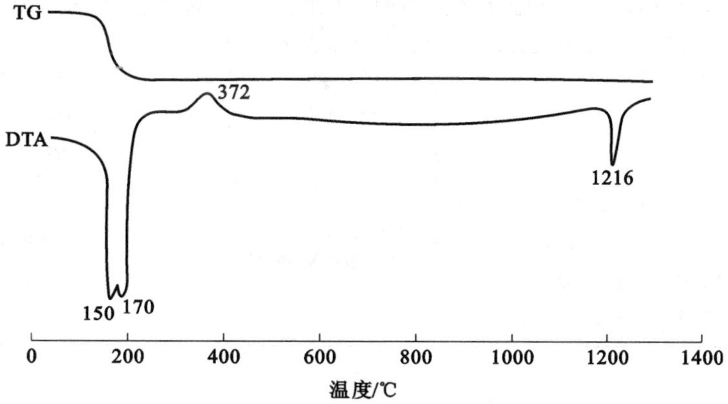


图 1.12　石膏（$CaSO_4 \cdot 2H_2O$）的差热曲线

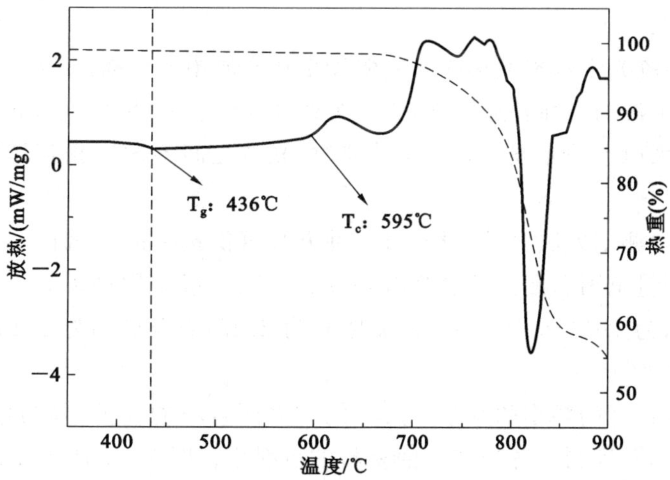


图 1.13　$GeS_2$-$Ga_2S_3$-CdS 体系的玻璃样品的典型综合热分析曲线

表 1.2 为材料的热物理性能及表征方法。

表 1.2　材料的热物理性能及表征方法

| 热物理性能 | 定义 | 常用物理量及量纲 | 表征方法 |
|---|---|---|---|
| 热容 | 在没有相变或化学反应的条件下，材料温度升高（或降低）1 K 时所吸收（或放出）的热量，单位为 J/K | 恒压摩尔热容，J/(mol · K) | 差示扫描量热法（DSC） |

**续表 1.2**

| 热物理性能 | 定义 | 常用物理量及量纲 | 表征方法 |
|---|---|---|---|
| 热传导 | 当固体材料一端的温度比另一端高时，热量就会从热端自动地传向冷端，这个现象称为热传导 | 导热系数，J/(m·s·K)或W/(m·K) | 稳态法如圆盘法、同心圆球法；<br>准稳态法如平壁导热法；<br>非稳态法如平壁导热法、热探针法 |
| 热膨胀性能 | 物体的体积或长度随温度升高而增大的现象称为热膨胀 | 线膨胀系数，1/K | 石英膨胀计法 |
| 热稳定性 | 热稳定性是指材料承受温度的急剧变化而不致破坏的能力，包括抗热冲击断裂性和抗热冲击损伤性 | 试样开裂温度、平均开裂温度、开裂温度范围，℃；<br>试样开裂个数 | 玻璃或陶瓷材料：将试样加热到一定温度后立即置于室温的流动水中急冷，并逐次提高温度和重复急冷，直至观察到试样发生龟裂。不同的制品用相应的国家标准评价其热稳定性 |
| 热电性能 | 在用不同种导体构成的闭合电路中，若使其结合部出现温度差，则在此闭合电路中将有热电流流过，或产生热电势，此现象称为热电效应 | 热电势，V 或 V/K | 用电位计测量，分补偿法和示差法两种 |

### 1.2.4　光学性能的表征

#### 1.2.4.1　线性光学性能

激光出现以前的传统光学基本上都在研究弱光束在介质中的传播、干涉、衍射、线性吸收、线性散射等现象，这些现象满足波的线性叠加原理，称之为线性光学。其特性为：光波在介质中传播时，不出现其他频率的光；若两束以上的光波在介质中传播时，光波之间不发生相互作用或散射，服从独立传播原理。

折射率(用 $n_D$ 表示)测定方法多种多样，每一种方法可供选用的测试仪器也有多种，但不同的测试方法或测试仪器的测量范围和测试精度都有差异。我国一般采用钠黄光(波长 589 nm)作为测试折射率的光源，例如，水为 1.33，水晶为 1.55，金刚石为 2.42，石英玻璃为 1.46，普通钠钙硅酸盐玻璃为 1.51，硫系玻璃可达 2.2。

材料的折射率随入射光的频率的减小或波长的增大而减小的现象，称为色散。其测量方法就是应用折射率的测量方法，分别测出各种波长的材料的折射率。图 1.14 是几种光学材料的色散曲线。

材料的反射比、透射性能、吸收光谱的测量方法基本相同，所采用的测量仪器也相同。常用的测试原理为积分球法和双光路比较法。图 1.15 是几种玻璃的透光光谱。由图可看出玻璃的紫外吸收边、红外吸收边和对应波长的最大透过率。长度为 $L$ 的样品，其透过率($I/I_0$)和吸收系数 $\alpha$ 的关系为：$\alpha=[\ln(I/I_0)]/L$。

图 1.15 中，ZBLAN 为多组分氟化物玻璃，含 $ZrF_4$、$BaF_2$，如 $55ZrF_4 18BaF_2 4LaF_3 6AlF_3 17NaF$；BIG 为多组分氟化物玻璃，含 $BaF_2$、$InF_3$、$GaF_3$；2SG 为含 Sb、Ge、Ga 的 Se 基玻璃；TeX 为含 Te、Se、I 的多组分玻璃，TeXAs 玻璃中添加了 As。

吸收光谱图的纵坐标用透过率或光密度表示，横坐标用波长或波数表示。吸收光谱可以给出材料基质和激活离子的激发态能级的位置和它们的分布情况。对于不透明的材料，通过测量它们的反

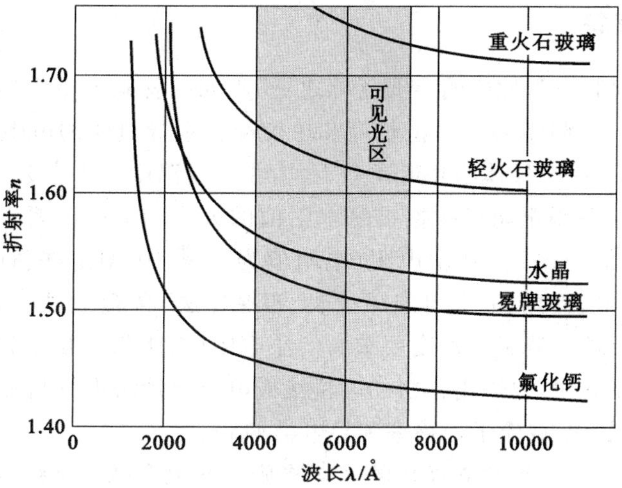


图 1.14　几种光学材料的色散曲线

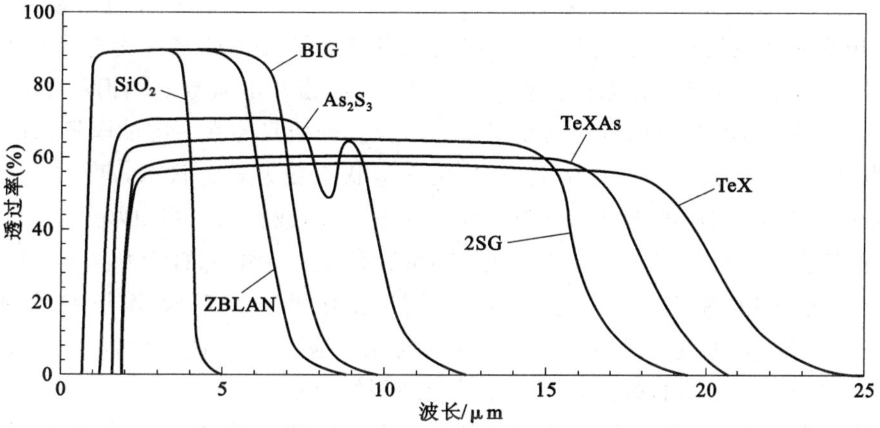


图 1.15　几种玻璃的透光光谱

射光谱也可获得同样的信息。

一束特定波长的单色光将激活离子，使其从基态激发到某一个激发态能级，从这个激发态向低于它的各个能级跃迁发光，可以得到它下面各个能级以及下面各个能级到更低能级的发光光谱，此即荧光光谱。谱图的纵坐标表示光强，横坐标表示波长或波数。通过荧光光谱可以获得激发态能级到下面各个能级的跃迁频率、荧光强度、荧光分支比等信息；为监控一个特殊的荧光发射波长，可改变激发波长，得到一个不同波长激发下的荧光强度变化图，即激发光谱。纵坐标表示荧光强度，横坐标表示波长。通过激发光谱可以得到荧光能级以上各个能级的位置，各个能级向荧光能级的能量传递能力，以及该荧光获得最高效率的最佳激发波长。

1.2.4.2　非线性光学性能

自从 1960 年激光器问世和 1961 年发现激光倍频现象以来，人们发现当激光这类强光在介质中传播时，波的线性叠加原理不再成立。当光波在非线性介质中传播时，会引起非线性电极化，导致光波之间的非线性作用，高强度的激光所导致的这类作用更加显著，这种与光强相关的光学效应，称为非线性光学效应。非线性光学材料的光学性质是控制非线性光学材料质量以及保证材料获得人们所需要的非线性光学效应至关重要的因素。主要关注的非线性光学性质是非线性光学系数(一般指二阶非线性极化率)、三阶非线性极化率、抗激光损伤阈值、非线性折射率等。测定材料二阶非线性光学系数的方法主要有相位匹配二次谐波发生法、Maker 法和激光粉末倍频效应法；三阶非线性极化率的测定方法很多，主要有干涉法、椭圆法、三波混频法、光学克尔快门法、简并四波混频法、Z 扫描曲线法等。

### 1.2.5　电学性能的表征

材料的导电性能是材料电学性能的主要指标之一，不同的材料导电性能相差很大。电阻是表征材料对电流通过的阻力。电阻率表示单位长度和单位面积上导电体的电阻值，单位是 Ω·m。由于电阻率只与材料本性有关，而与导体的几何尺寸无关，在一定温度下为常数。电阻率的倒数定义为电导率，单位是 $\Omega^{-1}\cdot m^{-1}$。测量电阻可根据被测电阻值的大小和准确度要求采用不同的测量仪器和方法。测量大电阻（电阻值$>10^5$ Ω）和中电阻（电阻值为 $10\sim10^5$ Ω），准确度要求不高时，常用兆欧表、万用表测量。半导体电阻的测量可用二探针法、四探针法、高 Q 表法等，其中在室温下测量电导率通常采用简单的四探针法。测量准确度要求高的小电阻（电阻值$<10$ Ω）或用电阻法研究和分析。金属与合金的组成结构变化时，要采用精密的电桥法或电位差计法进行测量。常用 Hall 效应技术测试半导体材料的 Hall 系数 $R$、载流子迁移率和导电类型。

电介质是指在电场作用下，能建立极化的一切物质。介电常数 ε 是综合反映电介质材料极化行为的一个主要宏观物理量，它表示电容器（两极板间）在有电介质时的电容相对在真空状态（无电介质）时的电容的增长倍数。真空介电常数 $\varepsilon_0=8.85\times10^{-12}\,F\cdot m^{-1}$。相对介电常数 $\varepsilon_r$ 也简称介电常数，量纲为 1。电介质在电场作用下，在单位时间内因发热而消耗的能量称为电介质的损耗功率，简称介质损耗。材料的介电性能是介电材料重要的性能，一般指介电常数 ε 和损耗角正切 $\tan\delta$。不同条件下，其测量方法各不相同，目前常用的是阻抗分析仪。介质只能在一定的电场强度以内保持绝缘等介电特性，当电场强度超过某一临界值时，介质由介电状态变为导电状态，这种现象称为介电强度的破坏，或叫介质的击穿，相应的临界电场强度称为介电强度，或称为击穿电场强度。

压电性是指某些晶体材料按所施加的机械应力成比例地产生电荷的能力。表征压电材料压电性能的参数主要有介电常数、弹性常数、压电系数、介质损耗、居里温度 $T_c$、谐振频率、频率系数、压电振子参数（机械品质因素 $Q_m$、机电耦合系数 $K$）等。纵向压电应变常数 $d_{33}$（单位为 C/N 或 m/V）用准静态法测量，居里温度 $T_c$ 常用的测量方法是自动导纳测量仪法。

热释电效应是指极化强度随温度改变而表现出的电荷释放现象，宏观上是温度的改变使材料的两端出现电压或产生电流。热释电效应的强弱可用热释电系数（单位为 $C\cdot cm^{-2}\cdot K^{-1}$）表示，常用积分电荷法测试。

热释电晶体中，若在不超过晶体击穿电场强度的电场作用下，其自发极化取向可以随电场改变，这种特性称为铁电性，因此，判断铁电体的依据是电滞回线。测量铁电材料的电滞回线有两种方法：冲击检流计描点法和 Sawyer-Tower 电路法，通过电滞回线可以得到铁电体的自发极化强度、饱和极化强度、剩余极化强度以及矫顽场等信息。

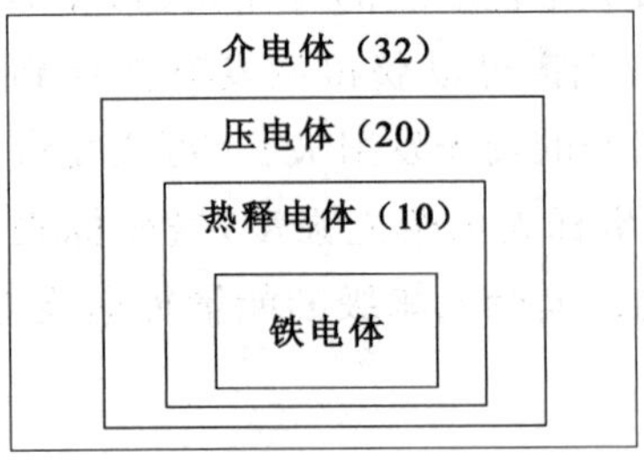


图 1.16　介电、压电、热释电、铁电晶体之间的关系

介电、压电、热释电、铁电晶体之间的关系见图 1.16。晶体共有 32 种点群，无对称中心的 20 种点群（432 点群除外）的晶体具有压电性。压电晶体中，有 10 种点群的晶体具有唯一单向极轴，即具有热释电性。

### 1.2.6　磁学性能的表征

物质的磁性来源于原子和电子的磁矩，因此物质都具有磁性。磁性不仅是磁性材料的一种使用性能，而且是许多材料的重要物理参数。了解材料的磁性，不仅对于磁性材料的应用和发展是必需的，而且对于研究材料结构、相变也是很重要的，因此材料磁学性能的表征已经成为研究材料的重要手段之一。

物体在磁场的作用下，物体中原子的磁矩排列取向趋于一致而呈现出一定的磁性的现象，叫作磁化。材料磁化程度用 $M$（单位体积原子或离子磁矩的矢量和）表示，磁化强度 $M$ 与外加磁场强度 $H$ 的关系为：

$$M=\chi H$$

式中，$\chi$ 为介质的磁化率，是材料的本质属性，无量纲。$\chi$ 数值越大，材料越容易磁化，正负则反映了材料磁性的类别。

表征材料磁性的参数还有绝对磁导率 $\mu$，其表达式为：

$$\mu=\mu_r\mu_0=\mu_0(1+\chi)$$

式中，$\mu_0$ 为真空磁导率，$\mu_r$ 称为相对磁导率。磁导率 $\mu$ 不是常数，材料在磁场 $H$ 的作用下被磁化，具有一定的磁感应强度 $B$，两者的微分之比即 $\mu=\mathrm{d}B/\mathrm{d}H$ 称为绝对磁导率。此外，由于应用的要求，对应不同的磁化条件，磁导率也有多种不同的定义，如起始磁导率、最大磁导率、振幅磁导率、增量磁导率、可逆磁导率等。

磁性材料的磁化强度 $M$ 随磁场强度变化的曲线称为 $M$-$H$ 磁化曲线，也称初始磁化曲线。相应地，磁性材料的磁感应强度 $B$ 随磁场强度 $H$ 变化的曲线称为 $B$-$H$ 磁化曲线。

磁性材料的磁化存在着明显的不可逆性，当磁性材料被磁化到饱和状态后，将磁场强度 $H$ 逐渐减小时，其磁感应强度 $B$ 不是沿原来的途径返回，而是沿着比原来的途径稍高的一段曲线减小，当 $H=0$ 时，$B$ 并不等于零，存在剩磁 $B_r$，即磁性材料中 $B$ 的变化滞后于 $H$ 的变化，这种现象称为磁滞现象。饱和磁感应强度 $B_s$、饱和磁场强度 $H_s$、饱和磁化强度 $M_s$ 之间存在如下关系：

$$B_s=\mu_0(H_s+M_s)$$

其中，$\mu_0$ 为真空磁导率。

根据磁滞回线的形状特征，磁性材料又可分为硬磁、软磁和矩磁三种。硬磁材料也称永磁材料，磁滞回线肥大，难以磁化并且一旦磁化之后又难以退磁，因此剩余磁感应强度高、矫顽力大于 1 kA/m，如铁氧体永磁材料和永磁合金材料；软磁材料磁滞回线瘦小，具有高导磁率与低剩余磁感应强度，矫顽力小于 100 A/m，常用作电磁铁或变压器铁芯；矩磁材料的磁滞回线形状接近矩形，剩余磁感强度 $B_r$ 和工作时最大磁感应强度 $B_m$ 的比值接近于 1，矫顽力较小，如(Mn－Mg)$Fe_2O_4$ 铁氧体、Li-Mn 合金等。

依据材料中原子和电子磁矩对外加磁场的响应不同，材料的磁性可分为抗磁性、顺磁性、反铁磁性、铁磁性和亚铁磁性，前三种属弱磁性，后两种为强磁性。五种磁性材料的磁化曲线如图 1.17 所示。

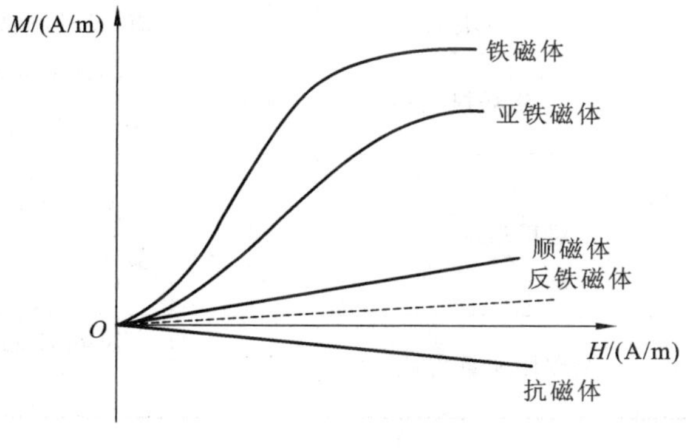


**图 1.17　五种磁性材料的磁化曲线**

(1) 抗磁体：外磁场会使材料中电子的轨道运动发生变化，感应出很小的磁矩，其方向与外磁场相反。磁化率数为负，量级为 $10^{-5}$。正常情况下，磁化率与磁场和温度无关，但当材料溶化凝固、晶粒细化、同素异构转变时，磁化率会发生变化。常见的抗磁性物质有 Bi、Zn、Ag、Mg 等金属，Si、P、S 等非金属，许多有机高聚物以及惰性气体。

(2) 顺磁体：有些物质原子本身具有磁矩，但原子磁矩无序排列，宏观上并不显示磁性。磁化后，原子磁矩会沿外加磁场方向择优取向，材料表现出宏观的磁性。磁化率为正，数量级为 $10^{-5}\sim10^{-2}$，与温度的关系符合居里-外斯定律。常见的顺磁性材料有稀土金属、铁族元素的盐类等。顺磁性和抗磁性一般都可看作无磁性的。因为它们只有外场存在时才会被磁化，且磁化率极小。

(3) 铁磁体：如铁、钴、镍等金属，在外加磁场作用下，会产生很大的磁感应强度，外加磁场除去后仍能保持相当大的剩磁，磁化率高达 $10^6$，磁感应强度远大于磁场强度。

（4）反铁磁体：某些材料，相邻原子的磁矩反方向平行排列，总磁矩为零。外加磁场时，其磁化率与温度有关。当温度低于某温度时，随温度降低，磁化率降低，而高于这个温度时，其行为像顺磁体。典型材料有 MnO、$Cr_2O_3$、CoO、$ZnFeO_4$。

（5）亚铁磁体：亚铁磁性材料和铁磁性材料特点相同，只是磁化率相对于铁磁性稍小，数量级在 $10 \sim 10^3$。典型材料是铁氧体材料。

外加的磁场有直流和交流两种磁场，磁性材料的磁性包括直流磁性和交流磁性。直流磁性包括直流磁场下得到的基本磁化曲线、磁滞回线以及由这两类曲线所定义的各种磁参数，如饱和磁化强度、剩余磁化强度/磁感应强度、矫顽力、磁导率等。直流磁性主要用于铁磁性材料和亚铁磁性材料等硬磁材料，测得的磁学性能也称为静态磁性能。表 1.3 列出了直流磁性的基本指标与测量方法。

**表 1.3　直流磁性的基本指标与测量方法**

<table>
<tr><th colspan="2">磁学性能指标</th><th>量纲</th><th>意义</th><th>测量方法</th></tr>
<tr><td colspan="2">磁场强度 $H$</td><td>A/m</td><td rowspan="2">反映环境磁场强弱</td><td rowspan="2">磁通法、霍尔效应法、磁共振法、磁光效应法</td></tr>
<tr><td colspan="2">磁感应强度 $B$</td><td>T(Wb/m²)</td></tr>
<tr><td colspan="2">磁化强度 $M$</td><td>A/m</td><td rowspan="3">反映材料的磁化程度</td><td rowspan="3">磁通法、磁秤法、交流互感电桥法</td></tr>
<tr><td colspan="2">磁化率 $\chi$</td><td>无</td></tr>
<tr><td colspan="2">磁导率 $\mu$</td><td>H/m</td></tr>
<tr><td rowspan="5">磁化曲线/磁滞回线</td><td>矫顽力 $H_c$</td><td>A/m</td><td>完全退磁时材料中的磁场强度</td><td rowspan="5">磁化曲线/磁滞回线测量：磁通法、冲击测量法、振动样品磁强计法、热磁仪测量法、无定向强磁计、超导量子干涉仪</td></tr>
<tr><td>剩余磁感应强度 $B_r$</td><td>T(Wb/m²)</td><td>退磁过程中，外加磁场减小为零时，材料中的磁感应强度</td></tr>
<tr><td>饱和磁化强度 $M_s$（饱和磁感应强度 $B_s$）</td><td>A/m(T)</td><td>磁化过程中，磁场强度增加时，材料所能达到的最大磁化强度</td></tr>
<tr><td>最大磁能积 $(BH)_m$</td><td>J/m³</td><td>退磁曲线上 $B$ 和 $H$ 乘积最大值，反映磁体储存磁能大小</td></tr>
<tr><td>磁滞损耗 $Q$</td><td>J/m³</td><td>磁滞回线包围的面积，磁化一周消耗的功</td></tr>
<tr><td colspan="2">居里温度</td><td>℃</td><td>铁磁性转变为顺磁性的相变温度</td><td>通过饱和磁化强度与温度的关系获得，感应方法，测定起始磁导率与温度的关系曲线，RLC 交流电桥法</td></tr>
<tr><td colspan="2">磁致伸缩系数</td><td>无</td><td>反映磁化对材料形状尺寸的变化</td><td>应变电阻法、光干涉法、机械光杠杆法、电容法</td></tr>
</table>

交流磁性主要是测量磁性材料在交变磁场中的性能，即在各工作磁感应强度下，从低频到高频的磁导率和损耗，主要用于软磁材料，测得的磁学性能称为动态磁性能。在交变磁场作用下被反复磁化而形成的磁滞回线称为动态磁滞回线，它与直流磁场作用下形成的磁滞回线形状类似，但由于相对于直流磁场下的磁损耗而言，增加了涡流损耗和剩余损耗，所以动态磁滞回线比静态磁滞回线包围的面积大。在交变磁场中磁化时，需要考虑磁化态改变所需要的时间，即 $B$ 和 $H$ 之间的振幅和相位关系，因此必须用复数形式表示磁导率，即 $\mu = \mu_1 - j\mu_2$。动态磁性测量主要有伏安法、电桥法、示波法三种。伏安法常用于测量低频下的磁化曲线，方法简单，但误差大，不能测量交流磁损耗；电桥法主要用

于测量磁导率，也可测量各频率下的磁化曲线；示波法可以在较宽的频率范围内测量磁滞回线。

### 1.2.7 力学性能的表征

材料力学性能是指材料在外加载荷或环境因素（温度、介质等）作用下表现出的变形能力。图 1.18 是金属、陶瓷、高聚物材料的典型应力-应变曲线。由图 1.18 可见，陶瓷弹性变形后没有塑性变形（或塑性变形很小），接着就是断裂，这是脆性材料的特征；金属开始变形时为弹性变形，接着有一段塑性变形，然后才断裂，这是塑性材料的特征；高聚物具有极大的弹性变形，这是弹性材料的特征。因此，材料的变形能力取决于材料的组成与结构，不同材料的力学性能差异非常大。

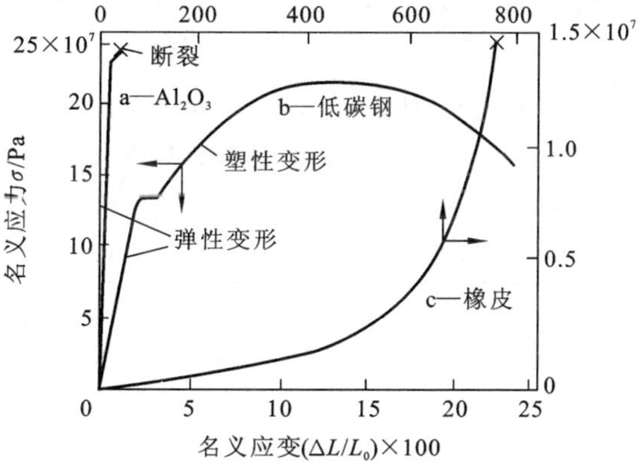


**图 1.18 不同材料的应力-应变曲线**

材料的力学性能用力学性能指标量化，表 1.4 归纳了材料的力学性能、力学性能指标及测试方法。力学性能指标有两类：一类关注的是材料所能达到的极限状态，如屈服强度、断裂强度、疲劳强度、断裂韧度、持久强度、延伸率等；另一类关注的是材料力学状态的变化过程，如弹性模量、形变强化指数、黏度等。根据力学性能指标的量纲，又可分为应力指标、应变指标、能量指标等。根据指标应用场合的不同，又可分为弹性指标、塑性指标、黏性指标、硬度指标、疲劳指标、冲击指标、断裂韧性指标等。

**表 1.4 材料的力学性能、力学性能指标及测试方法**

| 力学性能 | 定义 | 力学性能指标及量纲 | 测试方法 | |
|---|---|---|---|---|
| | | | 测试方法与设备 | 适用范围 |
| 弹性 | 可恢复的变形性能 | 弹性模量 $E$/GPa | 拉伸法，杨氏模量测定仪 | 低脆性、塑性材料，弹性范围内测量 |
| | | 切变模量 $G$/GPa | 扭摆法，扭转试验机 | 中高塑性材料，弹性范围内测量 |
| 塑性 | 不可恢复的永久变形性能 | 延伸率 $\delta$/%<br>断面收缩率 $\Psi$/% | 拉伸试验<br>材料试验机 | 低脆性、塑性材料 |
| 强度 | 对塑性变形和断裂的抗力 | 屈服强度 $\sigma_S$/GPa<br>抗拉强度 $\sigma_b$/GPa<br>抗弯强度 $\sigma_{bb}$/GPa<br>抗压强度 $\sigma_{bc}$/GPa<br>抗扭强度和抗剪强度 $\tau_b$/Gpa<br>断裂强度 $\sigma_c(\sigma_f)$/GPa | 拉伸试验<br>弯曲试验<br>压缩试验<br>扭转试验 | 金属、玻璃、陶瓷、聚合物 |

**续表 1.4**

| 力学性能 | 定义 | 力学性能指标及量纲 | 测试方法 | |
|---|---|---|---|---|
| | | | 测试方法与设备 | 适用范围 |
| 硬度 | 材料的软硬程度 | 维氏硬度 $H_V$/kgf/mm$^2$ | 压入法，维氏硬度计 | 薄材，适用于表面硬化层 |
| | | 布氏硬度 $H_B$/HBW | 压入法，硬度计（球形压头） | 中低硬度，厚材，范围为8～650 HBW |
| | | 洛氏硬度 $H_R$/HRC(A/B) | 压入法，硬度计（球形或圆锥形压头，A、B、C 表示不同标尺） | 金属材料，薄材，成品 |
| | | 显微维氏硬度 $H_V$/(kgf/mm$^2$) | 压入法，显微硬度计（正棱锥形压头） | 微薄材料 |
| | | 显微努氏硬度 $H_K$/(kgf/mm$^2$) | 压入法，显微硬度计（棱锥形压头） | 微薄材料，脆性材料 |
| | | 邵氏硬度 $H_S$/$H_A$/(C/D) | 静态挤压法，邵氏硬度计（A、C、D 代表测针尖端直径） | 塑料、橡胶与玻璃等非金属材料 |
| | | 莫氏硬度 $H_M$/级 | 划痕法，莫氏硬度计 | 测量结果是按硬度的顺序表示的值 |
| 韧性 | 断裂前吸收塑性变形功和断裂功的能力 | 静力韧性 $W$/(J/m$^3$) | 拉伸试验，材料试验机 | 金属、玻璃、陶瓷、聚合物 |
| | | 冲击韧性 $\alpha_{KV}$/(kg · m/cm$^2$) | 冲击试验，冲击试验机 | |
| | | 断裂韧性 $K_{IC}$/(MPa · m$^{1/2}$) | 弯曲试验，万能材料试验机 | |
| 疲劳与寿命 | 在交替载荷下的破坏行为 | 疲劳强度 $\sigma_\tau$/MPa | 疲劳试验，疲劳试验机 | 金属、陶瓷、聚合物 |
| | 材料或构件在外加应力和环境作用下能够安全有效使用(运行)的期限，即断裂前经历的循环次数 | 疲劳寿命 $N$/次 | 通过断裂力学方法估算 | 金属、陶瓷、聚合物 |
| 蠕变 | 固体材料在保持应力不变的条件下，应变随时间延长而增加的现象 | 蠕变极限 $\sigma$/MPa | 蠕变试验，蠕变试验机 | 金属、玻璃、陶瓷、聚合物 |
| | | 持久强度 $\sigma$/MPa | 持久试验，蠕变试验机 | |
| | | 蠕变速率 $\dot{\varepsilon}=\frac{d\varepsilon}{dt}$/mm · h$^{-1}$ | 蠕变试验，蠕变试验机，蠕变测量尺 | |
| 耐磨性 | 抵抗磨损的能力 | 磨损率 $dV/(dt\times dF)$：单位时间内单位载荷下材料的磨损量；相对耐磨系数：相同试验条件下，标准试样的绝对磨损值(质量磨耗或体积磨耗)与被测定材料的绝对磨损值之比 | 磨损试验，磨损试验机 | 金属、玻璃、陶瓷、聚合物 |

影响材料力学性能的内在因素主要有材料的化学组成、组织结构、冶金质量、表面或内部缺陷、残余应力等，外在因素主要有温度、载荷性质(静载荷、冲击载荷、交变载荷)、载荷谱、应力状态(拉伸、压缩、弯曲、扭转等)、试样尺寸、试样形状和环境介质等。

材料的力学性能表征是通过特定的材料试验系统实现的。传统的力学设备通过应力应变的测量来确定材料的力学性能，如材料万能试验机、扭转试验机、疲劳试验机、冲击试验机和蠕变试验机等。具体的表征方法有单向、多向拉伸/压缩、弯曲、扭转、剪切、硬度、冲击、磨损、振动和疲劳实验。例如，单向拉伸试验是采用光滑试样测定材料力学性能的一种主要试验形式，试验时，在试样两端缓慢施加单向载荷，使试样沿轴向伸长直至被拉断为止，可以测定材料弹性、塑性、强度和韧性等重要的基本力学性能指标。

测定材料的力学性能指标时，试样的尺寸规格、组织结构、缺陷分布、加工精度等都会对试验结果带来较大影响。为了使试验结果具有可比性，相关部门对试验的取材和加工都做了统一规定。试样分三类，光滑试样用于测定材料的承载性能，缺口试样用于测定材料的破断性能，裂纹试样用于评价裂纹结构件的剩余强度和寿命。

## 1.3 材料化学实验操作规程

### 1.3.1 实验室安全知识

在实验室中，实验人员经常与毒性很强，有腐蚀性、易燃烧，以及具有爆炸性的化学药品直接接触，常常使用易碎的玻璃和瓷质器皿，以及在煤气、水、电等高温电热设备的环境下进行着紧张而细致的工作。因此，必须十分重视安全工作。要注意以下几点：

(1) 进入实验室，开始工作前应了解煤气总阀门、水阀门及电闸所在处。离开实验室时，一定要将室内检查一遍，应将水、电、煤气的开关关好，门窗锁好。

(2) 使用煤气灯时，应先将火柴点燃，一手执火柴靠近灯口，一手慢开煤气门。不能先开煤气门，后燃火柴。灯焰大小和火力强弱，应根据实验的需要来调节。用火时，应做到火着人在，人走火灭。

(3) 使用电器设备(如烘箱、恒温水浴、离心机、搅拌器、电炉等)时，严防触电，绝不可用湿手或在眼睛旁视时开关电闸和电器开关。应该用试电笔检查电器设备是否漏电，凡是漏电的仪器，一律不能使用。

(4) 使用浓酸、浓碱，必须极为小心地操作，防止溅出。用移液管量取这些试剂时，必须使用洗耳球，绝对不能用口吸取。若不慎溅在实验台上或地面，必须及时用湿抹布擦洗干净。如果触及皮肤应立即治疗。

(5) 使用可燃物，特别是易燃物(如乙醚、丙酮、乙醇、苯、金属钠等)时，应特别小心。不要大量放在桌上，更不要放在靠近火焰处。只有在远离火源时，或将火焰熄灭后，才可大量倾倒易燃液体。低沸点的有机溶剂不准在火上直接加热，只能在水浴上利用回流冷凝管加热或蒸馏。

(6) 如果不慎溅出了相当量的易燃液体，则应按下法处理：

① 立即关闭室内所有的火源和电加热器。

② 关门，开启小窗及窗户。

③ 用毛巾或抹布擦拭洒出的液体，并将液体拧到大的容器中，然后再倒入带塞的玻璃瓶中。

(7) 用油浴操作时，应小心加热，不断用温度计测量，不要使温度高于油的燃烧温度。

(8) 易燃和易爆炸物质的残渣(如金属钠、白磷、火柴头)不得倒入污物桶或水槽中，应收集在指定的容器内。

(9) 废液不能直接倒入下水道，应根据其化学特性选择合适的容器和存放地点，用密闭容器存放，不可混合贮存。容器标签必须标明废物种类、贮存时间，定期处理。特别是强酸和强碱不能直接倒在水槽中，应先稀释，然后倒入水槽，再用大量自来水冲洗水槽及下水道。

（10）毒物、易燃物、易爆物应按实验室的规定办理审批手续后领取，使用时严格操作，用后妥善处理。

### 1.3.2 材料化学实验操作规程

材料化学实验中有关化学试剂操作规程如下：

（1）防止中毒

① 一切药品瓶必须有标签；剧毒药品必须有专门的使用、保管制度；在使用过程中如发生有毒药品撒落时，应马上收起并洗净落过毒物的桌面和地面。

② 严禁试剂入口，严禁以鼻子接近瓶口鉴别试剂。

③ 严禁食具和仪器互相代用，离开实验室、喝水及吃食品前一定要洗净双手。

④ 使用或处理有毒物品时应在通风橱内进行，且头部不能进入通风橱内。

（2）防止燃烧和爆炸

① 挥发性药品应放在通风良好的地方，存放易燃药品应远离热源。

② 室温过高时使用挥发性药品应设法先进行冷却再开启，且不能将瓶口对着自己或他人的脸部。

③ 在实验中要除去易燃、易挥发的有机溶剂时应用水浴或封闭加热系统进行，严禁用明火直接加热。

④ 身上或手上沾有易燃物时，不能靠近灯火，应立即洗净。

⑤ 严禁氧化剂与可燃物一起研磨。

⑥ 易燃易爆类药品及高压气体瓶等，应放在低温处保管，移动或启用时不得激烈振动，高压气体的出口不得对着人。

⑦ 易发生爆炸的操作不得对着人进行。

⑧ 装有挥发性药品或受热分解放出气体的药品瓶，最好不用石蜡封瓶塞。

（3）防止腐蚀、化学灼伤、烫伤

① 取用腐蚀性、刺激性药品时应戴上橡皮手套；用移液管吸取有腐蚀性和刺激性的液体时，必须用洗耳球操作。

② 开启大瓶液体药品时，须用锯子将石膏锯开，严禁用其他物品敲打。

③ 在压碎或研磨苛性碱和其他危险固体物质时，要注意防范小碎块溅散，以免灼伤眼睛、面部等。

④ 稀释浓硫酸等强酸时须在烧杯等耐热容器内进行，且必须在搅拌下将酸缓慢地加入水中；溶解氢氧化钠、氢氧化钾等发热固体药品时也要在烧杯等耐热容器内进行。如需将浓酸或浓碱中和，则必须先进行稀释。

⑤ 从烘箱、马弗炉等仪器中拿出高温烘干的仪器或药品时应使用坩埚钳或戴上手套，以免烫伤。

（4）玻璃仪器的洗涤及各种洗液的配制法

实验中所使用的玻璃仪器清洁与否，直接影响实验结果。由于仪器的不清洁或被污染往往会造成较大的实验误差，甚至出现相反的实验结果。因此，玻璃仪器的洗涤、清洁工作是非常重要的。

① 新玻璃仪器的清洗

新购买的玻璃仪器表面常附着有游离的碱性物质，可先用洗涤剂稀释液、肥皂水或去污粉等洗刷再用自来水洗净，然后浸泡在1%～2%盐酸溶液中过夜（不少于 4 h），再用自来水冲洗，最后用蒸馏水冲洗 2～3 次，在 80～100 ℃烘箱内烤干备用。

② 使用过的玻璃仪器的清洗

a. 一般玻璃仪器：如试管、烧杯、锥形瓶等(包括量筒)，先用自来水洗刷至无污物；再选用大小合适的毛刷蘸取洗涤剂稀释液或浸入洗涤剂稀释液内，将器皿内外(特别是内壁)细心刷洗，用自来水冲洗干净后，蒸馏水冲洗 2～3 次，烤干或倒置在清洁处，干后备用。凡洗净的玻璃器皿，不应在器壁上带有水珠，否则表示尚未洗干净，应再按上述方法重新洗涤。若发现内壁有难以去掉的污迹，应分别试用下述各种洗涤剂(见③洗涤液的种类和配制方法)予以清除，再重新冲洗。

b. 量器：如移液管、滴定管、量瓶等。使用后应立即浸泡于凉水中，勿使物质干涸。工作完毕后用流水冲洗，洗去附着的试剂、蛋白质等物质，晾干后浸泡在铬酸洗液中 4～6 h(或过夜)，再用自来水充分冲洗、最后用水冲洗 2～4 次，风干备用。

c. 其他：装有过传染性样品的容器，如被病毒、传染病患者的血清等沾污过的容器，应先进行高压(或其他方法)消毒后再进行清洗。盛过各种有毒药品，特别是剧毒药品和放射性同位素等物质的容器，必须经过专门处理，确定没有残余毒物存在方可进行清洗。

③ 洗涤液的种类和配制方法

A. 铬酸洗液(重铬酸钾-硫酸洗液，简称为洗液)广泛用于玻璃仪器的洗涤。常用的配制方法有下述四种：

a. 取 100 mL 工业浓硫酸置于烧杯内，小心加热，然后小心慢慢加入 5 g 重铬酸钾粉末，边加边搅拌，待全部溶解后冷却，贮于带玻璃塞的细口瓶内。

b. 称取 5 g 重铬酸钾粉末置于 250 mL 烧杯中，加水 5 mL，尽量使其溶解。慢慢加入浓硫酸 100 mL，随加随搅拌。冷却后贮存备用。

c. 称取 80 g 重铬酸钾，溶于 1000 mL 自来水中，慢慢加入工业硫酸 100 mL(边加边用玻璃棒搅动)。

d. 称取 200 g 重铬酸钾，溶于 500 mL 自来水中，慢慢加入工业硫酸 500 mL(边加边搅拌)。

B. 浓盐酸(工业用)：可洗去水垢或某些无机盐沉淀。

C. 5%草酸溶液：用数滴硫酸酸化，可洗去高锰酸钾的痕迹。

D. 5%～10%磷酸三钠($Na_3PO_4 \cdot 12H_2O$)溶液：可洗涤油污物。

E. 30%硝酸溶液：洗涤 $CO_2$ 测定仪器及微量滴管。

F. 5%～10%乙二胺四乙酸二钠(EDTA-2Na)溶液：加热煮沸可洗掉玻璃仪器内壁的白色沉淀物。

G. 尿素洗涤液：蛋白质的良好溶剂，适用于洗涤盛蛋白质制剂及血样的容器。

H. 酒精与浓硝酸混合液：最适合于洗净滴定管，在滴定管中加入 3 mL 酒精，然后沿管壁慢慢加入 4 mL 浓硝酸(相对密度为 1.4)，盖住滴定管管口，利用所产生的氧化氮洗净滴定管。

I. 有机溶剂：如丙酮、乙醇、乙醚等可用于洗去油脂、脂溶性染料等污痕。二甲苯可洗掉油漆的污垢。

J. 氢氧化钾的乙醇溶液和含有高锰酸钾的氢氧化钠溶液：两种强碱性的洗涤液，对玻璃仪器的侵蚀性很强，可清除容器内壁污垢，洗涤时间不宜过长。使用时应小心慎重。上述洗涤液可多次使用，但是使用前必须将待洗涤的玻璃仪器先用水冲洗多次，除去肥皂、去污粉或各种废液。若仪器上有凡士林或羊毛脂时，应先用纸擦去，然后用乙醇或乙醚擦净后才能使用洗液，否则会使洗涤液迅速失效。例如，肥皂水、有机溶剂(乙醇、甲醛等)及少量油污都会使重铬酸钾-硫酸洗液变成绿色，减弱洗涤能力。

### 1.3.3 实验室 6S 管理

6S 管理是指在生产现场对人员、机器、材料、方法、安全等生产要素进行有效的管理，6S 即整理

(seiri)、整顿(seiton)、清扫(seiso)、清洁(seiketsu)、素养(shitsuke)及安全(safety)6 项要素。

6S 管理的 6 项要素不是独立存在的,而是相互关联的。整理是整顿的前提,整理、整顿是清扫的前提,整理、整顿、清扫是清洁的前提,素养是推动员工进行整理、整顿、清扫、清洁的基本前提和内在动力,安全是所有工作的基础。

高校实验室实施 6S 管理的目的:

① 整合实验室资源、减少浪费。整理、分类实验室所有耗材、化学药品、工具、仪器设备,避免重复购买、减少浪费、物尽其用。

② 方便实验室管理、提升学生整体素质。实验室物品固定位置摆放整齐、分区明确、标识清晰、干净整洁,方便监督每个学生对仪器设备、工具、耗材的使用,掌握仪器设备的运行情况和耗材的使用情况,让学生掌握并自觉遵守实验室管理规定,提升学生的整体素质。

③ 保障安全。标识实验室道路、危险品和非危险品分开摆放并做好标识,危险区域和非危险区域划分明确并做好标识,仪器设备、工具等固定位置摆放并做好标识,设备操作规程、实验操作规范上墙,保障实验室和实验者的安全。

高校实验室实施 6S 管理的具体实施:

(1) 整理是对实验室所有物品进行整理。在实验教学准备阶段,将仪器设备和耗材进行分类,实验教学区只放置本学期实验需要用的物品,按统一标准给物品贴标签。本学期暂时不用的物品,按类别整理好放置于指定位置并做好标识。

(2) 整顿是按照实验教学安排将需要的物品分门别类、按照规定的位置摆放有序、标识明确、方便取用。在实验教学开始之前,对实验室进行分区,一般分为消防器材存放区(灭火器、灭火毯等)、急救医药区、卫生洁具存放区、废弃物存放区、实验操作区等,然后进行定位并做好标识。当使用者使用某个实验仪器或耗材时,需要详细登记,使用后放回原位。

(3) 清扫是将实验室打扫干净,包含仪器设备、工具、地面、操作台和其他工作场所。在实验教学开始之前,需要彻底打扫,确保所有用品都完好可用。在实验结束后,实验教学老师应督促学生清洗并烘干用过的烧杯、量筒等实验器具并放回原位,整理实验耗材,清理实验仪器上残留的化学药品并关闭电源,整理实验操作区,清洁地面,在确认所有试剂、器具、耗材、仪器等均放回原位、实验仪器使用记录填写完整后,方可离开。

(4) 安全。实验教学安全管理是指在从事具体实验活动中避免实验药品、器械及不规范的操作等对工作人员和相关人员的危害,避免对环境的污染和对公众的伤害,并保证实验的规范性和科学性。它可通过规范实验室设计建造、实验室设备的配置、个人防护装备的使用、严格遵守标准化的操作程序和管理规程等措施,确保实验室人员人身、财产安全及周围环境不受污染。实验室的安全管理应包括以下几个方面:

① 实验室环境安全:实验室布局合理、干净整洁、水阀门和电闸门无杂物遮挡、实验室门、走廊通道和安全出口畅通,逃生路线明确。

② 各种消防设施及报警装置前面无遮挡物(距离至少 1 m),消防设施齐全有效、标识清楚。

③ 实验室用电安全:不要用湿手插拔电源;经常检查电线、插座、插头,一旦发现破损立即更换;非电气施工专业人员,切勿擅自拆、改电气线路,实验室内禁止私拉电线,禁止用插线板连接试验设备;实验室用电设备使用中,使用人员不得离开,大功率电器还应做好使用状态记录;高压设备在使用前应做好漏电防护;一旦有人触电,应立即切断电源,或用绝缘物体将故障电线与人体分离后,再实施抢救;电线走火,切勿用水或酸碱泡沫灭火器灭火,应用沙子或二氧化碳灭火器灭火。

④ 实验室压力容器安全。实验室压力容器是指最高工作压力大于 0.1 MPa,压力与容积的乘积大于或等于 2.5 MPa · L,盛装介质为气体、液化气体或最高工作温度高于或等于标准沸点的液体。安全管理规则如下:气瓶应专瓶专用、不能随意改装、使用前要进行安全检查,检查瓶身和安全阀是否

有破损；气瓶应存放在阴凉、干燥的地方，远离热源，易燃气体气瓶与明火距离不小于 5 m，此外，还应与电源、水源保持一定距离；气瓶竖直放置时，应放置在气瓶柜里，或用气瓶架固定，并在气瓶登记牌上做好登记，实时更新相关信息；易燃、助燃气体的气瓶不得放置在一起，还原类气体气瓶与氧化类气体气瓶应分开放置，易燃、有毒气体气瓶必须放在气瓶柜里，氢气瓶最好放在专用气柜里；氧气瓶、臭氧气瓶严禁沾染油污，尤其要注意手、扳手或衣服上的油污；气瓶搬运要轻稳、严禁敲击、碰撞压力气瓶；各种气压表一般不得混用，开启气门时应站在气压表一侧，不准将头或身体对准气瓶总阀，以防气压表或阀门冲击伤人；气瓶内气体不可用尽，必须留有剩余气体以防止气体倒灌，其中，永久气瓶剩余压力不小于 0.1 MPa；压力气瓶开启时先开总阀，再开气压表，使用完毕后应先关总阀，再关气压表，严禁使用后不关气瓶；一旦发现气体泄漏，应立即关闭气源，开窗通风，将人员疏散到空气流通的地方，严禁开启或关闭任何电源，防止电火花引爆。

⑤ 危化品的安全管理。危化品一般指具有毒害、腐蚀、爆炸、燃烧、助燃等性质，对人体、设施和环境具有危害的剧毒化学品和其他物质或装置。根据危险特性，常用危险化学品可分为八类：爆炸品，压缩气体和液化气体，易燃液体，易燃固体、自燃物品和遇湿易燃物品，氧化剂和有机过氧化物，有毒品，放射性物品，腐蚀品。所有危化品应该与普通化学品分开存储，按照“五双”原则妥善保管。

⑥ 有毒、有害化学废液、废物的储存及安全管理。

⑦ 仪器设备的安全管理。

⑧ 火灾处理措施，了解实验室逃生路线、安全避火点、灭火器材位置，了解火灾应急处理措施。

⑨ 实验室学生安全操作规范。实验前充分预习，熟悉实验原理、实验过程、注意事项，熟悉实验对健康、安全、环境的影响并有应对的解决方案，撰写预习报告；实验时应注意穿实验服或防护服，佩戴口罩、手套、护目镜等防护具，严禁穿拖鞋、高跟鞋，严禁披长发，实验中不得随意离开，不得进食、打闹，实验中严格按照操作规范进行实验并做好实验现象记录。

(5) 清洁是将整理、整顿、清扫、安全 4 个要素的做法制度化、规范化，并贯彻执行级维护，使实验室保持最佳状态。

(6) 素养是 6S 的重心。若使用实验室的每一位人员都遵守 6S 管理规章制度，必将提高实验室仪器设备的使用率、使资源分配更加合理、避免安全事故发生。要求学生遵守 6S 规范，还可以培养学生的实验素养，养成良好的实验习惯，在获得合理的实验结果的同时，提高学生的个人修养、职业道德和社会责任感。

# 2 材料的化学合成、制备实验

## 实验 2.1 低温自燃烧法合成氧化物陶瓷粉体及陶瓷的制备

### 2.1.1 实验目的

（1）了解低温自燃烧法的基本原理；

（2）掌握低温自燃烧法合成氧化物陶瓷粉体的方法；

（3）掌握氧化物陶瓷的制备过程；

（4）了解粉料合成和陶瓷制备的影响因素。

### 2.1.2 实验内容

（1）采用低温自燃烧法合成 $La_{1-x}Sr_xFeO_3$（$x=0,0.2,0.4,0.6$）粉体；

（2）采用固相法制备陶瓷样品，并涂覆银电极用于测试电性能。

### 2.1.3 实验原理

化学合成方法可在一定程度上控制和调节合成粉体的颗粒大小、化学均匀性、物相结构和显微形貌，进而有利于改善坯体的成型质量、降低陶瓷烧结温度、调节陶瓷样品的显微结构，提高陶瓷样品的各项物理性能。

低温自燃烧法是一种制备超细粉料体的新型化学合成方法，其工艺过程简单、控制方便、周期短且易于大批量合成。更重要的是，反应物在合成过程中处于高度均匀分散的状态，反应时原子只需要经过短程扩散或重排即可进入晶格位点，产物粒度小，粒度分布均匀，为合成高性能的超细粉体提供了有效的途径。

低温自燃烧法通过燃烧产生了大量的气体（$NO_x$、$CO_2$），使得粉体结构疏松。采用该方法可在较短时间和较低的热处理温度下合成出单相、多组分、比表面积大、颗粒尺寸小的超细粉体，这是一种以有机物为反应物的低温自燃烧合成方法。有机盐凝胶或有机盐与金属硝酸盐的凝胶在加热时发生强烈的氧化还原反应，燃烧产生大量的气体，放出大量的热量，可提供反应所需的能量，使反应持续进行，从而生成氧化物粉体。这种方法也称为溶胶-凝胶燃烧合成法，或凝胶燃烧法。这种燃烧合成反应的特点是点火温度低（150～200 ℃），燃烧火焰温度低（1000～1400 ℃）。由于产生大量的气体，这类反应可获得高比表面积的粉体。同燃烧温度通常高于 2000 ℃的自蔓延高温合成法相比，此方法可以称作低温自燃烧合成法，简称低温自燃烧法。在燃烧合成中，有机物既作为燃料和络合剂，同时也可作为阴离子还原剂。

低温自燃烧法以溶胶-凝胶法为基础，兼顾了高温自蔓延燃烧法的特点，具有低成本，工艺简单，能精确控制化学反应计量比和反应条件，合成粉体粒度细小、均匀等诸多优点，已经在纳米材料、低温共烧材料的合成与制备等方面表现出了其他方法无可比拟的优势。同时，也要注意到，凝胶不完全燃烧时放出的 $NO_x$ 会对环境造成影响。随着人们对低温自燃烧法反应机理研究的不断深入，越来越多的科研人员已经开始关注并利用和改进这种新的化学合成方法。该方法在复杂氧化物体系的制备方面表现出独特的优势，并已在 $BaTiO_3$、$BaTi_4O_9$、$Pb_xBa_{1-x}Ti_4O_9$ 和 $Ba(Zr,Ti)O_3$ 等多种类型材料的制备中成功获得应用。

本实验以甘氨酸为燃料，材料中各组分的硝酸盐为氧化剂，采用低温自燃烧法，合成复合氧化物陶瓷粉体。其基本化学反应为（以合成 $LaFeO_3$ 为例）：

$$C_2H_5NO_2 + La(NO_3)_3 + Fe(NO_3)_3 \longrightarrow LaFeO_3 + NO_x\uparrow + CO_2\uparrow + H_2O\uparrow$$

与柠檬酸或 EDTA-硝酸盐热分解法相比，该方法初始点燃温度较低，燃烧反应更迅速，产物纯度更高（残碳含量小于 0.5%），组分偏析更小。

其具体过程是：以金属硝酸盐、甘氨酸为原料，按照一定配比溶于去离子水形成均匀的溶液。在一定温度和 pH 值下，利用甘氨酸的羧基基团对铵离子的稳定作用，再通过 N 原子给出电子形成电子对，与金属离子进行络合形成甘氨酸络合盐，经脱水、干燥，在空气中点燃，并平稳向前推进直至生成蓬松的粉末。

在制备过程中，甘氨酸既是燃料，又是络合剂。它的氨基可与过渡金属或碱土金属离子络合，而羧基可与碱土金属离子络合，又因为 $La^{3+}$ 的半径和化学性能与碱土金属离子相近，所以 $La^{3+}$ 也与羧基络合。这种络合作用可以防止前驱体中可能出现的成分偏析，保证产物为均质、单相的钙钛矿复合氧化物。

在低温自燃烧法合成粉体过程中，燃烧火焰温度是影响粉末合成的重要因素，火焰温度的高低影响合成产物的化合形态和粒度，如燃烧温度高则合成粉体粒度较大。燃烧反应温度与前驱体溶液中的化学计量比有关，富燃料体系温度较高，贫燃料体系温度较低，甚至发生燃烧不完全或硝酸盐分解不完全的现象。当 $G/M^{n+}$（甘氨酸与金属离子之比）大于 0.6 时，体系才有明显的燃烧反应发生。前驱体燃烧时释放大量的气体，气体的排出使燃烧产物呈蓬松的泡沫状，并带走体系中大量的热，因而保证能够获得颗粒细小的粉体。因此，通过控制 $G/M^{n+}$、燃烧环境、化学组成等可以调节粉体的颗粒形态和晶体结构。

### 2.1.4　实验药品及设备

（1）实验药品（表 2.1）

**表 2.1　实验药品**

| 原料名称 | 分子式 | 纯度 | 含量 | 来源 |
|---|---|---|---|---|
| 硝酸镧 | $La(NO_3)_3 \cdot 6H_2O$ | A. R. | ≥99.0% | 国药化学试剂有限公司 |
| 硝酸锶 | $Sr(NO_3)_2$ | A. R. | ≥99.5% | 上海实验试剂有限公司 |
| 硝酸铁 | $Fe(NO_3)_3 \cdot 9H_2O$ | A. R. | ≥99.5% | 上海实验试剂有限公司 |
| 甘氨酸 | $C_2H_5NO_2$ | A. R. | ≥99.0% | 国药化学试剂有限公司 |

（2）实验耗材和仪器设备

电子天平、电炉、1000 mL 烧杯及玻璃棒、马弗炉、研钵、坩埚、模具、压力机。

### 2.1.5　实验步骤

本实验采用低温自燃烧法合成 $La_{1-x}Sr_xFeO_3$ 体系粉体，经压制成型、烧结得到条状陶瓷样品，再进行后续的结构表征和性能测试。

2.1.5.1　粉体的合成

（1）配料：按制备 $La_{1-x}Sr_xFeO_3$（$x$=0，0.2，0.4，0.6）所需的化学计量比称取适量 $(LaNO_3)_3\cdot6H_2O$、$Sr(NO_3)_2$、$Fe(NO_3)_3\cdot9H_2O$ 置于 1000 mL 烧杯中，加入去离子水溶解，用玻璃棒搅拌均匀后，按 $G/M^{n+}$（甘氨酸与金属离子之比）=2，将甘氨酸溶解，获得澄清透明的前驱体溶液，整个过程中注意加水量不要太多。

（2）燃烧反应：硝酸盐和甘氨酸完全溶解后，用不锈钢网将烧杯口罩住，以防燃烧后生成的粉尘飞扬。将烧杯放在电炉上快速加热至沸腾。当前驱体溶液浓缩到一定程度时会出现鼓泡现象，当水含量很少时即会发生剧烈自燃烧反应，约能持续 30 s，并伴随有大量的气体产生，所得疏松的黑色产物即为初级粉体。

（3）研磨及热处理：将黑色初级粉料取出，稍加研磨后放入瓷坩埚，在马弗炉中进行热处理，以每小时 300 ℃的升温速率升到 300 ℃，保温 1 h，再升到 700 ℃保温 1 h，关闭炉子，自然冷却后得到的黑色粉体即为合成粉体。

2.1.5.2　陶瓷的制备

（1）研磨及造粒：将合成粉体用研钵仔细研磨，注意一定要将合成粉体研磨均匀，这对陶瓷样品的性能有很大的影响。待合成粉体研磨均匀后，加入适当的 PVA 溶液（每 10 g 约 3 滴），再次研磨至 PVA 均匀分布于合成粉体中（根据实际情况可将加 PVA 的粉体放在红外灯下适当加热）。

（2）成型（条状）：将粉体进行成型加工，成型压力为 60～80 kN。脱模时要小心，压制出来的条状样品不能出现明显的裂纹。

（3）排胶：将压制的条状样品进行排胶处理，以每小时 100 ℃的升温速率升到 600 ℃，保温 2 h，关闭炉子，自然冷却后取出条状样品。

（4）烧结：将经排胶处理的条状样品放入坩埚中（样品周围用填料埋住），并将坩埚放入马弗炉中进行烧结，以每小时 300 ℃的升温速率升到 1200 ℃，保温 4 h，关闭炉子，自然冷却后得到的样品即为 $La_{1-x}Sr_xFeO_3$ 陶瓷。

（5）镀电极：将经过烧结的条状样品磨平、抛光，使相互平行的两个平面保持干净平整；然后在样品的表面涂覆银电极浆料，制成四个电极，在红外灯下烘干，置于马弗炉中，以 100 ℃/h 的升温速率升到 850 ℃，保温 15 min 后随炉冷却，最后将涂覆的银电极表面抛光。

（6）烧结后的陶瓷样品可进行 XRD 和 SEM 分析；按照上述步骤制备的陶瓷样品镀电极后可用于测试电导率和交流阻抗谱；未镀电极的试样可用于测量膨胀系数。

### 2.1.6　注意事项

（1）原料溶解过程中水的量不宜太多，不要超过 100 mL。

（2）成型前的研磨过程一定要充分，否则会影响陶瓷的性能。

（3）在压制条状样品时注意要慢速加压和慢速减压，并保压 1 min。压制成型后再反向加压一次。

### 2.1.7　思考题

（1）低温自燃烧法有哪些优点？据你所知，有哪些化学合成方法可以合成超细粉体？

（2）本实验中，可能影响 $La_{1-x}Sr_xFeO_3$ 体系合成粉体形态的主要因素有哪些？

# 实验 2.2　模压成型法制备多孔陶瓷材料

## 2.2.1　实验目的

(1) 了解多孔材料的概念及特性，理解孔的形成原理；

(2) 掌握模压成型法制备多孔陶瓷的工艺过程。

## 2.2.2　实验内容

以氧化铝为骨料，煤灰为造孔剂，羧甲基纤维素钠盐(CMC)氧化镁等为烧结助剂，利用挤压成型法制备多孔氧化铝陶瓷材料。

## 2.2.3　实验原理

(1) 多孔材料

多孔材料是指各个结构层面上包含固相和气孔的一种复相材料，如图 2.1 所示。按照孔径大小的不同，多孔材料可以分为微孔(孔径小于 2 nm)材料、介孔(孔径为 2～50 nm)材料和大孔(孔径大于50 nm)材料。气孔可以是孤立闭气孔，亦可以是相互连通的开口气孔。孔隙形状可以是规则形状也可以是无规则形状。就孔的分布形式而言，多孔材料的主要类型有两种：由大量多边形气孔在平面上聚集形成的二维结构，由于其形状类似于蜂房的六边形结构而被称为“蜂窝”材料；由大量多面体形状的气孔在空间聚集形成的三维结构，通常称为“泡沫”材料。多孔材料在自然界中普遍存在，如木材、软木、海绵和珊瑚等，人造多孔材料如高分子泡沫材料的用途也很广泛。现代技术的发展使得金属、陶瓷、玻璃等也能制成多孔材料，从而发挥了其由多孔结构决定的独特的综合性能。

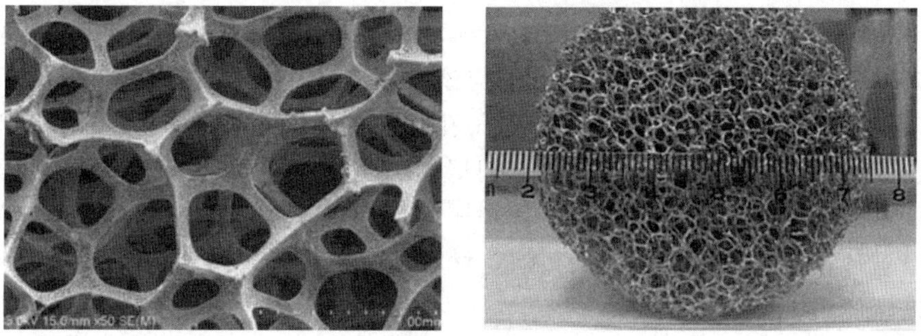

图 2.1　多孔材料

相对连续介质材料而言，多孔材料一般具有相对密度低、比表面积高、质量小、隔音、隔热、渗透性好等优点。具体来说，多孔材料一般有如下六种特性：

① 机械性能的改变：多孔材料能在不显著降低强度和刚度等机械性能的前提下降低密度，这在航天、航空业中具有一定的优势。多孔材料另一机械性能的改变是冲击韧性的提高，多孔材料应用于汽车工业能有效降低交通事故对乘客的伤害。

② 对机械波及机械振动的传播性能的改变：波传播至两种介质的界面上时，会发生反射和折射。由于多孔的存在，增多了反射和折射的可能，同时衍射的可能也增多，所以多孔材料能起到阻波的作用。因此，多孔材料可以用作隔音材料、减振材料和抗爆炸冲击的材料。

③ 对光电性能的改变：多孔材料具有独特的光学性能，例如，微孔的多孔硅材料在激光的照射下可以发出可见光，将成为制造新型光电子元件的理想材料。多孔材料的特殊电学性能还可以用于制造燃料电池的多孔电极，这种电池被认为是下一代汽车最有前途的能源装置。

④ 选择渗透性：通过控制孔的尺寸和方向可以制成分子筛，比如高效气体分离膜、可重复使用的特殊过滤装置等。

⑤ 选择吸附性：由于每种气体或液体分子的直径不同，其运动的自由程不同，所以不同孔径的多孔材料对不同气体或液体的吸附能力就不同。利用这种性质能制作出用于空气或水净化的高效气体或液体分离膜。

⑥ 化学性能的改变：多孔材料由于比表面能的增大而使材料的活性有所增加。例如，基于具有分子识别功能的多孔材料而产生的人造酶，能大大提高催化反应速度。

(2) 多孔陶瓷的制备方法

多孔材料制备方法有烧结法和免烧结法两种。烧结法是将各种组分按照要求进行配料，经适当成型后于高温条件下进行烧结，使坯体形成具有预期孔径、孔形要求的烧结体，如多孔陶瓷的制备。免烧结法是多种原料在胶凝材料组分的作用下，通过水化反应，使各种组分胶结在一起，形成具有合理孔径的多孔材料，如多孔聚合物材料的制备。

多孔陶瓷种类很多，按所用骨料可以分为5种，见表2.2。

**表2.2　多孔陶瓷按所用骨料进行的分类**

| 序号 | 名称 | 骨料 | 性能 |
|---|---|---|---|
| 1 | 刚玉质材料 | 刚玉 | 耐强酸、耐碱、耐高温 |
| 2 | 碳化硅质材料 | 碳化硅 | 耐强酸、耐高温 |
| 3 | 铝硅酸盐材料 | 耐火黏土熟料 | 耐中性、酸性介质 |
| 4 | 石英质材料 | 石英砂、河砂 | 耐中性、酸性介质 |
| 5 | 玻璃质材料 | 普通石英玻璃、石英玻璃 | 耐中性、酸性介质 |

多孔陶瓷制备的关键和难点在于形成多孔结构。孔的形成方法有：

① 添加造孔剂工艺：在陶瓷配料中添加造孔剂，如碳粉、淀粉等，利用这些造孔剂在高温下燃尽或挥发而在陶瓷体中留下孔隙，同时这些造孔剂应该在加热过程中被排除后在基体中无残留物，且不与基体反应。利用这种工艺可以制得形状复杂、气孔结构各异的多孔制品，且工艺简单，易于大规模生产，但制品气孔率不能过高(一般低于50%)，且气孔分布均匀性差。

② 溶胶-凝胶工艺：利用凝胶化过程中胶体粒子的堆积以及凝胶处理过程中留下的小气孔，形成可控多孔结构。这种方法主要用来制备微孔陶瓷材料，特别是微孔陶瓷薄膜，但此法须采用大量的有机物，成本高，产量低。

③ 有机泡沫浸渍工艺：利用有机泡沫体所具有的开孔三维网状骨架的特殊结构，将制备好的浆料均匀地浸渍到有机泡沫网状体上，干燥后烧掉有机泡沫体而获得一种网眼多孔陶瓷，是制备开孔结构多孔陶瓷最常用的方法。该方法工艺简单，操作方便，无需复杂的设备，制造成本低，且制得的多孔陶瓷是完全连通的孔结构，气孔率高，孔径大，这种特殊结构使其作为过滤材料时具有流体通过时压力损失小、表面积大和流体接触效率高以及质量轻等特点，因而被广泛应用于金属熔体过滤器。

④ 颗粒堆积工艺：在骨料中加入相同组分的微细颗粒，利用微细颗粒易于烧结的特点，在高温状况下产生液相，使骨料(大颗粒)连接起来。孔径的大小与骨料粒径成正比，骨料粒径越大，形成的多孔陶瓷平均孔径就越大。骨料颗粒尺寸越均匀，产生的气孔分布也越均匀。另外添加剂的含量和种类以及烧成温度对微孔体的分布和孔径大小有直接的影响。

⑤ 发泡工艺：在制备好的料浆中加入发泡剂，如碳酸盐和酸等，通过化学反应等能够产生大量细小气泡，烧结时通过在熔体内发生放气反应就能得到多孔结构，这种发泡气体率可达95%以上。发泡法可以更容易地制得一定形状、组成和密度的多孔陶瓷，而且还可以制备出小孔径的闭口气孔，其

缺点在于难以控制工艺条件，且对原料要求较高。

⑥ 水热-热静压工艺：水热-热静压工艺是通过水作为压力传递介质制备各种多孔陶瓷。其制备步骤为将陶瓷组分和一定量的水混合，置于高压釜中，在一定的温度和压力下，通过水的蒸发而制得多孔陶瓷。用此方法制得的多孔陶瓷材料抗压强度高、性能稳定，且空隙分布范围广。

多孔陶瓷的制备包括原料加工和配料、成型、烧成等几个过程，具体工艺过程为：

(1) 原料加工、配料

多孔陶瓷的原料加工时，需要考虑原料颗粒形状、颗粒度分布是否可以在满足其他性能的基础上制备出需要的气孔。在配料时，需要考虑是否加入造孔剂或发泡剂等。

① 骨料：多孔陶瓷的主要原料，在整个配方中占70%～80%的质量，一般选择强度高、弹性模量大的材料，有石英砂、刚玉、SiC、烧矾土、烧蛇纹石、硬质碎瓷粉等。骨料需要经破碎、筛分，按一定尺寸分级备用。

② 黏结剂：多孔陶瓷使用的黏结剂有玻璃粉、瓷釉、各种黏土、高岭土、磷酸铝、水玻璃等。另外，为了提高半成品的强度，便于成型，常采用石蜡、水玻璃、亚磷酸纸浆废液、聚乙烯醇(PVA)、羧甲基纤维素钠盐(CMC)等作为成型黏结剂。黏结剂的主要作用是使骨料黏结在一起，便于成型。黏结剂必须经过细磨，使其能均匀地分散在骨料颗粒周围。黏结剂的熔化温度要比骨料低很多。

③ 造孔剂：加入可燃尽的物质，一般都用木炭、木粉、焦炭、石蜡、塑料粉等，这些物质在烧成过程中因为发生化学反应或者燃烧挥发而除去，从而在胚体中留下气孔。造孔剂也必须经过细磨，使其能均匀地分散在骨料颗粒周围。

(2) 成型

多孔陶瓷的成型方法：可以分为干法、湿法两大类，有模压、挤压、等静压、轧制、注射和粉浆浇注等。

挤压成型是坯料在三向不均匀压应力作用下，从模具的孔口或缝隙挤出使其横截面面积减小、长度增大，成为所需制品。它是目前国内外普遍采用的一种成型方法，应用领域广泛，具有适用范围广、生产效率高、产品尺寸精确、制品结构均匀等一系列优点。

模压成型是先将粉状、粒状或纤维状的塑料放入成型温度下的模具型腔中，然后闭模加压而使其成型并固化。最大优点是简单方便，如果对制品的质量要求不高，较小的片状、块状或管状的多孔陶瓷都可以用模压成型的方法制备。

注浆成型是将陶瓷粉料配成具有流动性的泥浆，然后注入多孔模具内(主要为石膏模)，水分在被模具(石膏)吸收后便形成了具有一定厚度的均匀泥层，再经脱水干燥成型。注浆能使陶瓷粉料与造孔剂较好地混合，制成的多孔陶瓷气孔分布均匀，且设备简单，是制备多孔陶瓷的常用方法，其关键是料浆的制备。

(3) 烧成

使用不同的配方、制备方法和成型方法，就会有不同的烧成制度，具体应该根据材料的性能而定。一般地，当多孔陶瓷坯料中添加剂较多时，为了不使坯体在烧结过程中破裂，必须严格控制升温速率。另外，从方便排除各种有机添加剂考虑，必须使添加剂排除温度保持足够长的时间。

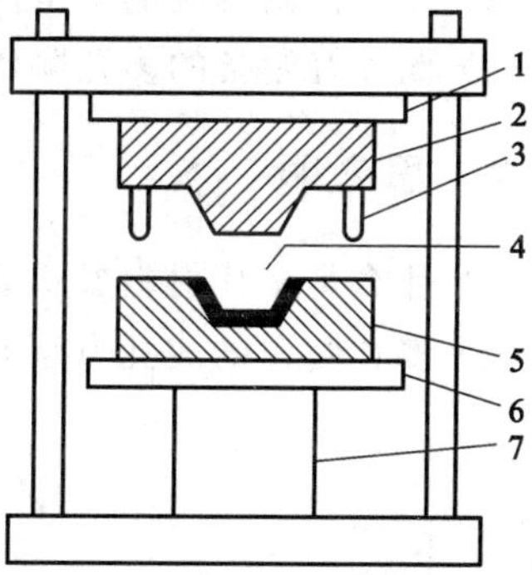


**图 2.2 模压成型装置示意图**

1,6—压板；2—阳模；3—定位销；4—模塑料；5—阴模；7—液压机

## 2.2.4 实验药品及设备

(1) 实验药品：骨料(氧化铝，C. P.)、造孔剂(煤粒，C. P.)、烧结助剂(CMC、MgO，C. P.)。

(2) 实验仪器：托盘天平、陶瓷研钵、压力机、模具、高温炉。模压成型装置示意图见图 2.2。

### 2.2.5 实验步骤

多孔氧化铝陶瓷的制备工艺主要有选料、配料、混合研磨、成型、干燥、烧结等六个步骤，具体如下：

(1) 选料

本次选用的骨料是氧化铝，在坯体中起到骨架的作用。使用造孔剂的主要目的是促使陶瓷气孔率增大，选用煤灰作为造孔剂。黏结剂选取具有良好塑性变形能力及黏结力的 CMC、MgO。

(2) 配料

用托盘天平按表 2.3 称取总质量为 25 g 的原料。

**表 2.3　原料及质量分数**

| 氧化铝 | MgO | CMC | 煤灰 | 水 |
| --- | --- | --- | --- | --- |
| 60% | 8% | 15% | 17% | 固体料的 10%～15% |

(3) 混合研磨

将称好的原料充分混合，采用多次过筛与反复搅拌的方法使原料混合均匀。将混合好的配料放入陶瓷研钵中，加水，并充分研磨。

(4) 成型

将混合研磨好的粉料装入模具中，封闭模具，加压。维持一定时间后，脱模取出毛坯。

(5) 干燥

将毛坯在烘箱中于 100 ℃下预处理 30 min，使毛坯干燥。

(6) 烧结

将干燥完的毛坯放入高温炉中，按表 2.4 的升温制度进行烧结，即可获得多孔陶瓷。

**表 2.4　毛坯升温制度**

| 温度区间/℃ | 室温～400 | 400～1100 | 1200～1300 | 1300 |
| --- | --- | --- | --- | --- |
| 升温速率/(℃/h) | 100 | 200～300 | 100 | 保温 1 h |

### 2.2.6 注意事项

(1) 对粉料加压必须维持一定时间后才可脱模取出毛坯。

(2) 注意控制毛坯的干燥温度、保温时间，注意控制烧结的升温制度，否则陶瓷容易开裂。

(3) 保存好制备的多孔陶瓷，用于进行多孔陶瓷的密度、气孔率、吸水率和吸声系数测试。

### 2.2.7 思考题

(1) 什么是多孔材料？主要应用于哪些领域？

(2) 多孔陶瓷的成孔方法有哪些？各有何优缺点？

# 实验 2.3 模板法合成介孔二氧化硅

## 2.3.1 实验目的

（1）掌握介孔材料的概念；

（2）了解介孔二氧化硅的结构及其应用领域；

（3）了解介孔材料的合成原理和方法。

## 2.3.2 实验内容

以十六烷基三甲基溴化铵（CTAB，$C_{19}H_{42}NBr$）、正硅酸乙酯[TEOS，$Si(OC_2H_5)_4$]等为原料，采用阳离子表面活性剂，通过模板法合成介孔二氧化硅材料。

## 2.3.3 实验原理

### 2.3.3.1 二氧化硅基介孔材料

介孔材料是指孔径在 2～50 nm 的多孔材料。根据孔在空间的分布特征，介孔材料可分为无序和有序两种。前者的孔径分布较宽，孔型形状复杂、不规则，且互相连通，在合成过程中具有不可预期性，但其合成过程相对简单，典型的方法是溶胶-凝胶法，如 $SiO_2$、$TiO_2$ 等无序介孔固体均可采用此法合成。而后者的孔在空间呈规则排列，例如氧化硅类的有序介孔分子筛材料，它具有比表面积大、孔道大小均匀、六方有序、孔径在 1.5～10 nm 范围内连续可调以及较好的热稳定性和水热稳定性。通常它是利用有机分子-表面活性剂作为模板剂，与无机源进行界面反应，以某种协同或自组装方式形成由无机离子聚集体包裹的、规则有序的胶束组装体，再通过煅烧或萃取等方式除去有机物质，保留无机骨架，形成多孔的纳米尺寸的介孔结构。当材料中孔的总体积达到一定值、孔径尺寸足够小时，便产生了一系列异于体相的性质。因此，介孔材料在催化、吸附、光、电、磁等许多领域有着广泛的潜在应用价值。

二氧化硅基介孔材料具有稳定的骨架结构、均一可调的孔径、易于修饰的内外表面、良好的生物相容性和低毒性，因而在生物医药和组织工程领域引起了广泛关注。主要是通过调控介孔分子筛载体的物理化学性质（孔径、孔道结构、形貌、表面性质、主-客体间作用力）和外界条件（pH、热、酶等）等因素研究药物分子释放行为。

### 2.3.3.2 合成方法

（1）模板法

模板法采用所谓的模板生长机制，使表面活性剂形成胶束作为模板，再进行干燥和灼烧而形成介孔固体。首先将表面活性剂加入到溶剂中形成稳定的中间产物，洗涤过滤干燥后得到有机/无机复合前驱体，再通过灼烧或溶剂萃取去除其中的表面活性剂，便可得到介孔材料。根据所选模板剂的不同，模板法又可分为 4 类。

① 阳离子表面活性剂模板法。依据溶剂种类，该法可以使用酸性和碱性溶液两种。长链烷基季铵盐阳离子表面活性剂是合成硅基介孔材料最常用的模板剂。

② 阴离子表面活性剂模板法。对于非硅体系的介孔材料，由于非硅氧化物前躯体通常带正电，并且易溶于酸性溶液中，因此常选取阴离子表面活性剂为模板来合成。

③ 非离子表面活性剂模板法。常用来作为模板剂或造孔剂的非表面活性剂的有机化合物有 D-葡萄糖、D-麦芽糖、二苯甲酰基酒石酸等。

④ 混合表面活性剂。混合表面活性剂一般采用两种表面活性剂混合，以发挥出各自的优势，对胶束的大小和形状进行更好的控制，从而制备出尺寸和形貌更优的介孔材料。

(2) 溶胶-凝胶法

溶胶-凝胶法是最常见的介孔材料合成方法之一。具体过程为：将模板剂（如表面活性剂）溶解在溶剂中形成透明溶胶，相继加入原料及所需试剂，搅拌溶解后陈化。待溶胶陈化转变为凝胶，再对其进行热处理即可得到介孔材料。溶胶-凝胶法适用范围广、反应过程容易控制、实验设备简单、成本低、合成的介孔材料纯度高，易于实现掺杂和工业化生产。

(3) 水热法

水热法是指在高压反应釜中采用水（或其他溶剂）作为反应介质，通过对反应体系加热加压（或自生蒸汽压），形成相对高温高压的环境，使通常难溶或不溶的物质溶解，并且重结晶而进行无机合成与材料处理的一种有效方法。它是早期合成沸石分子筛的主要方法。水热法合成的介孔材料晶化程度高、水热稳定性好，其操作简单、重复性强，但需要用到高压反应釜，存在一定的安全隐患。

(4) 沉淀法

沉淀法的基本原理是向盐溶液中加入适当沉淀剂，得到前驱体溶液后再将其干燥灼烧获得介孔材料。该方法反应温和、操作简单且成本较低。

(5) 微乳液法

微乳液粒径为 5～70 nm，属于纳米级别。此方法合成介孔材料的原理是利用微乳液中具有规整均一外形的乳液颗粒为模板，再在微粒上组装，进一步定型后将模板脱除得到规整的介孔材料。

2.3.3.3　介孔材料的合成机理

介孔材料出现后，人们已提出许多机理解释介孔材料的形成，为各种合成路线提供理论基础。在所提出的各种机理中，有一个共同的特点是溶液中的表面活性剂引导溶剂化的无机前驱体形成介孔结构。这些表面活性分子中存在两种不亲和基团：亲水基和疏水基，为减少不亲和基之间的接触，溶液中的表面活性剂分子通过自组装的方式聚集起来形成胶束，以降低体系的能量。

(1) 液晶模板机理

在此模型中，具有双亲水基团的表面活性剂，在水中达到一定浓度时形成棒状胶束并规则排列成所谓“液晶”结构，其憎水基向里，带电的亲水基头部伸向水中。当硅源物质加入时，通过静电作用，硅酸根离子可以和表面活性剂离子结合，并附着在有机表面活性剂胶束的表面，在有机圆柱体的表面形成无机墙，两者在溶液中同时沉淀下来，产物经水洗、干燥、煅烧，除去有机物质，只留下骨架状规则排列的硅酸盐网络，从而形成 MCM-41（六方晶相）介孔材料。图 2.3 为液晶模板机理示意图。

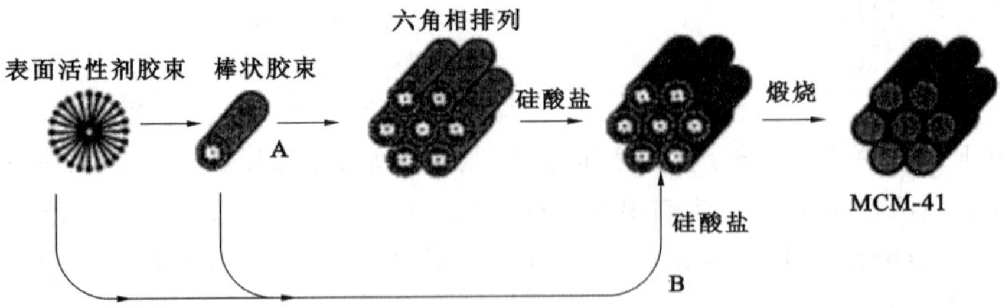


图 2.3　液晶模板机理示意图

(2) 电荷匹配机理

实际上是有机与无机离子在界面处的电荷匹配。虽然表面活性剂的使用量小于棒状胶束，即液晶形成的临界胶束浓度，但介孔结构仍然可以形成。因为在介孔材料合成过程中，离子之间的静电作用力占据主导作用。当使用带电的表面活性剂时，活性剂配位反粒子首先与多电荷的聚硅酸根离子进行离子交换。这些多配位的硅酸根离子可与几个表面活性剂离子键合，并屏蔽掉表面活性剂亲水基之间的静电斥力从而使表面活性剂棒状胶团在较低浓度下形成，并按六方堆积的方式排列，形成介孔结构。

(3) 静电作用模型

Tanev 等认为可以通过铵盐表面活性剂的亲水基(SO)和水解的 TEOS 之间的键作用来形成介孔二氧化硅。由这种中性的模板合成路线得到的介孔硅酸盐比起 LCT(液晶模板作用)法得到的材料具有较厚的孔壁和较高的热稳定性。

(4) 棒状自组装模型

Chen 等对液晶模板机理模型中的途径提出了另一种看法，认为液晶的形成应起源于硅酸根离子。他们在自组装模型中假定自由随机排列的棒状胶团首先形成，并与硅酸根离子结合而附着 2～3 层硅酸根离子，这些棒状胶团接着通过自组装结合成为长程有序的六方排列结构。

(5) 层状折皱模型

当硅源物质加入反应溶液中时，它可以溶解在表面活性剂胶束周围的多水区，并促进其按六方结构排列。当硅酸根离子-表面活性剂的比例较低时，硅酸根离子首先排列成层状夹在表面活性六方相之间，接着层状的硅酸根离子开始发生折皱作用，直至逐渐将六方相包裹在其中，形成有机-无机复合的六方介孔结构。而当反应溶液中硅酸根离子与表面活性剂的比例较高时，这种状态下的硅酸根离子层较厚，不易产生折皱，硅酸根离子仍会保持六方排列的表面活性剂之间的层状结构，导致最终产物是层状介孔结构。

### 2.3.4　实验药品及设备

(1) 实验药品：无水乙醇($C_2H_5OH$)、十六烷基三甲基溴化铵(CTAB，$C_{19}H_{42}NBr$)、正硅酸乙酯[TEOS，$Si(OC_2H_5)_4$]、NaOH、盐酸、氨水，实验药品纯度均为分析纯。

(2) 实验耗材和仪器设备：数显恒速搅拌器、抽滤瓶、电子天平、干燥箱、箱式电阻炉(马弗炉)。

### 2.3.5　实验步骤

(1) 取一个 500 mL 的烧杯，洗干净，然后分别称取 0.4 g NaOH 和 70 mL 蒸馏水，加入烧杯中，搅拌溶解得清液。

(2) 称取 1.5 g 十六烷基三甲基溴化铵($C_{16}$TMABr，CTAB)，加入上述清液中，在磁力搅拌器中溶解。

(3) 用移液管量取 8 mL 正硅酸四乙酯(TEOS)，在剧烈搅拌下缓慢加入第二步所得溶液中，加热至 45 ℃继续搅拌 0.5 h，再升温到 90 ℃静置老化 1 h。

(4) 过滤静置后的产物，再水洗 2～3 次，然后在干燥箱中干燥，温度设定为 105 ℃。

(5) 将干燥后的固体产品在 550 ℃条件下充分煅烧 3 h，去除模板剂 CTAB，冷却即得到纳米介孔二氧化硅材料。

### 2.3.6　注意事项

(1) 记录以盐酸为溶剂时正硅酸四乙酯发生水解反应相应的实验条件与实验现象。

(2) 记录以氨水为溶剂时正硅酸四乙酯发生水解反应相应的实验条件与实验现象。

(3) 将获得的样品编号放好，以备后续测试氮吸附脱附曲线使用。

### 2.3.7　思考题

(1) 复合胶束为什么会进行自组装排列？

(2) 不同种方法制备介孔材料的优缺点是什么？

# 实验 2.4 阳极氧化法制备氧化物纳米管阵列

## 2.4.1 实验目的

(1) 了解 $TiO_2$ 纳米管阵列材料的主要制备工艺;

(2) 了解阳极氧化法制备 $TiO_2$ 纳米管阵列的基本方法、原理和特点。

## 2.4.2 实验内容

采用电化学阳极氧化法制备 $TiO_2$ 纳米管阵列。实验采用二电极装置体系,以钛片为电解池阳极,石墨为阴极(距离阳极 2～3 cm),在一定电压下氧化一定时间来制备 $TiO_2$ 纳米管阵列。

## 2.4.3 实验原理

(1) 阳极氧化法

阳极氧化即金属或合金的电化学氧化,是将金属或合金的制件作为阳极,采用电解的方法使其表面形成氧化物薄膜。阳极氧化如果没有特别指明,通常是指硫酸阳极氧化。金属氧化物薄膜改变了金属表面状态和性能,如表面着色,提高耐腐蚀性、增强耐磨性及硬度,保护金属表面等。有色金属或其合金(如铝、镁及其合金等)都可进行阳极氧化处理。例如,铝阳极氧化,将铝及其合金置于相应电解液(如硫酸、铬酸和草酸等)中作为阳极,在特定条件和外加电流作用下,进行电解,从而在铝表面形成氧化铝薄膜。

以铝或铝合金制品为阳极置于电解质溶液中,利用电解作用,使其表面形成氧化铝薄膜的过程,称为铝及铝合金的阳极氧化处理。铝阳极氧化的原理实质上就是水电解的原理。当电流通过时,将发生以下反应:

$$\begin{cases} \text{阴极} \quad 2H^+ + 2e \longrightarrow H_2 \\ \text{阳极} \quad 4OH^- - 4e \longrightarrow 2H_2O + O_2 \end{cases}$$

析出的氧不仅是分子态的氧 ($O_2$),还包括原子氧(O),以及离子氧($O^{2-}$),通常在反应中以分子氧表示。作为阳极的铝被其上析出的氧所氧化,形成无水的 $Al_2O_3$ 膜反应式为:$4Al + 3O_2 = 2Al_2O_3 + 3351$ J。应指出,生成的氧并不是全部与铝作用,一部分以气态的形式析出。阳极氧化早就在工业上得到广泛应用,它有多种分类方法。按电流形式分有直流电阳极氧化、交流电阳极氧化、脉冲电流阳极氧化,其中脉冲电流阳极氧化具有可缩短达到要求厚度的生产时间、膜层既厚又均匀致密、抗蚀性显著提高等优点;按电解液分有硫酸、草酸、铬酸、混合酸和以磺基有机酸为主溶液的自然着色阳极氧化;按膜层性质分有普通膜、硬质膜(厚膜)、瓷质膜、光亮修饰层、半导体作用的阻挡层等阳极氧化。其中,直流电硫酸阳极氧化法的应用最为普遍,这是因为它适用于铝及大部分铝合金的阳极氧化处理,具有膜层较厚、无色透明、吸附能力强、极易着色、硬而耐磨,封孔后可获得更好的抗蚀性,处理电压较低、耗电少,处理过程不必改变电压周期,有利于连续生产和实践操作自动化,硫酸具有对人身的危害较铬酸小、货源广、价格低等优点。近十年来,我国的建筑业逐步使用铝门窗及其他装饰铝材,它们的表面处理生产线都是采用这种方法。

阳极氧化膜由两层组成,多孔的、厚的外层是在具有介电性质的致密的内层上成长起来的,后者称为阻挡层(亦称活性层)。阻挡层是由无水的 $Al_2O_3$ 所组成,薄而致密,具有高的硬度和阻止电流通过的作用。多孔的外层主要是由非晶型的 $Al_2O_3$ 及少量的 $r\text{-}Al_2O_3 \cdot H_2O$ 组成,还含有电解液的阴离子。

氧化膜的绝大部分优良特性，如抗蚀、耐磨、吸附、绝缘等性能都是由多孔外层的厚度及孔隙率所决定的，然而这两者却与阳极氧化条件密切相关，因此，可通过改变阳极化条件来获得满足不同使用要求的膜层。膜厚是阳极氧化制品一个很主要的性能指标，其值的大小直接影响着膜层耐蚀、耐磨、绝缘及化学着色能力。在常规的阳极氧化过程中，膜层随着时间的增加而增厚。在达到最大厚度之后，则随着处理时间的延长而逐渐变薄，有些合金如 Al-Mg、Al-Mg-Zn 合金表现得特别明显。因此，氧化的时间一般控制在达到最大膜厚时间之内。阳极氧化膜具有较高的硬度和耐磨性、极强的附着能力、较强的吸附能力、良好的抗蚀性和电绝缘性及高的热绝缘性。由于这些特异的性能，氧化物薄膜在各方面都获得了广泛的应用。

(2) 钛的阳极氧化——制备 $TiO_2$ 纳米管阵列

采用阳极氧化法，通过对电解液中的金属极板施加外电压而实现特定结构的有序生长，用于精确构建特定的纳米结构材料，阳极反应为：

$$Ti + 2H_2O \longrightarrow TiO_2 + 2H_2$$

该法操作简单，已成功制备出自组装纳米多孔材料如 Al、Si、Ti、Zr 和 InP 等，近年来也开始用来制备 $TiO_2$ 纳米管阵列。与水热合成法制备的纳米管杂乱无序不同，阳极氧化法制备的 $TiO_2$ 纳米管排列整齐，高度有序，可用于精密器件的制备。图 2.4 为 $TiO_2$ 纳米管阵列照片。

**图 2.4　$TiO_2$ 纳米管阵列**

$TiO_2$ 纳米管阵列的生成就是对含有 $F^-$ 电解液中的高纯金属钛板施加 10～40 V 电压而实现的，电解液的组成、pH 值、负载外电压、温度及蚀刻时间等均影响 $TiO_2$ 纳米管的形貌和性质。例如，负载外电压对 $TiO_2$ 纳米管的内径、壁厚影响很大，电压过低容易造成纳米管规则度降低，而电压过高则会导致纳米管出现断裂。同时，纳米管壁厚还受蚀刻温度的影响。阳极氧化时间影响纳米管长度，随着氧化时间的延长，纳米管的相对长度增大，但时间对孔径、纳米管壁厚影响较小。电解液组成、pH 值决定纳米管阵列的生成和溶解速率，而且，电解液组成对 $TiO_2$ 纳米管阵列微结构也有重要影响，尽管其作用机理还不是很清楚。

热处理是优化 $TiO_2$ 纳米管性能的重要步骤，适合的热处理可以降低晶界能、消除无定形组分，有效提高光量子效率。在 $TiO_2$ 纳米管阵列中，阻隔层为金红石晶相，随着热处理温度的升高，纳米管壁主要晶相组分锐钛矿型 $TiO_2$ 沿轴向方向增长，挤占较小颗粒空间，因此，纳米管壁为锐钛矿型。同时，与水热合成法制备的纳米管（多层管壁、两端开口）不同，阳极氧化蚀刻法制备的 $TiO_2$ 纳米管为单层壁管，一端开口，一端闭合。阳极氧化法与水热合成法制备的 $TiO_2$ 纳米管参数的比较见表 2.5。

**表 2.5　阳极氧化法与水热合成法制备的 $TiO_2$ 纳米管参数的比较**

| 参数 | 制备方法 | |
|---|---|---|
| | 阳极氧化法 | 水热合成法 |
| 反应原料 | 含 $F^-$ 电解液、高纯钛板 | 金红石 $TiO_2$ 纳米颗粒 |
| 反应特点 | 酸式或中式反应，条件温和 | 碱式反应，高压 |
| 晶型 | 混晶型，管壁为锐钛矿型，阻隔层为金红石型 | 主要为锐钛矿型 |
| 纳米管特点 | 纳米管一端开口、排列有序、单层 | 散乱无序、两端开口、多层 |
| 长度 | 约 500 nm 或几微米 | 约 300 nm |
| 壁厚 | 约 20 nm | ≤1 nm |
| 管径 | 10～150 nm | 8～50 nm |

由于 $TiO_2$在 HF 溶液中具有很高的化学溶解率，因此，一般来讲，在 HF-$H_2O$ 电解质溶液中生成的纳米管长度不会超过 500 nm。然而，在光电化学性质和气敏性能等方面，长纳米管（ μm 级）由于具有更大的反应接触面积其性能表现更突出，因而制备长纳米管逐渐引起研究者的关注。研究者通过改变电解液组分，制备了长度可达 614 μm 的 $TiO_2$ 纳米管阵列。需要强调的是，电解液组分可以改变，但都应含有 $F^-$，$F^-$的存在对于 $TiO_2$纳米管的生成是必需的。

(3) $TiO_2$ 纳米管阵列的其他制备方法

目前，制备 $TiO_2$ 纳米管的方法主要有模板法、水热合成法。

① 模板法

模板法是合成纳米管和纳米线等一维纳米材料的一项有效技术，具有良好的可控制性。制备氧化钛纳米管较多采用模板法以 PAA（丙烯酸树脂）、PAO（聚 α 烯烃）或有机凝胶为模板，它类似于铸造工艺中的模具，纳米材料的形成仍然需要利用常规制备方法，如溶胶-凝胶法。钛醇盐水解法是溶胶-凝胶法的一种，其优点是可在反应体系中加入一些表面活性剂或模板剂，使其按一定的方向聚合，形成具有特定孔结构的纳米 $TiO_2$。原料的纯度较高，而且反应条件温和，可以制得纯度高、粒径小、粒度分布窄的纳米粉体，且产品质量稳定；缺点是原料成本高，干燥、煅烧时凝胶体积收缩大，易造成纳米 $TiO_2$ 颗粒间的团聚。以多孔氧化铝为模板，将其在$Ti(OC_4H_9)_4$中浸渍处理后即可得到 $TiO_2$ 纳米管。用溶胶-凝胶技术在多孔阳极氧化铝模板的有序微孔内可以制备高度取向的 $TiO_2$ 纳米线阵列膜。但这种方法得到的纳米管的内径一般较大，并受模板形貌的限制，而且制备过程及工艺复杂。

② 水热合成法

水热合成法一般多采用如下操作，即在高压反应容器中将纳米 $TiO_2$ 粉体与碱液（NaOH 溶液）进行反应，反应温度控制在 110～120 ℃，反应结束后对所得产品进行酸洗、水洗、高温热处理等即得最终产品 $TiO_2$ 纳米管。水热合成过程中，$TiO_2$ 粉体与热碱溶液反应会生成层状硅酸盐如硅酸钠。随着水热反应的进行，$H_2O$ 分子会逐渐取代 $Na^+$。由于 $H_2O$ 分子的尺寸大于 $Na^+$，使得晶面间距离增大，晶面间的静电作用力减小，因此逐渐形成钛酸盐层纳米薄片，为降低表面张力能，纳米薄片进一步卷曲形成纳米管。水热合成法制备的 $TiO_2$ 纳米管杂乱无序，长度、壁厚、管层数难以控制，构效关系难以建立，这也可能是国外将研究目光更多集中在可以制备高度有序纳米管的阳极氧化蚀刻法的缘故。

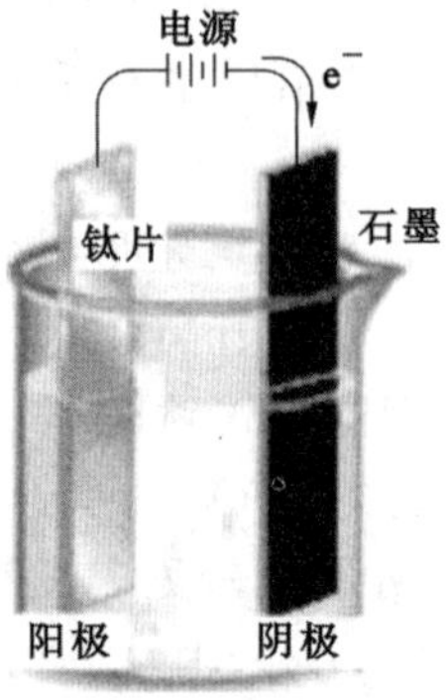

图 2.5 阳极氧化装置示意图

### 2.4.4 实验药品及设备

(1) 实验药品：钛金属片、氟化铵（$NH_4F$）、尿素[$CO(NH_2)_2$]、硝酸（$HNO_3$）、过氧化氢（$H_2O_2$）、乙醇（$C_2H_5OH$）、氢氟酸（HF）、浓硫酸（$H_2SO_4$）。实验药品纯度均为分析纯。

(2) 实验耗材和仪器设备：二电极装置，如图 2.5 所示。

### 2.4.5 实验步骤

采用电化学阳极氧化法制备 $TiO_2$ 纳米管阵列的工艺流程如图 2.6所示。具体实验内容如下：

(1) 钛片预处理

① 剪切轧制钛片：将剪取的(12～15)cm×(6～7.5)cm 钛片，采用压片机轧制平整。

② 化学抛光：配制溶液 $H_2O$ ∶ $NH_4F$ ∶ 尿素 ∶ $HNO_3$ ∶ $H_2O_2$ =8 mL ∶ 1.32 g ∶ 0.88 g ∶ 12 mL ∶ 12 mL（注：根据所洗钛片量配制适当体积的溶液），将上述钛片置放其中。由于反应极度剧烈且有刺激性气体生成，需在清洗池中通风良好处进行，反应 1～2 min，待钛片有金属光泽时，冲水使其停止反应。

③ 乙醇液封存：将所洗钛片用去离子水超声振荡清洗后，置放于乙醇液中待用。

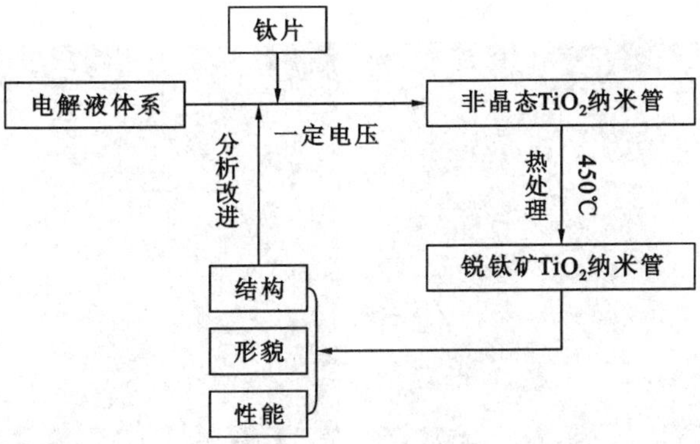


图 2.6 $TiO_2$ 纳米管阵列的制备工艺流程图

(2) 阳极氧化法制备二氧化钛纳米管阵列

采用二电极装置体系(图 2.5),以钛片为电解池阳极,石墨为阴极(距离阳极 2～3 cm),在一定电压下氧化一定时间来制备(每组 4 片)。

① 配制电解液:配取氟化铵、水、乙二醇质量比约为 0.25∶1.76∶97.98 的溶液。

② 连接装置:将正极接钛片,负极接石墨电极,置放于电解液中。

③ 设置参数:打开直流稳压电源,设定其电压为一定值即可(10～40 V)。

④ 清洗干燥:待钛片反应一定时间(3～6 h)后取出,用去离子水超声清洗后置于 80 ℃干燥箱中干燥。

⑤ 热处理;将上述钛片置于电阻炉内,升温至 450 ℃并保温 3 h(升温速率:5 ℃/min)。

⑥ 将获得的样品进行编号并放好,以备后续测试样品的 XRD、SEM 和 TEM 图谱、光催化活性和气敏特性。

图 2.7 为不同阳极氧化电压下制备的 $TiO_2$ 纳米管阵列于 450 ℃热处理后的 XRD 图谱。图 2.8 为 $TiO_2$ 纳米管阵列的 FESEM 图像。图 2.9 为 $TiO_2$ 纳米管阵列对结晶紫溶液的光催化降解率图。

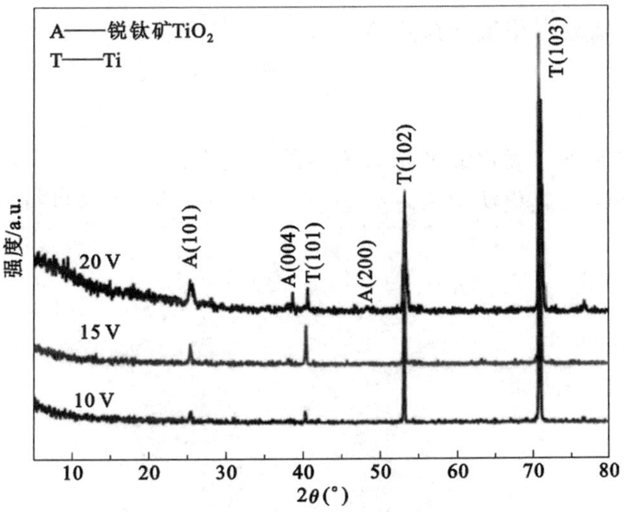


图 2.7 不同阳极氧化电压下制备的 $TiO_2$ 纳米管阵列于 450 ℃热处理后的 XRD 图谱

## 2.4.6 注意事项

(1) 所有设备的使用均应按照操作规程执行,设备运行过程中应有专人看管并不得擅自离开;

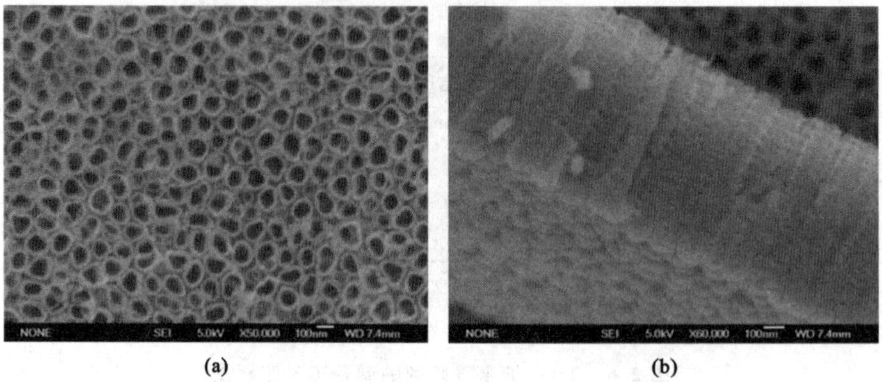


图 2.8　$TiO_2$ 纳米管阵列的 FESEM 图像

(a) 正面图像；(b) 侧面图像

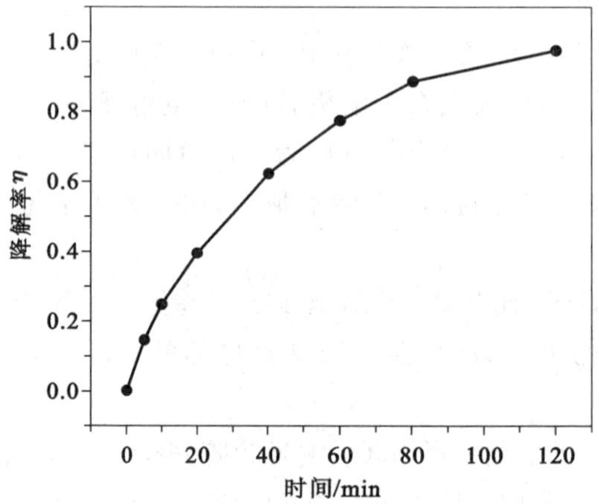


图 2.9　$TiO_2$ 纳米管阵列对结晶紫溶液的光催化降解率图

(2) 钛片的清洗过程需要严格遵守操作流程，注意实验安全。

## 2.4.7　思考题

(1) 简述阳极氧化法制备二氧化钛纳米管阵列的优缺点。

(2) 用阳极氧化法制备二氧化钛纳米阵列的过程中，影响纳米阵列长径比的关键因素有哪些？

# 实验 2.5 微波外场合成纳米 ZnO 粉末

## 2.5.1 实验目的

(1) 了解微波合成的基本原理与特点；

(2) 学习微波固相合成与液相合成的实验操作方法。

## 2.5.2 实验内容

(1) 以锌粉或者锌盐为原料，采用微波固相法合成纳米氧化锌粉末；

(2) 以锌盐为原料，采用微波液相沉淀法合成纳米氧化锌粉末。

## 2.5.3 实验原理

### 2.5.3.1 微波合成

微波是一种频率在 300 MHz～300 GHz 范围内，即波长在 100 cm 至 1 mm 范围内的电磁波。微波波段中，波长在 1～25 cm 的波段专门用于雷达，其余部分用于电信传输。为了防止民用微波功率对无线电通信、广播、电视和雷达等造成干扰，国际上规定，工业、科学研究、医学及家用等民用微波的频率为 2450 MHz 和 915 MHz，其中，家用微波炉所使用的频率基本上都是 2450 MHz，915 MHz 的频率主要用于工业加热。

微波也能加热陶瓷与无机物，它可以使无机物在短时间内急剧升温到 1800 ℃，所以可用微波进行化学合成，如超导材料的合成、沸石分子筛的合成、超微粉体的合成、精细陶瓷的快速高温烧结和连接等科学领域。

微波合成的基本原理如下：直流电源提供微波发生器的磁控管所需的直流功率，微波发生器产生一个交替变化的电场，作用在处于微波加热器内的被加热物体上，被加热物体内的极性分子因此随外电场变化而摆动；又因为分子本身的热运动和相邻分子之间的相互作用，使分子随电场变化而摆动的规则受到了阻碍和干扰，从而产生了类似于摩擦的效应，使一部分能量转化为分子杂乱运动的能量，分子运动加剧，从而被加热物质的温度迅速升高。图 2.10 为微波合成原理示意图。

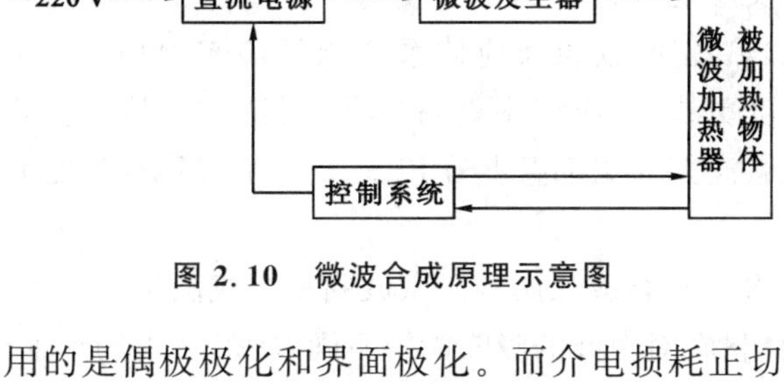


图 2.10 微波合成原理示意图

微波加热中，主要起作用的是偶极极化和界面极化。而介电损耗正切值 $\tan\delta=\frac{\varepsilon''}{\varepsilon'}$ 代表了一种物质把电磁能转变成热能的能力。物质在微波场下所能吸收的功率以下式表示：

$$P=\frac{1}{1.8}fE^2\varepsilon_r\tan\delta\times10^{12} \tag{2.1}$$

式中 $P$——吸收的功率，$W/cm^3$；

$f$——微波的频率，Hz；

$E$——电场强度，V/m；

$\delta$——介电损耗，rad；

$\varepsilon_r$——相对介电常数。

根据材料对微波的反射和吸收的情况不同可将其分成三种情况，即良导体、绝缘体、微波介质。① 良导体如金属材料不吸收微波，只能反射微波。② 绝缘体可以透过微波，它几乎不吸收微波的能量，如玻璃、陶瓷、塑料石英、纸张等，它们对微波是透明的，微波可以穿透它们向前传播。这些物质都不会吸收微波的能量，或吸收的微波极少。因此，家用微波炉容器大都是塑料制品，微波进行化学合成时所采用的容器一般是聚四氟乙烯和工程塑料等。③ 微波介质中的极性分子会吸收微波(属损耗因子大的物质)，因此物质吸收微波的强弱实质上与该物质的复介电常数有关，即损耗因子越大，吸收微波的能力越强。

影响微波加热效果的因素首先是微波加热装置的输出功率和耦合功率，其次是材料的内部本征状态。微波装置的输出功率一般为 500～5000 W，单模腔体的微波能量比较集中，输出功率在1000 W左右，对于多模腔的加热装置，微波能量在较大范围内均匀分布，因而需要更高的功率。在指定的加热装置上，材料的微波吸收能力与材料的介电常数和介电损耗有关，真空的介电常数为 1，水的介电常数大约为 80，而多数陶瓷材料的室温介电损耗一般比较小，所以对无机陶瓷材料的加热，一般要采用比家用微波炉功率更大的微波源。

与传统加热方法不同，在微波加热过程中，热从材料内部产生而不是从外部热源吸收。所以被加热物质的温度梯度和热流与传统加热方法的相反。因此，被加热物体不受大小及形状的限制，大小工件都能被加热。图 2.11 为微波加热方法与传统加热方法的比较。

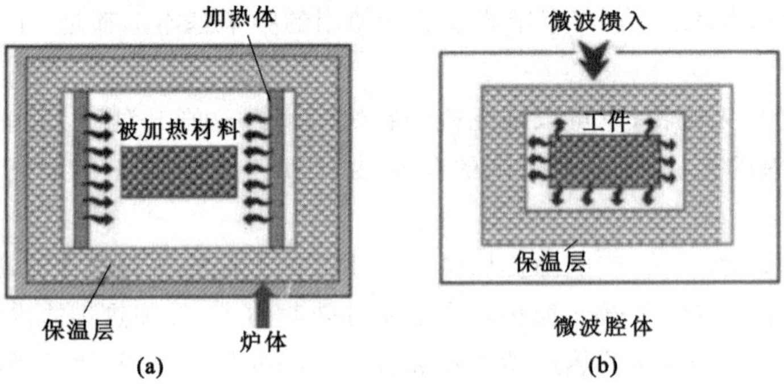


**图 2.11　微波加热方法与传统加热方法的比较**

(a) 传统烧结炉；(b) 微波烧结炉

在微波合成中，微波与反应混合物中的分子或离子直接耦合，通过偶极旋转或离子传导这两种方式将能量从微波传导到被加热物质，使得反应体系中能量快速增加。一方面可以使能量更有效地作用于各种反应，使得反应速度更快，反应产率更高，反应更清洁。另一方面微波直接将能量传递给反应物(转化为分子能)，所以微波能够驱动某些在传统加热方式下不能发生的反应，为化学转换带来了全新的可能性。

微波合成有固相合成法和液相合成法两种。微波固相合成法不仅成本低、加热速度快，而且固体受热均匀、升温快。但不同固体材料对微波的吸收能力不同，使得该法受到了很大的限制。有些固体物质能强烈吸收微波能而迅速被加热升温，而有些物质几乎不吸收微波能，升温幅度很小；微波液相合成法作为一种快速合成粒径分布窄、形态均一的纳米粒子的方法，具有一些其他方法不可比拟的优越性。由于水和有机溶剂具有永久偶极矩，在微波交变场中能发生偶极弛豫，在体系内部直接引起微波能的损耗。微波液相法合成纳米粒子，就是在微波辐照下，金属盐或醇盐溶液能被直接分解，合成超细金属氧化物、硫化物粉体等纳米材料。微波液相合成时必须考虑溶液对微波的吸收能力。实验表明：极性分子溶剂吸收微波能而被快速加热，而非极性分子溶剂几乎不吸收微波能而升温很小。水、醇类、羧酸类等极性溶剂都能在微波作用下被迅速加热，有些可达到沸腾，而非极性溶剂几乎不升温。

2.5.3.2　微波合成氧化锌低维材料

近年来，低维纳米结构的半导体材料引起了广泛的关注，尤其是一维纳米材料，其在光电纳米器件和功能材料中的应用研究成为热点。相对于块体材料来说，纳米材料因尺寸小而具有诸多的优异性能，在传感器、光电器件、太阳能电池、紫外激光器等领域都具有潜在的应用前景。氧化锌在室温下禁带宽度为3.37 eV，束缚激子结合能高达60 meV，一维结构的纳米氧化锌作为光电功能材料得到了广泛的研究，各种各样的ZnO纳米结构如纳米线、纳米带、纳米针状晶须、纳米花和纳米棒等都已见报道。

(1) 微波固相法合成氧化锌

合成四针状ZnO晶须通常采用化学气相输运沉积方法，然而这种合成方法过程较为复杂，反应温度要求较高，实验条件较为苛刻，需要金作为催化剂，采用传统热源，所需温度较高，反应时间长。而微波固相合成是用微波辐射来代替传统热源，由于微波有较强的穿透能力，能深入样品内部，使样品中心温度迅速升高达到着火点并引发燃烧合成。本实验利用微波这一特点，在空气中燃烧锌粉和石墨粉的混合物生成四针状ZnO纳米晶须。该方法不需要催化剂，反应时间短，试验条件简单，有可能大规模合成四针状纳米ZnO。

此外，将预处理过的锌粉进行微波辐射也可得到四针状ZnO晶须。先将锌粉进行预处理，即把锌粉加入蒸馏水中，加入适量的过氧化氢并用电动机搅拌2～3 h，然后在室温下放置72 h，过滤后，在100 ℃干燥4～6 h，便得到了预处理的锌粉。把得到的锌粉置于微波炉中，调节微波功率和辐射时间，辐射一段时间就可以得到团聚少和结构规整的四针状氧化锌晶须。

(2) 微波液相法合成氧化锌

利用微波液相法合成ZnO纳米材料，其实就是在碱性条件下，用$OH^-$把$Zn^{2+}$沉淀下来，反应式为：

$$Zn^{2+}+OH^- \longrightarrow Zn(OH)_2$$

$$Zn(OH)_2 \xrightarrow{\triangle} ZnO+H_2O$$

因为$OH^-$注入较缓慢，溶液中的$Zn^{2+}$与$OH^-$反应也很缓慢，因而当溶液中的$Zn(OH)_2$晶核形成后，缺少足够的$Zn(OH)_2$使晶核迅速长大。由于通过超声处理使得$Zn(OH)_2$晶核刚刚形成就被分离，从而使生成的$Zn(OH)_2$粒径微小，为纳米颗粒。再把$Zn(OH)_2$进行退火处理就能得到ZnO的纳米颗粒。

在微波液相合成中，必须注意三个参数：

① 微波功率：一定要注意，微波功率不仅与溶剂种类有关，在很大程度上还与反应物和催化剂吸收微波的能力、反应要达到的温度及反应容量有关。所以一定要综合看待体系所需要的微波功率。通常第一次反应的时候，必须要从最低的功率开始摸索，从20 W开始，如果功率不够，逐步提高到35 W、50 W、80 W、100 W等。

② 反应温度：在仪器上最高可以设置的温度是300 ℃。但在进行微波合成的时候，反应温度常设定在沸点+10 ℃、沸点+25 ℃、沸点+50 ℃。但通常只做到溶剂沸点+50 ℃以内，以防止由于温度过高造成反应体系压力过大的危险。同时必须留意，某些溶剂在微波场的作用下会产生分解。

③ 反应时间：反应时间是另一个非常重要的合成条件。通常微波反应时间保持在5～30 min。但不是所有反应延长时间后就能达到更高的转化率，反应时间延长也可能会造成副反应增加，还可能造成反应体系吸收微波能量过度而出现分解的情况。

### 2.5.4　实验药品及设备

(1) 实验药品：锌粉、石墨、过氧化氢($H_2O_2$)、硫酸锌($ZnSO_4 \cdot 7H_2O$)、氨水($NH_3 \cdot H_2O$)、十二

烷基苯磺酸钠($C_{18}H_{29}NaO_3S$)、正己烷($C_6H_{14}$)、去离子水、乙醇($C_2H_5OH$)、六甲基四胺($C_6H_{12}N_4$)。药品均为分析纯。

(2) 实验耗材和仪器设备：搅拌器、烘箱、天平、马弗炉、家用微波炉。

### 2.5.5 实验步骤

#### 2.5.5.1 微波固相法合成纳米氧化锌粉末

**方法 1**：从石墨棒上刮取石墨粉。石墨粉与锌粉的质量比为 1∶2；两者混合研磨 10 min，倒入陶瓷坩埚中，并使混合粉末平铺于坩埚；将陶瓷坩埚放入普通家用微波炉中，微波功率 800 W，陶瓷坩埚上放一片清洗干净的铜片；开启微波 15～30 s 后，可看见锌粉开始燃烧，燃烧结束后关闭微波，待冷却后取出陶瓷坩埚，可看见坩埚壁和铜片上有一层白色柔软的薄膜。

**方法 2**：将锌粉放入蒸馏水中，加入适量过氧化氢，搅拌 3 h，在室温下静置 72 h；过滤后在 100 ℃下干燥 4～6 h 即得预处理好的锌粉；将锌粉放入普通家用微波炉中，调整合适的微波功率与时间，即得四针状晶须。

**方法 3**：将醋酸锌[$Zn(CH_3COO)_2 \cdot 2H_2O$]、草酸锌($ZnC_2O_4 \cdot 2H_2O$)、碱式碳酸锌放在普通家用微波炉中加热煅烧均可得氧化锌粉末。设定功率 500 W，时间 10 min。

$$Zn(CH_3COO)_2 \cdot 2H_2O \xlongequal{370\ ℃} ZnO + CO_2\uparrow + CH_3COCH_3\uparrow + 2H_2O\uparrow \qquad 370\ ℃$$

$$ZnC_2O_4 \cdot 2H_2O \xlongequal{370\ ℃} ZnO + CO\uparrow + CO_2\uparrow + 2H_2O\uparrow \qquad 370\ ℃$$

$$ZnCO_3 \cdot 2Zn(OH)_2 \cdot H_2O \xlongequal{125\ ℃} 3ZnO + CO_2\uparrow + 3H_2O\uparrow \qquad 125\ ℃$$

**方法 4**：将 29 g $ZnSO_4 \cdot 7H_2O$ 用研钵磨细(约磨 10 min)，再称 11 g 无水碳酸钠放入研钵中磨细；将磨细的两种药品均匀混合，装入 250 mL 烧杯中，置于普通家用微波炉中(600 W)辐射 50 s，进行固相反应，反应完毕后即得前驱体碳酸锌；将前驱体碳酸锌在 250 ℃下焙烧 1 h，经分析，失重达 17 g，确证此时碳酸锌已经全部分解为氧化锌；在纳米氧化锌制备过程中，两反应物之一为碳酸钠，反应中生成了硫酸钠，硫酸钠易溶于水中，先用去离子水浸泡焙烧后的产物，滤去水分，反复洗至无 $SO_4^{2-}$，后用无水乙醇洗涤 3 次，减压过滤，在 80 ℃烘干得纯净的纳米氧化锌。

**方法 5**：称取一定量的 $ZnSO_4 \cdot 7H_2O$ 和 $H_2C_2O_4 \cdot 2H_2O$(摩尔比为 1∶1.5)，混匀，放入普通家用微波炉中，在 640 W 下反应 60 s；用二次蒸馏水、无水乙醇分别洗涤 3 次，在 80 ℃的恒温干燥箱中干燥 3 h，得前驱体 $ZnC_2O_4 \cdot 2H_2O$；将前驱体在 700 ℃下煅烧 1.5 h，得到不同煅烧温度下的氧化锌粉末。

#### 2.5.5.2 微波液相法合成纳米氧化锌粉末

**方法 1**：称取 0.27 g 氯化锌加入 60 mL 瓷坩埚中，接着向其中加入 40 mL 蒸馏水，然后滴加 0.3 mL乙二胺，搅拌均匀，并用盖子盖好；随后将其置于微波炉中低火加热 8 min，自然冷却至室温；沉淀物经抽滤，依次用无水乙醇和蒸馏水各洗涤 3 次，然后置于 60 ℃真空干燥箱中干燥 4 h，即得最终产物——氧化锌纳米棒。

**方法 2**：在陶瓷坩埚中加入草酸锌 $ZnC_2O_4 \cdot 2H_2O$ 153.4 mg，蒸馏水 40 mL 及 $Na_2CO_3$ 2 g，搅拌溶解成均相溶液后用盖子盖好，将其置于家用微波炉中，低火加热 10 min，自然冷却至室温；抽滤，滤饼依次用无水乙醇和蒸馏水各洗涤 3 次，于 60 ℃真空干燥 4 h 得白色晶体氧化锌纳米棒。

**方法 3**：在烧杯中加入硝酸锌的水溶液(0.2976 g 硝酸锌溶于 60 mL 水中)和乙醇胺 0.24 mL，充分搅拌后用 PE 膜覆盖，置于家用微波炉，在低火挡加热 20 min；自然冷却并陈化过夜、抽滤，滤饼依次用去离子水和无水乙醇各洗涤 2～3 次，在烘箱中于 60 ℃干燥 6 h 制得白色粉体氧化锌微米“花”。

**方法 4**：80 ℃恒温水浴中，机械搅拌下将 1 mol/L 的 $Na_2CO_3$ 溶液缓慢滴入等体积的 1 mol/L $Zn(NO_3)_2$溶液中，继续加热搅拌 1 h；经抽滤、去离子水洗涤除去可溶性无机盐，水洗后的沉淀用无水乙醇洗涤三次(每次抽滤前静置 24 h),以置换沉淀中的水;醇洗后的产品放入 60 mL 瓷坩埚中,用盖子盖好,置于普通家用微波炉中,低火干燥 8 min 后,高火辐射热分解 30 min,即得纳米氧化锌粉末。

**方法 5**:称取 0.005 mol(1.10 g)$Zn(CH_3COO)_2 \cdot 2H_2O$ 置于玛瑙研钵中研磨 5 min,然后加入 2 mL聚乙二醇 400(PEG400),继续研磨 5 min,再加入 0.005 mol(0.53 g)$Na_2CO_3$,混合均匀研磨 20 min,用蒸馏水洗涤、过滤,静置数小时,得前驱体;将前驱体取出,转入聚四氟乙烯容器中,在普通家用微波炉中,加热 10 min(加热方式:每间隔 1 min 微波辐射 1 min),加热完毕后取出,用蒸馏水、无水乙醇洗涤、过滤,于 40 ℃干燥得产物。

**方法 6**:称取一定量的 $Zn(NO_3)_2 \cdot 6H_2O$ 和六次甲基四胺[$(CH_2)_6N_4$,简称 HMTA]分别配制成等物质的量的 0.05 mol/L 的溶液,其中 0.05 mol/L 的溶液用 NaOH 分别调节 pH 值至 8 和 9;放入普通家用微波炉中,调节不同的功率,辐射不同的时间,得到样品;抽滤,用大量的水洗涤,然后用乙醇洗涤三次,常温下干燥得到最终样品。

**方法 7**:取 1 mmol $ZnCl_2$ 溶解在 40 mL 去离子水中,置于磁力搅拌器上搅拌至完全溶解,同时缓慢滴加 1.5 mL $NH_3 \cdot H_2O$,继续搅拌 3 min 后,放入普通家用微波炉中,调节微波功率至 240 W,加热20 min,自然冷却;将所得悬浊液离心分离,依次用无水乙醇、蒸馏水各洗涤 3 次,置于温度为 60 ℃的真空干燥箱中干燥 6 h,得到氧化锌白色粉末。

### 2.5.6　注意事项

(1) 微波功率必须逐渐加大,不能开始就使用较大功率。

(2) 微波液相合成时,烧杯中溶液不能过多,且最好用耐热玻璃盖住。

### 2.5.7　思考题

(1) 在碱性溶液中是选择氨水好还是氢氧化钠好?

(2) 为什么表面活性剂可以控制产物的形貌?

(3) 为什么要缓慢地把 $NH_3 \cdot H_2O$ 滴入 $ZnSO_4$ 中?

(4) 退火的温度是高好还是低好? 时间是长好还是短好?

(5) 为什么要先合成 $Zn(OH)_2$,然后再合成 ZnO?

# 实验 2.6　熔融淬冷法制备氧化物玻璃

## 2.6.1　实验目的

(1) 掌握氧化物玻璃组成的设计方法和配方的计算方法。

(2) 了解玻璃熔制的原理、过程以及影响玻璃熔制的各种因素。

(3) 熟悉高温炉和退火炉的使用方法和玻璃熔制的操作技能。

(4) 掌握玻璃熔制制度的确定方法。

## 2.6.2　实验内容

(1) 根据玻璃的组成，计算 $Li_2O$-$Nb_2O_5$-$B_2O_3$玻璃和 $x$ZnO · (100－$x$)$TeO_2$ 玻璃原料配方。

(2) 采用熔融淬冷法制备 $Li_2O$-$Nb_2O_5$-$B_2O_3$玻璃和 $x$ZnO · (100－$x$)$TeO_2$ 玻璃。

## 2.6.3　实验原理

### 2.6.3.1　玻璃的概念与分类

玻璃是一种较为透明的固体物质，是在熔融时形成连续网络结构，冷却过程中黏度逐渐增大并硬化而不结晶的硅酸盐类非金属材料。换言之，玻璃是一种在凝固时基本不结晶的无机熔融物。玻璃通常按主要成分分为氧化物玻璃和非氧化物玻璃。非氧化物玻璃品种和数量很少，主要有硫系玻璃和卤化物玻璃。氧化物玻璃又分为硅酸盐玻璃、硼酸盐玻璃、磷酸盐玻璃、碲酸盐玻璃等。

### 2.6.3.2　玻璃的结构

玻璃的结构是指玻璃中质点在空间的几何配置、有序程度，以及它们彼此间的结合状态。通过对玻璃结构的研究，来了解玻璃性能与结构的相互关系，进而对玻璃的性能进行改进。晶体内部的质点的排布是有序的，在不同方向按确定的规律重复性地排列，形成晶体的各向异性。非晶体内部质点的排列是无序的、无规律的。玻璃属于非晶体，其非晶态结构见图 2.12。目前，关于玻璃的结构有两种理论。

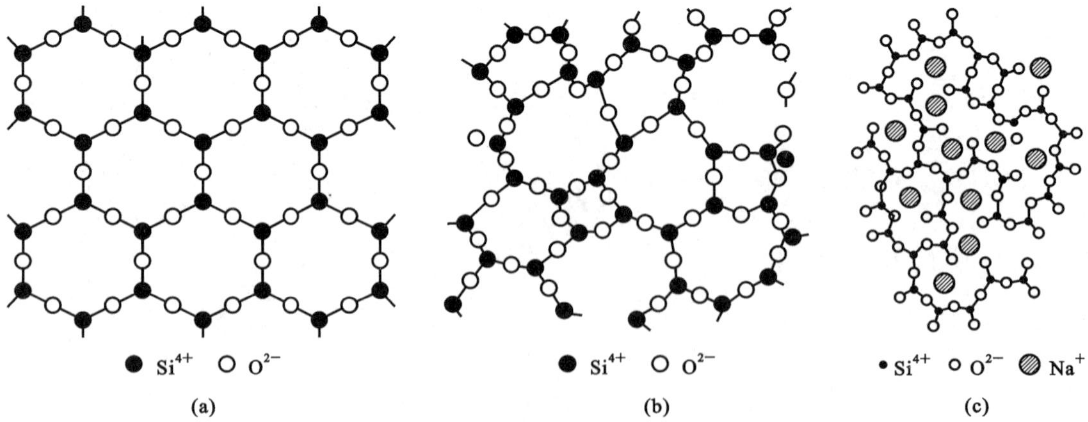


**图 2.12　玻璃的非晶态结构**

(a) 石英晶体；(b) 石英玻璃；(c) 钠硅酸盐玻璃

(1) 微晶学说：认为玻璃由微晶和无定形物质两部分组成，微晶与无定形物质间没有明显的界线，微晶取向无序；微晶尺寸为 1.0～1.5 nm，其含量占 80%以上；微晶中心部位有序程度最高，离中心越远，有序程度越低，不规则程度也就越显著，玻璃中的这些微晶分散在无序区域中，从微晶到无序区的过渡是逐渐完成的，没有明显的界线。该学说可以解释玻璃的分相、晶化等现象。

微晶学说强调了玻璃结构的不均匀性、不连续性及有序性等方面的特征，成功地解释了玻璃折射率在加热过程中的突变现象。尤其是发现微不均匀性是玻璃结构的普遍现象后，微晶学说得到了更为有力的支持。但是目前对玻璃中"微晶"的大小与数量尚有异议。根据许多学者估计，微晶大小波动在 0.7～2.0 nm 之间，含量只占 10%～20%。0.7～2.0 nm 只相当于 2～4 个多面体做规则排列，而且还有较大的变形，所以不能过分夸大微晶在玻璃中的作用和对性质的影响。其次微晶的化学成分还没有得到合理的确定。

(2) 无规则网络学说：认为玻璃的近程有序与晶体相似，即形成氧离子多面体(三角体和四面体)，多面体间顶角相连形成三维空间连续的网络，但其排列是无序的。

无规则网络学说强调了玻璃中离子与多面体相互间排列的均匀性、连续性及无序性等结构方面的特征。该学说可以解释玻璃的各向同性、内部性质的均匀性，及成分改变时玻璃性质变化的连续性等基本特性。如玻璃的各向同性可以看作是由于形成网络的多面体(如硅氧四面体)的取向不规则性导致的。而玻璃之所以没有固定的熔点是由于多面体的取向不同，结构中的键角大小不一，因此，加热时弱键先断裂然后强键才断裂，结构被连续破坏。宏观上表现出玻璃的逐渐软化，物理化学性质表现出渐变性。近年来，随着实验技术的进展，积累了愈来愈多的关于玻璃内部不均匀的资料，例如，硼硅酸盐玻璃中的分相与不均匀现象、光学玻璃和氟化物与磷酸盐玻璃中的分相现象，用电子显微镜观察玻璃时发现在肉眼看来似乎是均匀一致的玻璃，实际上都是由许多从 0.01～0.1 μm 的各不相同的微观区域构成的。

事实上，玻璃结构的远程无序性与近程有序性，连续性与不连续性，均匀性与不均匀性并不是绝对的，在一定条件下可以相互转化。

通过桥氧形成网络结构的玻璃称为氧化物玻璃。按氧化物在玻璃形成中的作用，可以把氧化物分为三类：单独能形成玻璃的氧化物为玻璃网络形成体，如 $SiO_2$、$B_2O_3$、$P_2O_5$ 和 $GeO_2$ 等(其中正离子为网络形成离子)，其单键强度大于 335 kJ/mol；不能单独形成玻璃，但能改变网络结构，从而使玻璃性质改变的氧化物，称为网络改变体，如 $Li_2O$、$Na_2O$、$K_2O$、CaO、SrO、BaO 等(正离子称为网络改变离子)，其单键强度小于 250 kJ/mol；本身不能形成玻璃，但是可以和玻璃网络形成体一起形成玻璃的氧化物为网络中间体，其作用介于玻璃形成体和网络改变体之间，如 $Al_2O_3$ 等(正离子称为网络中间离子)，其单键强度为250～335 kJ/mol。

#### 2.6.3.3　玻璃的通性

① 各向同性：均质玻璃在各个方向的性质如折射率、硬度、弹性模量、热膨胀系数等性能相同。

② 介稳性：当熔体冷却成玻璃体时，它能在较低温度下保留高温时的结构而不变化。

③ 可逆渐变性：熔融态向玻璃态转变是可逆和渐变的。

④ 连续性：熔融态向玻璃态转变时物理化学性质随温度的变化是连续的。

#### 2.6.3.4　玻璃的形成原理

将配料经高温加热熔融成合乎成型要求的玻璃液的过程称为玻璃的熔制过程。根据玻璃制品的性能要求，设计玻璃的化学组成，并以此为主要依据进行配料。制备好的配合料在高温下加热，将发生一系列的物理化学变化，变化的结果使各种原料的机械混合物变成了复杂的熔融物，即没有气泡、结石、均匀的玻璃液，然后均匀地降温以供成型需要。这个过程大致分为五个阶段：硅酸盐形成、玻璃形成、澄清、均化和冷却。

玻璃熔制过程中的物理变化是配合料的加热、吸附水分的蒸发排除、某些单独组分的熔融、某些组分的多晶转变、个别组分的挥发；化学变化是固相反应、各种盐类的分解、水化合物的分解、化学结合水的排除、组分间的相互反应及硅酸盐的生成；物理化学变化是低共熔物生成、组分或生成物间的相互溶解、玻璃和炉气介质之间的相互作用、玻璃液和耐火材料的相互作用及玻璃液和其中夹杂气体的相互作用。正因为有了这些反应和现象，由各种原料通过机械混合而成的配合料才能变成复杂且具有一定物理化学性质的熔融玻璃液。一般认为，玻璃形成是因为物质黏度在熔点处大，且随温度下降很快，质点来不及重排成为晶体，当冷到玻璃转变温度点以下，就固化成为玻璃，保持其高温的无定形结构。玻璃的形成是由于过冷液体晶核形成速率最大时的温度比晶体生长速率最大时的温度低。在液体冷却过程中，当温度下降到晶体生长速率最大时，由于晶核形成速率低，只有少数晶核生长；而当温度继续下降到晶核形成速率最大时，由于晶体生长速率低，晶核没有长大的可能，因而成为玻璃。图 2.13 为玻璃的熔制过程。

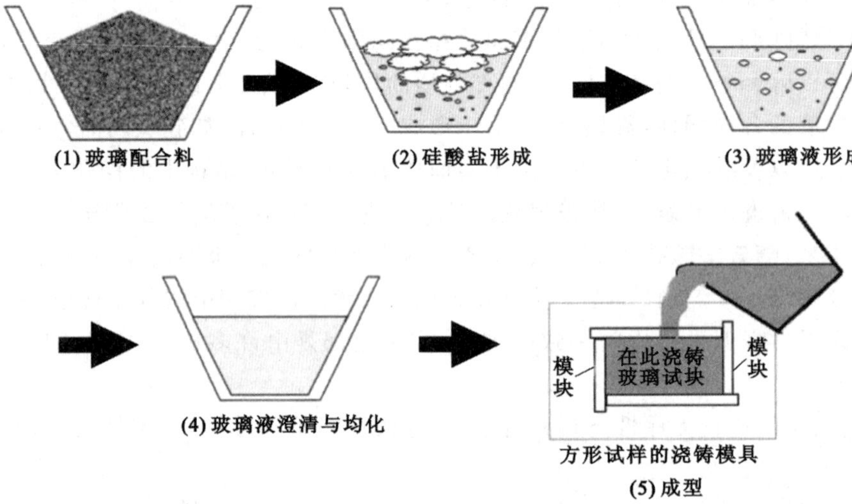


图 2.13　玻璃的熔制过程

2.6.3.5　玻璃的形成条件

有的材料在冷却过程中容易形成晶体，而有的易形成玻璃。按结晶理论，凡有利于晶核的形成与长大则易形成晶体，凡不利于结晶的则易形成玻璃。流体冷却时，若要形成晶体，则液态时无规排列的原子必须进行迁移与调整，先聚集形成小的晶核，然后晶核再继续长大。如果熔融流体的黏度很大，原子迁移和调整十分困难，则凝固后就成为玻璃。物质的黏度很小，很难形成玻璃体；物质黏度较大，易形成玻璃。从化学键角度来看，离子键化合物是由互相分离的正负离子构成的。这种化合物在熔融时黏度很小，当熔体冷却到结晶温度以下时，由于正负离子互相吸引能够很快运动排列成晶体。离子晶体的配位数较高，使其进入点阵格点的概率也较大，因此，这一类化合物易形成晶体。金属较之离子型晶体配位数更高，熔融时，常以单个原子存在，故黏度也很小，原子容易运动，熔体冷却时，可迅速结晶。陶瓷材料成分中，很多是极性共价键的化合物，在熔融状态下为具有较复杂的链状或层状结构的熔体，其黏度大，冷却时易形成玻璃。

## 2.6.4　实验药品及设备

(1) 实验药品：碳酸锂($Li_2CO_3$)、五氧化二铌($Nb_2O_5$)、硼酸($H_3BO_3$)、二氧化碲($TeO_2$)、氧化锌($ZnO$)、二氧化钛($TiO_2$)(均为化学纯)。

(2) 实验耗材和仪器设备：硅钼棒电炉(使用上限温度为 1600 ℃)一台、控温仪一台、马弗炉一台、天平(精确到 0.001 g)、刚玉坩埚、不锈钢挑料棒、500 mm 以上坩埚钳、加料勺、护目镜、石棉手套、成型模具等。图 2.14 为熔制玻璃的高温加热系统示意图。图 2.15 为熔制玻璃的相关设备。

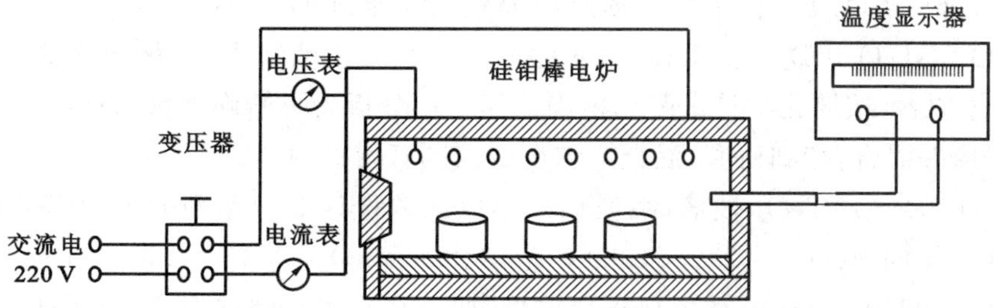


图 2.14　熔制玻璃的高温炉加热系统示意图

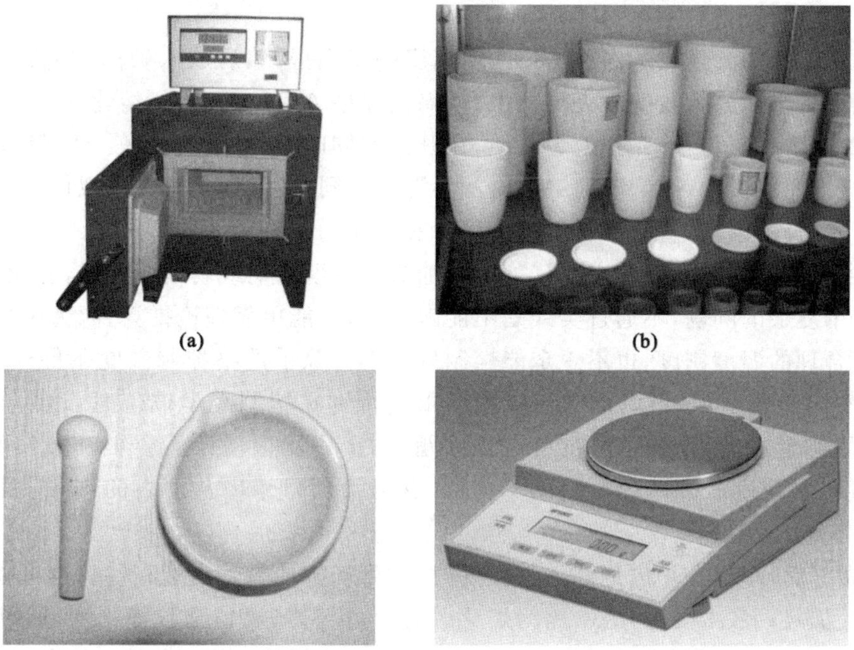

(a)　(b)　(c)　(d)

图 2.15　熔制玻璃的相关设备

(a) 高温炉;(b) 刚玉坩埚;(c) 陶瓷研钵;(d) 电子天平

## 2.6.5　实验步骤

### 2.6.5.1　配料

熔制玻璃采用多种原料进行配料,配料与玻璃成分、原料有关。为使玻璃有较小的析晶倾向,或使玻璃的熔制温度降低,成分上就应当趋向于取多组分,应选取的成分应尽量接近相图的共熔点或相界线。在应用玻璃形成的区域图时,应当选择离开析晶区与玻璃形成区分界线较远的组成点,使成分具有较低的析晶倾向。必须要加入一定量的促进熔制、调整配料性质的氧化物。

配料是根据设计的玻璃成分和选择的原料的化学组成来计算的,为得到指定性能的玻璃,在实验室熔制玻璃要反复多次进行,多次修改玻璃成分,以达到合乎要求的玻璃性能和其他条件。因此,要反复改变料方,改变原料和它们的质量配合比。

配料时应注意原料中所含水分的变动,要确切地掌握原料的化学成分,然后可按所要求的玻璃成分,根据各种原料的化学成分来计算料方。计算时有些原料(如碳粉)并不引入玻璃成分中,应根据需要另行计算。

配料时必须准确称量各种原料,注意取适当的气体比,配合料应含有适当的水分,必须均匀混合,并防止飞尘和结块,粉料的化学成分和玻璃制品的化学成分是不完全相同的,在计算原料时可加以调整。

(1) $Li_2O$-$Nb_2O_5$-$B_2O_3$ 玻璃：实验所选原料分别为化学纯的 $H_3BO_3$、$Li_2CO_3$、$Nb_2O_5$、$TiO_2$。选取摩尔比为 $Li_2O$ ∶ $Nb_2O_5$ ∶ $B_2O_3$ ∶ $TiO_2$ = 16 ∶ 2 ∶ 80 ∶ 2 的玻璃组成，以化学纯的 $H_3BO_3$、$Li_2CO_3$、$Nb_2O_5$、$TiO_2$ 作为原料，按照化学计量配比精确计算。用分析天平精确称量总重约 10 g 样品后，放入研磨钵中进行研磨并混合，待到研磨、混合均匀后倒入刚玉坩埚内。

(2) $x$ZnO·(100－$x$)$TeO_2$ 玻璃：在玻璃的形成区内设计 3 个系列的玻璃组分进行实验，具体为：$x$ZnO·(100－$x$)$TeO_2$($x$=25,30,35)。摩尔比为 ZnO ∶ $TeO_2$ = 35 ∶ 65 的玻璃，分别称量 1.0770 g ZnO 及 3.9230 g $TeO_2$，放入玛瑙研钵里，加无水乙醇研磨并混合，待无水乙醇挥发完后把配合料倒入小刚玉坩埚中。在 $x$ZnO·(100－$x$)$TeO_2$($x$=25,30,35)体系中，$TeO_2$ 形成网状结构。

2.6.5.2　熔制

料配好后，将粉料加到经在炉内预热到指定温度的坩埚里，然后放入炉内(为防止坩埚意外破裂造成电炉损坏，可将坩埚放入浅的耐火匣钵中，坩埚底部垫 $Al_2O_3$ 粉)进行熔化。

粉料入炉前的准备工作：首先把熔炉升温，在升温的同时，必须将料配好，且把坩埚准备好，升温速度的控制是根据原料而定，因为不同的玻璃加料温度不同。因此，必须事先拟订一个熔制的温度制度，即从加料开始，经过澄清，直至出料为止的温度和时间的曲线。

温度制度主要是根据玻璃成分来制订。通常加入一些澄清剂或其他原料后，就能改变温度曲线。事实上，这是一个复杂的问题，不通过实践是不能解决的，不能单靠理论推算，因为影响熔制的因素很多，即使确定了合理的温度制度，也不一定能熔制好玻璃。除了严格控制温度条件外，还涉及坩埚的质量。侵蚀性不同的玻璃，对坩埚也有相应的要求。特别在熔制光学玻璃时，坩埚的质量是关键。在实验室常采用铂金坩埚，铂金坩埚也有老化问题，铂金坩埚被侵蚀后会影响玻璃的质量。此外，原料本身的纯度、颗粒度、水分，配合料的均匀性、含水量、料形，以及炉内的气氛、压力等都与熔化有关。

准备工作做好后，坩埚在炉内达到加料温度时，即可开始加料。当然有些料也可在达到加料温度之前投入坩埚。加料一般都要分几次，因为熔化时有大量气体逸出，翻腾很剧烈，所以第一次加料不能加满，在第二次加料时，坩埚内的料粉基本上已经熔化，这样就可以稍加满些。加料的次数、数量和相隔时间，就要依据玻璃熔化的实际情况，加料可在炉外加，这就需要加得快些，尽可能减少飞尘。加料时间太长，会使炉内温度波动太大。

料加完后，是玻璃熔化阶段，实际上这个时间较短。在高温下配合料很快转化为玻璃液，在实验室熔制玻璃时，加料温度相当于玻璃熔化温度，加料的过程处于玻璃熔化的过程中。粉料熔化后，玻璃还需澄清，即去除玻璃液内的可见气泡。常通过升高温度，并保持相当长的时间(一般为 2～3 h)来去除气泡。此过程不但可去除一些小气泡，同时也使玻璃液更均匀。也有在升高温度后，再适当降低温度，这样更有利于消除气泡。同时，还需采用机械搅拌，搅拌的速度、位置和方向等都直接影响玻璃熔制的质量和速度，搅拌桨的材料和结构也很重要。所以熔制光学玻璃需拟订搅拌制度，即转速和时间的曲线，转速一般控制在 30～60 r/min。

在坩埚里熔制玻璃，加料、熔化、澄清、均化实际上是交错进行的。加料时玻璃已开始熔化，澄清主要去除小气泡，但大量气泡逸出是在熔化时进行的，澄清时还有些原料尚未完全熔化，因此澄清时玻璃熔化仍在继续。玻璃成分决定澄清的温度和时间。熔制时常常加些澄清剂，主要目的是去除气泡，并缩短澄清时间。去除气泡对玻璃液均化亦有利，但有时亦不一致，如升高温度、降低玻璃液黏度有利于气泡逸出，但由于增加了对耐火材料的侵蚀而产生不均匀性，这样将产生更多的气泡。玻璃液澄清一定时间后，挑出的料如果无砂粒、条纹和大气泡，并且透亮均匀，即可开始冷却。

(1) $Li_2O$-$Nb_2O_5$-$B_2O_3$ 玻璃：将装有配合料的坩埚放入高温加热炉之内，加热至 400 ℃后保温半小时(这是因为硼酸的易挥发性，且在 400 ℃左右容易发生反应)，然后继续加热升温至800 ℃。此时炉内坩埚已有些许黄色蓬松状物体溢出，为了不让其继续溢出，让其在 800 ℃保温 1 h，蓬松状物体慢慢消失于坩埚内。加热至 1100 ℃后保温 10 h 左右，然后取出，倒入已加热到设定温度的石墨模具内。

(2) $x$ZnO·(100－$x$)$TeO_2$ 玻璃：在氧化铝砖上挖一圆槽，把刚玉坩埚放在上面，最后在刚玉坩埚上再盖上一个大刚玉坩埚。这是由于 $TeO_2$ 易挥发，因此，在小坩埚上再盖上大坩埚作坩埚盖用，但要求大坩埚不与小坩埚直接接触，让熔融在空气中进行。确定初次熔制玻璃的熔融温度为 850 ℃，保温时间为 30 min。

2.6.5.3 成型及退火

冷却到一定温度即可出料。在实验室中，玻璃的成型一般采取模型浇注法或"破埚法"。前者把坩埚从炉内取出，倒在预热的模子里成型(块或棒)，然后送入退火炉，根据规定的温度(一般为 500～600 ℃)进行退火，当冷却到接近室温时，即可从退火炉取出玻璃制品。应注意的是，成型时玻璃液倒入模子时，应尽量避免气泡和条纹再产生，并防止开裂，特别应注意退火温度制度的控制。"破埚法"是在完成熔制后，连同坩埚一起冷却并退火，冷却后再除去坩埚，得到所需要的试样。

(1) $Li_2O$-$Nb_2O_5$-$B_2O_3$ 玻璃：取出坩埚，将熔化好的玻璃液倒入已加热到设定温度的石墨模具内，倒出的熔体慢慢凝固成无色透明状玻璃，然后将成型的玻璃放入退火炉中退火，退火温度略高于玻璃的玻璃化转变温度，退火 2 h，然后自然冷却。

(2) $x$ZnO·(100－$x$)$TeO_2$ 玻璃：取出坩埚，将熔化好的玻璃液倒入已加热到设定温度的不锈钢模具中成型，样品的流动性良好，成型后玻璃为淡黄色不规则块状，表面光滑无气泡。将成型的玻璃放入退火炉中退火，退火温度略高于玻璃的玻璃化转变温度，退火 2 h，然后自然冷却。

### 2.6.6 注意事项

(1) 高温操作时应严格遵守操作规范，如戴防护用具等。

(2) 钳坩埚时手要稳，要防止发生烫伤等意外事故。

### 2.6.7 思考题

(1) 在设计玻璃组成时应注意哪些原则，在配方计算时应注意哪些事项？

(2) 配合料的混合均匀度与哪些因素有关？

(3) 影响熔制过程的因素有哪些？

(4) 如何选用坩埚？如何判断玻璃的熔制质量？

# 实验 2.7　模板电化学沉积法制备铁纳米线

## 2.7.1　实验目的

（1）掌握电化学的基本原理，了解电化学沉积的工艺和过程。

（2）了解阳极氧化铝模板的制备工艺和制备过程。

（3）掌握电化学沉积法在多孔氧化铝模板上制备铁纳米线的原理与方法。

## 2.7.2　实验内容

（1）采用电化学氧化法制备纳米多孔氧化铝模板。

（2）采用电化学沉积法在多孔氧化铝模板上制备铁纳米线，并进行结构表征。

## 2.7.3　实验原理

### 2.7.3.1　电化学沉积

电化学沉积是在外加电压下，通过溶液中金属离子在阴极还原为原子而形成沉积层的过程。在含有欲镀金属的盐类溶液中，在直流电的作用下，以被镀基体金属为阴极，以欲镀金属或其他惰性导体为阳极，通过电解作用，在基体表面上获得牢固的金属膜称为电镀。具体过程是：镀层金属做阳极，被氧化成阳离子进入电镀液；待镀的金属制品做阴极，镀层金属的阳离子在金属表面被还原成镀层。为排除其他阳离子的干扰，且使镀层均匀、牢固，需用含镀层金属阳离子的溶液做电镀液，以保持镀层金属阳离子的浓度不变。电镀层比热浸层均匀，一般都较薄，从几微米到几十微米不等。通过电镀，可以在机械制品上获得装饰保护性和各种功能的表面层，还可以修复磨损。镀层大多是单一金属或合金，如锌、镉、金或黄铜、青铜等。也有弥散层，如镍-碳化硅、镍-氟化石墨等。而电镀的基体材料除铁基的铸铁、钢和不锈钢外，还有非金属，如 ABS 塑料、聚丙烯、聚砜、酚醛塑料，但塑料电镀前，必须经过特殊的活化和敏化处理。

电镀时，阳极材料的质量、电镀液的成分、温度、电流密度、通电时间、搅拌强度、析出的杂质、电源波形等都会影响镀层的质量，需要适时进行控制。电镀的过程包括镀前的处理（机械整平、抛光、除油、酸洗除锈、水洗），电镀，镀后处理（除氢、钝化、封闭、老化）和质量检验。通过外观、镀层厚度、空隙率、镀层机械性能、耐腐蚀性、结合力等测定镀层的性能。

电化学沉积是一个多步骤的复杂过程，涉及溶液体相中和电极表面层的交叉变化。理想晶面上金属电沉积主要经历以下几个阶段：① 溶液中的金属离子（或络离子）向电极界面附近传输；② 离子在界面上放电生成吸附原子，后者聚集在一起形成二维晶核；③ 新产生的吸附原子通过表面扩散到达台阶，然后沿台阶边缘扩散到扭结位置，最后进入金属晶格并放出结晶热。随着台阶和扭结的不断延伸，电极基体最终被新生成的晶层覆盖。如果晶体要继续生长，务必在新生的晶层上再次形成晶核，以便产生新的台阶。上述成相过程即所谓的二维成核-生长机理，电结晶过程被描述为单原子过程，晶体的生长是逐层进行的。电结晶理论研究与金属电沉积实践有着直接的联系。首先，晶核形成和晶体生长的竞争决定了沉积层中晶粒的尺寸，晶核形成的速度越快，金属沉积层中的晶粒越细；其次，晶体的生长方式决定了沉积层的结构与外观，如果晶粒在垂直于基体表面上的生长速度较快，将得到纤维状的沉积层，如果晶粒在平行于基体表面上的生长速度较快，将得到光亮的沉积层。图 2.16为电化学沉积原理图。

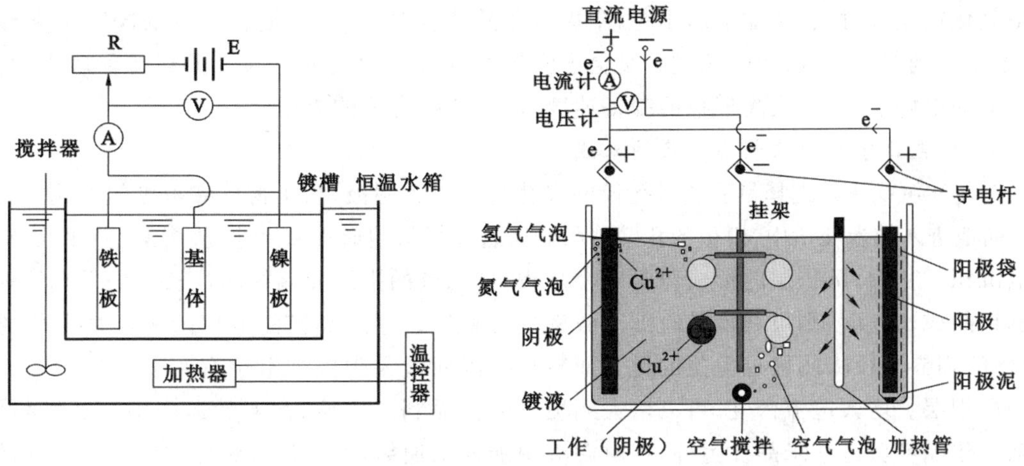


**图 2.16 电化学沉积原理图**

E 直流电源；R—可变电阻；A—电流表；V—电压表

电氧化还原过程与传统的化学反应过程相比有下列优点：① 在电沉积中能够提供高电子转移的功能，这种功能可以使之达到一般化学试剂所不具有的氧化还原能力；② 合成反应体系及其产物不会被还原剂（或氧化剂）及其相应的氧化产物（或还原产物）所污染；③ 由于电氧化还原过程的特殊性，电化学沉积能制备出其他方法不能制备的许多物质和聚集态。

2.7.3.2 阳极氧化铝模板的制备

阳极氧化铝模板（Anodic Aluminum Oxide Template，简称 AAO 模板）是通过电化学氧化的方法在纯铝表面形成的具有高度规整结构的氧化铝薄膜。铝在酸性电解液中阳极氧化时，由于电解液对氧化铝的溶解作用，可形成结构独特的多孔型氧化铝薄膜，这种膜的结构示意图如图 2.17 所示。从图 2.17 中可以看出，多孔氧化铝包括两层，即与铝基相邻的薄而致密的阻挡层和外表厚而疏松的多孔层，多孔层为六角密排的氧化铝晶胞结构，每个晶胞中央包含一个纳米级的微孔，这些孔大小均匀，与基体表面垂直，彼此之间相互平行，可作为合成纳米材料的模板。

制备氧化铝的模具如图 2.18(a)所示，底座为耐腐蚀的不锈钢，玻璃管可以方便实验中随时观察。实验过程中，模具放在装有冰水的恒温槽中以实现电解液的零度恒温。在氧化生成氧化铝模板的过程中，流过铝片的电能将转化为热能，从而产生大量的热量，这些热量会导致整个电解槽温度的上升，从而导致电流的增大而产生更多的热量。为了维持氧化过程的稳定，必须尽量保持整个电解槽温度恒定。制备氧化铝的实验装置如图 2.18(b)所示。

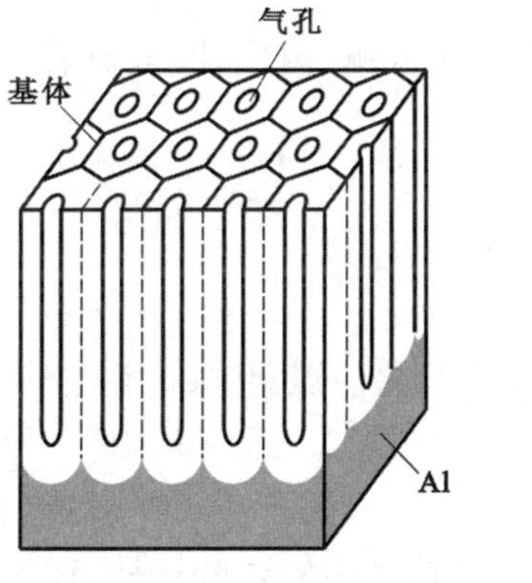


**图 2.17 多孔阳极氧化铝薄膜结构示意图**

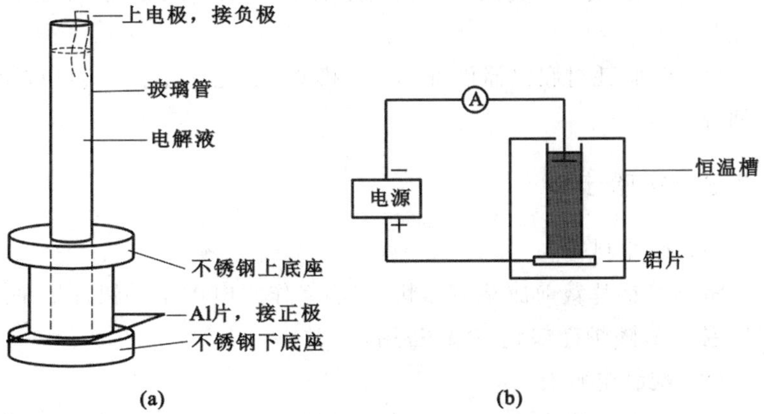


**图 2.18 制备氧化铝的模具和实验装置**

(a) 模具；(b) 实验装置

制备氧化铝模板时，当所加电压小时，阳极氧化的速度非常缓慢，模板形成的同时也被酸溶液慢慢腐蚀，难于得到厚的模板；而电压过高又会击穿模板导致实验失败。为了得到孔径适中的模板，需要选择合适的电解液；为了提高模板的制备速度，需要选择合适的电压。

2.7.3.3　模板电化学沉积法制备金属纳米线

模板电化学沉积法是选择具有纳米孔径的多孔材料作为阴极，利用物质在阴极的电化学还原反应使材料定向地进入纳米孔道中，模板的孔壁将限制所合成材料的形状和尺寸，从而得到一维纳米材料。

在电沉积过程中，沉积层的形成包含两个过程，即晶核的生成和晶核的成长。如果晶核的生成速度大于晶核的成长速度，则可获得晶粒细小致密的沉积层。生成晶核的概率随阴极过电位的增大而增大，晶核的临界半径随阴极过电位的增大而减小。因而增大阴极过电位有利于大量形核而获得晶粒细小的沉积层。增大电流密度，可以增大阴极过电位而利于形核，在实际运用中，也是通过增大电流密度来细化晶粒获得纳米晶。另外，在电解液中加入添加剂，电沉积时添加剂沉积在晶体的生长点上，阻碍晶体的生长，并增大阴极过电位，从而连续促进晶核形成而获得细小晶粒。

电镀对镀层质量要求较高，因此对镀液的成分要加以控制，须有严格的工艺配方；为了得到光洁、牢固的镀层，还必须对电镀的基底进行除锈、除油处理；电镀电压也要严格加以控制。本实验对制备的铁纳米线质量要求不高，因此对电镀液、电镀电压、电镀电流无特殊要求。电镀电流一般为 10 mA/片（圆片直径为 2.5 cm）。铁镀液配方为：1.5 g 硫酸亚铁，1.2 g 硼酸，0.04 g 抗坏血酸，加入适量蒸馏水得到 100 mL 溶液。通常，电镀只能使用直流电，多孔氧化铝模板与铝基底之间存在一层氧化铝阻挡层，该阻挡层有类似二极管的单向导电性，因此，可以使用交流电进行电镀。有时交流电镀甚至比直流电镀效果还好。氧化铝模板的制备条件和所得模板的孔间距见表 2.6。

**表 2.6　氧化铝模板的制备条件和所得模板的孔间距**

| | 浓度/(mol/L) | 温度/℃ | 电压/V | 孔间距/nm |
|---|---|---|---|---|
| 硫酸 | 0.4 | 0 | 20～50 | 60～70 |
| 草酸 | 0.3 | 0 | 50～140 | 150～250 |
| 磷酸 | 0.4 | 0 | 100～200 | 300～700 |

### 2.7.4　实验药品及设备

(1) 实验药品：硫酸($H_2SO_4$)、铝片(所用铝片厚度为 120 μm，纯度为 99.99%，并且已经经过了 500 ℃、5 h 空气气氛退火处理)、硫酸亚铁($FeSO_4$)、硼酸($H_3BO_3$)、抗坏血酸($C_6H_8O_6$)，试剂均为分析纯。

(2) 实验耗材和仪器设备：天平、模具、电化学工作站、可调直流稳压电源、温度计、电流表、化学试剂等。

### 2.7.5　实验步骤

(1) 铝片制备

将高纯铝片裁剪成菜刀形状，刀柄将作为电极用。铝片压平后放入马弗炉退火：500 ℃空气气氛下保温 5 h，随炉冷却到室温，备用。

(2) 配制电解液

0.4 mol/L 硫酸：22.5 mL 浓硫酸配制成 1000 mL 溶液；铁镀液配方：1.5 g 硫酸亚铁、1.2 g 硼酸、0.04 g抗坏血酸，加入适量蒸馏水得到 100 mL 溶液。

(3) 制备氧化铝模板

① 将装入铝片的模具放入盛有冰水的水浴槽中，倒入硫酸电解液，液柱高度约为 10 cm。

② 铝片接阳极，电解液接阴极，电压增加速率约为 10 V/min，加压到 27 V，保持 45 min。

③ 将电解液倒入专用废液收集瓶中。

(4) 制备铁纳米线

① 模具冲洗后倒入电镀液，液柱高度约为 10 cm。

② 接通电源，维持电流约 10 mA，保持 30 min。

③ 清洗后取下模板，观察生成的样品，用磁石检验所得样品是否有磁性。

(5) 对制备的铁纳米线进行 XRD 表征。

### 2.7.6 注意事项

(1) 电源：打开前要保证电压已调到零，关闭前也要保证电压已调到零。

(2) 注意电流表的量程和极性。

(3) 为了避免在铝片内产生新的应力，操作过程中铝片严禁折叠或划伤。

(4) 配制硫酸溶液时应小心。

### 2.7.7 思考题

(1) 为什么必须严格控制电镀工艺？

(2) 电化学法沉积铁纳米线为什么需要介孔模板？

# 实验 2.8　Hummer's 法合成石墨烯

## 2.8.1　实验目的

(1) 了解石墨烯的结构、性能和应用领域,了解氧化石墨的结构特点。

(2) 了解石墨烯的合成方法,熟悉 Hummer's 法合成石墨烯的原理及实验过程。

## 2.8.2　实验内容

采用 Hummer's 法合成石墨烯:以浓 $H_2SO_4$、$K_2S_2O_8$、$P_2O_5$、$KMnO_4$ 等为氧化剂,合成氧化石墨;采用超声法获得氧化石墨烯;水合肼($N_2H_4 \cdot H_2O$)还原氧化石墨烯获得石墨烯。

## 2.8.3　实验原理

### 2.8.3.1　石墨烯的结构与性质

石墨烯作为一种碳质的新材料,面密度为 0.77 mg/m$^2$,由碳六元环按照二维(2D)蜂窝状点阵结构紧密组成,其碳原子的排布相同于石墨单原子层的排布。

关于准二维晶体的存在性,科学界一直存在着争论。一般来说,随着物质厚度的减小,汽化温度也急剧降低,当厚度只有几个分子层的时候,会变得不稳定。长程有序的二维晶体会因长的波长起伏而受到破坏,因此,过去科学家们一直认为严格的二维晶体具有热力学不稳定性,在自然界中不存在。但单层石墨烯作为研究碳纳米管的理论模型得到了科学家们的广泛关注。1988 年,日本东北大学京谷隆教授等在用蒙脱土做模板制备高度定向石墨的过程中,以丙烯腈为碳源,在蒙脱土二维层间得到了石墨烯片层,不过这种片层在脱除模板后不能单独存在,很快会形成高度取向的石墨。2004 年,英国曼彻斯特大学的物理学教授安德烈·盖姆与康斯坦丁·诺沃肖洛夫第一次用机械剥离方法从石墨上剥离并观测到了单层石墨烯晶体,引起了科学界新一轮的"碳"热潮。而他们也因此获得了 2010 年诺贝尔物理学奖。2007 年,科学家甚至实现了将单个的片状石墨烯在空气中或真空中自由地附着在微型金支架上,这些片层只有一个碳原子层厚度(0.35 nm),这一厚度仅为头发的 1/200000,但是它们却表现出长程有序,从而打破了传统理论和实验所得出的结论。

然而石墨烯不仅仅指单原子层的石墨材料。Partoens 小组研究发现,当石墨层的层数小于 10 时,就会表现出较普通三维石墨不同的电子结构。通常将这种结构与三维石墨不同的材料(层数小于 10)称为二维石墨烯(Graphenes 或 Multi-layer Graphenes)。石墨烯可翘曲成零维(0D)的富勒烯(Fullerene),卷成一维的碳纳米管(Carbon Nanotube, CNT)或者堆叠成三维(3D)的石墨(graphite),因此,石墨烯(图 2.19)被认为是构建其他石墨材料的基本单元。由于石墨烯的特殊结构,它的厚度可达0.335 nm,而比表面积却高达2600 m$^2$/g。

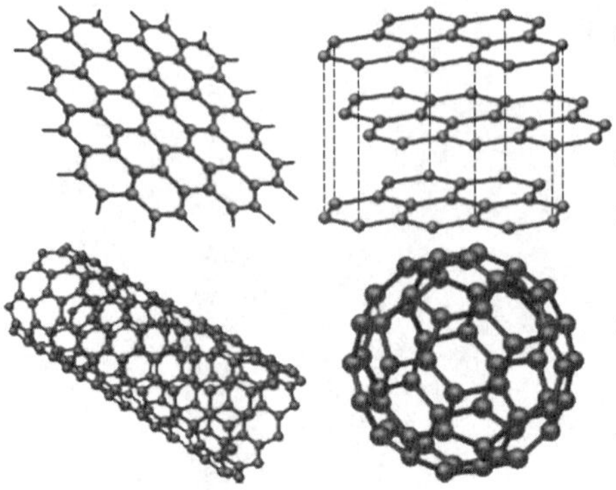

图 2.19　石墨烯

除了优异的电学性能(如可作为金属性导体或半导体材料),石墨烯的拉伸模量(约为 1100 GPa)和断裂强度(116 GPa)与单壁碳纳米管(SWCNT)相当,其质量轻,导热性好[约为3000 W/(M·K)],且比表面积大(2600 m$^2$/g),与价格昂贵的富勒烯以及碳纳米管相比,氧化石墨烯价格低廉,原料易得,从而在各种新型高性能纳米材料领域展示出巨大的潜在应用价值，尤其是与传统的炭黑、纳米黏土、纳米二氧化硅等常用纳米填料相比，石墨烯具有更加不可比拟的优点，从而有望实现高分子纳米复合材料的高性能化、多功能化及其一体化。另外，石墨烯与聚合物的结构相似(可将其看作是由 C—C 共价键相连的特殊“高分子”材料)，所以它可以作为一种理想的纳米复合材料增强相，有可能对先进聚合物基纳米复合材料综合性能的提升带来一次革命性的飞跃，从而有望在航空航天、建筑、汽车制造等高新技术行业产生广泛而深远的影响。

石墨层间有流动的 $\pi$ 电子，这些游离的 $\pi$ 电子使层与层之间具有较小的结合力以及较大的层间空隙，从而使石墨本身表现出很好的活泼性，很容易被强氧化剂（如 $HNO_3$、$H_2SO_4$、$HClO_4$、$KMnO_4$ 等)氧化而形成石墨氧化物，这为石墨的层间改性和顺利插层提供了先决条件。当引入其他非碳粒子进入石墨层之间时，层间距离将增大至 0.4～1.2 nm，削弱了层间的范德华力，为进一步由氧化石墨剥离为氧化石墨烯(Graphite Oxide，GO)提供了可能的途径。氧化石墨烯就是具有单层结构的氧化石墨，氧化石墨烯通过进一步的还原即可得到稳定的石墨烯。

2.8.3.2　*石墨烯(Graphite，GR)的合成方法*

为了让石墨烯的优异性能得到更好的应用，研究者们一直在努力寻找批量、可控的合成石墨烯的方法。目前，石墨烯的合成方法主要包括：微机械剥离法、化学气相沉积法、化学剥离法、外延生长法、氧化石墨烯溶液的还原法及有机合成法等。

(1) 微机械剥离法

微机械剥离法即通过机械力从石墨晶体表面剥离得到单层或多层石墨烯碎片。尽管通过微机械剥离法从石墨晶体中得到了石墨烯，并对单层或两层石墨烯的性质进行了研究，但这种方法并不适合于单层或多层石墨烯的批量制备和应用，而只能满足基础研究的需要。

(2) 化学气相沉积法

化学气相沉积法是目前应用最广泛的一种大规模工业化制备半导体薄膜材料的方法。其生产工艺十分完善，也成了研究人员制备石墨烯的一条途径。Srivastaval 等采用微波增强化学气相沉积法，在 Ni 包裹的 Si 衬底上生长出了 20 nm 左右厚度的石墨片，并研究了微波功率大小对石墨片形貌的影响。

(3) 化学剥离法

① 氧化石墨的合成

由于工艺条件简便，原料易于获得以及产率高等特点，化学剥离法被认为是合成石墨烯的主要手段之一，并具有工业化前景。合成过程可以概括为：a. 利用强氧化剂与强酸形成的胶体体系，加入天然石墨或者人造石墨并反应一段时间后得到氧化石墨；b. 利用化学还原、热还原、溶剂热还原、超声处理等后处理方法得到石墨烯。石墨烯的合成路线见图 2.20。

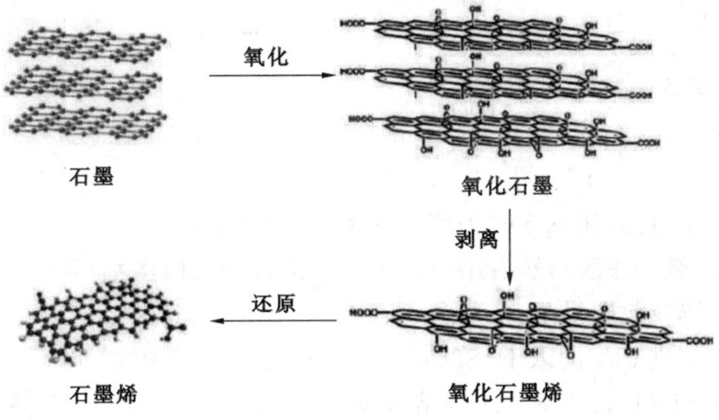


**图 2.20　石墨烯的合成路线**

② 还原氧化石墨获得石墨烯

热还原法是利用氧化石墨在瞬间高温下，层间的含氧官能团降解，形成 $CO_2$ 或 $H_2O$ 等小分子逸出，使得石墨片层克服层间范德华力发生剥离，同时氧含量下降的一种石墨烯还原制备方法。Schniepp 等人于 2006 年报道了这种热处理还原剥离法。该方法的原料为 Staudelunaier 法制备的氧化石墨（氧化处理时间大于 96 h）。将少量完全干燥的氧化石墨粉末置于封闭的石英管当中，在氢气的保护下高温（1050 ℃）处理 30 s，再将得到的高温膨胀石墨利用超声波分散在 N-甲基吡咯烷酮中并均匀涂敷于高定向热解石墨上，再利用原子力显微镜表征产物的形貌和厚度。

印度学者 Nethravathi 等人使用水、乙二醇、乙醇、1-丁醇作为溶剂使用溶剂热、水热反应还原胶体分散态氧化石墨，制备了化学改性石墨烯。这种制备方法反应温度较低（120～200 ℃）。研究表明反应温度、密封反应釜自生压和溶剂的还原性直接影响改性石墨烯片层的还原程度，这种制备方法开辟了在不同溶液中制备各种石墨烯基复合材料的新途径。其中利用乙醇作为溶剂，将胶体分散态氧化石墨在 120 ℃下反应16 h，可以得到还原程度较高的石墨烯。

氧化石墨胶体通过一定时间、功率的超声，可以得到大量单层或薄层氧化石墨烯，使用碘、对苯二酚、硼氢化钠等还原剂的还原可以得到石墨烯，此为化学还原法。Hummer's 法合成石墨烯是化学还原法中的代表性工艺，主要包括氧化石墨烯的合成和还原。

Hummer's 法的基本原理是石墨在 $H_2SO_4$、$HNO_3$、$HClO_4$ 等强氧化酸和强氧化剂（如 $KClO_4$、$KMnO_4$ 等）的共同作用下，经水解后转化为氧化石墨。氧化石墨同样是层状共价化合物，层间距离依制备方法而异。一般认为，氧化石墨中含有—C—OH、—C—O—C，甚至—COOH 等基团，从而表现出较强的极性。由于极性基团的存在，氧化石墨很容易吸收极性小分子而形成氧化石墨嵌入化合物，但这类嵌入化合物的稳定性较差，在空气中很易脱嵌而转化为水化氧化石墨。与石墨不同，氧化石墨在外力，如超声波的作用下在水中或碱水中可形成稳定性较好的氧化石墨胶体或悬浮液，同时受层间电荷的静电排斥作用，氧化石墨的片层发生层-层剥离而形成单层的氧化石墨烯。目前，Hummer's 法被广泛采用，但是由于其操作步骤较烦琐，对合成过程的影响因素（如合成温度、反应时间、氧化剂的添加量、还原剂的添加量等）较多，造成了其产率较低。

## 2.8.4　实验药品及设备

（1）实验药品：石墨、硫酸（$H_2SO_4$）、过硫酸钾（$K_2S_2O_8$）、$P_2O_5$、$KMnO_4$、盐酸（HCl）、N，N-二甲基甲酰胺［$HCON(CH_3)_2$，DMF］，试剂均为分析纯。

（2）实验耗材和仪器设备：数显恒速搅拌器、电热恒温水浴锅、超声波清洗器、高速离心机、电子天平、鼓风干燥箱和透析袋。

## 2.8.5　实验步骤

### 2.8.5.1　氧化石墨的制备

（1）取 3 g 石墨放进 80 ℃浓 $H_2SO_4$（20 mL）、$K_2S_2O_8$（2.5 g）和 $P_2O_5$（2.5 g）的混合溶液中，保温4.5 h；

（2）将上述溶液降至室温，用 0.5 L 去离子水稀释，隔夜放置；

（3）过滤（0.22 μm 微孔滤膜），然后用去离子水洗涤过滤后的产物（除酸）；

（4）将上步的产物隔夜放置烘干；

（5）将第 4 步产物放进 0 ℃的浓 $H_2SO_4$（120 mL）中；

（6）接着将 15 g $KMnO_4$ 慢慢加入上述溶液中，同时搅拌，并且冰浴，保持温度在 20 ℃以下；

（7）在 35 ℃下搅拌 2 h，然后用 250 mL 去离子水稀释（因为用水稀释时会放出大量的热，在冰浴中可以保持温度在 50 ℃以下）；

(8) 250 mL 水加完以后，接着搅拌 2 h，然后加 0.5 L 去离子水；

(9) 加入 20 mL 30% 的 $H_2O_2$，这时溶液的颜色将变成明亮的黄色，并且冒气泡。

2.8.5.2　氧化石墨烯的制备

(1) 得到的溶液静置一夜，之后将上清液倒掉；

(2) 将上述溶液用 1∶10 的 HCl 溶液(1 L)洗涤(除 $SO_4^{2-}$)四次以上，抽滤后得到氧化石墨烯滤饼。

2.8.5.3　氧化石墨烯的纯化

取一定量的氧化石墨烯滤饼，分散于水中配制氧化石墨烯溶液，再用透析袋(分子量为 8000～14000g/mol)透析一夜，记录溶液透析前后的 pH 值的变化，得到较纯净的氧化石墨烯溶液，取出待用。同时称取 1g 透析后的氧化石墨烯溶液于培养皿中，置于干燥箱中在 60 ℃下干燥至恒重，称取干燥后的氧化石墨烯的重量，计算透析后氧化石墨烯溶液中氧化石墨烯的固含量。

2.8.5.4　氧化石墨烯的还原

(1) 称取 10 mg 氧化石墨烯溶于 50 mL N,N-二甲基甲酰胺(DMF)中，超声约 2 h 使其完全溶解；

(2) 加入 100 μL 水合肼($N_2H_4 \cdot H_2O$)，于 95 ℃水浴中搅拌反应 5 h，溶液由黄褐色变为黑色；

(3) 待溶液冷却至室温时，将样品过滤，用三氯甲烷洗涤三次，室温下干燥后即得所需的石墨烯样品。

上述步骤均完成后，对所制得的样品进行结构和形貌观察。

### 2.8.6　注意事项

$KMnO_4$ 的加入需少量多次，注意控制反应体系的温度，必要时要使用冰浴。

### 2.8.7　思考题

(1) 试述氧化石墨烯和石墨烯在结构和性能方面的优缺点。

(2) 用化学法制备氧化石墨烯时应注意的问题有哪些？

# 实验 2.9　水热法制备 ZnO 低维纳米材料

## 2.9.1　实验目的

(1) 掌握水热法在基板上制备 ZnO 纳米材料薄膜的方法，了解水热法的相关原理；

(2) 了解 ZnO 纳米材料薄膜的表征方法。

## 2.9.2　实验内容

(1) 采用水热法制备 ZnO 纳米材料薄膜。采用不同前躯体浓度、不同基板、不同水热条件(如温度、时间)制备 ZnO 纳米材料薄膜，并分析这些条件对 ZnO 薄膜形貌的影响规律。

(2) 对 ZnO 纳米材料薄膜进行表征。用 X 射线衍射(XRD)对样品进行相结构分析，用光学显微镜和扫描电镜(SEM)对样品表面形貌进行观察。

## 2.9.3　实验原理

### 2.9.3.1　低维材料概述

低维纳米材料是由粒径小于 100 nm 的超细颗粒构成的具有小尺寸效应的零维、一维和二维材料的总称。近年来，人们发现通过化学自组装等纳米结构构建方法可以将材料在分子、原子水平上按自己的意愿构筑成具有特殊性能的新材料。同时，人们还发现维度对材料的性质有重大影响，比如电子在三维、二维和一维结构中的相互作用方式是不一样的，故纳米基元(零维纳米微粒、一维纳米管等)的构建、纳米基元的组合和应用等成了当今纳米材料研究的新热点。

纳米线、纳米管和纳米带因高的比表面积使其电学性质对表面吸附非常敏感。当外界环境(温度、光、湿度)等因素改变时会迅速引起界面离子、电子输运的变化，利用其电阻的显著变化可将其做成传感器，其特点是响应速度快、灵敏度高、选择性比较优良。由于纳米线的直径很小，存在着显著的量子尺寸效应，因此它们的光物理和光化学性质迅速成为目前最活跃的研究领域之一，其中纳米线所具有的光致发光特性备受瞩目。氧化锌由于其结构的灵活性和多样性，在光、电开关，催化剂，智能窗，敏感元器件等方面有着广泛的应用。当其加工成低维纳米结构时，有可能在上述领域表现出更加优异的性能。

纳米材料的合成制备方法比较多，一些合成制备超细微粉的方法可以用来制纳米微粒。但是，高效率、低成本获取优质纳米材料的技术，仍然是各国科学家研究的重点。

### 2.9.3.2　水热法制备 ZnO 纳米材料薄膜

水热法是在特制的密闭的高压反应釜里，采用水溶液作为反应介质，通过对反应容器加热，创造一个高温、高压的反应环境，使难溶或不溶的物质溶解并且重结晶。按研究对象和目的的不同，水热法可分为水热晶体生长、水热合成、水热反应、水热处理、水热烧结等，分别用来生长各种单晶，制备超细、无团聚或少团聚、结晶完好的粉体，完成某些有机反应，或对一些危害人类生存环境的有机废弃物质进行处理，以及在相对较低的温度下完成某些陶瓷材料的烧结等。按设备的差异，水热法又可分为普通水热法和特殊水热法。特殊水热法，是指在水热条件反应体系上再添加其他作用力场，如直流电场、磁场、微波电磁场等。

水热法不仅在实验室得到了应用和持续的研究，而且已实现了具有一定产业规模的人工单晶水热生长。与其他方法相比较，水热法生长晶体有如下优越性：① 水热法生长晶体使用相对较低的温度，是一种经济环保的生长方法；② 水热法生长晶体是在密闭系统里进行的，可以控制反应气氛而形成氧化或还原反应条件，实现某些普通方法难以获取的物相；③ 水热反应体系存在溶液的快速对流和十分有效的溶质扩散，因此水热晶体具有较快的生长速率。

目前在水热法中用来控制材料生长形态的途径有以下几种：① 利用材料本身的晶体结构和材料在水中某个方向的快速生长来进行控制。具有层状结构或者双螺旋结构的材料，在一定的水热条件下比较容易得到它们的纳米材料。具有稳定六方相的材料，由于 $C$ 轴方向生长较快，也比较容易得到其一维纳米材料。② 利用还原或者氧化水热反应，控制不同晶面的生长速度。③ 利用形成某些中间难溶的物质，在转化为所需物质时控制反应速度，从而得到其一定结晶构形的形态。④ 利用少量的有机物作为辅助剂来控制合成。

ZnO 是一种新型的Ⅱ-Ⅵ族宽禁带半导体材料，与 GaN 具有相近的晶格常数和禁带宽度，且相对于 GaN，ZnO 具有更高的熔点和激子束缚能，其机电耦合性能也十分优异。ZnO 在常温下的稳定相是六方纤锌矿结构，其禁带宽度为 3.37 eV，激子束缚能为 60 meV，为典型的、性能优良的宽禁带半导体材料。ZnO 晶格常数为 $a=0.3253$ nm，$c=0.5213$ nm，$Z=2$。由于在基底上高度有序生长的 ZnO 纳米结构可制作短波激光器和 Graetzel 太阳能电池电极，近年来成为人们研究的热点。特别是最近 ZnO 纳米线(棒)在室温下光致紫外激光的发现，极大地推动了固体基底上制备高质量定向生长的 ZnO 纳米线(棒)构成的纳米材料薄膜的研究。

ZnO 纳米材料薄膜的形成包括成核和生长两个步骤。在本实验中，室温下将六次甲基四胺(HMT)加入硝酸锌的溶液中，高速搅拌使其缓慢发生一系列化学反应，热处理后使玻璃表面形成均匀致密的 ZnO 纳米晶核薄膜。在形成了均匀致密的薄膜之后，再将其放入反应釜中，在 95 ℃下加速反应，使晶核生长。由于 ZnO 纳米材料沿 $C$ 轴取向生长，从而垂直于基板生长，形成纳米线(棒)阵列。

## 2.9.4　实验药品及设备

(1) 实验药品：硝酸锌[$Zn(NO_3)_2\cdot 6H_2O$]、六次甲基四胺[$(CH_2)_6N_4$，HMT]、丙酮($C_3H_6O$)、三氯甲烷($CHCl_3$)、氢氧化钠(NaOH)，试剂均为分析纯。

(2) 实验耗材和仪器设备：反应釜、数显恒温磁力搅拌器、电子天平、数控超声波清洗器、电子恒温干燥箱。

## 2.9.5　实验步骤

### 2.9.5.1　基片预处理

(1) 玻璃基片预处理

切片：将表面平整的玻璃载玻片用作生长基板，切割成宽约 1.2 cm、长约 2 cm 的合适尺寸。

清洗：玻璃基板先放入三氯甲烷溶液中煮沸 10 min，取出，在丙酮中浸泡 20 min 后用去离子水冲洗。将冲洗干净的玻璃基板放入盛有 1 mol/L 氢氧化钠溶液的烧杯中超声15 min。取出后再次用丙酮浸泡 10 min，再用去离子水冲洗，使玻璃基板表面亲水。最后在烘箱中烘干备用。

(2) 铝基片预处理

压片：将铝片剪成宽约 1 cm、长约 3 cm 的尺寸，在压片机上加压 10 MPa，并保压 2 min 后取出。

抛光：将铝片作为阳极，碳电极作为阴极在以高氯酸与无水乙醇的体积比为 1∶4 的电解液中加 6 V直流电压进行电解抛光，直到铝片表面没有杂质残留。

清洗：将抛光后的铝片放入盛有无水乙醇的烧杯中，在超声波清洗器中超声 15 min，用去离子水冲洗后再放入无水乙醇中浸泡备用。

2.9.5.2 制备流程

(1) 两步制备法(玻璃基片)

第一步:将预处理后的玻璃基板放入盛有 30 mL 等物质的量浓度(0.02 mol/L)的 $Zn(NO_3)_2 \cdot 6H_2O$ 和 HMT 的混合溶液的烧杯中。室温下在烧杯中放入磁子使混合溶液在磁力搅拌器上被不断地低速搅拌,此过程中保证玻璃基片竖直稳定,使玻璃基板表面沉积大量 ZnO 晶核,清洗后烘干、热处理。

第二步:将搅拌、热处理后的玻璃基板取出,放入盛有 20 mL 等物质的量浓度(0.02 mol/L, 0.05 mol/L,0.1 mol/L)的 $Zn(NO_3)_2 \cdot 6H_2O$ 和 HMT 混合溶液的反应釜中,90 ℃下水热反应两小时后取出。用去离子水反复冲洗以除去吸附的多余离子和胺盐,同时将反应釜内的上层清夜吸取,用离心机清洗沉淀,放入 80 ℃烘箱干燥,以备表征。

(2) 一步水热法(玻璃基片、铝片)

将清洗后的基板(玻璃片、铝片)用去离子水冲洗后直接放入盛有 20 mL 等物质的量浓度(0.02 mol/L,0.05 mol/L,0.1 mol/L)的 $Zn(NO_3)_2 \cdot 6H_2O$ 和 HMT 混合溶液的反应釜中,基片需倾斜靠在反应釜内壁。将反应釜密封后放入 90 ℃的烘箱中进行 2 h 水热反应,反应结束后取出基片,用蒸馏水反复冲洗以除去吸附的多余的离子和胺盐,同时吸取反应釜内的上层清夜,用离心机清洗沉淀,之后放入 80 ℃烘箱中干燥,以备表征。ZnO 纳米材料薄膜的制备过程如图 2.21 所示。

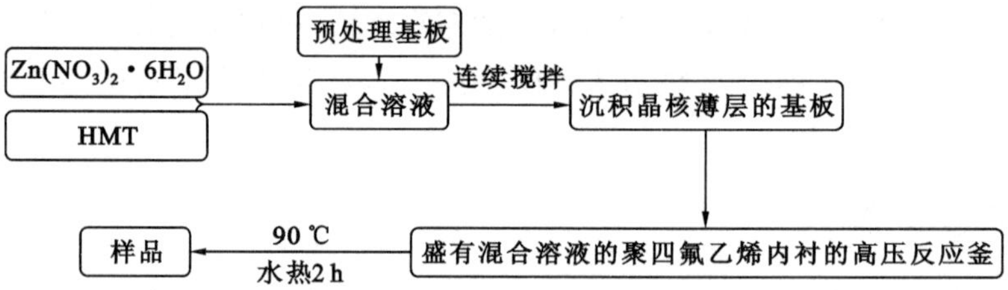


图 2.21 ZnO 纳米材料薄膜的制备过程

## 2.9.6 注意事项

(1) 所有设备的使用均应按照操作规程执行,设备运行过程中应有专人看管并不得擅自离开;

(2) 水热反应的反应釜须密封好,形成高温高压环境。

## 2.9.7 思考题

(1) 何谓水热法?水热法的优越性体现在哪些方面?

(2) 不同基板上制备的 ZnO 纳米材料薄膜的形貌各有什么特点?影响 ZnO 薄膜形态的因素有哪些?结合你的实验结果进行分析讨论。

# 实验 2.10 液相法合成 $La_xAg_{1-x}MnO_3$(LAMO)庞磁电阻材料

## 2.10.1 实验目的

(1) 了解溶胶-凝胶法的基本原理;

(2) 掌握液相包覆的基本原理及核壳结构的应用;

(3) 了解影响庞磁材料粉末合成的因素。

## 2.10.2 实验内容

(1) 采用溶胶-凝胶法制备 $La_{1-x}Ag_xMnO_3$(LAMO)体系庞磁材料粉末。

(2) 采用液相包覆法制备(1−$x$)LAMO : $x$ZnO 核壳结构的复合体系粉末。

## 2.10.3 实验原理

### 2.10.3.1 巨磁阻效应

强磁性材料在受到外加磁场作用时引起的电阻变化,称为磁电阻效应(Magnetoresistive,MR)。通常用磁电阻率来表征磁电阻效应的大小,常用下式计算:

$$\frac{\Delta R}{R_0}=\frac{R_0-R_H}{R_0} \tag{2.2}$$

式中 $\Delta R$——磁场下电阻与零磁场下电阻的差值;

$R_0$——零磁场下的样品电阻值;

$R_H$——磁场下的样品电阻值。

一般强磁性材料的磁电阻率在室温下小于 8%,在低温下可增大到 10%以上。目前使用的磁电阻材料主要有镍铁系和镍钴系磁性合金。室温下镍铁系合金的磁电阻率为 1%~3%,若合金中加入铜、铬或锰元素,可使电阻率增大;镍钴系合金的磁电阻率较高,可达 6%。与利用其他磁效应相比,利用磁电阻效应制成的换能器和传感器,其装置简单,对速度和频率不敏感。磁电阻材料已用于制造磁记录磁头、磁泡检测器和磁膜存储器的读出器等。

1988 年,法国的费尔在金属 Fe、Cr 交替沉积而形成的多层膜$(Fe/Cr)_N$($N$ 为周期数) 电阻中发现,微弱的磁场变化可以导致电阻大小的急剧变化,其变化的幅度比一般情况高十几倍,他把这种效应命名为巨磁阻效应(Giant Magneto Resistance,GMR)。

巨磁阻效应,是指磁性材料的电阻率在有外磁场作用时较之无外磁场作用时存在巨大变化的现象。巨磁阻是一种量子力学效应,它产生于层状的磁性薄膜结构。这种结构由铁磁材料和非铁磁材料薄层交替叠合而成。当铁磁层的磁矩相互平行时,载流子与自旋有关的散射最小,材料有最小的电阻。当铁磁层的磁矩为反平行时,与自旋有关的散射最强,材料的电阻最大。巨磁阻又称特大磁电阻、庞磁电阻等,其磁电阻率可高达 $10^6$ %。

计算机硬盘是通过磁介质来存储信息的。一块密封的计算机硬盘内部包含若干个磁盘片,磁盘片的每一面都以转轴为轴心、以一定的磁密度为间隔,被划分成多个磁道,每个磁道又被划分为若干个扇区。

磁盘片上的磁涂层由数量众多的、体积极为细小的磁颗粒组成,若干个磁颗粒组成一个记录单元来记录 1 比特(bit)信息,即 0 或 1。磁盘片的每个磁盘面都相应有一个磁头。当磁头"扫描"过磁盘面的各个区域时,各个区域中记录的不同磁信号就被转换成电信号,电信号的变化进而被表达为"0"或"1",成为所有信息的原始译码。

最早的磁头是采用锰铁磁体制成的，该类磁头是通过电磁感应的方式读写数据的。然而，随着信息技术的发展，其对存储容量的要求不断提高，这类磁头难以满足实际需求。因为使用这种磁头，磁致电阻的变化仅为1%～2%，读取数据要求一定强度的磁场，且磁道密度不能太大，使用传统磁头的硬盘最大容量只能达到每平方英寸20兆位。硬盘体积不断变小，容量却不断变大时，势必要求磁盘上每一个被划分出来的独立区域越来越小，这些区域所记录的磁信号也就越来越弱。

1997年，全球首个基于巨磁阻效应的读出磁头问世。正是借助了巨磁阻效应，人们才能够制造出如此灵敏的磁头，能够清晰读出较弱的磁信号，并且转换成清晰的电流变化。新式磁头的出现引发了硬盘的“大容量、小型化”革命。如今，笔记本电脑、音乐播放器等各类数码电子产品中所装备的硬盘，基本上都应用了巨磁阻效应。

2007年10月，法国科学家阿尔贝·费尔和德国科学家彼得·格林贝格尔因分别独立发现巨磁阻效应而共同获得2007年诺贝尔物理学奖。瑞典皇家科学院在评价这项成就时表示，诺贝尔物理学奖主要奖励“用于读取硬盘数据的技术，得益于这项技术，硬盘在近年来迅速变得越来越小”。由于可以利用材料的巨磁电阻效应来制备用于高密度磁盘的信号读出器、磁传感器和磁存储器等一类新颖的人工功能材料，因此，巨磁阻效应的研究近年来发展十分迅速。此外，巨磁阻效应意味着电子自旋器的诞生，类似于偏振片使自然光变成偏振光，自旋混乱取向的电子通过巨磁阻材料后将保留与磁化状态有关的某一特定自旋取向的电子，这为人们叩开了磁电子学这一门新的学科领域。

#### 2.10.3.2　氧化物庞磁电阻材料

1993年，德国西门子公司的Helmolt等人在类钙钛矿结构的稀土锰氧化物$La_{2/3}Ba_{1/3}MnO_3$薄膜中观测到了庞磁电阻效应（Clossal Magneto Resistance，CMR），其磁电阻率比金属材料大，可达$10^3$～$10^6$，这将巨磁阻效应的研究由合金材料推至氧化物材料，因此引起了巨大的反响。由于这类氧化物材料中产生巨磁阻效应的原理与金属不同，加之磁电阻率比金属材料大2～3个数量级，因此，氧化物材料中产生的巨磁阻效应一般称为庞磁电阻效应。

在$La_{2/3}Ba_{1/3}MnO_3$薄膜中，观察到室温巨磁电阻比率达60%，用式(2.2)计算的磁电阻比率大于$10^5$%。掺杂稀土锰氧化物的研究吸引了很多研究小组的注意，是近年来凝聚态物理最活跃的领域之一。物理研究的深入使人们认识到，在这一材料中观察到的磁场下的反常的输运性质，有别于金属磁性超晶格与多层膜样品中的巨磁阻(GMR)，即CMR的产生机理不同于GMR。

稀土锰基氧化物可通过正离子取代或正离子空位来获得大约30%含量$Mn^{4+}$，$Mn^{4+}$有序排列，产生CMR。因此，在块体或薄膜材料中要获得CMR，必须在居里温度附近施加大磁场，这种CMR又称为本征CMR。如Kuestsr等发现在11T的磁场下，$(Nd_{0.5}Pr_{0.5})MnO_3$的电阻在$T_c=180$ K附近降低达两个数量级。关于锰氧化物的本征CMR，人们通过大量的实验研究得出两个基本结论：一是居里温度低的体系通常都有大的本征磁电阻；二是在某一确定温度下，磁电阻和归一化磁化强度平方呈线性关系。

同时，大量的研究表明，对于细晶的多晶材料来说，晶粒大小的影响也是十分重要的。高场的CMR，即本征CMR的大小与晶粒的尺寸无关，但在低于$T_c$的温度下存在低场的磁电阻，它随着晶粒尺寸的减小而增大，并在低温时迅速上升。

同时，尽管在钙钛矿锰氧化物材料中观察到了具有巨大潜在应用价值的本征CMR，然而，其所观察的CMR只出现在居里温度附近较窄的温度范围内，且所需的外磁场高达几个特斯拉。因此，此类材料的本征CMR在实际的应用开发中前景不是很好。因而，研究和开发室温、低场和具有宽温区的、具有实用价值的庞磁电阻材料具有重要的现实意义。

在材料的微结构中引入自旋无序区域，可提高材料的低场磁电阻(LFMR)。如通过锰基氧化物$La_xAg_{1-x}MnO_3$(LAMO)系统中本身形成的扩展缺陷和人为引进杂质等方法，对$La_xAg_{1-x}MnO_3$颗粒边界进行改性，引入自旋无序区域，从而实现对基体相结构的改性，最终有目的地改变系统的电、磁输运性能，提高材料的低场磁电阻。通过溶胶-凝胶法合成 LAMO 粉体，采用液相包覆法引入 ZnO 绝缘层，引入的 ZnO 绝缘层即为自旋无序区域，它位于 LAMO 相之间，获得的 CMR/绝缘相/CMR 的核壳结构，有利于 LFMR 的增强。

2.10.3.3 *溶胶-凝胶法合成庞磁电阻材料粉体*

实验采用的溶胶-凝胶法的基本过程是，初始原料混合均匀后，加入适量的催化剂（如硝酸）和去离子水，充分反应后得到前躯体溶液，向前躯体溶液中加入螯合剂[如柠檬酸或乙二胺四乙酸（Ethylene Diamine Tetraacetic Acid，EDTA）]，通过可溶性螯合剂的形成减少前驱体溶液中的自由离子，通过一系列实验条件（如溶液 pH 值、温度和浓度等）的控制，移去形成的凝胶。但柠檬酸作为螯合剂并不适合所有金属离子，且所形成的络合物凝胶相当易潮解。

溶胶-凝胶过程中的水解反应和聚合反应实例如下：

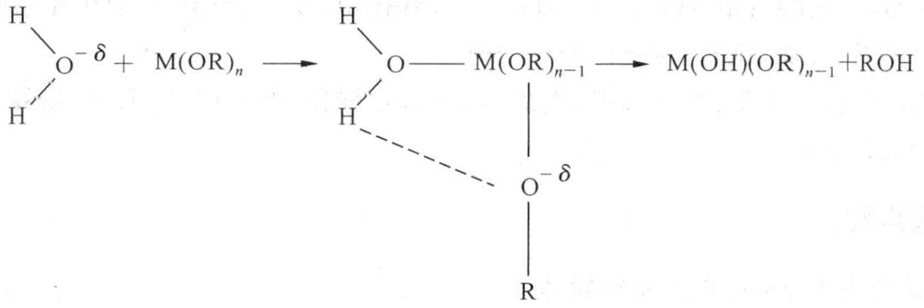

**水解反应**

$$M(OH)(OR)_{n-1}+M(OR)_n \longrightarrow (RO)_{n-1}MOM(OH)(OR)_{n-1}+M(OR)_n+ROH$$

$$(OR)_{n-1}(OH)M+(OH)M(OR)_{n-1} \longrightarrow (RO)_{n-1}MOM(OH)(OR)_{n-1}+M(OR)_n+H_2O$$

**聚合反应**

无机盐在水中的化学反应很复杂，可通过水解和缩聚反应生成许多分子产物。根据水解程度的不同，金属阳离子可能与三种配位体（$H_2O$、$OH^-$ 和 $O^{2-}$）结合。决定水解程度的重要因素包括阳离子的电价和溶液的 pH 值。水解后的产物通过羟基桥（M—OH—M）或氧桥（M—O—M）发生缩聚进而聚合。但许多情况下水解反应比缩聚反应快得多，往往形成沉淀而无法形成稳定的凝胶。

成功地合成稳定的凝胶的关键是要减慢水合络合物的水解率，制备出稳定的前驱体溶液。在溶液中加入有机螯合剂 $A^{m-}$ 替换金属水化物中的配位水分子，生成新的前驱体溶液，其化学活性得到显著的改善，替换反应如下：

$$[M(H_2O)_n]^{z+}+\alpha A^{m-} \rightleftharpoons [M(H_2O)_\omega(A)_\alpha]^{(z+am)}+(n-\omega)H_2O$$

式中，$n$ 远大于 $\omega$，$(n-\omega)=h\alpha$，$h$ 是金属离子 M 与一个配体 A 中任意原子形成配位键的数目。

金属离子螯合的目的，是防止配位水分子在去质子反应中的快速水解，使前驱体溶液保持稳定，化学反应如下：

$$[M(H_2O)_\omega(A)_\alpha]^{(z+am)}+H_2O \rightleftharpoons [M(OH)(H_2O)_{\omega-1}(A)_\alpha]^{(z-am-1)}+H_3O^+$$

如 $Fe^{3+}$ 的水解，加入柠檬酸螯合剂后水解平衡常数 $K_h$ 由 $10^{-3}$ 降低到 $10^{-25}$。另外，加入柠檬酸螯合剂还能减小配位水分子的正自由电荷，从而使前驱体溶液在 pH 值较高的条件下也不会析出氢氧化物沉淀，扩展了溶液稳定条件的范围。

2.10.3.4 *液相包覆法合成核壳结构复合庞磁电阻材料粉体*

液相包覆法就是通过化学的方法，在液体中对颗粒表面包覆涂层。液相包覆法具有如下优点：设备简单、费用低、适应性强，同时合成温度低，粉体分散充分、纯净、颗粒均匀，可采用不同活性基体作为被包裹相，不同无机盐、有机盐作为包裹相制备各种功能陶瓷材料粉体。

实验中，溶胶-凝胶法合成的 $La_xAg_{1-x}MnO_3$（LAMO）粉体为被包裹相，$Zn(NO_3)_2$ 溶液为包裹相，混合均匀后蒸干水分，就在 $La_xAg_{1-x}MnO_3$（LAMO）粉体颗粒表面沉积 $Zn(OH)_2$，高温热处理后，

$Zn(OH)_2$ 分解为 ZnO。ZnO 处于 LAMO 粉体颗粒之间，ZnO 将 LAMO 粉体包覆起来，ZnO 为绝缘层，LAMO 为 CMR 层，形成了 CMR/绝缘相/CMR 的核壳结构。

核壳结构是由一种纳米材料通过化学键或其他作用力将另一种纳米材料包覆起来形成的纳米尺度的有序组装结构。核壳材料由中心的核以及包覆在外部的壳组成，但是随着核壳材料的不断发展，已经把核与壳由两种不同物质通过物理或化学作用相互连接的材料，都称为核壳材料。核壳材料一般为球形颗粒，具有不同于核和壳的物理和化学性能，通过调整核和壳的化学组成、尺寸和形貌，可以调控核壳材料的光、电、磁、催化和生物活性等性能，在医药、磁阻器件、非线性光学器件、催化等方面显示出诱人的应用前景。

### 2.10.4　实验药品及设备

(1) 实验药品：甘氨酸、$La(NO_3)_3$、$AgNO_3$、50%$Mn(NO_3)_2$ 水溶液、5%PVA 溶液(黏结剂)、柠檬酸、乙二醇、硝酸锌、尿素、铟粒，试剂均为分析纯。

(2) 实验耗材和仪器设备：电子天平、电炉、1000 mL 烧杯、玻璃棒、马弗炉、研钵、坩埚、模具、压力机、镊子、小刀、万用电表。

### 2.10.5　实验步骤

(1) 溶胶-凝胶法合成庞磁电阻材料粉体

① 将 $La_2O_3$、$AgNO_3$、$Mn(NO_3)_2$ 按 $La_xAg_{1-x}MnO_3$ 名义化学反应式进行配料，得到名义化学组分的初始原料混合物。

② 配好后的原材料加入适量的硝酸和去离子水，充分混合和反应后得到硝酸盐混合溶液。注意保持溶液 pH 值为 3～4，防止金属离子水解而形成沉淀。

③ 柠檬酸主要起螯合剂的作用，防止金属离子间发生缔合，其加入量对溶胶的性能有直接的影响。选取硝酸盐混合液中金属离子总物质的量与柠檬酸分子物质的量之比为 1∶1.1。称量所需柠檬酸。微加热使柠檬酸至其全部溶解，配制成所需的柠檬酸溶液。将配制好的柠檬酸溶液逐滴滴入搅拌中的硝酸盐混合液中。

④ 将适量的乙二醇逐滴滴入不断搅拌中的 90 ℃的混合溶液中，继续搅拌 5 h，以加速柠檬酸盐和乙二醇的聚合过程。

⑤ 在 300 ℃加热直至获得灰黑色的粉末。得到的粉末在 700 ℃下保温 0.5 h 以使所有的有机物和可燃性物质反应完全。最终得到黑灰色的 $La_xAg_{1-x}MnO_3$(LAMO)粉末。

(2) 液相包覆法合成核壳结构复合庞磁电阻材料粉体

① 将制备好的 LAMO 粉末和适量的 $Zn(NO_3)_2$ 充分搅拌混合。然后，将一定量的尿素和少量的氨水缓慢地加入 LAMO 和 $Zn(NO_3)_2$ 的混合液中。搅拌混合液，并在 90 ℃下保温，直至所有的水分蒸干。在此过程中，通过共沉淀，$Zn(OH)_2$ 缓慢形成，包覆在 LAMO 颗粒表面。

② 上述过程得到的混合物在 900 ℃下保温 1 h，使 $Zn(OH)_2$ 分解为 ZnO，并使混合物中的有机物完全分解，获得了名义组分为 $(1-x)$LAMO$+x$ZnO 的核壳结构复合粉体材料。

③ 热处理后的粉末在 10 MPa 的压力下压制成型，并在 1150 ℃下常压保温 4 h，然后随炉冷却至室温，得到 $(1-x)$LAMO$+x$ZnO 的核壳结构复合块体材料。

(3) 庞磁电阻陶瓷材料的加工

① 研磨及造粒：将合成粉料用研钵仔细研磨，注意一定要将合成粉料研磨均匀，这对陶瓷样品的性能有很大的影响。待合成粉料研磨均匀后，加入适当的 PVA 溶液，再次研磨至 PVA 均匀分布于合成粉料中。

② 成型(压条)：将粉料进行成型加工，成型压力为 60～80 kN。脱模时要小心，压制出来的条状

样品不能出现明显的裂纹。

③ 排胶:将压制的条状样品进行排胶处理,以 100 ℃/h 的升温速率升到 600 ℃,保温 2 h,关闭炉子,自然冷却后取出条状样品。

④ 烧结:将经排胶处理的样品放入高温炉中,以 300 ℃/h 的升温速率升到 1150 ℃,保温 2 h,关闭炉子,自然冷却后得到的样品即为$(1-x)$LAMO$+x$ZnO 陶瓷。

⑤ 镀电极:采用压铟粒的方法制备电极。取 2 cm 左右的铜丝,小心地将两边的绝缘层去掉。取直径为 1 mm 左右的铟粒压在样品上(按照四探针的原理进行等距排列),在其上放置处理好的铜丝,再同样地压上铟粒,用万用电表检查其接触点是否接触良好。

## 2.10.6 注意事项

(1) 用溶胶-凝胶法合成庞磁电阻材料粉体时,硝酸盐混合溶液的制备过程中要控制好溶液的 pH 值,防止金属离子水解而形成沉淀;

(2) 镀电极时样品表面要些许粗糙,以增大铟粒和样品的接触面积,使电极更加牢固;

(3) 镀电极所用的铜丝表面的氧化层需去除,否则无法起导电的作用。

## 2.10.7 思考题

(1) 溶胶-凝胶法合成庞磁电阻材料的基本原理是什么?

(2) 核-壳结构的特点是什么?

# 实验 2.11 固相反应法制备过渡金属掺杂 ZnO 稀磁半导体

## 2.11.1 实验目的

(1) 熟悉固相反应法的原理；

(2) 掌握固相反应法制备过渡金属元素掺杂 ZnO 稀磁半导体的工艺及技术。

## 2.11.2 实验内容

(1) 采用固相反应法制备过渡金属元素掺杂 ZnO 稀磁半导体；

(2) 研究不同烧结温度和烧结气氛对过渡金属元素掺杂 ZnO 稀磁半导体性能的影响；

(3) 研究过渡金属元素掺杂量对 ZnO 稀磁半导体性能的影响。

## 2.11.3 实验原理

### 2.11.3.1 ZnO 稀磁半导体概述

稀磁半导体(Diluted Magnetic Semiconductor，DMS)又称作半磁半导体(Semimagnetic Semiconductor，SMSC)，是指由磁性过渡族金属元素或稀土金属元素部分替代Ⅱ-Ⅵ族、Ⅳ-Ⅵ族、Ⅱ-Ⅴ族或Ⅲ-Ⅴ族等半导体中的非磁性元素后所形成的一类新型半导体合金材料。之所以称作稀磁半导体，是由于相对于普通的磁性材料而言其磁性元素的含量少。

磁性半导体作为未来自旋电子器件的关键材料，正受到全世界的极大关注，成为自旋电子学这个新领域的研究热点之一。传统的磁性主要研究电子的自旋(磁矩)及其相关的效应，没有或很少涉及电子的电荷及其相关效应；传统的半导体学主要研究电子的电荷及其相关的效应，没有或很少涉及电子的自旋(磁矩)及其相关的效应。目前，自旋阀磁电阻已广泛地应用于高密度读出磁头、磁随机存储器、磁探测器等，显示出自旋电子器件的巨大优越性，如非易失性、高处理速度、高集成度、低能耗等。如果能够实现对自旋载流子的有源主动控制和传输控制，预计可开发出全新的自旋电子器件，如自旋晶体管、自旋场效应晶体管、自旋发光二极管、自旋共振隧道器件、自旋滤波器、自旋调制器等。要做到对载流子自旋的有源控制，关键在于研制出具有大的自旋极化载流子流、长的自旋弛豫时间(或自旋扩展长度)、高的居里温度的新型自旋极化载流子源。大量研究表明，磁性半导体最有希望成为满足上述条件的自旋极化载流子源。

在 2000 年，Dietl 等人基于平均场理论预言，在 ZnO 和 GaN 中进行 p-型掺杂可能出现高温铁磁性，Sato 等人也通过基于双交换机理的密度函数计算指出，ZnO 中掺入 Mn、Fe、Co 和 Ni 等 3d 过渡金属原子将显示出铁磁有序。这些研究成果在稀磁半导体中掀起了一股新的研究热潮。磁性半导体作为未来自旋电子器件的关键材料，正受到全世界的极大关注，成为自旋电子学这个新领域的研究热点之一。

### 2.11.3.2 固相反应法原理

固相反应在固体材料的高温过程中是一个普遍的物理化学现象。广义上讲，凡是有固相参与的化学反应都可称为固相反应。例如固体的热分解、氧化以及固体与固体、固体与液体之间的化学反应等都属于固相反应范畴。但从狭义上，固相反应常指固体与固体间发生化学反应生成新的固体产物的过程。此法设备和工艺简单，成本低，且重复性高。

固体原料化合物在一定的较强烈的反应条件下(如加热至 1000～2000 ℃甚至更高温度)，晶体的原料粉末互相混合，通过接触的晶面发生离子的自扩散或互扩散，或原有化学键的断裂和新化学键的形成及新物相的生成，晶体结构产生变化，这种变化向固体原料内部或深度扩散，最终导致一种新多晶材料的生成。

下面以 1∶1 摩尔比的 ZnO 和 $Fe_2O_3$ 的混合物反应生成尖晶石的反应[反应式为：$ZnO(s)+Fe_2O_3(s) \longrightarrow ZnFe_2O_4(s)$]为例，来讨论固相反应过程。反应物与产物结构：ZnO 为闪锌矿结构；$Fe_2O_3$ 为 $\alpha$ 型结构；$ZnFe_2O_4$ 为尖晶石结构。

从热力学上看，ZnO 和 $Fe_2O_3$ 的混合物反应生成尖晶石的反应能否发生，可通过反应的吉布斯自由能变化来判断($\Delta G<0$ 时反应才能发生)。这个反应的实质是反应物晶体结构所发生的变化。从动力学角度看，该反应在常温下反应速率极慢，反应进行比较困难，只有当温度超过 600 ℃时，反应才能顺利地进行。反应速率慢的原因是 $ZnFe_2O_4$ 晶核的生长困难，且产物的扩散困难。这表明热力学和动力学两种因素在固体反应中都极为重要：热力学通过考察一个特定反应的自由能来判断该反应能否发生，动力学因素则决定反应进行的速率。

ZnO 和 $Fe_2O_3$ 两种晶体反应是相互紧密接触的，共享一个共用面，即产物先在界面生成。图 2.22给出了 ZnO 和 $Fe_2O_3$ 反应生成尖晶石过程的示意图。由图 2.22 可见，当 ZnO 和 $Fe_2O_3$ 两种晶体加热后，在接触面上局部生成 层 $ZnFe_2O_4$。反应的第一阶段是生成 $ZnFe_2O_4$ 晶核。晶核的生成是比较困难的，这是因为：首先，反应物和产物的结构有明显的差异；其次，生成物涉及大量结构重排，在这个过程中化学键必须断裂和重新组合，原子也需要作相当大距离(原子尺度的)的迁移。一般认为，ZnO 中 $Zn^{2+}$ 和 $Fe_2O_3$ 中的 $Fe^{3+}$ 本来被束缚在它们固有的格点位置上，欲使它们跳入邻近的空位是比较困难的。仅在高温时，这些离子才具有足够的热能使之能从正常的格位上跳出并通过晶体扩散。$ZnFe_2O_4$ 的成核可能也包括这样一些过程：氧负离子在未来的晶核位置上进行重排，与此同时，$Zn^{2+}$ 和 $Fe^{3+}$ 通过 ZnO 和 $Fe_2O_3$ 晶体间的接触面互相交换。

成核过程是比较困难的，随后进行的反应-扩散过程(包括产物的增长)更为困难。为使反应进一步进行并使产物 $ZnFe_2O_4$ 层的厚度增大，$Zn^{2+}$ 和 $Fe^{3+}$ 离子必须通过已存在的 $ZnFe_2O_4$ 产物层[图 2.22(b)]正确地发生相互扩散达到新的反应界面。在此阶段有 2 个反应界面：ZnO 和 $ZnFe_2O_4$之间以及 $ZnFe_2O_4$ 和 $Fe_2O_3$ 之间的界面。因为 $Zn^{2+}$ 和 $Fe^{3+}$ 通过扩散达到和离开这些界面是进一步反应的基础，扩散速率很慢，所以反应即使在高温下进行也很慢，而且其速率随尖晶石产物层厚度增加而降低。

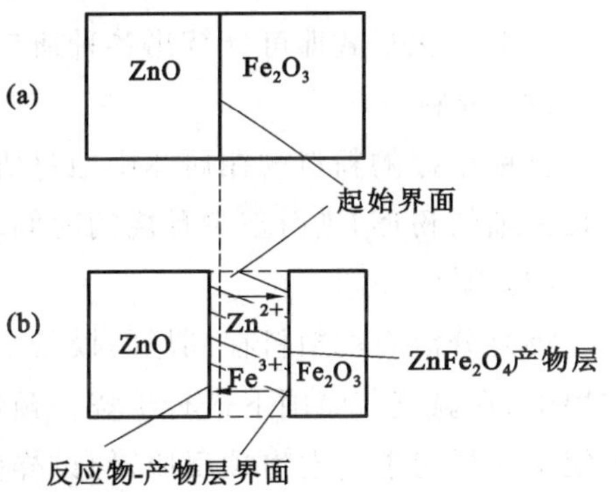


**图 2.22** ZnO 和 $Fe_2O_3$ **反应生成尖晶石过程的示意图**

(a) ZnO 和 $Fe_2O_3$ 单晶反应时相互紧密接触状态；
(b) ZnO 和 $Fe_2O_3$ 单晶中互扩散反应示意图

总反应为：

$$ZnO+Fe_2O_3 \longrightarrow ZnFe_2O_4$$

上述 ZnO 和 $Fe_2O_3$ 的反应机理涉及 $Zn^{2+}$ 和 $Fe^{3+}$ 通过产物层的相对扩散，扩散后在两个反应物-产物层界面上继续反应，此反应机理称为 Wagner 机理。为使电荷平衡，每有 3 个 $Zn^{2+}$ 扩散到右边界面[图 2.22(b)]，就有 2 个 $Fe^{3+}$ 扩散到左边界面，在理想情况下，在两个界面进行的反应可以写成如下形式：

$ZnO/ZnFe_2O_4$ 界面：

$$2Fe^{3+}-3Zn^{2+}+4ZnO \longrightarrow ZnFe_2O_4$$

$ZnFe_2O_4/Fe_2O_3$ 界面：

$$3Zn^{2+}-2Fe^{3+}+4Fe_2O_3 \longrightarrow 3ZnFe_2O_4$$

从上面反应过程明显可以看出，固相法虽然应用得很多，但存在许多欠缺：(1) 反应只能在界面进行，随后的扩散过程十分困难；(2) 最终得到的反应物和产物是一个混合体系，极难分离和提纯；(3) 即使反应进行得很完全，也很难得到一个纯相的体系；(4) 高温反应条件苛刻，还存在容器污染的问题。

### 2.11.4 实验药品及设备

(1) 实验药品

氧化锌($ZnO$)、三氧化二钴($Co_2O_3$)、氧化铜($CuO$)、二氧化锰($MnO_2$)、氧化铁($Fe_2O_3$),试剂均为分析纯。

(2) 实验耗材和仪器设备

石英管式炉、坩埚、天平、研钵、模具、综合物性测试仪(ppms)等。

### 2.11.5 实验步骤

以过渡金属元素掺杂 ZnO 稀磁半导体的制备为例,介绍实验步骤。

固相反应法是将金属盐或金属氧化物按一定的比例充分混合,研磨后进行煅烧,发生固相反应而生成新的固相产物的一种材料制备方法。此法设备和工艺简单,成本低,重复性高。具体的制备工艺过程可分为配料—混料—预烧—成型—烧结等几个阶段,具体如下:

(1) 配料

选取高纯度的 $ZnO$、$Co_2O_3$ 及 $MnO_2$ 粉料为原料,按如下的名义化学反应式反应生成所需要的物质:

$$(1-x)ZnO + xMnO_2 \longrightarrow Zn_{1-x}Mn_xO$$

$$(1-x)ZnO + x/2Co_2O_3 \longrightarrow Zn_{1-x}Co_xO$$

$$(1-x)ZnO + x/4Co_2O_3 + x/2MnO_2 \longrightarrow Zn_{1-x}(Mn_{1/2}Co_{1/2})_xO$$

按上面化学式即可计算出各种所需原料的质量,称量出各种粉料($x=0.01$、0.02、0.03……)。

(2) 混料

将称量好的粉料放在研钵中通过研磨充分混合,研磨时间为 24 h,目的是得到混合得更加充分、颗粒更细的粉体,进而减少预烧的时间。

(3) 预烧

将充分混合的粉料在圆形的模具中用 10 MPa 的压强压制成片,放在 $Al_2O_3$ 坩埚中,置于石英管式炉中,在氩气气氛围下进行预烧。预烧温度要比最后的烧结温度低,预烧的时间和温度应该控制在能使试样尽可能地发生预反应,但试样尚未结成硬块为宜。本实验选择在 400 ℃下预烧 8 h,自然升温,然后随炉自然冷却。

(4) 研磨

将预烧后的试样在研钵中碾碎,再研磨 24 h,得到很细的粉体。

(5) 成型

将研磨后的粉末在圆形模具中用 11 MPa 左右的压强压制成直径为 1 cm,厚度为 1~2 mm 的小圆片,所用压强大小视样品而定。随着压强增大,粉粒之间间距缩小,粉粒之间的作用力增强,而使坯体具有一定的机械强度,但成型过程中并非压强越大越好,压强过大,有可能导致坯体分层,烧结后易破裂。

(6) 烧结

将成型的样品置于坩埚并放入石英管式炉中自然升温,在氩气气氛中进行恒温烧结,并保温1 h。烧结的温度及烧结次数可据需要而定。本实验所用样品分别在 500 ℃、600 ℃、700 ℃、800 ℃和 900 ℃ 五个温度下进行烧结。

(7) 热处理

烧结结束后,使样品在氩气中随炉冷却,以免样品被氧化。

## 2.11.6 注意事项

(1) 成型前的研磨过程一定要充分,否则会影响样品的性能。

(2) 气氛烧结完成后不可立即关闭气源,应持续通气直到样品温度降低至室温,否则液封液体会倒灌到样品中。

## 2.11.7 思考题

(1) 固相反应法有哪些优点?据你所知,可通过哪些化学合成方法合成稀磁半导体?

(2) 本实验中,可能影响过渡金属元素 M 掺杂 ZnO 稀磁半导体体系的主要因素有哪些?

# 实验 2.12　静电纺丝制备 $LiCoO_2$ 纳米线

## 2.12.1　实验目的

（1）了解静电纺丝的基本原理及特点；

（2）掌握静电纺丝制备 $LiCoO_2$ 纳米线的基本方法。

## 2.12.2　实验内容

（1）利用静电纺丝法制备超长 $LiCoO_2$ 纳米线；

（2）研究不同聚合物溶液浓度、不同纺丝电压、不同固化距离对制备工艺的影响。

## 2.12.3　实验原理

### 2.12.3.1　$LiCoO_2$ 锂离子电池正极材料概述

锂离子电池是指以锂离子嵌入化合物为正极材料的电池的总称，而锂离子电池性能主要取决于其材料的性能，锂离子电池材料主要包括阳极（负极）、阴极（正极），以及它们之间的电解质材料。

对于锂离子电池正极材料来说，主要有 $LiCoO_2$、$LiNiO_2$、$LiFeO_2$ 和 $LiMn_2O_4$ 等，其中 $LiCoO_2$ 已被广泛地商业化生产应用。$LiCoO_2$ 具有电压高、放电平稳、适合大电流放电、比能量高、循环稳定性好等优点，同时，它具有典型的层状结构，便于锂离子的嵌入和脱出，电化学性能稳定。上述优点使 $LiCoO_2$ 占领了市场，成为市场上主要的锂离子电池材料。

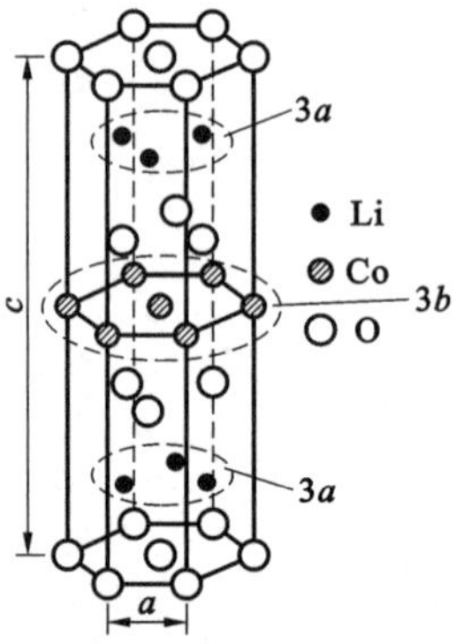


图 2.23　层状 $LiCoO_2$ 结构示意图

$LiCoO_2$ 作为锂离子电池的正极材料最先是由 Mizushima 等人在 1980 年提出的，与“摇椅式”电池的概念几乎同步提出，后来由日本的 Sony 公司以 $LiCoO_2$/C 系统率先实现了商业化。它属于 α-$NaFeO_2$ 型结构，具有二维层状结构，适宜锂离子的脱嵌，其结构如图 2.23 所示。其中 $O^{2-}$ 作面心立方紧密堆积，$Li^+$ 与 $Co^{3+}$ 交替占据岩盐结构层面的 $3a$ 与 $3b$ 位置，O—Co—O 层内原子以强键结合，而层间则靠范德华力来维持，由于这种范德华力较弱，$Li^+$ 的存在恰好可以通过静电作用来维持层状结构的稳定性。

Dahn 等研究了高温固相反应（HT-$LiCoO_2$）和低温固相反应（LT-$LiCoO_2$）的电化学性质，认为层状结构的 HT-$LiCoO_2$ 比立方结构的 LT-$LiCoO_2$ 多一个自由度，即晶胞参数 $c/a$ 可变；晶胞中的四面体空隙的能量比八面体空隙稍低，两个空间存在较小的能量势垒；HT-$LiCoO_2$ 在充电过程中，由于动力学限制，$Li^+$ 从八面体间隙跃迁至四面体间隙，层状结构不能蜕变为尖晶石结构，反之LT-$LiCoO_2$则可以向尖晶石过渡。进一步升高电压脱锂，会破坏两种晶体结构，产生不可逆的影响，所以$LiCoO_2$的实际容量上限为理论容量 274 mAh/g 的一半，约为 140 mAh/g。

在反复的充放电过程中，由于锂离子的反复嵌入与脱出，使活性物质的结构在多次收缩和膨胀后发生改变，同时导致 $LiCoO_2$ 发生粒间松动而脱落，使电极内阻增大，容量减小。为提高 $LiCoO_2$ 的容量，改善其循环性能，许多相关研究工作者通过制备不同颗粒大小和形状的 $LiCoO_2$ 或者通过修饰其表面来提高它的电化学性能。

纳米材料因其尺寸效应具有比传统材料更短的锂离子嵌入/脱出距离，能产生大的与电解质接触的比表面积，大的比表面积能提供更多的活性位点便于锂离子的嵌入，因此，纳米锂离子正极材料成为储能材料的研究热点。

2.12.3.2 静电纺丝原理

静电纺丝(Electrospinning)是制备连续的、具有宏观长度的微纳米纤维的一种方法。这一技术的核心，是使带电的高分子溶液或熔体在静电场中流动与细化。然后经溶剂蒸发或熔体冷却而固化，得到纤维状物质。利用静电纺丝可以制备大长径比的有机或无机纳米纤维材料。与模版法、光刻法等技术相比，静电纺丝技术可以制备直径小于 100 nm，长度达到数毫米的一维纳米材料，同时具有成本低廉、操作简便、沉积速率高、组分结构容易控制等优点。

静电纺丝机的基本组成主要有三个部分：静电高压电源、液体供给装置、纤维收集装置。静电高压电源根据电流变换方式可以分成 DC/DC 和 AC/DC 两种类型，实验中多用 DC/DC 电源。液体供给装置是一端带有毛细管的容器(如注射器)，其中盛有高分子浓溶液或熔体，将一根金属线的一端伸进容器中，使液体与高压电发生器的正极相连。纤维收集装置是在毛细管相对端设置的金属收集板，可以是旋转的滚轮或者是铺有铝箔纸的金属板类平面。收集板用导线接地，作为负极，并与高压电源负极相连。另外随着对实验要求的提高，液体流量控制系统也被渐渐地采用，这样可以将液体的流速控制得更准确。图 2.24 为静电纺丝过程示意图。

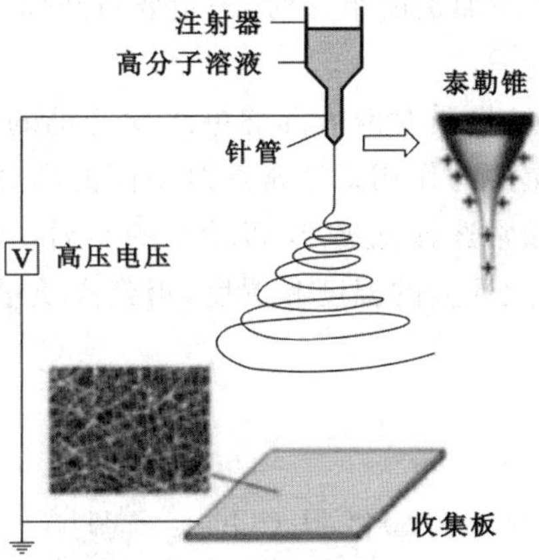


图 2.24 静电纺丝过程示意图

在图 2.24 中，在一个纺丝管中盛有高分子溶液或熔体，在溶液中插入金属线作为阳极，下端有一个接地的金属收集网作为阴极，整个过程通过控制纺丝液体的性质(黏度、表面张力和电导率等)及操作条件(电压、毛细孔与收集板间的距离等)来制备微纳米纤维。从纺丝管中流出的纺丝液射流在静电力作用下加速运动并劈裂而形成细流簇，溶剂挥发或冷却后将凝结或固化为超细纤维，并以无纺布的形式沉积在收集板上。从过程的本质上看，该方法与干法溶液纺丝和熔体纺丝过程极为相近，只是其驱动力由机械力改为静电力，因而称为静电纺丝或电纺。

(3) 静电纺丝的基本参数

在静电纺丝过程中，影响纤维性能的主要工艺参数有：聚合物溶液浓度、纺丝电压、固化距离(喷嘴到接丝装置距离)、高分子和溶剂的选择等。

① 聚合物溶液浓度

聚合物溶液浓度越高，黏度越大，表面张力越大，离开喷嘴后液滴分裂能力随表面张力增大而减弱。通常在其他条件不变时，随着聚合物溶液浓度的增大，纤维的直径也增大。在电纺过程中，聚合物浓度的选择主要取决于电纺后得到的纤维的形貌，浓度大时纤维彼此不能彻底分开，相互粘连，纺丝过程中经常出现溶液把注射器的针头堵塞的现象。相反，如果溶液过稀，纺丝过程中不能形成稳定的喷射细流，接收板上经常出现液滴，同时接收板上得到的纤维量很低。

② 纺丝电压

随着对聚合物溶液施加的电压增大，体系的静电力增大，液滴的分裂能力相应增强，所得纤维的直径趋于减小。电压选择主要取决于液滴前面的尖端放电处形成的稳定的泰勒锥和喷射细流，如果电压太大会在液滴上出现多个放电端，液滴的鞭动现象明显。

③ 固化距离

聚合物液滴经喷嘴喷出后，在空气中伴随着溶剂挥发的同时，聚合物浓缩化成纤维，最后被接丝装置接收。对于不同的体系，固化距离对纤维直径的影响不同。通常随着固化距离增大，纤维直径减小，但是对于个别体系纤维直径变化不明显。固化距离的合理选择可保证纤维在空中运行过程中溶剂挥发完全，纤维直径均匀，电纺的纤维充分到达接收板。

④ 高分子的选择

目前，常见的电纺水溶性的高分子是聚乙烯醇（PVA，Mw＝88000）、聚氧化乙烯（PEO）。制备碳纤维材料时，选择聚丙烯氰（PAN，Mw＝90000）。高分子在配制时要考虑溶胀和溶解两个过程，充分溶胀后，再加热溶解，加热升温速率一般控制在 0.5 ℃/min，避免加热太快出现溶解不彻底的“夹生”现象。溶解结束后进行搅拌，直至冷却到室温。

配制 PVP 的时候，通常是 10 mL 乙醇溶解 1 g PVP；PAN 溶液是 10 mL DMF 溶液溶解 1.5 g PAN。当高分子溶液中需要添加别的组分时，一定要将纺丝溶液浓度控制好。

⑤ 溶剂

与常规的溶液纺丝相似，溶剂的性质对溶液的静电纺丝纤维的成形、结构和性能有很大的影响，溶剂的挥发性对纤维的形态起着重要的作用。通常纺制不同的高分子溶液需要选择不同的溶剂。由于电纺过程中，溶剂易挥发，所以通常选择低沸点、毒性小的溶剂。对于沸点较高的溶剂，通常考虑在纺丝装置周围加个红外灯，调控纺丝环境的温度和湿度，得到高质量的纤维。

## 2.12.4 实验药品及设备

（1）实验药品

乙酰丙酮锂（$C_5H_7LiO_2$）、醋酸钴[$Co(CH_3COO)_2 \cdot 4H_2O$]、聚乙烯吡咯烷酮（PVP）、乙醇（$C_2H_5OH$）、无水乙酸（$CH_3COOH$）、异丙醇[$(CH_3)_2CHOH$]、乙炔黑、聚四氟乙烯黏结剂、电解液（$LiClO_4$/PC 溶液）。配制电解液时，$LiClO_4$ 需提前在 80 ℃下于真空干燥箱内干燥 24 h，PC 需经回流处理。药品均为分析纯。

（2）实验耗材和仪器设备

高温炉、静电纺丝仪。

## 2.12.5 实验步骤

静电纺丝制备 $LiCO_2$ 纳米线工艺流程如下：

（1）前驱体溶液配制

将 0.22 g $C_5H_7LiO_2$ 和 0.50g$Co(CH_3COO)_2 \cdot 4H_2O$ 加入 3 mL 乙醇中，搅拌 10 min 后，加入 3 mL溶解了 0.11 g PVP 的乙醇溶液和 0.5 mL 无水乙酸（$CH_3COOH$），在磁性搅拌台上搅拌 1 h。

（2）静电纺丝法制备有序的聚合物纳米丝

前驱体溶液制备完成后，装入一次性塑料注射器内，并换上 6 号不锈钢针头。注射器装入注射泵中。针头接高压电源，电源调节范围为 0～30 kV。使用一块接地的直径为 20 cm 的不锈钢板，放置在距离针头 12 cm 的位置，作为负极，形成加速电场。喷射纳米丝时，选择加速电压为 14 kV，喷速为 0.5 mL/h。前驱体溶液在喷出针头后，由于前驱体溶液分子带同种电荷，相互排斥，形成小雾滴，雾滴受加速电场作用向负极靶加速运动，前驱体沉积到负极靶上之后，溶剂挥发，得到聚合物纳米丝。

选用 PVP,纳米丝的长度可达数厘米。

(3) 聚合物纳米丝退火形成 $LiCoO_2$ 纳米线

聚合物纳米丝在马弗炉中于 600 ℃下退火 1 h,得到 $LiCoO_2$ 纳米线。

### 2.12.6 注意事项

(1) 所有设备的使用均应按照操作规程执行,设备运行过程中应有专人看管并不得擅自离开;

(2) 静电纺丝法电压高达 10～30 kV,应注意安全,不切断电源不得取样品。

### 2.12.7 思考题

(1) 简述静电纺丝的工作原理。

(2) 分析静电纺丝的影响因素及变化规律。

# 实验 2.13　液相法合成有机-无机杂合物量子阱材料及旋涂法制膜

## 2.13.1　实验目的

（1）学习层状类钙钛矿结构的有机-无机杂合物量子阱材料的相关概念与知识，简单了解量子阱材料的能带结构与量子限域效应；

（2）学习液相法合成量子阱材料与旋涂法制备其薄膜的基本知识和操作，通过实验学习如何设计与控制实验中的变量，考察变量对实验结果的影响，学习研究的方法。

## 2.13.2　实验内容

（1）用液相法合成层状类钙钛矿结构有机-无机杂合物量子阱材料$(RNH_3)_2PbI_4$晶体粉末；通过实验变量的控制讨论变量的变化对最终产物结构的影响。

（2）用旋涂法制备所合成的晶体的薄膜，研究制膜时的工艺参数对所制得的膜的质量的影响。

## 2.13.3　实验原理

### 2.13.3.1　有机-无机杂合物量子阱材料简介

杂合物也称杂化材料，是指有机成分和无机成分在分子尺度上复合而成的一种材料。其中，层状类钙钛矿结构的杂合物，由于其在结构上可以看作是三维钙钛矿结构的低维拆分及重新组装，所以也可称为有机-无机分子组装材料。与传统有机-无机的复合材料不同，层状类钙钛矿的杂合物是纯相晶体材料，即材料是单相的、晶态的，有机元和无机元之间没有宏观的相界面。

分子式为$(RNH_3)_2MX_4$的杂合物在结构上为层状类钙钛矿型，如图 2.25(a)所示。它可以看作是三维钙钛矿中的$[MX_6]$八面体在〈100〉方向上切断共顶连接后再与有机胺阳离子重新组装而成。其中 M 通常为二价金属阳离子，如 Cu、Fe、Mn、Co、Cd、Zn、Ge、Sn、Pb 等，X 为卤素，如 Cl、Br、I；$RNH_3^+$则为有机胺阳离子，其中取代基 R 可以有很多种类，如饱和脂肪链或含芳烃的基团等。这类杂合物在空间上呈现一个无机层与两个有机层交替排列的有序结构，见图 2.25(b)。当无机层中的金属阳离子为第四主族元素 Ge、Sn、Pb 时，从能带上看，无机层具有较小的带隙($E_g$)，为半导体，而有机层具有较大的 HOMO-LUMO(最高占据轨道与最低空轨道)能级差，为绝缘体，因此构成多量子阱

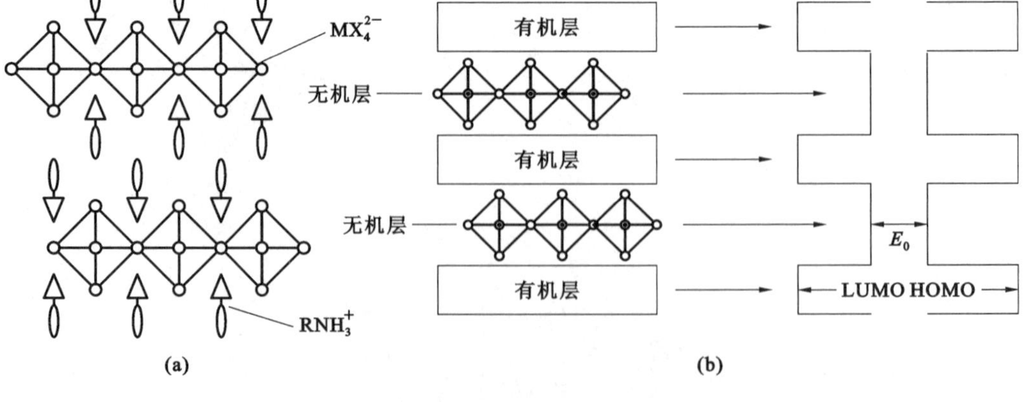


**图 2.25　分子式为$(RNH_3)_2MX_4$的杂合物示意图**

(a) 杂合物结构；(b) 量子阱能带结构

HOMO—最高占据轨道；LUMO—最低空轨道

能带结构，见图 2.25(b)。其中，无机层构成势阱，而有机层构成势垒，所以这类材料是天然量子阱材料。因为无机层为半导体，只需较低能量，电子即可从价带激发至导带并参与导电，但电子如果要进入有机层，必须越过势垒才能到达其 LUMO(最低空轨道)并参与导电，所以电子常常被限制在无机层内运动(从能带上看犹如电子被限制在势阱里一样，所以才称为多量子阱)。有研究显示，这类材料制备的薄膜，在平行于无机层方向上的电导率比垂直于无机层方向上的电导率大三个数量级。与无机元构成的三维结构相比，这种特殊的能带结构使得材料呈现独特的光电磁等性能，例如，以碘化铅为无机元、以苯乙胺为有机元的层状类钙钛矿有机-无机杂合物量子阱材料，激子结合能比纯无机元碘化铅高一个数量级，可以在室温下作光致发光或电致发光材料。

除了特殊结构带来的特殊光电磁性能之外，有机-无机杂合物量子阱材料还有一个优势就是它保留了有机元的易加工性，目前得到的材料都可以用成本低廉、技术简单的方法制备成膜，因此这类材料在微电子领域有广泛的应用前景。

2.13.3.2 有机-无机杂合物量子阱材料粉料的合成

合成有机-无机杂合物量子阱材料粉料的方法有固相法和液相法。液相法不需高温，而且省能、快速。本实验涉及的材料反应式如下：

$$PbI_2 + 2HI + 2RNH_2 \longrightarrow (RNH_3)_2PbI_4$$

$RNH_2$ 为有机胺，R 基团有相当的可变性，可以是长度不同的碳链，也可是芳香基等。对不同有机组分，最优的反应条件也不同，可设计改变反应温度、反应物配比、浓度、加样顺序等变量来考察反应条件对目标产物结构的影响。

2.13.3.3 旋涂法制备有机-无机杂合物量子阱材料薄膜

材料的制膜方法很多，其中旋涂法是传统方法之一，它简单易行、成本低廉，因此，在微电子领域有广泛应用。膜质量(一般要求膜的厚度均匀、致密，无明显裂纹或表面粗糙不平)对制膜参数敏感，因此，可设计改变制膜工艺参数研究其对成膜质量的影响，如溶剂的选择、浓度、转速与时间、热处理温度与时间、涂膜次数等。

旋涂法包括两个步骤：旋涂和热处理。将基板水平固定于匀胶机上，滴管垂直基板并固定在基板正上方，将预先准备好的制膜溶液通过滴管滴在匀速旋转的基板上，在匀胶机旋转产生的离心力作用下，溶液迅速均匀铺展在基板表面。经热处理赶走基片上的溶剂即可得到薄膜。薄膜的厚度与制膜溶液的浓度及匀胶机的转速有关，还可通过增加涂膜次数来增加涂膜厚度。

### 2.13.4 实验药品及仪器

(1) 实验药品

$PbI_2$、HI 水溶液、饱和脂肪胺[如正丁胺($C_4H_9NH_2$)或正十二胺($C_{12}H_{25}NH_2$)]、甲醇($CH_3OH$)、乙醇($C_2H_5OH$)、丙酮($CH_3COCH_3$)、二甲基甲酰胺($C_3H_7NO$,DMF)，试剂均为分析纯。

(2) 实验耗材和仪器设备

药匙、标签纸、250 mL 锥形瓶、2 mL 移液管、洗耳球、胶头滴管、玻璃棒、洗瓶、定性滤纸、培养皿、石英基片、烧杯；分析天平、恒温水浴系统、抽滤系统、干燥箱、超声波清洗器、旋涂仪(匀胶机、烤胶机各一台)。

### 2.13.5 实验步骤

2.13.5.1 液相法合成有机-无机杂合物量子阱材料的粉末

按图 2.26 设计合成时要控制的变量。合成条件有反应温度、原料配比、反应时间和干燥制度等。按照设定的反应条件(例如反应初始温度为室温，配比为理论配比，反应时间 20 min，干燥制度为 90 ℃、4～6 h)用液相法合成目标产物，并对产物进行 X 射线衍射测试，根据衍射谱分析所得到的产物的结构。如果结构符合我们的预期，则所设定的反应条件即可作为最优合成条件。如果产物结构不符合我们的预期，则需要调整反应条件，如反应温度、反应物配比或反应时间等，再次合成，再次对产物进行X射线衍射测试，直到产物结构符合预期为止。

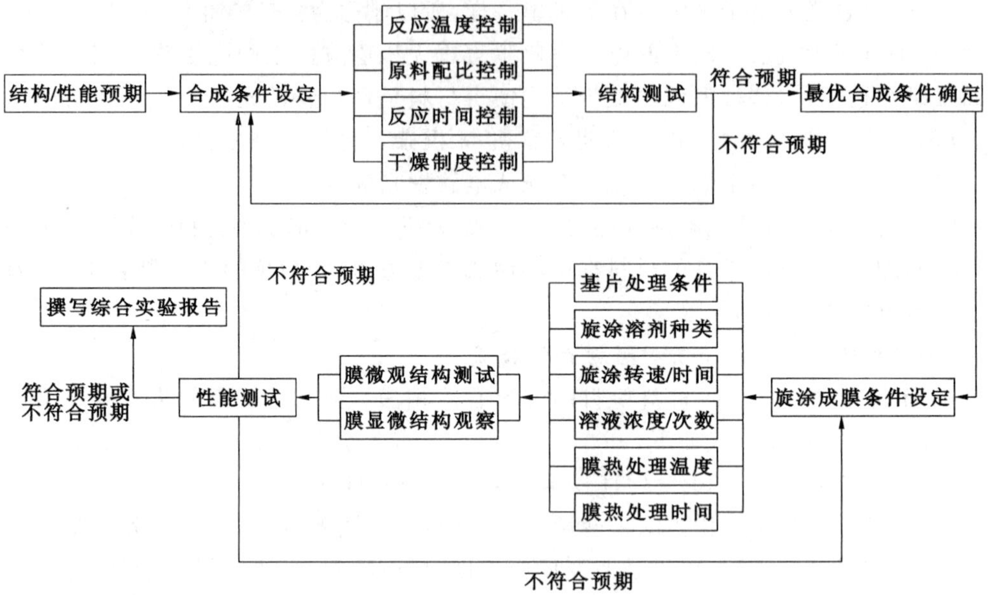


图 2.26　合成和制备薄膜时合成条件及制膜条件的设计思路

合成时具体操作步骤为：

(1) 计算所需反应物的质量和体积(无机固体样品 3～6 g,0.01～0.02 mol)并称量。

(2) 按照设计所选择的变量设定，在 250 mL 的锥形瓶中投入反应物使反应进行。一般先投入碘化铅和氢碘酸，氢碘酸通常需要过量，使碘化铅完全溶解以保证无固态碘化铅混合在产物内，之后再投入有机胺使之反应，直到沉淀析出并反应完全。详细记录反应现象。

(3) 将产物移至抽滤系统的漏斗中，抽滤掉剩余的反应原液。

(4) 将产物移至干燥箱干燥，最后得到有机-无机杂合物量子阱材料的粉料。

(5) 对产物粉料进行X射线衍射测试，分析其X射线衍射谱并判断其结构是否符合预期。

2.13.5.2　有机-无机杂合物量子阱材料薄膜制备

用旋涂法制备所得粉料的薄膜，具体操作步骤如下：

(1) 基片处理：用蒸馏水及适当溶剂将基片初步清洗干净，再用适当溶剂超声分散清洗 20 min 左右放入干燥箱干燥备用。超声分散仪的操作步骤如下：装水→开电源→设定温度、功率、时间等参数→按超声开关键。注意温度达 20 ℃以上超声分散才能启动。

(2) 制膜溶液配制。在烧杯中将所得产物粉料以适当浓度溶入适当溶剂备用。

(3) 用旋涂仪制膜。旋涂仪(匀胶机与烤胶机)制膜操作步骤如下：在匀胶机上安装片托→开电源(POWER)→开真空泵→按控制键(CONTROL)→设定转速/时间(Speed Ⅰ/Timer Ⅰ，Speed Ⅱ/Timer Ⅱ)→放置基片→按真空键(VACUUM)→按启动键(START)→滴胶(滴加成膜液，在 Speed Ⅰ/Timer Ⅰ时间段内完成)→电机停转后抬起真空键取下基片→开烤胶机电源→设定热处理温度→放置已旋涂好的基片在烤胶机板上→拿下基片(热处理时间自己掌握)。

可根据需要再次循环以上步骤，制备更厚的膜，结束后清洗片托和烤胶板，关闭仪器的电源。

(4) 对所得薄膜进行X射线衍射测试，并分析其X射线衍射谱判断所得薄膜微观结构是否与粉料的一致；对所得薄膜进行扫描电镜测试，观察其显微结构，判断所得薄膜是否均匀致密、厚度如何。

### 2.13.6 注意事项

(1) 氢碘酸既是反应物,在反应中也同时作为反应溶剂,所以氢碘酸一般都是过量投入。投入量一般以顺利溶解完碘化铅为准。此时再加入有机胺,能保证反应为均相反应,无反应原料残留。注意,由于产物在氢碘酸中的溶解性很好,如果加入过多氢碘酸溶液,将只有很少产物能沉淀出来,甚至无产物沉淀,此时需要蒸发部分溶剂使产物析出。

(2) 反应过程中会有放热现象,产物具有颜色,注意观察产物的颜色及形貌。由于产物在分子层面是层状结构的,因此在晶体生长时也会择优生长,晶体的外形也常常是层状的。

(3) 基片处理后的状态会影响到膜与基片之间的状态。如果成膜物质是亲水的,则基片通常用亲水溶剂进行洗涤或处理,使膜能更紧密地附着在基片上。基片清洗不净,残留的物质也会使膜与基片的附着力下降,膜容易从基片上剥离。薄膜在旋涂一层时的厚度,除与成膜溶液的浓度有关外,还与下一次旋涂的情况相关。后一次的旋涂液滴注到前一次形成的膜上时,可以将前一次已经形成的膜溶解,旋涂一层的厚度也会因此改变。旋涂厚度达到一定程度,溶解-沉积达成平衡时旋涂膜的厚度不再增大。

(4) 干燥制度的选择对膜的质量有明显影响。当干燥温度过高或干燥速度过快时,旋涂层内的溶剂可能因过快挥发而在膜内留下气孔等缺陷,使膜的均匀致密程度受损,这种情况应该尽量避免。干燥制度需要根据溶剂的不同而变化。

### 2.13.7 思考题

(1) 怎样知道产物中各元素的化学计量比确实是分子式所示的形式?

(2) 有哪些方法可以验证产物及薄膜是晶态的,层状结构的,还是类钙钛矿结构的?

(3) 结合实验说明制备粉末样品时什么因素对产物结构影响最大。

(4) 制膜前基片处理除了使基片表面洁净,还有什么作用?如何选择基片处理时的溶剂?

(5) 结合实验说明制膜的哪些工艺或哪些工艺参数对成膜质量有影响,如何影响?

# 实验 2.14　介电陶瓷的固相合成与加工

## 2.14.1　实验目的

(1) 掌握介电陶瓷的制备工艺及技术；

(2) 掌握固相合成介电陶瓷的基本步骤和影响因素；

(3) 了解介电陶瓷的极化目的、机理与极化方法；

(4) 掌握介电陶瓷的加工方法。

## 2.14.2　实验内容

通过配料计算、球磨、成型和烧结等过程得到片状 PZT 压电陶瓷，采用丝网印刷的方法在样品的上下两个表面上涂敷银浆作电极，对上好电极的陶瓷样品进行电场、温度场极化处理。

## 2.14.3　实验原理

### 2.14.3.1　介电材料

介电材料(Dielectric Material)又称为电介质材料，是电的绝缘材料，主要用于制造电容器。电容器是电子、电力工业中一种常用的电子、电器元器件，它的用途十分广泛。电容器是储存从电路中得到电荷的器件，它可以使信号的波动趋于平滑，积蓄电荷使电路的其余部分免遭破坏，储存的电荷供以后分配、使用，甚至还可以改变电信号的频率。电容器的设计原则是使电荷储存在两个导体之间的极化材料(介电材料)中，对介电材料的要求是必须容易极化，同时还必须有很高的电阻率和介电强度，以防止电荷在两个导体板之间通过。这种限制电流在两个导体之间通过的作用和绝缘材料的作用一样，从这个意义上来说，介电材料是一类特殊的具备储存电荷功能的绝缘材料。

介电材料分为有机和无机两大类。有机介电材料除纸外均为高分子聚合物薄膜。一般来说，这些聚合物薄膜都是含碳的共价键化合物，其形状都是带状并绕制成卷，多为微米级厚度。有机介电材料柔韧性好，但在耐高温、抗辐射、抗霉菌、抗电弧和化学稳定性方面，一般不如无机介电材料。有机介电材料分为极性介电材料和非极性介电材料两种。前者多用来制造介电损耗较小、时间常数大及容量稳定的产品；后者多用于扩大产品的工作温度范围和缩小产品的体积。高分子聚合物相对分子量在 $10^3 \sim 10^7$ 之间，制成的有机介电材料一般具有以下通性：具有良好的柔韧性和抗拉强度；表面临界张力较大；化学稳定性较差；绝缘电阻和抗电强度较高。无机介电材料则分为气体和固体两个类别。气体包含空气、压缩氮气、六氟化硫及混合气体等。固体包含陶瓷、金刚石、硫黄等。

电介陶瓷即电阻率大于 $10^8\ \Omega \cdot m$ 的陶瓷材料，能承受较强的电场而不被击穿，又称为介电陶瓷。介电陶瓷按国家标准分为三类，即Ⅰ类陶瓷介质、Ⅱ类陶瓷介质和Ⅲ类陶瓷介质。Ⅰ类陶瓷介质主要用于制造高频电路中使用的陶瓷介质电容器。其特点是高频下的介电常数为 12～900，介电损耗小，介电常数的温度系数范围宽等。Ⅱ类陶瓷介质主要用于制造低频电路中使用的陶瓷介质电容器。其特点是低频下的介电常数高，为 200～30000，介质损耗比Ⅰ类陶瓷介质大很多，介电常数随温度和电场强度的变化呈非线性关系，具有电滞回线和电致伸缩，经极化处理具有压电效应等。Ⅲ类陶瓷介质也称为半导体陶瓷介质，陶瓷材料的晶粒为半导体，利用陶瓷表面与金属电极间的接触势垒层或晶粒间的绝缘层作为介质。这种材料的介电常数很高，为 7000～100000，甚至可达到 300000～400000。介电陶瓷主要用于汽车、电子计算机等的电路中。

介电陶瓷与其他介电材料相比，有以下特点：介电常数和介电常数的温度系数以及机械性能和热物理性能可调控，且介电常数比较大；有些介电陶瓷的介电常数能随电场强度发生变化；原料丰富，成本低，易于大量生产。

在电工技术中，电介质主要作为电气绝缘材料。随着科学技术的发展，发现一些电介质材料具有与极化过程有关的特殊性能。如不具有对称中心的晶体电介质，在机械力的作用下能产生极化，即为压电性；不具有对称中心，而具有与其他方向不同的唯一的极轴晶体存在自发极化，当温度变化时能引起极化，即具有热释电性；当自发极化偶极矩能随外加电场的方向而改变时，它的极化强度与外加电场的关系曲线与铁磁材料的磁化强度与磁场关系的曲线极为相似，具有电滞回线（铁电性）。这些具有特殊功能的材料统称为功能材料。它是电介质的一个重要组成部分，可用于机械、热、声、光、电之间的转换，在国防、探测、通信等领域具有极为重要的用途。

2.14.3.2 PZT 压电陶瓷

压电效应是 1880 年由 Jacques Curie 和 Pierre Curie 发现的。他们在研究热电性与晶体对称性的关系时，发现在一些无对称中心晶体的特定方向上施加压力时，相应的表面上会出现正或负的电荷，而且电荷密度与压力大小成正比。同年，他们证实了这类晶体具有可逆的性质，即晶体的形状会受外加电场的作用发生微小的变化（图 2.27）。

图 2.27 中 $F$ 是外力，$E$ 是电场，$P$ 为极化强度。图 2.27(a)中外力是挤压，图 2.27(b)中外力是拉伸，方向相反，但均有压电效应。图 2.27(c)中电场方向向下，物体形变是被拉伸。图 2.27(d)中电场方向向上，物体形变是被挤压，方向不同。

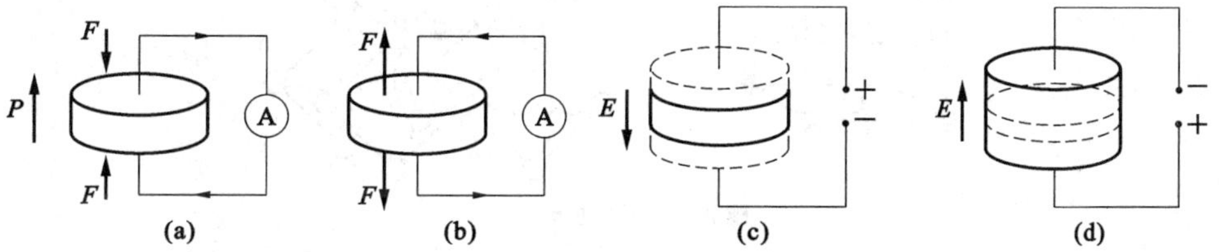


**图 2.27 压电效应示意图**

(a)，(b) 正压电效应；(c)，(d) 逆压电效应

(1) 正压电效应

压电晶体在外力作用下发生形变时，正负电荷中心发生相对位移，在某些相对应的面上产生异号电荷，出现极化强度。这种没有电场作用，由形变产生极化的现象称为正压电效应。

对于各向异性晶体，对晶体施加应力 $T_j$（相应的应变为 $S_j$）时，晶体将在 $x$、$y$、$z$ 三个方向出现与 $T_j$ 成正比的极化强度，即：

$$\left.\begin{aligned} P_{\mathrm{m}} &= d_{\mathrm{m}j}T_j \\ P_{\mathrm{m}} &= e_{\mathrm{m}j}S_j \end{aligned}\right\} \tag{2.3}$$

式中 $d_{\mathrm{m}j}$，$e_{\mathrm{m}j}$——压电应力常数与压电应变常数。

(2) 逆压电效应

当给晶体施加一电场时，不仅产生了极化，同时还产生形变，这种由电场产生形变的现象称为逆压电效应。这是由于晶体受电场作用时，在晶体内部产生了应力（压电应力），通过应力作用产生压电应变。存在如下关系：

$$\left.\begin{aligned} S_i &= d_{\mathrm{n}}E_{\mathrm{n}} \\ T_j &= e_{\mathrm{n}j}E_{\mathrm{n}} \end{aligned}\right\} \tag{2.4}$$

或

$$\left.\begin{aligned} S &= a^l E \\ T &= e^l E \end{aligned}\right\} \tag{2.5}$$

式中 $a^l$，$e^l$——$d$ 和 $e$ 的转量矩。

在晶体中，如果单位晶胞中的正负电荷中心不重合，即每一个晶胞具有一定的固有偶极矩时，由于晶体构造的周期性和重复性，单位晶胞的固有偶极矩便会沿同一方向排列整齐，使晶体处于高度极化的状态。由于这种极化状态是在外场为零时自发产生的，因而称之为自发极化。铁电性是指材料不仅在外电场不存在时，在某温度范围内具有自发极化，而且自发极化矢量的取向能随外电场的改变而改变。

在 1940 年前，人们知道有两类铁电体：罗息盐和磷酸二氢钾盐，它们具有压电性。在 1940 年后，人们发现了 $BaTiO_3$ 是一种铁电体，具有强的压电效应。这是压电材料发展的一个飞跃。在 1950 年后，人们发现了压电 PZT 体系具有非常强和稳定的压电效应，这是具有重大实际意义的进展。在 1970 年后，添加不同添加剂的二元系 PZT 陶瓷具有优良的性能，已经用来制造滤波器、换能器、变压器等。随着电子工业的发展，对压电材料与器件的要求就越来越高了，二元系 PZT 已经满足不了使用要求，于是须研究和开发性能更加优越的三元、四元甚至五元压电材料。目前的压电陶瓷材料主要有 $BaTiO_3$、$PbTiO_3$、$Pb(TiZr)O_3$（PZT）、改性 PZT 和其他三元系材料，如 $x Pb(Mg_{1/3}Nb_{2/3})O_3$-$y PbTiO_3$-$z PbZrO_3$（$x+y+z=100$）及四元系材料等。

PZT 陶瓷是指锆钛酸铅（$PbZr_xTi_{1-x}O_3$，PZT）陶瓷，它是 $ABO_3$ 型钙钛矿结构，Zr、Ti 处于氧八面体的中心，Pb 处于氧八面体的间隙。钙钛矿型结构晶胞如图 2.28 所示。

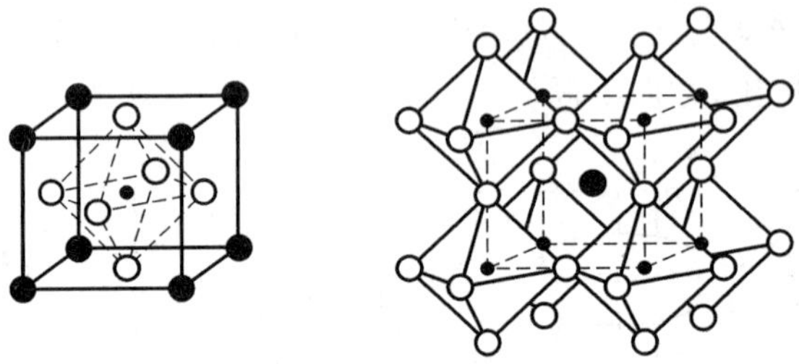

●A ○O B•

**图 2.28 钙钛矿型结构晶胞**

2.14.3.3 锆钛酸铅(PZT)结构的特点

PZT 压电陶瓷是属于钙钛矿结构的压电晶体。向 $PbTiO_3$ 中掺入 Zr 形成锆钛酸铅（PZT）陶瓷材料，用途广泛。Ti 与 Zr 在结构中呈完全类质同象，但 Zr/Ti 比值不同使材料的结构也不同，在铁电四方和三方相界附近，PZT 材料具有优良的压电、介电和铁电性能。锆钛酸铅固溶体相图如图 2.29所示，在相变温度以下，当 Zr/Ti=53/47 时，存在一条准同型相界。准同型相界的右边（富钛一边）为四方晶相，左边（富锆一边）为三方晶相。实际上，准同型相界有一定的宽度范围，在此范围内，两相共存，数量关系遵从“杠杆定理”。

2.14.3.4 压电陶瓷性能表征

(1) 介电常数

介电常数反映材料的介电性质，或极化性质，通常用 ε 表示。不同用途的压电元件对压电材料的介电常数要求不同。介电常数 ε 与元件的电容 $C$、电极面积 $A$ 和电极间距离 $t$ 之间的关系为：

$$C=\frac{\varepsilon\times A}{t} \tag{2.6}$$

式中 $C$——电容，F；

$\varepsilon$——介电常数，F/m；

$A$——电极面积，$m^2$；

$t$——电极间距离，m。

(2) 介质损耗

介质损耗是包括压电陶瓷在内的任何电介质的重要品质指标之一。在交变电场下，电介质所积

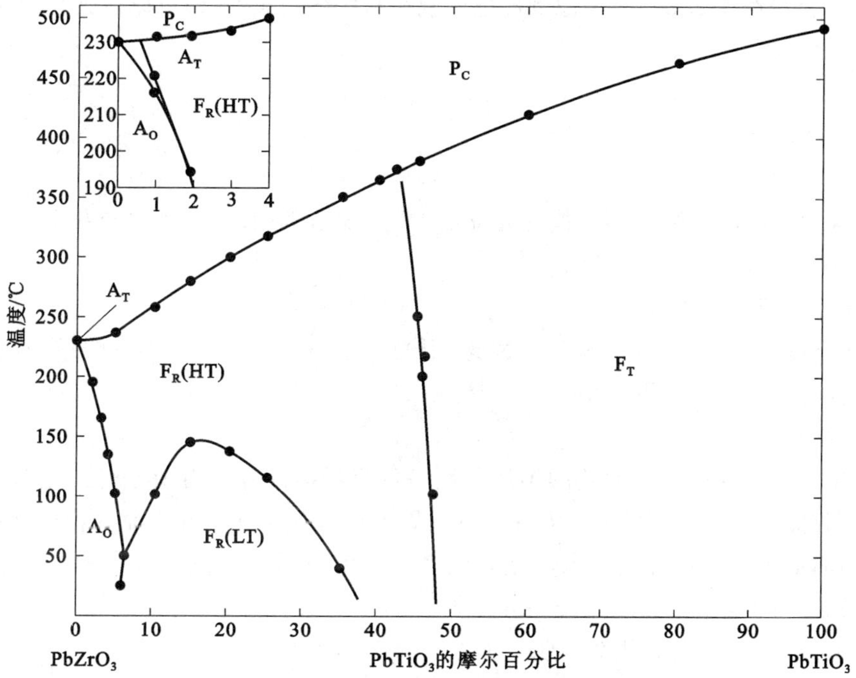


**图 2.29　锆钛酸铅固溶体相图**

$A_O$—反铁电斜方相；$A_T$—反铁电四方相；$F_{R(HT)}$—铁电菱形相（高温）

$R_{F(LT)}$—铁电菱形相（低温）；$F_T$—铁电四方相；Pc—顺电立方相

蓄的电荷有两种分量：一种为有功部分（同相），是由电导过程引起的；一种为无功部分（异相），是由介质弛豫过程所引起的。介质损耗是异相分量与同相分量的比值。通常用 $\tan\delta$（$\delta$ 为同相分量与总电流的夹角）来表示电介质的介质损耗，称为介质损耗角正切值或损耗因子。介质损耗和交变电场的角频率、损耗电阻、介质电容之间的关系为：

$$\tan\delta = \frac{1}{\varepsilon CR} \tag{2.7}$$

式中　$\varepsilon$——交变电场的角频率；

　　$R$——损耗电阻；

　　$C$——介质电容。

（3）机电耦合系数

机电耦合系数 $k$ 是综合反映压电材料性能的参数，它表示压电材料的机械能与电能的耦合效应，是生产上用得最多的一个参数。机电耦合系数定义为：

$$k = \frac{\text{输入的机械能}}{\text{通过正压电效应而转化的电能}}$$

或

$$k = \frac{\text{输入的电能}}{\text{通过逆压电效应而转化的电能}}$$

由于压电元件的机械能与它的形状和振动方式有关，因此不同形状和不同方式所对应的机电耦合系数也不相同。机电耦合系数无单位。

（4）压电常数

压电常数是压电材料所特有的一种参数，它反映材料“压”与“电”之间的耦合效应。所以，压电常数不仅与机械边界条件有关，而且与电学边界条件有关；或者说，不仅与应力 $T$、应变 $S$ 有关，而且与电场强度 $E$、电位移 $D$ 有关。

由于选择不同的自变量，或者说由于测量时所取的边界条件不同，可以得到四组压电常数 $d$、$g$、$e$ 和

$h$，其中用得最多的是压电常数 $d$。再考虑到压电陶瓷材料的各向异性，即可以得到它的四组压电常数：

① $d_{33}, d_{31}=d_{32}, d_{24}=d_{15}$；

② $g_{33}, g_{31}=g_{32}, g_{24}=g_{15}$；

③ $e_{33}, e_{31}=e_{32}, e_{24}=e_{15}$；

④ $h_{33}, h_{31}=h_{32}, h_{24}=h_{15}$。

应该指出，这四组压电常数并不是彼此独立的，只要知道其中一组，即可求出其他三组。

2.14.3.5　压电陶瓷的制备

PZT 压电陶瓷生产的工艺流程：

配料→球磨→过滤、干燥→二次球磨→过滤、干燥→过筛→成型→排塑→烧结→精修→上电极→烧银→极化→测试。

(1) 原料的处理

首先，根据化学反应式配料。原料的纯度是制备优良压电陶瓷的首要条件。通常来说，原料的纯度宜高一些，特别是用量比较大的原料，如 $Pb_3O_4$(或 PbO)、$ZrO_2$ 和 $TiO_2$ 等。若纯度低，引入杂质的总量就很大。小剂量的原料则纯度要求可相对低些。以上原料经水洗去除一些水溶性杂质后烘干，然后进行煅烧粉碎，通常希望颗粒度在 2 $\mu$m 以下。

在粉料制备过程中应注意的几个问题：

① 料浆结块分层。在球磨过程中，当球磨机停止转动的时间过长，或者在达到设定的球磨时间后未及时抽滤，搁置时间过长时，料浆中各种原材料的相对密度相差很大，其中 $Pb_3O_4$ 的相对密度达 9.1，下沉速度最快，而碳酸钠的相对密度只有 2.53，碳酸锶的相对密度也只有 3.7，它们的下沉速度缓慢，从而悬浮在上面。料浆结块分层，使料粉的均匀性不良，达不到球磨的预期效果。防止结块分层的方法是：料浆达到球磨时间后，立即抽滤，搁置时间最长不能超过 0.5 h。如果因停电或设备发生故障，必须停止运转时，待恢复正常后，要加倍处理的时间，并在压坯之前，将料粉过筛一次，尽量使之均匀。

② 新研磨球未经处理就投入使用。如若这样，新球表面的残渣、污物会全部混入料粉中，使料粉的杂质含量大大增加，严重时可能无法烧结成瓷，使制品无结晶而报废。因此，新球在未使用前，必须装在球磨筒内，经过 4 h 以上湿磨之后，彻底洗净、烘干，方可使用。

③ 瓷漏斗发生炸裂。瓷漏斗质量不良时，经过较长时间的受压抽滤后，可能出现微小裂纹。若这些裂纹未被及时发现，而抽滤瓶内外压力差太大时，就会发生爆炸，因此应经常检查，一旦发现裂纹，不论大小都应停止使用。

④ 烘箱着火爆炸。在干燥料饼时，若烘箱门关闭过紧，烘箱内酒精浓度将超过允许极限值，当烘箱内温度超过 80 ℃时，将发生强烈的爆炸，甚至烘箱的玻璃门将被炸裂而四处飞散。所以烘箱内温度必须控制在 80 ℃以下，烘箱门必须留一定的缝隙，并应经常检查，适时调整烘箱温度。

⑤ 漏料。漏料有两种情况：一种是由于在抽滤时，滤纸铺垫得不平、不紧，或滤纸已破，或在倒料时将原铺垫好的滤纸移动所造成的；另一种是由于在球磨过程中，球磨筒本身有裂缝、气孔或被磨损的缘故。若是第一种情况，则应重新更换滤纸，并切实铺平，重新抽滤；若是第二种情况，可采用环氧树脂胶对球磨筒的裂痕、气孔和破损处进行粘补，将上述材料称好并搅拌均匀之后立即涂补，经 2 h 固化后即可使用，但粘补胶不宜涂补在球磨筒内壁。

⑥ 球磨筒混用。在制造压电陶瓷元件的过程中，如果球磨筒不专用，把球磨二氧化锆的球磨筒用来球磨混合料粉，或球磨另一种配方的球磨筒，会导致料粉混入杂质，轻则造成工艺不正常，性能低劣；重则造成无法加工，整批瓷料报废。因此，球磨筒应专用，最多只能是同种配方通用，球磨筒要有明显、清晰的编号，以防拿错，若改用球磨其他料方，必须仔细清洗，并用研磨球加水空磨 4 h 以上再用。

⑦ 球磨转速的选择。一般当球磨筒内径 $D<1.25$ m时，取转速 $n=35\sqrt{D}$(r/min)；当球磨筒内径 $D>1.25$ m时，取转速 $n=40\sqrt{D}$(r/min)。以上公式在料粉、研磨球、弥散剂的总质量保持一定，而且料粉和研磨球的体积密度大致相同(通常为 2.5 $g/cm^3$)时才成立。当研磨球较多而料粉和弥散剂较少(即生成流动性很差的黏稠料浆)时，则应采用较高的转速；当料粉的体积密度较大或者采用体积密度较大的研磨球时，也应采用较高的转速。

⑧ 球磨筒的选择。球磨筒可采用硬聚氯乙烯、聚乙烯、软聚氯乙烯衬里、有机玻璃和普通陶瓷制成。普通陶瓷球磨筒因为会引入杂质，故现在大多不采用。软聚氯乙烯衬里的球磨筒，不仅耐磨，而且成本低，易于加工修补，还不影响料粉质量。硬聚氯乙烯塑料板焊接的球磨筒制作加工较容易，成本也较低，较适合于大量生产。现在又有专门生产采用钢结构球磨筒的球磨机，已被很多生产压电陶瓷频率元件的公司采用。一般短圆筒式球磨筒的长度为直径的 1.6 倍较合适；长圆筒式球磨筒的长度为直径的 4～6 倍较合适。

⑨ 研磨球的影响。料粉的粉碎作用，与研磨球的性能、直径、个数和体积密度有十分密切的关系。研磨球的大小及其比例，要根据球磨料粉的多少而相应变化。一般来说，1～10 kg的料筒内，采用直径 15 mm 的球占 12%，直径 20 mm 的球占 33%，直径 25 mm 的球占 55%，这样的比例较合适。当料粉增加到 10 kg 以上时，应适当增加直径较大的研磨球，减少直径较小的研磨球。

⑩ 球、料、弥散剂的比例，应随球的种类、批量的大小、原材料的吸湿程度而变。若球的数量太少，则碰撞和研磨的次数都少，效率也低；但球的数量也不能太多，否则上升的球与下降的球发生撞击，不能充分发挥击碎作用，同时球磨时滑动较多，球的磨损相应也增大。若弥散剂太多，则料浆太稀，球与球直接打击的机会增多，料粉不易磨细，而且球的磨损增大，混入料粉中的杂质也较多；弥散剂过少，将使料浆十分黏稠，球受到的阻力太大，不易坠落，而且料浆的流动性不好，研磨效率降低。采用体积密度为 5.7 $g/cm^3$ 的钛酸钡瓷球时，料：球：水＝1：1：(0.5～0.60)。

⑪ 弥散剂的影响。弥散剂一般采用蒸馏水或酒精。酒精的极性较水略低，使微细料粉凝聚的机会减少，具有提高球磨效率的优点，但比蒸馏水的成本要高、安全性要差。若配方中掺有水溶性的物质(如碳酸钠等)，则必须采用酒精，以避免配方组成的偏离。在球磨、抽滤、洗涤过程中所用过的酒精，可以回收反复利用。但在烘干料饼的过程中，要特别注意防止着火或爆炸。为了达到混合均匀、磨细料粉而又不引入较多杂质的目的，料浆的黏度和研磨球的用量，应保持适当比例。弥散剂的用量，一般采用每 100 g 料粉中加入 50～60 mg。若弥散剂过多，球磨效率虽高，但研磨球的损耗也随之增大。同时料浆过稀，在停止球磨后的抽滤过程中，不同比重的原料将因沉降速率不一致而导致料浆分层，破坏应有的均匀性。若弥散剂过少，则料浆黏度增大，甚至成为黏稠体凝结成团，大大降低球磨效率，也达不到预期混匀、磨细的目的。现有一种球磨料、水、球之间的比例供参考，料：去离子水：玛瑙球＝1：0.6：1。

⑫ 球磨时间的影响。球磨时间应合适，不能过长或过短。球磨时间过长，虽可增大料粉细度，但设备增多，而且随着球磨时间的延长，研磨球的磨损量增加，引进的杂质也增多，电性能参数相应降低。生产实践证明，第一次球磨的时间以 15～35 h 较合适，第二次球磨的时间以 15～25 h 较合适，但球磨过程必须不间断；否则，料浆中各种不同相对密度的原材料，将因沉降速率不同而出现分层现象，影响料粉的均匀性，甚至凝结成块，降低球磨效率，这也就等于相应地缩短了球磨时间。

⑬ 球磨方式的影响。球磨方式有湿磨和干磨两种。总的来说，湿磨优于干磨。湿磨即在球磨过程中加有弥散剂(蒸馏水或酒精)；干磨即在球磨过程中不加任何弥散剂，仅以料粉和研磨球两者相互研磨。一般来说，各种原材料第一次混合时，采用湿磨较为合适。但为了节省辅助时间，提高工效，有的工厂将合成后的瓷料，经粉碎、过筛后进行干磨，干磨时间可稍微缩短些，一般为 20 h 左右。

⑭ 原材料粒度的影响。各种原材料的细度和硬度均有较大差别。若不考虑各种原材料颗粒的粗细和软硬，同时倒入球磨筒中进行球磨，常常因为细粒、软粉的阻尼作用，妨碍粗粒、硬粉的粉碎作

用，使球磨效率降低。一般占原料总质量75%左右的四氧化三铅和二氧化钛的颗粒较细而且软，均能通过325目/英寸筛而无筛余，球磨时间可以缩短；而占原料总质量约25%的二氧化锆、碳酸锶以及其他材料（如五氧化二铌和无水碳酸钠）的颗粒较粗且硬，就应适当延长球磨时间。因此，根据原材料的粒度不同，应在配料之前的原材料处理过程中，对颗粒较硬且粗的二氧化锆、碳酸锶、三氧化二锑和无水碳酸钠等原材料，分别进行适当的球磨。这是提高球磨效率的有效途径，值得研究试用。

⑮ 填充系数。研磨球、料粉和弥散剂的总体积占球磨筒容积的百分比，常称为填充系数，也可称为填充度。一般来说，填充系数以0.6～0.8较为理想。

⑯ 加料次序。在锆钛酸铅压电陶瓷元件的瓷料中常常添加微量加入物，它们占的比例很小（如PZT-S3型压电陶瓷中，加入0.8%左右的$Na_2CO_3$和2%左右的$SrCO_3$）。要使这部分用量很少的原料在整个瓷料中均匀分布，操作时需要特别小心。根据实践经验，一般总是先把一种用量最多的原料（如四氧化三铅）加进球磨筒，而后加入用量最少的添加剂（如$SrCO_3$、$Na_2CO_3$、$ZrO_2$等），最后再把另一种用量较多的原料（如$TiO_2$、$ZrO_2$等）加在上面。这样，用量最少的添加剂，就夹在两种用量最多的原料中间，可以防止少量添加剂分布不均匀。添加剂虽然量少，但对电性能参数影响极大，如果在瓷料内分布不均，就达不到预期的效果。

常用的造粒方法有：

① 普通手工造粒法：向瓷料中加入适量（一般为4%～6%）的5%浓度的聚乙烯醇水溶液，在研钵内用手工仔细混合均匀，然后过筛（一般为16目/英寸或20目/英寸）。依靠黏结剂的黏聚作用，可得到粒度大小较均匀的较粗团粒。这种方法操作简单、效率高，但混合拌料的劳动强度大、劳动条件差（粉尘对人体有害），而且往往因为混合不均匀，而使坯件分层或致密度不一致，影响制品的最终性能。同时，采用这种造粒方法时，团粒必须陈化存放12 h以上才能成型，因而生产周期长，对生产不利，只适用于小批量生产和实验室的试验。

② 喷雾干燥法：将混合适量黏结剂的瓷料先做成料浆，再用喷雾器喷入造粒塔进行雾化。进入塔内的雾滴与从另一路进入塔内的热空气汇合，其中的水分受热空气的干燥作用在塔内蒸发而成为干粉，经旋风分离器吸入料斗备用。采用喷雾干燥法很容易得到流动性好的球形团粒。不过造粒的好坏与料浆黏度、喷雾压力有关。若黏度与压力不当，会使团粒中心出现空洞。这种方法适用于现代化大规模生产，产量高，又可以连续生产，效率高，每小时造粒可达200 kg，劳动强度和劳动条件可大大改善，并可为自动化成型工艺创造良好条件，但生产工艺较复杂。

③ 加压造粒法：向瓷料中加入4%～5%的5%浓度的聚乙烯醇水溶液，在瓷研钵内用手工初步混合均匀，或在捏合机内搅拌均匀，过20目/英寸筛。然后，在液压机上用压模以180～250 $kg/cm^2$的压力保压约1 min，压成圆饼。用手工捣碎或破碎机夹碎圆饼，过20目/英寸筛，筛余再捣碎或夹碎并过筛，直至筛余全部通过20目/英寸筛为止。最后，将全部团粒过一次筛（20目/英寸），使其更加均匀。经过造粒的瓷料，立即就可成型。这种造粒法的优点是团粒体积密度大，制品机械强度较高，能满足各种大型和异形制品的成型要求。它是生产中广泛采用的方法，既适合大中型工厂的生产，也适合实验室的试验。但是，采用这种造粒方法，劳动强度高，效率低，工艺要求严格，否则将影响成型质量。

用喷雾干燥法造粒所得的团粒多呈理想的圆球形，因为是在液体状态下，依靠表面张力作用收缩成型的。这种方法比其他造粒方法优越。用加压造粒法得到的团粒呈棱角形，经过球磨也可成为近似球形。因此，这种方法仅次于喷雾干燥法。用手工造粒法得到的团粒质量相对较差。

（2）预烧

经过煅烧粉碎的原料混合配料要进行预烧，其目的是为了使化学反应充分进行，预烧温度的选择有很重要的意义。实验表明，如果预烧温度恰当，烧结温度可以在很宽的范围内波动，对致密度无明显影响；预烧温度如果很低，无论如何提高烧成温度（或保温时间），都不能得到很高的致密度。此外，预烧温度和保温时间比较起来，预烧温度所起的作用更为重要。

(3) 成型

形状简单的制品通过模压法成型，不均匀截面的条形制品可以通过挤压法成型，薄板用流延法或轧膜法成型，大的圆环和更为复杂的形状用注浆法成型。

所用的压力机有摩擦压力机、液压成型机、自动压片机。

成型的好坏直接影响陶瓷的性能，成型时需要注意以下几点：

① 粉料的自由堆积孔隙率：装模时粉料的自由堆积孔隙率越小，坯体成型后的孔隙率也越小。可以采用控制粉料的粒度和粒度分布或采用造粒、振动装料等方式，减小粉料的自由堆积孔隙率，从而得到较致密的坯体。

② 粉料流动性：提高粉料流动性，减小颗粒间内摩擦力，也可使成型后坯体的孔隙率降低，可通过造粒，或加入成型润滑剂等方式得到球形颗粒。

③ 成型压力：增大成型压力，可使孔隙率减小，但在实际生产中因受到设备的限制以及坯体质量的要求，加压压力不能太大。

④ 加压保持时间：延长保压时间，能使压力传递充分，有利于改善坯料中各部分的密度分布，使粉体孔隙中的空气有足够的时间排出，粉末之间有足够的时间进行机械啮合，有利于压变弛豫的进行，因而可以降低坯体气孔率，但同时会降低生产率。

⑤ 加压方式：简单加压时，坯体中压力分布是不均匀的，存在低压区和死角。为了使坯体致密度均匀一致，宜采用双面同时加压或双面先后加压。如果采用等静压加压，则坯体致密度更均匀。

⑥ 加压速度：开始时压力应小些，以利于空气排出，然后短时间内释放此压力，使受压气体溢出。初压时坯体疏松，空气易排出，可以稍快加压。当用高压使颗粒紧密靠拢后，必须缓慢加压，以免残余空气无法排出，以致在释放压力后，空气膨胀回弹导致坯体产生层裂。为了提高压力的均匀性，可多次加压。开始时压力稍小，然后压力加大，这样不致封闭空气排出的通路，最后一次提起时要轻、缓、慢，防止残留空气急速膨胀导致坯体产生裂纹。若加压的同时振动粉料，则效果更好。

⑦ 添加剂：在压制成型粉末时，往往加入一定质量和种类的添加剂，其目的是减小粉料颗粒与模具间的摩擦，增加粉料颗粒间的黏结作用，或促使粉料颗粒湿润、变形，从而提高坯体的致密度和强度，减少密度分布不均等现象。

成型时常见的疵病及其解决方法如下：

横裂即与压力方向垂直的裂纹。其产生的原因：成型压力过大，使得坯件回弹力也大，导致在拉力作用下开裂；模具设计、加工不合理，斜度太小，使得坯件脱模困难，导致开始脱模露出部分回弹膨胀而开裂；加入黏结剂后未拌匀，团粒致密度不一致造成横裂。解决方法：适当控制成型压力，在一般情况下，不宜超过 2 $t/cm^2$；确保模具有一定斜度，一般不小于 1%；改进造粒方法，严格执行造粒程序，改善黏结剂存放条件，防止水分挥发(温度一般不超过 35 ℃，并且密封)，存放时间不得超过 2 周。

纵裂即与压力方向平行的裂纹。其产生的原因：脱模后坯件膨胀大小不同。解决方法：改善造粒条件，提高团粒流动性；装料力求均匀，必须先振紧、振平后再加压；装料速度宜慢，防止模腔中有空洞。

分层。表现为脱模后的坯件两端表面“冒水”，表面有明显起泡，断面中空；退模困难，坯件两端面不光滑。轻者表面正常，但内部分层，有时在深加工或极化时才发现；重者表面轻度凸起，有细纹，断面中间呈页状。其产生的原因：脱模时，钢模工作面与坯件表面之间的摩擦力大于坯件内部的聚合力，使坯件受到剪切而分层。黏结剂用量不当：用量过多，坯件表面、中间分层；用量稍多，坯件端面突起鼓泡，表面分层；用量过少，坯件内部呈密集性细分层。加入黏结剂的瓷料未拌匀，一部分团粒黏结剂过多，形成表面分层，另一部分团粒黏结剂过少，形成内部分层。预烧、排塑的升温速度过快，黏结剂中有机物燃烧挥发过急，不能及时、顺利地逸散，形成内部分层和气孔。团粒保管存放不善，时间过长，吸收空气中的水分而过于湿润，或挥发失去团粒中的水分而过于干燥，造成表面和内部分层。瓷料本身贮存了不少空气，导致分层。防止分层的措施：减小坯件和模具之间的摩擦力，最简单的方法是简化模具，使模具的下阳模缩短到最低限度，最好不用下阳模，直接采用平板；阴模与阳模的配合，既不能过松也不能太紧，已严重磨损的模具，不应继续使用；严格控制黏结剂加入量和合成时的温度与时间，使瓷料具有一定的致密性，相对密度较高。

疏松且不均匀。表现为脱模后坯件出现凹坑、麻点并呈网络状。其产生的原因：粉碎时瓷料粒度过粗，球磨效率低，瓷料本身无可塑性；造粒不当，加入的黏结剂过少；团粒流动性差。因此，瓷料粒度越细越好，造粒后的团粒要干湿一致，粒径基本相同，密度基本一致；黏结剂添加量要适宜，并拌匀。

黏结剂的作用主要有以下三个方面：

① 赋予瓷料可塑性，便于成型，成型后坯件具有较高且均匀的致密度，减小烧结后坯件的收缩和变形；

② 增大瓷料的相互黏结性，使成型后的瓷料具有一定的机械强度；

③ 减少分层、裂纹现象。

黏结剂加入过多也会产生负面影响，如烧结过程中因其挥发而使样品内部产生孔隙，进而影响性能。由于黏结剂多为有机高分子化合物，在高温烧成过程中，会发生熔化、分解、挥发等物理和化学变化并以气态的方式从坯体中排出，导致坯体变形、开裂。因此，在烧成之前必须把坯体中的黏结剂排除干净。排胶的同时，还使素坯具有一定的机械强度，为烧成创造条件，避免黏结剂在烧成时的还原作用。因此，在烧结前必须进行排塑过程，以避免坯体烧结时因 PVA 黏结剂挥发而产生孔隙。排塑过程需控制升温速度低于 150 ℃/h，否则水分与黏结剂挥发形成孔隙，周围原子还来不及塌陷，这样孔就会保留下来。

(4) 烧结

烧结温度范围主要是由化学组成决定的，低于烧结范围，制品的气孔率高、致密度低，压电性能也较差。如果超过烧结范围的上限，则由于出现过多液相，会发生粘连，或严重失铅，也会导致性能下降。此外，烧结温度过高会使晶粒过大，机械强度变差。由于压电陶瓷 PZT 含有较多的铅，在高温下挥发严重，因此烧结时应尽量采取封闭的方式。

PZT 的形成主要有以下两种反应：

$$PbO + TiO_2 \xrightarrow{>540\ ℃} PbTiO_3$$

$$PbTiO_3 + PbO + ZrO_2 \xrightarrow{>650\ ℃} Pb(Zr_m Ti_n)O_3$$

(5) 施加电极

在所有必要的机械加工或精加工完成之后，便可以对制品施加电极。一般来说是将含银涂料(银浆)涂于制品表面，并在 600～800 ℃下烧结；对于薄片，可以通过溅射或蒸发镀上一层镍铬合金作为电极。

(6) 极化

极化工艺是指在压电陶瓷上加一个强直流电场，使陶瓷中的电畴沿电场方向取向排列。只有经过极化工艺处理的陶瓷，才能够显示压电效应。

刚烧结好的压电陶瓷电畴无规取向，整体不显压电性，通过极化处理使电畴沿一定方向极化后才显出压电性。同一个配方，极化条件不同，极化程度不同，材料的性能指标也就不同。极化电场的选择主要取决于压电材料的矫顽场 $E_C$ 以及饱和场强 $E_B$。极化电场一定要大于矫顽场 $E_C$，这样才能使电畴取向排列，但极化电场若太大，其效果亦是不明显的，所以通常要使其接近饱和电场 $E_B$，这样极化才会有较好的效果。除此之外，温度和时间也是极化工艺的主要参数，提高极化温度和延长极化时间有利于极化的进行。

① 极化电场

极化电场是极化工艺中最主要的因素，极化电场越高，促使电畴取向排列的作用越大，极化越充分，一般以 $K_p$ 达到最大值的电场为极化电场。

极化电场必须大于样品的矫顽场，通常为矫顽场的 2～3 倍，以常见的锆钛酸铅压电陶瓷为例，其矫顽场一般为 800～1200 V/mm，极化电场一般取 2000～3000 V/mm。

② 极化时间

外加电场后，极化初期主要是陶瓷内部 180°电畴的反转，之后是 90°电畴的转向，而 90°电畴的转向会由于内应力的阻碍而较难进行，因此，适当延长极化时间，电畴取向排列的程度高，极化效果好。一般极化时间为 10～50 min。

③ 极化温度

在极化电场和时间一定的条件下，极化温度高，电畴取向排列容易，极化效果好。

温度过高，陶瓷的电阻率小，耐压强度降低，由于高电场作用导致陶瓷体击穿，损坏压电陶瓷。常用压电陶瓷材料的极化温度一般为 50～150 ℃。

极化电场、极化时间和极化温度三者必须综合考虑，它们之间相互影响，应通过实验确定最佳极化工艺参数。

## 2.14.4　实验药品及设备

(1) 实验药品：二氧化钛（$TiO_2$）、二氧化锆（$ZrO_2$）、氧化铅（PbO）、掺杂改性氧化物（$MnO_2$，$CeO_2$），均为分析纯。

(2) 实验仪器及设备

① 压电陶瓷制备：电子天平（称量原料）、球磨罐（4 个，装料用）、行星球磨机（球磨）、马弗炉（预烧、排胶、烧结、烧银）、研钵（研磨粉料）、坩埚（粉料的热处理和陶瓷坯体的烧结）、模具（成型坯体）、压力机（成型坯体）、丝网印刷机（刷银）。

② 压电陶瓷的极化：砂纸（陶瓷样品加工）、2671 万能击穿装置（极化陶瓷样品）、油浴（提高极化温度和改变极化环境，一般用甲基硅油）。

## 2.14.5　实验步骤

### 2.14.5.1　压电陶瓷的制备

图 2.30 是压电陶瓷制备工艺流程图。

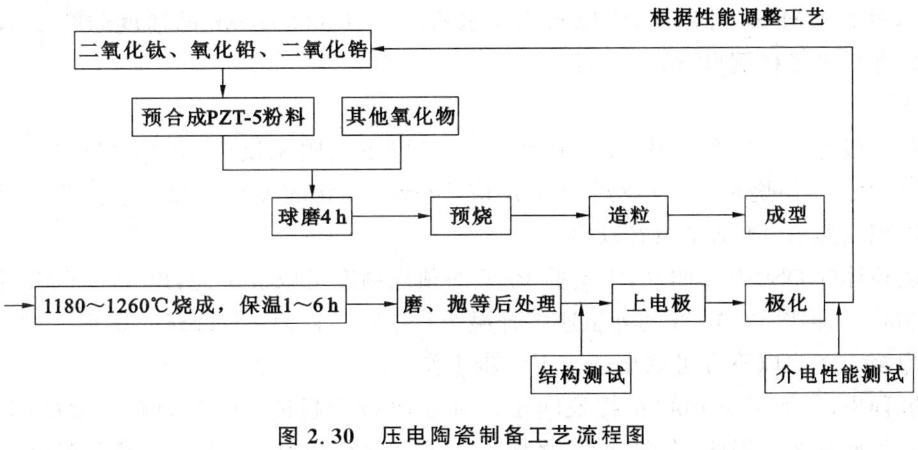


图 2.30　压电陶瓷制备工艺流程图

压电陶瓷制备包括以下步骤：配料计算、称量、混合、球磨、预烧、造粒、成型、排塑、烧结和上电极。

(1) 配料计算、称量、混合

根据实验要求精确计算各种所需实验药品，采用万分之一分析天平称量，误差不超过 0.1 mg。将称量好的料加入研钵混合时，为了保证混合料的均匀性，加料时应采用量多的料放置在上下部分、量少的料放置在中间的原则。

(2) 球磨

为了得到合适的粒度，需要进行球磨。实验使用 QM-SB 球磨机，将原料在无水乙醇中以 300 r/min的速度球磨 2 h。

① 球磨方法

按规定的比例，分别取三种不同直径的研磨球，倒入球磨筒中。然后，将已称好的各种原材料，依次将红丹、取代添加物和掺杂物逐一倒入球磨筒内。再按规定比例，量取弥散剂(无水乙醇)倒入球磨筒内。盖紧筒塞之后，手工反复滚动 5～10 min，再放在球磨机上进行球磨。

② 球磨条件

摩擦轴式滚动球磨机的多年生产实践证明，下列球磨条件较为合适。

A. 球磨机线速度：40～60 m/min；转速：70～80 r/min。

B. 球磨筒外径：210～220 mm；内径：190～200 mm；长度：320～350 mm。

C. 研磨球(压电陶瓷一般用钢球或瓷质球)直径为：15 mm、20 mm、25 mm。

D. 球磨筒填充系数：0.6～0.8。

E. 球磨时间：一般为 24～36 h。

F. 不同直径研磨球的质量比：直径为 15 mm 的占(12±1)%，直径为 20 mm 的占(32.5±1)%，直径为 25 mm 的占(55±1)%。

③ 混合料的抽滤烘干

已达到球磨时间的浆料，必须迅速抽滤。否则浆料将随着静置时间的延长而呈现料粉不均匀的现象。为此，须将料、球、弥散剂三者分离，达到排除弥散剂、防止浆料分层、易于干燥的目的。

A. 抽滤方法　采用铺有滤纸的瓷漏斗盛放浆料，置于耐压玻璃抽滤瓶上，再接上旋转真空泵的进气管，借助真空泵两个泵腔的压力差，将料浆中的弥散剂抽滤干净，直至无弥散剂滴下为止。

B. 干燥料饼　将抽滤后的料饼，置于干燥箱中干燥，直至料饼中的弥散剂全部干燥为止。当弥散剂为酒精时，干燥温度为 70～80 ℃；当弥散剂为蒸馏水时，干燥温度为 100～120 ℃。

为避免在此过程中引入杂质，应充分清洗球磨罐及研钵，转移物料时尽量转移完全。本实验制备压电陶瓷的原料是金属氧化物，为了使生成压电陶瓷的化学反应能够顺利进行，要求原料粒度不超过 2 μm。本实验使用 QM-SB 球磨机，将原料在无水乙醇中以 300 r/min 的速度球磨 2 h，一般可以达到粒度要求。然后将浆料倒出，烘干待用。

(3) 预烧

预烧过程一般可分为四个阶段：线性膨胀(400 ℃以下)、固相反应(400～750 ℃ )、收缩(750～800 ℃)和晶粒生长。预烧是使材料发生固相反应，形成主晶相的关键步骤。本实验采用一次预烧的方法。坯料体积变形率可控制在 1%以内。

根据预烧粉体的 DSC-TG 曲线，本实验 PZT 的预烧制度可以设定为：以 150 ℃/h 的升温速率从室温升温至 300 ℃，再以 30 ℃/h 的升温速率升温至 650 ℃后保温 2h，继续升温至 900 ℃后保温 2 h，然后随炉冷却至 100 ℃以下方可取出进行下一步工作。

在预烧过程中，必须考虑 PbO 的挥发问题。因为 PbO 在超过 800 ℃时就会大量挥发，而本实验的预烧温度高于此温度。因此，在预烧时，将样品置于氧化铝托盘上，然后在其上罩以一小一大两个坩埚，减少铅的挥发空间以达到抑制铅挥发的目的。为了进一步防止 PbO 的挥发，还可将样品埋入铅粉中，在预烧时制造铅气氛。

(4) 造粒、成型

实验采用普通手工造粒法造粒。将瓷料加进适量(一般为4%～6%)的5%浓度聚乙烯醇水溶液，在研钵内仔细混合均匀，然后过筛(一般为16目/英寸或20目/英寸)，依靠黏结剂的作用得到粒度大小较均匀且较粗的团粒。原料经造粒陈腐以后，就可以进入成型阶段。

成型是指将瓷料压制成所要求几何形状的坯件的过程。它一方面要保证材料易于烧结，另一方面要满足使用要求。现代陶瓷元件应用的发展趋势是轻、小、薄，一般成型为小圆片即可。由于功能陶瓷的大多数配料不含黏土，是非可塑性的，为了满足不同的成型要求，坯料中一般要加黏结剂。实验发现，PZT体系成型过程中常出现分层现象，一方面是由于该体系本身塑性较差，另一方面也可能是由于黏结剂所加的量偏少以及不易混合均匀所致。

本实验所用的黏结剂为PVA，加入量为3%～5%，采用干压成型工艺。成型时，仔细称取已增塑的团粒，全部倒入阴模内。将团粒振平后，放置到压力机受压的中心部位。受压后，取出下阳模，即可退模。压制直径与高度较小的圆片、圆柱形坯件时，可直接用手工把坯件顶出模腔；压制直径与高度较大的圆片、圆柱形坯件时，则应采用专门的退模工具。

(5) 排塑、烧结

在实验过程中加入黏结剂(PVA水溶液)辅助成型。黏结剂加入过多也会产生负面影响，如烧结过程中因其挥发而使产品内部产生孔隙而影响性能。由于黏结剂多为高分子化合物，在高温烧结过程中，它会发生熔化、分解、挥发等物理和化学变化，导致坯体变形、开裂，因此在烧结之前必须把坯体中的黏结剂全部排出，此即为排塑。排塑过程须控制升温速度低于15 ℃/h，否则水分与黏结剂挥发形成孔，周围原子还来不及塌陷下来，这样孔就会保留下来。本实验排塑过程采用100 ℃/h的升温速率升温至800 ℃，然后保温2 h。

烧结的目的：一方面是为了在高温状态下使在合成过程中尚未完全反应的少部分氧化物继续完成化学反应，力求全部生成所需化合物；另一方面是为了在高温条件下使化合物由无数松散的小晶粒，通过结晶生长成均匀、致密而且具有某种显微组织结构和一定机械强度、物理性能的多晶材料。烧结是压电陶瓷生产的关键步骤。试样排塑后继续升温到1180～1260 ℃，保温1～6 h，然后自然冷却。

(6) 上电极

介电陶瓷上电极的方法有多种，如真空镀金、烧银等。鉴于成本考虑，本实验采用烧银的方法来给样品上电极。实验采用的银浆为工业用液体电极料。采用丝网印刷的方法将银浆均匀地涂在样品的上下两个表面上，然后烘干，接着就可进行烧银。烧银的升温制度为：以100 ℃/h的速率由室温升至800 ℃，保温0.5 h。

#### 2.14.5.2　介电陶瓷的极化

极化是指构成质点的正负电荷沿电场方向在有限的范围内做短程移动，导致正负电中心不重合，极化导致介质中产生电偶极子。压电陶瓷必须经过极化后才有压电性。极化过程是压电陶瓷片的电畴在直流电场作用下定向排列的过程，它使材料最终具有压电性。

极化方法：上好电极的陶瓷样品安装在测试夹具上，与上下电极完全接触，然后将带有陶瓷样品的夹具浸入油浴中，加热到100～150 ℃后，施加1～4 kV/mm的电场，然后恒温保压15～30 min。极化装置示意图见图2.31。

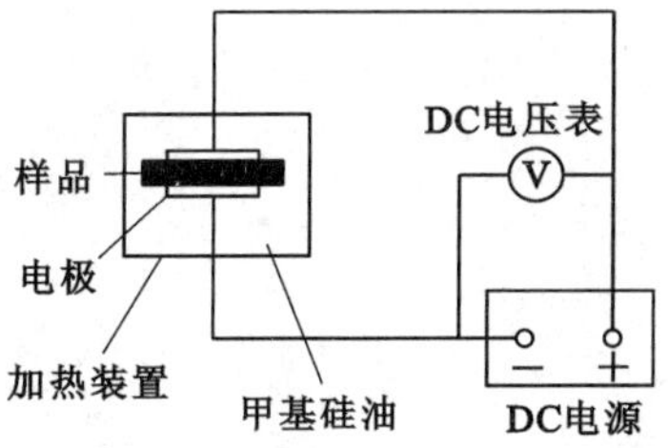

图2.31　极化装置示意图

使用2671万能击穿装置($U=12$ kV，$I=1$ μA～100 mA)对陶瓷进行极化，具体的极化方法如下：

(1) 将被测样品安装在测试夹具上，接通恒温油浴电源，设定极化装置所需温度，达到设定温度时，恒温 15 min；

(2) 接通 2671 万能击穿装置电源，电源指示灯亮，预热 15 min；

(3) 旋转面板上旋钮，使电流、电压为零；

(4) 设定允许漏电电流及所需加载的电压挡；

(5) 加载电压，电压指示灯亮，旋转电压旋钮到所需电压，保压 15～30 min；

(6) 到保压时间后，轻轻按下电压旋钮，听到一声鸣响后，仪器自动泄压；

(7) 当漏电电流超过设定值时，蜂鸣器鸣叫，仪器自动泄压。

2.14.5.3 性能表征

将制备好的样品进行编号并放好，以备接下来的介电、压电、铁电性能测试和分析。

### 2.14.6 注意事项

(1) 所有设备的使用均应按照操作规程执行，设备运行过程中应有专人看管并且不得擅自离开。

(2) 材料极化过程中，因为使用的是高压，在开机前一定要检查接线是否正常、安全，地线是否接好。测试夹具一定要全部没入油浴，以保证操作安全进行。

(3) 材料极化过程中，当材料被击穿时，蜂鸣器鸣叫，仪器自动泄压，但蜂鸣器鸣叫时并不代表材料已被击穿，有时是假击穿。

(4) 严格按操作规程操作仪器，不得随便触摸仪器和高压线。

### 2.14.7 思考题

(1) 固相合成介电陶瓷的基本步骤是什么？

(2) 固相合成中哪些参数会对介电陶瓷的性能产生影响，为什么？

(3) 介电陶瓷为何要进行极化？如何极化介电陶瓷？

# 实验 2.15　甲基丙烯酸甲酯(MMA)的本体聚合

## 2.15.1　实验目的

(1) 了解自由基本体聚合的原理和特点；

(2) 掌握本体聚合反应的操作方法；

(3) 了解甲基丙烯酸甲酯单体及聚合物性能，熟悉有机玻璃的制备方法。

## 2.15.2　实验内容

以过氧化苯甲酰($C_{14}H_{10}O_4$，BPO)为引发剂，进行甲基丙烯酸甲酯本体聚合反应，制备有机玻璃[聚甲基丙烯酸甲酯(PMMA)]。

## 2.15.3　实验原理

自由基加聚的工艺方法主要有四种：本体聚合、溶液聚合、悬浮聚合及乳液聚合。

本体聚合又称块状聚合，它是在没有任何介质存在的情况下单体本身在微量引发剂作用下进行的聚合反应，或者直接在热、光照射下进行的聚合反应。体系仅由单体和少量(或无)引发剂组成，产物纯净，后处理简单，更适用于实验室研究。本体聚合反应时，随着转化率提高，黏度不断增大，产生凝胶效应，不容易传递热量，易产生局部过热，致使单体气体或聚合物裂解，结果产品内产生气泡或空心，影响聚合物的强度。

合成的聚甲基丙烯酸甲酯(PMMA)呈现非晶态，$T_g=105$ ℃，强度高尺寸稳定，在低温下仍能保持其独特的物理性能，耐光照，耐化学腐蚀，比重小，具有高度的透明性，俗称有机玻璃，广泛应用在工业、农业、生活等各个领域，如用作航天玻璃、医疗器械、光学仪器、广告铭牌等，是较为重要的合成材料之一。

本实验采用本体聚合，当反应达到一定程度时黏度增大，分子链自由基活性降低，阻碍了链自由基的相互结合，使链终止速度减慢，而小分子单体却依然可以自由与链结合，链增长速率不会受到影响，从而导致自动加速效应，内部温度急剧上升，继续加剧反应，如此循环，而黏度又屏蔽热量，使局部温度过高，聚合物分子量变宽，甚至会使反应进入爆炸聚合的阶段(爆聚)，结果产品内产生气泡或空心，严重影响聚合物的性质，因此，本体聚合要求严格控制不同阶段的反应温度，随时排出反应热。一般采用两段聚合：第一阶段保持较低转化率，这一阶段体系黏土较低，散热尚无困难，可在较大容器中进行；第二阶段转化率和黏度较大，可在特殊设计的容器中进行。本实验以甲基丙烯酸甲酯(MMA)进行本体聚合是为了解决散热问题，避免自动加速作用而引起的爆聚现象，以及单体转化为聚合物时由于比重不同而引起的体积收缩问题。

工业上采用高温聚合，预聚至约10%转化率的黏稠浆液，然后浇模，分段升温聚合，在低温下进行下一步聚合，安全度过危险期，最后脱模得到有机玻璃平板或有机玻璃棒。

甲基丙烯酸甲酯(MMA)在过氧化苯甲酰($C_{14}H_{10}O_4$，BPO)引发剂存在下进行自由基聚合反应，反应如下：

$$n\mathrm{CH_2{=}\overset{\displaystyle CH_3}{\overset{|}{C}}{-}COOCH_3} \longrightarrow \left[\mathrm{CH_2{-}\overset{\displaystyle CH_3}{\overset{|}{\underset{\underset{\displaystyle COOCH_3}{|}}{C}}}}\right]_n$$

自由基聚合反应属于连锁反应，一般有三个基元反应：链引发、链增长、链终止（偶合终止、歧化终止）反应。甲基丙烯酸甲酯在 60 ℃以上时以歧化终止为主。

### 2.15.4　实验试剂和设备

（1）实验试剂：甲基丙烯酸甲酯单体（MMA）、过氧化苯甲酰（BPO）、邻苯二甲酸二丁酯（DBP）。

（2）实验耗材和仪器设备：搅拌器一台、电热套一个、150 mL 三口烧瓶、100 ℃温度计一支、冷凝管一支、大试管一支、电子天平、量筒、烧杯、玻璃棒等。实验装置示意图见图 2.32。

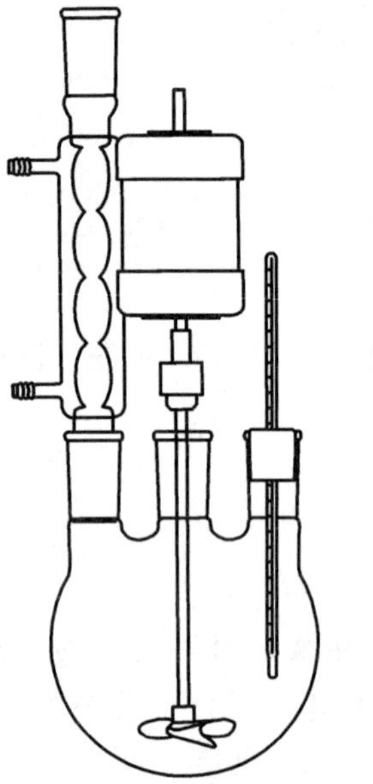

图 2.32　实验装置示意图

### 2.15.5　实验步骤

（1）预聚：在装有搅拌器、回流冷凝管和温度计的 150 mL 干燥三口烧瓶中，分别加入准确称量的 0.031 g 过氧化苯甲酰（BPO）和 0.314 g（0.3 mL）邻苯二甲酸二丁酯（DBP），以及 30 g（32 mL）甲基丙烯酸甲酯单体（MMA），开始搅拌，控制搅拌速度 150 r/min，混合均匀。将三口烧瓶置于水浴锅中逐渐加热至 90～93 ℃进行聚合反应，反应时间约为 1.5～2 h，至瓶内液体呈黏稠状态时（黏度与甘油黏度相近）即停止加热，获得预聚物。

（2）灌模：稍冷却一段时间后（注意要保持一定的温度），将预聚物（黏稠液体）缓慢、呈细流线状倒入大试管中，注意切勿灌满，应预留一定空间以防胀裂。

（3）聚合：将试管封口，放入烘箱中，在 40～60 ℃下聚合反应一定的时间，当反应物变成透明玻璃状固体时，停止加热，缓慢冷却。

（4）脱模：敲碎试管，取出棒材，得到聚甲基丙烯酸甲酯（PMMA），即有机玻璃。

### 2.15.6　注意事项

（1）实验所用试剂中甲基丙烯酸甲酯单体（MMA）属易爆品，有一定毒性且具有恶臭，使用时需要按一定安全操作规程进行。

（2）预聚时要注意黏度的变化，当黏度与甘油黏度相近时，立即停止加热，否则过度后会发生爆聚。判断预聚反应是否可以停止的经验方法为：在反应后期用玻璃棒蘸少许反应液，测试反应液是否出现拉丝现象，如果能够拉丝就可以停止反应。

（3）水浴时，不能老是摇动烧瓶，否则容易把氧气溶入溶液中而导致爆聚。

（4）灌模时试管稍微倾斜，将高聚物呈细线形稳定缓慢流入试管，同时不能灌太多，应预留一定空间，防止爆聚和胀裂。

### 2.15.7　思考题

（1）为什么要采取分段聚合的方法进行本体聚合反应？本体聚合的优点是什么？

（2）整个聚合过程中，黏度发生了什么变化，为什么？

（3）在制备有机玻璃的过程中，为什么要进行预聚合？

（4）在本体聚合过程中，为什么在各阶段控制的反应温度不同？

（5）为什么有的同学得到的有机玻璃带乳白色？

# 3 材料表征实验

## 实验 3.1 X 射线衍射法进行物相分析

### 3.1.1 实验目的

(1) 了解 X 射线衍射的基本原理;
(2) 了解 X 射线衍射仪的基本结构;
(3) 掌握无机非金属材料 X 射线衍射分析的制样方法;
(4) 掌握 X 射线衍射物相定性分析的方法和步骤。

### 3.1.2 实验原理

(1) X 射线衍射的基本原理

X 射线是一种波长在 0.001～10 nm 之间的电磁波。当一束 X 射线通过晶体时,在偏离入射光的某些方向,会观察到一定强度的 X 射线,即为衍射现象。用于晶体结构分析的 X 射线波长范围在 0.05～0.25 nm 之间,与晶面间距的数量级相当,因此,晶体可以作为 X 射线的天然衍射光栅。通过测量衍射方向上 X 射线的强度,可以测定晶体中周期性分布的点阵结构。具体 X 射线衍射原理如图 3.1所示。

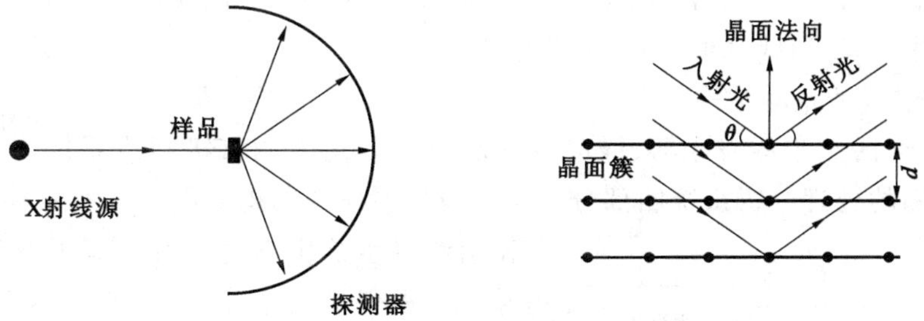


图 3.1 X 射线衍射原理

如图 3.1 所示,波长为 $\lambda$ 的 X 射线以入射角 $\theta$ 照射到原子上,晶面间距为 $d$,在与入射角相等的反射方向上的反射光与入射光的光程差是 $2d\sin\theta$,反射光与入射光相互加强的条件(假定入射光为单色的,只有一种波长)为:

$$2d\sin\theta = n\lambda \quad (n = 1,2,\cdots) \tag{3.1}$$

此即为布拉格(Bragg)方程,其中 $n$ 为衍射级数。

每一种结晶物质都有各自独特的化学组成和晶体结构。没有任何两种物质的晶胞大小、质点种类及排列方式是完全一致的。因此,当 X 射线被晶体衍射时,每一种结晶物质都有自己独特的衍射花样,其特征可以用衍射晶面间距 $d$ 和衍射线的相对强度 $I/I_0$ 来表征。其中晶面间距 $d$ 与晶胞的形状和大小有关，相对强度则与质点的种类及其在晶胞中的位置有关。任何一种结晶物质的衍射数据 $d$ 和 $I/I_0$ 是其晶体结构的必然反映，可根据它们来鉴别结晶物质的物相。可见，物相定性分析就是将未知物相的衍射实验所得的结果，与已知物相的 $I/I_0$ 对照，再依照晶体和衍射的理论对所属物相进行肯定与否定。目前，已测量了大约 290000 种物相的 $I/I_0$ 数据，并将每个已知物相的 $d$-$I/I_0$ 数据制作成了一张 PDF 卡片。

(2) PDF 卡片

一张 PDF 卡片包含一种物相的各种晶体学、化学、光学等性质。现代衍射仪都使用电子版的 PDF 卡片。$CaCO_3$ 的 PDF 卡片如图 3.2 所示。

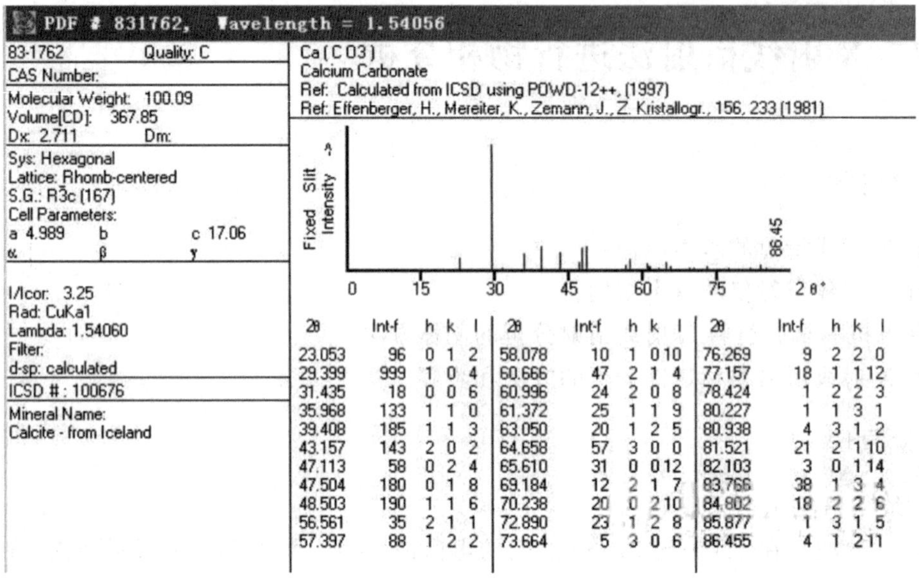
PDF # 831762,　Wavelength = 1.54056

83-1762　Quality: C
CAS Number:
Molecular Weight: 100.09
Volume[CD]: 367.85
Dx: 2.711　Dm:
Sys: Hexagonal
Lattice: Rhomb-centered
S.G.: R$\bar{3}$c (167)
Cell Parameters:
a 4.989　b　c 17.06
α　β　γ
I/Icor: 3.25
Rad: CuKa1
Lambda: 1.54060
Filter:
d-sp: calculated
ICSD #: 100676
Mineral Name:
Calcite - from Iceland

Ca(CO3)
Calcium Carbonate
Ref: Calculated from ICSD using POWD-12++, (1997)
Ref: Effenberger, H., Mereiter, K., Zemann, J., Z. Kristallogr., 156, 233 (1981)



| 2θ | Int-f | h | k | l | 2θ | Int-f | h | k | l | 2θ | Int-f | h | k | l |
|---|---|---|---|---|---|---|---|---|---|---|---|---|---|---|
| 23.053 | 96 | 0 | 1 | 2 | 58.078 | 10 | 1 | 0 | 10 | 76.269 | 9 | 2 | 2 | 0 |
| 29.399 | 999 | 1 | 0 | 4 | 60.666 | 47 | 2 | 1 | 4 | 77.157 | 18 | 1 | 1 | 12 |
| 31.435 | 18 | 0 | 0 | 6 | 60.996 | 24 | 2 | 0 | 8 | 78.424 | 1 | 2 | 2 | 3 |
| 35.968 | 133 | 1 | 1 | 0 | 61.372 | 25 | 1 | 1 | 9 | 80.227 | 1 | 1 | 3 | 1 |
| 39.408 | 185 | 1 | 1 | 3 | 63.050 | 20 | 1 | 2 | 5 | 80.938 | 4 | 3 | 1 | 2 |
| 43.157 | 143 | 2 | 0 | 2 | 64.658 | 57 | 3 | 0 | 0 | 81.521 | 21 | 2 | 1 | 10 |
| 47.113 | 58 | 0 | 2 | 4 | 65.610 | 31 | 0 | 0 | 12 | 82.103 | 3 | 0 | 1 | 14 |
| 47.504 | 180 | 0 | 1 | 8 | 69.184 | 12 | 2 | 1 | 7 | 83.766 | 38 | 1 | 3 | 4 |
| 48.503 | 190 | 1 | 1 | 6 | 70.238 | 20 | 0 | 2 | 10 | 84.802 | 18 | 2 | 2 | 6 |
| 56.561 | 35 | 2 | 1 | 1 | 72.890 | 23 | 1 | 2 | 8 | 85.877 | 1 | 3 | 1 | 5 |
| 57.397 | 88 | 1 | 2 | 2 | 73.664 | 5 | 3 | 0 | 6 | 86.455 | 4 | 1 | 2 | 11 |

**图 3.2**　$CaCO_3$ **的** PDF **卡片**(No. 83-1672)

卡片分左右两部分，各部分内容如下：

左边从上至下依次为：83-1762 为卡片号，C 为卡片质量等级；CAS Number 为化学物质的识别号；分子量，晶胞积；所属晶系，点群，单胞参数；实验条件；ICSD 数据库编号。右边从上至下依次为：物质化学式；文献来源；X 射线峰值图；衍射数据表。

(3) X 射线衍射仪的基本结构

X 射线衍射仪包括 X 射线发生器、样品及样品位置取向的调整机构或系统、衍射线方向和强度的测量系统、衍射图的处理分析系统四部分。X 射线衍射仪的结构如图 3.3 所示。

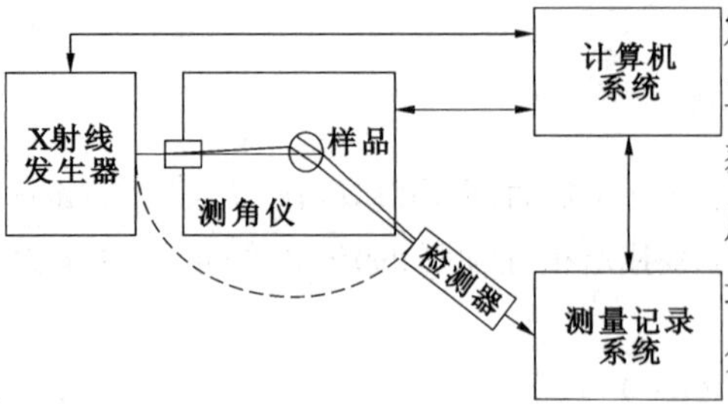


**图 3.3**　**X 射线衍射仪的结构**

X 射线发生器由 X 射线管、高压发生器、管压管流稳定电路和各种保护电路等部分组成。X 射线管属于热电子二极管，有密封式和转靶式两种。目前常用转靶式，它是为获得高强度 X 射线而设计的，一般功率在 10 kW 以上，常用的有 9 kW、12 kW 和 18 kW 几种。测角仪是衍射仪的最精密的机械部件，是 X 射线衍射仪测量中最核心的部分，用来精确测量衍射角。测角仪光路系统由记数管、样品台、狭缝系统、测角仪圆等组成。X 射线粉末衍射仪的 X 射线强度测量记录系统配有 NaI 闪烁检测器，由放大器、分析器和计数率表三个插件组成脉冲幅度分析计数系统。

### 3.1.3 实验步骤

3.1.3.1 样品制备

X射线衍射分析的样品主要有粉末、块体、薄膜、纤维等。样品不同，分析目的不同(定性分析或定量分析)，则样品制备方法也不同。但都要求样品试片表面平整，且都需要满足一个前提条件——在制成样品试片直至衍射实验结束的整个过程中，必须保证试片上样品的组成及其物理化学性质和原样品相同，必须确保样品的可靠性。

(1) 粉末样品：粉末试样必须满足两个条件：晶粒要细小，试样无择优取向(取向排列混乱)。通常将试样用玛瑙研钵研细后使用。定性分析时粒度应小于 44 μm (350 目)，定量分析时应将试样研磨至 10 μm 左右。较方便地确定 10 μm 粒度的方法是，用拇指和中指捏住少量粉末，并碾动，两手指间没有颗粒感觉可。

常用的粉末样品架有金属试样架和玻璃试样架，试样填充区均为 20×18 $mm^2$。粉末试样较多时用金属试样架，粉末试样较少时使用玻璃试样架。充填时，将试样粉末一点一点地放进试样填充区，重复这种操作，使粉末试样在试样架里均匀分布，然后用玻璃板压平实，要求试样面与玻璃表面平齐。如果试样的量少到不能充分填满试样填充区，可在玻璃试样架凹槽里先滴一薄层用醋酸戊酯稀释的火棉胶溶液，然后将粉末试样撒在上面，待干燥后测试。

(2) 块状样品：先将块状样品表面研磨抛光，大小不超过 20×18 $mm^2$，然后用橡皮泥将样品粘在金属试样架上，要求样品表面与金属试样架表面相平。

(3) 微量样品：取微量样品放入玛瑙研钵中将其研细，然后将研细的样品放在单晶硅试样架上，滴数滴无水乙醇使微量样品在单晶硅片上分散均匀，待乙醇完全挥发后即可测试。

(4) 薄膜样品制备：将薄膜样品剪成合适大小，用胶带纸粘在玻璃试样架上即可。

3.1.3.2 样品测试

本实验所使用的仪器是日本 RIGAKU 公司的 D/MAX-RB 型 X 射线衍射仪，如图 3.4 所示。最大功率为 12 kW，稳定度大于 1%，测角精度 $\Delta 2\theta \leqslant \pm 0.02°$。D/MAX-RB 型 X 射线衍射仪操作步骤如下：

(1) 开机前的准备

将制备好的试样插入衍射仪样品台，盖上顶盖、关闭防护罩；开启水龙头，使冷却水流通；关闭 X 光管窗口，管电流电压表指示应在最小位置；接通总电源，稳压电源。

图 3.4 D/MAX-RB 型 X 射线衍射仪

(2) 开机操作

开启衍射仪总电源，启动循环水泵。等待数分钟后，接通 X 光管光电源。缓慢升高管电压、管电流至需要值。打开计算机 X 射线衍射仪应用软件，设置适合的衍射条件及参数，开始样品测试。

实验参数的选择：靶材一般选铜靶；扫描范围一般选 2°～90°；扫描速度一般为每分钟 2°～4°。

(3) 停机操作

测量完毕，缓慢降低管电流、管电压至最小值。关闭 X 光管电源。取出试样，15 min 后关闭循环水泵，关闭水源。关闭 X 射线衍射仪追踪电源、稳压电源。

3.1.3.3 数据处理

测试完毕后，将样品测试数据存入计算机，可用数据处理分析系统对其进行图谱处理，寻峰。求面积、重心、积分宽，衍射图比较(多重衍射图的叠合显示)，平滑处理，格式转换(可以把本机采集的衍射数据文件转换成其他数据处理程序能接受的文本格式文件)等。

3.1.3.4　物相定性分析步骤

X 射线衍射物相定性分析有以下几种方法：

（1）三强线法

检索主要是根据所测得的 $d$ 值和 $I/I_0$ 选择三强线，参考其第一、二强线对应的 $d$ 值正负误差范围，利用数字索引进行检索，或者在已知所含化学元素信息时，可选用字母索引进行检索。因 $d$ 值能测得较准（一般可测至四位有效数字），而强度误差较大，故应以 $d$ 值与卡片吻合为主要标准进行检索，候选 PDF 卡片上全部 $d$ 值及强度都吻合，则是十分可能的物相。

① 从前反射区（$2\theta<90°$）中选取强度最大的三根线，如图 3.5 所示，使 $d$ 值按强度递减的次序排列。

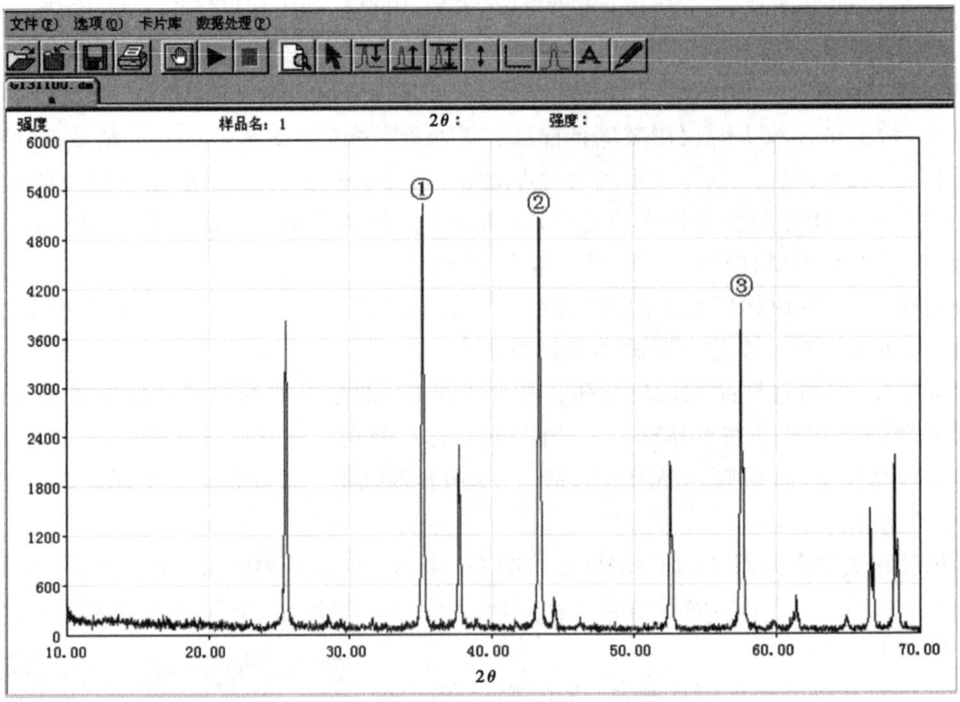


图 3.5　衍射谱中的三强线

② 根据最强线的面间距 $d_1$，在数字索引中找到对应的组；再根据 $d_2$ 和 $d_3$ 找到其中的行。

③ 比较此行中的三条线，看其相对强度是否与待测样的三强线基本一致。如 $d$ 及 $I/I_1$ 都基本一致，则可初步断定待测样中含有卡片所记载的这种物质。

④ 根据索引中查到的卡片号，从卡片盒中找到所需的卡片。

⑤ 将卡片上全部 $d$ 和 $I/I_1$ 与待测样的 $d$ 和 $I/I_1$ 对比，如果完全吻合，则卡片上记载的物质，就是要鉴定的未知物质。

⑥ 如果待测样的数据与标准数据不符，则须重新排列组合并重复②～⑤的步骤。如为多相物质，当找出第一物相之后，可将其线条剔出，并将留下线条的强度重新归一化，再按过程①～⑤进行检索，直到得出正确答案。

（2）特征峰法（以 $SiO_2$ 样品为例）

对于经常使用的样品，应该充分了解掌握其衍射谱图，可根据其谱图特征进行初步判断，例如，图 3.6中，在 26.5°左右有一强峰，在 68°左右有五指峰出现，则可初步判定样品含 $SiO_2$。

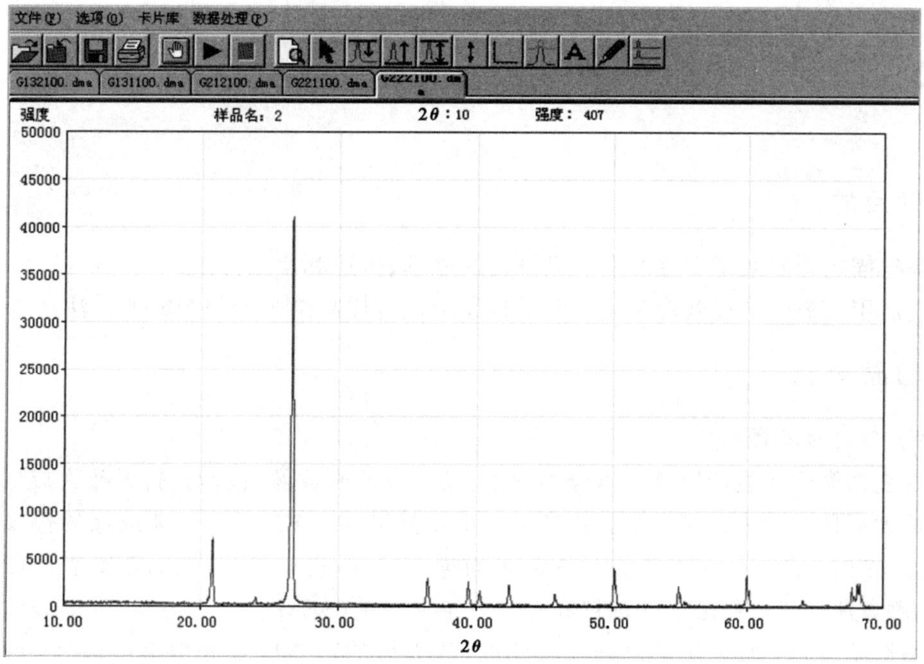


图 3.6 $SiO_2$ 样品的 X 射线衍射谱

### 3.1.4 思考题

(1) 简述 X 射线衍射分析的特点和应用。

(2) 说明物相鉴定的依据。

(3) 简述 X 射线衍射仪的基本结构。

(4) 粉末样品制备有几种方法？应注意什么问题？

# 实验 3.2　微观形貌的观察

## 3.2.1　实验目的

（1）了解扫描电子显微镜和透射电子显微镜的原理、构造和使用方法。

（2）掌握运用扫描电子显微镜和透射电子显微镜进行样品微观形貌观察的方法。

## 3.2.2　实验原理

### 3.2.2.1　*微观形貌的观察原理*

观察材料表面微观形貌的原理可以分为两类：第一类是光成像，包括光折射放大成像和光干涉成像。光折射放大成像的代表是光学显微镜和透射电子显微镜（TEM）；光干涉成像的代表是光干涉显微镜和 TOPO 移相干涉仪。第二类是对样品表面进行扫描，逐点检测，从而获得表面微观形貌的信息，这一类检测方法的代表是表面轮廓仪和扫描电子显微镜（SEM）。

光学显微镜是在光学放大镜的基础上发明的，放大镜的物体形貌分辨率可达到 0.1 mm。光学显微镜诞生于 1665 年，它可将被测物体放大数百倍。经过多次改进，光学显微镜现在的放大倍数达到 1250 倍。如果再采用油浸镜头或用紫外光，放大倍数还能再提高一些。光学显微镜使用方便，应用广泛，但受光波波长的限制，放大倍数无法再提高。

显微镜可分辨的两点间的最小距离，即为显微镜的分辨率，它主要取决于照明光的波长以及物镜的球差系数。通常人眼的分辨本领大概是 0.2 mm。一般而言，要使显微镜的分辨率提高，最简单的办法就是减小光源的波长 $\lambda$。

可见光的波长为 390～760 nm，而电子束的波长约为可见光的几十万分之一（如 200 kV 的电子束的波长为 0.00251 nm）。所以，使用电子束作为照明光源的优势是显而易见的。现代先进的光学玻璃透镜分辨本领的极限值可达 0.2 μm，最大放大倍数在 2000 倍左右。而 TEM 的放大倍数可达百万倍，而且电磁透镜的分辨本领比光学玻璃透镜高一千倍左右，可以达到 0.2 nm 的水平。

TEM 出现在 20 世纪 30 年代，到 50 年代进入实用阶段。TEM 和光学显微镜的原理极为相似，只是用波长极短的电子束代替了可见光线，用静电或磁透镜代替光学玻璃透镜，最后在荧光屏上成像。图 3.7 和图 3.8 分别为光学显微镜和 TEM。

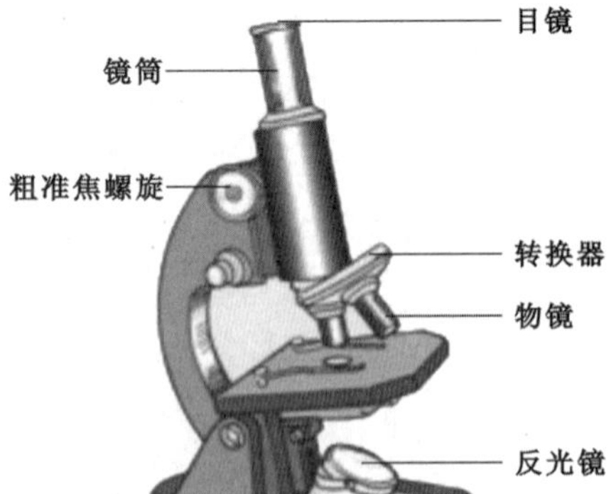


图 3.7　光学显微镜

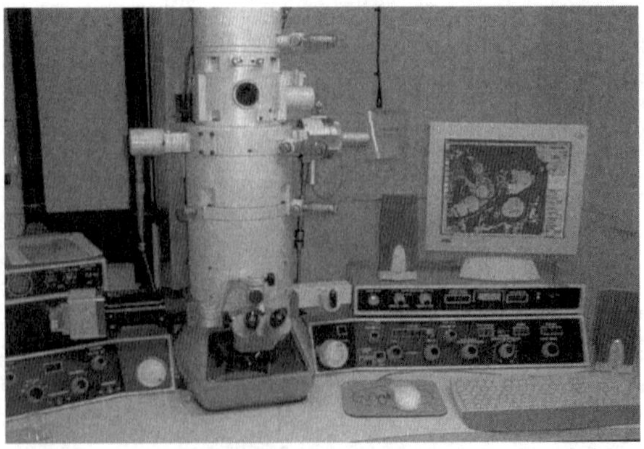

图 3.8　透射电镜

光干涉显微镜是将显微镜和光波干涉仪结合起来，基于光的干涉原理将被测件和标准光学镜面相比较，用光波波长作为尺度来衡量工件表面的高度差异，即光洁度。由于光洁度是微观不平深度，所以用显微镜进行高倍放大后再进行观察和测量。在金相研究中，主要用来显示并测量试样表面的微小高度差，从而研究金相磨面的微观几何外形及塑性变形中滑移带的间距等。

用表面轮廓仪的探针对试件表面形貌进行接触测量，是一种古老的方法。随着测量技术的提高，现在的测量表面粗糙度的轮廓仪的分辨率达 0.05 μm 以上。为了避免磨损，用金刚石制造探针尖。探针尖曲率半径在 0.05 μm 左右，这就限制了测量分辨率的提高，且测量时针尖有一定力压向试件，容易划伤试件。一些新式的轮廓仪配备了 X、Y 双向精密微动工作台，探针在试件表面进行 X、Y 双向往复扫描，再用计算机处理信息，可以得到表面微观形貌的三维立体图像。这种轮廓仪的检测原理和近代的扫描隧道显微镜(STM)、扫描探针显微镜(SPM)和原子力显微镜(AFM)极为相似，只是后三者使用了更尖锐的探针和更灵敏的探针位移检测方法。

SEM 从 20 世纪 60 年代开始应用以来，使用日渐广泛。它的工作原理是利用高能量、细聚焦的电子束在试件表面扫描，激发二次放电，利用二次放电信息对试件表面的组织或形貌进行检测、分析和成像的一种电子光学仪器。SEM 的放大倍数在 10～150000 范围内连续可调，试件在真空室中可按观察需要进行升降、平移、旋转或倾斜。SEM 在普通热钨丝电子枪条件下，分辨率为 5～6 nm，如用场发射电子枪，分辨率可达 2～3 nm。SEM 的景深很大，对表面起伏很大的形貌也能得到很好的图像。只是放大倍数较低，达不到原子级的分辨率。

图 3.9 和图 3.10 分别为表面轮廓仪和扫描电镜。

**图 3.9　表面轮廓仪**

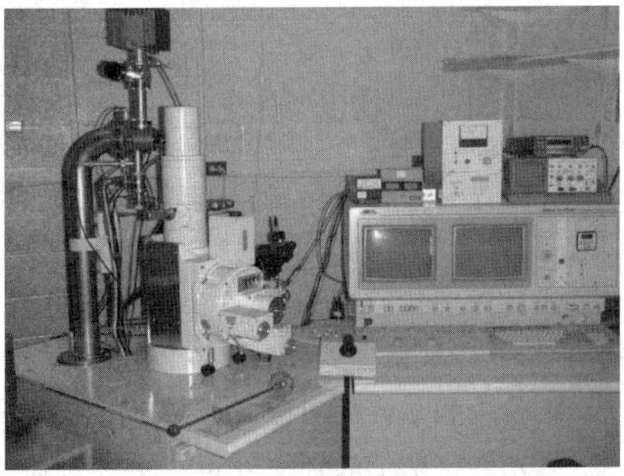

**图 3.10　扫描电镜**

3.2.2.2　*扫描电镜的原理*

SEM 是利用高能量、细聚焦的电子束在试件表面扫描，通过电子与试样相互作用产生的二次电子、背散射电子、特征 X 射线等信息对试样表面或断口形貌进行观察和分析。图 3.11 是 SEM 构造示意图。

SEM 由电子光学系统、扫描系统、信号检测、放大系统、真空系统、电源系统构成。由电子枪发射的电子，经二级聚光镜及物镜的缩小形成具有一定能量、一定束流强度和束斑直径的微细电子束，在扫描线圈驱动下，于试样表面按一定时间、空间顺序做栅网式扫描。聚焦电子束与试样相互作用，产生二次电子以及背散射电子等物理信号，二次电子发射量随试样表面形貌而变化。二次电子信号被探测器收集转换成电信号，经放大后输入显像管栅极，调节与入射电子束同步扫描的显像管亮度，得到反映试样表面形貌的二次电子像。

3.2.2.3　*透射电子显微镜的基本原理*

TEM 是以高能电子束作为照明源，用电磁透镜聚焦成像的一种高分辨率、高放大倍数的电子光学仪器。利用 TEM 可以对材料进行形貌观察、微相分析和结构鉴定等，通过选配附件还可以对试样

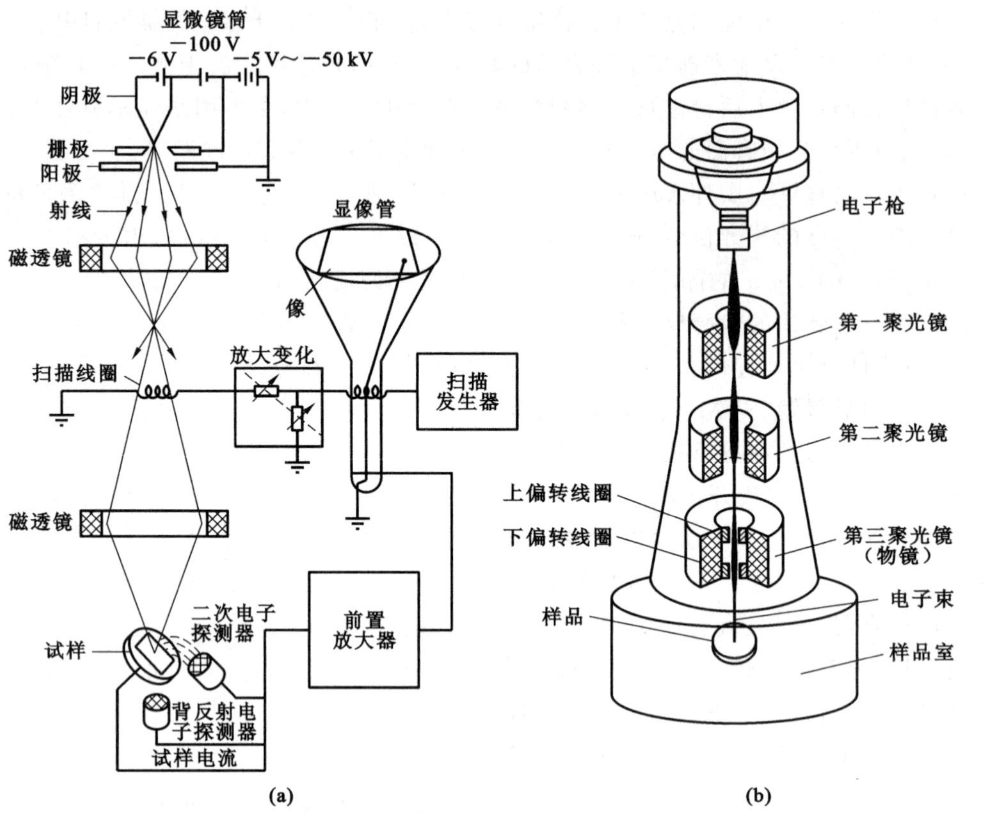


图 3.11　扫描电子显微镜构造示意图

进行微区成分分析(EDS)、微区结构分析(会聚束及微衍射)、电子结构和价态分析(能量损失谱)等。

TEM 首先是一种显微镜。透射是与其他类型电子显微镜(如 SEM)相区别的,表明用于成像的电子束要穿透样品才可以成像。

TEM 具体工作原理如下:在高真空条件下,电子枪产生的电子束经过 1～2 级聚光镜汇聚后均匀照射到样品上待观察的微区,由于样品很薄,大部分电子可以穿透样品,其强度分布与所观察样品区域的形貌、组织和结构相对应。透射出的电子再经物镜、中间镜和投影镜放大后投射在观察图像的荧光屏上,荧光屏将电子的强度分布转变为人眼可见的光强分布,最终在荧光屏上显示出与样品形貌、组织和结构相对应的图像。

TEM 的放大倍数极高,点分辨率可达 0.3 nm,线分辨率可达 0.144 nm,已达原子级分辨率。用 TEM 观察物体内部显微结构时,可看到原子排列的晶格图像。用 TEM 检测时,试件须放在真空室内。TEM 是通过电子束透过试件而放大成像的,电子束穿透材料的能力不强,故试件必须做得极薄,加工这种极薄的试件有相当难度,故 TEM 的适用范围有限。

现代透射电镜主要由电子光学系统、真空系统和电源控制系统三大部分构成。电子光学系统是电镜的核心部分,由多组电磁透镜和部件组成。沿着电子在镜筒内的路径,电子光学系统又可以细分为电子枪、高压发生器、加速管、照明系统、成像系统和图像观察与记录系统。透射电镜的原理见图3.12。

## 3.2.3　实验设备及材料

(1) 扫描电子显微镜:日本电子株式会社的 JSM-5610LV 型扫描电子显微镜,高真空模式分辨率为 3.0 nm,低真空模式分辨率为 4.0 nm,放大倍数为 18 万～30 万倍,加速电压为 0.5～30 kV,低真空度为1～270 Pa。JSM-5610LV SEM 配有低真空系统,对非导电样品可以直接进行观察和分析。

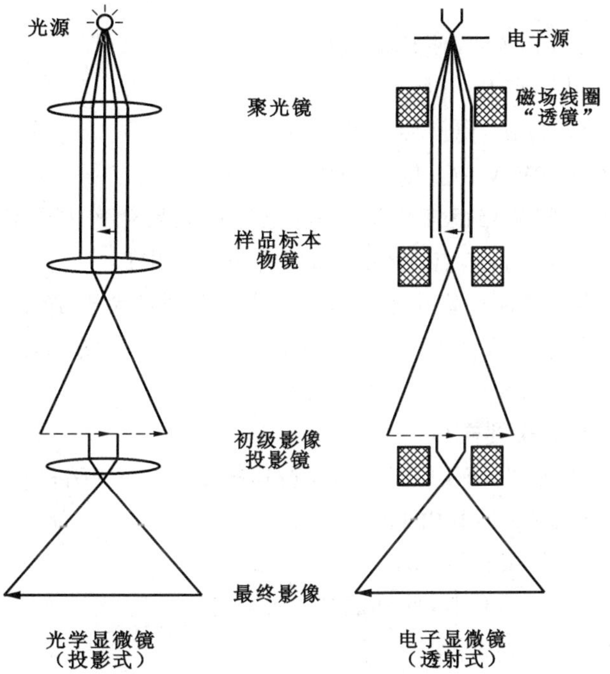


图 3.12　透射电镜的原理

试样：块状玻璃、陶瓷粉末、薄膜等。

样品制备：SEM 观察的试样必须是固体（块体或粉末），在真空条件下能保持长时间稳定。对于含有水分的样品要事先干燥。表面有氧化层或沾污物者，要用丙酮等溶剂清洗。有些样品必须用化学试剂侵蚀后才能显露显微组织结构，如玻璃必须用质量分数 3%～5%的氢氟酸浸蚀约 10 s 才显露出分相结构。

块状样品的制备：样品直径一般为 10～15 mm，厚度约为 5 mm。对于导电性材料只要切取适合于样品台大小的试样块，注意不要损伤待观察的新鲜断面，用导电胶粘贴在铜或铝质样品座上，即可直接放到 SEM 中观察。对于导电性差或绝缘的非金属材料，由于在电子束作用下会产生电荷堆积，阻挡入射电子束进入样品及样品内电子射出样品，使图像质量下降，因此，这类样品用导电胶粘贴到样品座上后，要在离子溅射镀膜仪或真空镀膜仪中喷镀一层约 10 nm 厚的金、铝、铜或碳膜导电层。导电层的厚度通常根据颜色来判断，也可以通过喷镀金属的质量来控制。导电层太厚，将掩盖样品表面细节，太薄将造成不均匀，会局部放电，影响图像质量。

(2) 透射电子显微镜：日本 JEOL 的 JEM-2100F STEM/EDS 型场发射高分辨透射电子显微镜（HRTEM），点分辨率为 0.23 nm，晶格分辨率为 0.102 nm，最小束斑尺寸为 0.5 nm，放大倍数为 50～1100 万倍，加速电压为 160～200 kV，元素分析范围为 B～U。主要应用于材料的形貌、内部组织结构和晶体缺陷的观察；物相鉴定，包括晶胞参数的电子衍射测定；高分辨晶格和结构像观察；纳米微粒和微区的形态、大小及化学成分的点、线和面元素定性定量分析。

试样：非磁性的稳定的薄膜或粉末。

### 3.2.4　实验步骤

(1) JSM-5610LV SEM 操作步骤

粉末样品的制备：粉末样品的制备包括样品收集、固定和定位等环节。其中粉末的固定是关键，通常用表面吸附法、火棉胶法、银浆法、胶纸(带)法和过滤法。最常用的是胶纸法，先把两面胶纸粘贴在样品座上，然后把粉末撒到胶纸上，吹去未粘贴在胶纸上的多余粉末即可。对于不导电的粉末样品也必须喷镀导电层。

① 按住预抽室上的 VENT 按钮,使预抽室放气;

② 将样品台固定在样品底座上;

③ 按住预抽室的 EVAC 按钮,使预抽室抽真空;

④ 按住操作面板上的 LOW MAG,使其变亮;

⑤ 待预抽室和样品室之间的挡板打开后,通过拉杆将样品台送进样品室,窗口会自动弹出样品台尺寸选项,点击所选用的样品台后,点击 OK,随后将拉杆拉出;

⑥ 如样品有磁性,除确保样品固定牢外,要将 $Z$ 轴距离调到大于 10 mm;

⑦ 等样品室的真空读数达到 $4.4\times10^{-4}$ torr(1 torr≈133.3 Pa)后,按 HT 按钮,使其由 Ready 变为 On;

⑧ 在 LOW MAG 模式下找到样品;

⑨ 如需在高分辨模式下观察,将 LOW MAG 按钮按下,使之变暗;

⑩ 观察完成后,按 HT 按钮,使其由 On 变为 Ready;

⑪ 确保所有的可抽拉探头(EBSD,BEC)退出样品室;

⑫ 点击 EXCHANGE POSITION,使样品位置归零;

⑬ 通过拉杆将样品台拉出样品室;

⑭ 按住预抽室上的 VENT 按钮,使预抽室放气;

⑮ 将样品台从样品底座拿出;

⑯ 按住预抽室的 EVAC 按钮,使预抽室抽真空。

(2) JEM-2100F STEM/EDS TEM 操作步骤

制备薄膜样品的流程是:切片→机械研磨→冲样→预减薄→最终减薄。粉末样品的基本要求是:单颗粒粉末尺寸粒径 200 nm,大于 200 nm 的颗粒需经研磨粉碎;无磁性;以无机成分为主。粉末样品的制备:取适量的粉末和乙醇放入小烧杯中,超声分散制成悬浊液;把微栅网膜面朝上放在滤纸上,滴2~3滴悬浊液到微栅网上,干燥后即可观察。

① 打开 Normal,缓慢加高电压到 200 kV,在冷阱中加入液氮;

② 将样品置于样品架上,送入电镜;

③ 开启 CCD 计算机控制系统,确认冷却水开启且 CCD 电制冷温度低于 −25 ℃;

④ 打开电子枪的 BEAM 阀;

⑤ 调整电子枪及照明系统合轴;

⑥ 选择样品的适当区域,进行 TEM 图像观察,并利用 CCD 拍摄观察到的 TEM 图像,保存结果;

⑦ 样品观察结束后,关闭电子枪的 BEAM 阀;

⑧ 将样品架的平移坐标和倾转角度回零后,按操作规程取出样品架;

⑨ 关机时将高压从 160 kV 降到 1 kV,烘干冷阱中余液氮。

(3) 针对块状玻璃样品或薄膜样品的扫描电镜照片,分析样品的表面形貌。针对陶瓷粉末的 SEM 照片,分析颗粒大小、气孔的分布,进而分析陶瓷样品烧结程度;根据获得的透射电镜照片,分析所观察到的典型组织形貌特征。

### 3.2.5 思考题

(1) TEM 与 SEM 比较,有何优缺点?

(2) SEM 照片的明暗衬度是如何形成的?

# 实验 3.3 材料的密度、气孔率、吸水率测试

## 3.3.1 实验目的

(1) 了解体积密度、气孔率等概念的物理意义；

(2) 掌握体积密度及气孔率的测定原理和测定方法；

(3) 了解体积密度、吸水率、气孔率测试中误差产生的原因及防止方法。

## 3.3.2 实验原理

密度的物理意义是指单位体积物质的质量。

粉体材料的密度，可以分为颗粒的真密度、有效密度、松装密度和振实密度。测定颗粒的真密度必须采用无孔材料。一般情况下，颗粒的密度指的是颗粒的有效密度。体积密度是指干燥制品的质量与其总体积之比，即制品单位体积(表观体积)的质量，用 $g/cm^3$ 表示，是表征致密程度的主要指标，此单位体积包括材料实体的体积和空隙体积，所以体积密度取决于真密度和气孔率，其数值小于真密度。用浸液法测定体积密度计算公式如下：

$$\rho_b = \frac{m_1}{m_3 - m_2}\rho_1 \tag{3.2}$$

式中 $m_1$——干燥试样的质量，g；

$m_2$——饱和试样的表观质量，g；

$m_3$——饱和试样在空气中的质量，g；

$\rho_1$——在实验温度下浸液的密度，$g/cm^3$；

$\rho_b$——试样的体积密度，$g/cm^3$。

无机非金属材料难免含有各种类型的气孔。块体材料如水泥、陶瓷等制品，含有部分大小不同、形状各异的气孔。浸渍时能被液体填充或与大气相通的气孔称为开口气孔；不能被液体填充或不与大气相通的气孔称为闭口气孔。块体材料中固体材料的体积、开口及闭口气孔的体积之和称为总体积。材料所有开口气孔的体积与其总体积之比称为开口气孔率或显气孔率；材料所有闭口气孔的体积与材料总体积之比称为闭口气孔率；材料所有气孔的体积（开口和闭口气孔体积之和）与其总体积之比称为真气孔率。在科研和生产实际中往往采用吸水率来反映材料的显气孔率。吸水率指试样开口气孔所吸附水的质量与干燥试样质量之比。

显气孔率：

$$P_a = \frac{m_3 - m_1}{m_3 - m_2} \times 100\% \tag{3.3}$$

吸水率：

$$W_a = \frac{m_3 - m_1}{m_1} \times 100\% \tag{3.4}$$

式中 $m_1$——干燥试样的质量，g；

$m_2$——饱和试样的表观质量，g；

$m_3$——饱和试样在空气中的质量，g。

材料吸水率、气孔率的测定都是基于阿基米德原理。将粉末浸入可润湿粉体的液体中，抽真空去

除气泡，计算颗粒排出液体的体积，便可计算出颗粒的密度。当颗粒的闭气孔全部被破坏时，所测密度即为颗粒的真密度，否则为颗粒的有效密度。与此类似，可以将块体材料视为大的“颗粒”，采用类似颗粒测试的方法测定材料的吸水率、气孔率。对密度和气孔率的测定所使用液体的要求是，密度要小于被测的粉体；对粉体或材料的润湿性好；不与试样发生反应，也不使试样溶解或溶胀。最常用的浸液有水、乙醇和煤油等。

在无机非金属材料中，气孔对材料的性能和质量有重要的影响。

材料的体积密度是材料最基本的属性之一，它是鉴定矿物的重要依据，也是进行其他许多物性测试（如颗粒粒径测试）的基础数据。材料的吸水率、气孔率是材料结构特征的标志。在材料研究中，吸水率、气孔率的测定是对制品质量进行检定的最常用的方法之一。在陶瓷材料、耐火材料、塑料、复合材料等材料的科研和生产中，测定这三个指标对质量控制有重要意义。

### 3.3.3 实验设备及材料

密度测试仪、真空泵、烘箱、天平、烧杯、镊子、小毛巾、蒸馏水等。密度测试仪如图 3.13 所示。试样为挤压成型法制备的多孔陶瓷材料。

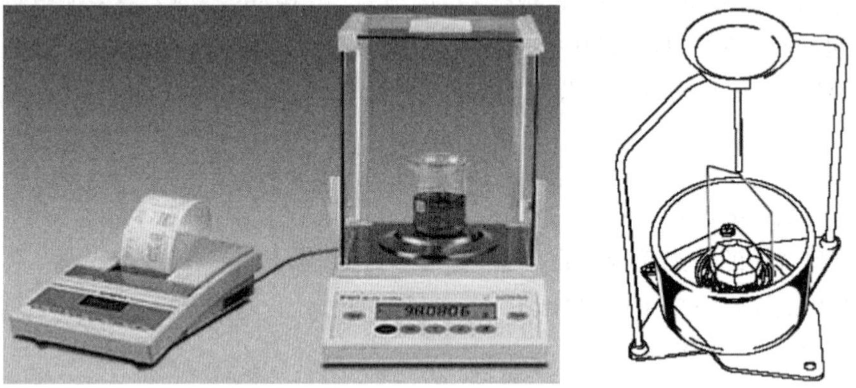

**图 3.13 实验装置（YDK-01 密度测定组件）**

### 3.3.4 实验步骤

（1）从待测试样中切取试块（多孔陶瓷），每种试样取 5 块，每块试样 30～60 g。用超声波清洗机清洗块状样品，在 110 ℃下烘干至恒重，置于干燥器中冷却至室温。称取试样质量 $m_1$。试样干燥至最后两次称量质量差小于前一次的 0.1%即为恒重。

（2）将试样置于烧杯或其他清洁容器中，并放于真空干燥箱内抽真空至压力小于 20 Torr，保压 5 min，然后在 5 min 内缓慢注入浸液（本实验用蒸馏水），直至浸没试样。保持 20 Torr 压力 5 min。将试样连同容器取出后，在空气中静置 30 min。获得浸满浸液的饱和试样。

（3）饱和试样的表观质量的测定：将饱和试样吊在天平吊钩上，并浸入有溢流管容器的浸液中，称取饱和试样的表观质量 $m_2$。

（4）饱和试样质量：先用浸液将毛巾浸透，然后小心地拭去饱和试样表面流挂的液珠（注意不可将大孔中浸液吸出），立即称取饱和试样的质量 $m_3$。

（5）浸渍液体体积密度的测定：浸渍液体在测试温度下的体积密度，可以采用定体积液体称重法、液体比重天平称重法或液体比重计测量法测定，精确至 0.001 g/cm$^3$。本实验用蒸馏水为浸渍液体时，其密度可从表 3.1 中查出。

表 3.1　水在常用温度下的密度

| 温度/℃ | 密度/($g/cm^3$) | 温度/℃ | 密度/($g/cm^3$) | 温度/℃ | 密度/($g/cm^3$) |
|---|---|---|---|---|---|
| 0 | 0.99987 | 16 | 0.99897 | 32 | 0.99505 |
| 2 | 0.99997 | 18 | 0.99862 | 34 | 0.99440 |
| 4 | 1.00000 | 20 | 0.99823 | 36 | 0.99371 |
| 6 | 0.99997 | 22 | 0.99780 | 38 | 0.99299 |
| 8 | 0.99988 | 24 | 0.99732 | 40 | 0.99224 |
| 10 | 0.99973 | 26 | 0.99681 | 42 | 0.99147 |
| 12 | 0.99952 | 28 | 0.99626 | 44 | 0.99066 |
| 14 | 0.99927 | 30 | 0.99567 | 46 | 0.98982 |

### 3.3.5　实验记录与数据处理

自制表格记录数据。吸水率、气孔率由以下公式计算：

(1) 吸水率 $W_a$

$$W_a = \frac{m_3 - m_1}{m_2} \times 100\% \tag{3.5}$$

(2) 显气孔率 $P_a$

$$P_a = \frac{m_3 - m_1}{m_3 - m_2} \times 100\% \tag{3.6}$$

(3) 体积密度 $\rho_b$

$$\rho_b = \frac{m_1 \times \rho_1}{m_3 - m_2} \times 100\% \tag{3.7}$$

### 3.3.6　注意事项

(1) 制备试样时一定要检查试样有无裂纹等缺陷。

(2) 称取饱和液体试样在空气中的质量时，用毛巾抹去表面液体的操作必须前后一致。

(3) 要经常检查天平零点以保证称重准确。

### 3.3.7　思考题

(1) 推导显气孔率的计算公式。

(2) 烧结的目的是把粉状材料转变为致密体。如何用气孔率物理指标来衡量物料烧结质量的好坏？

(3) 材料真气孔率、开口气孔率、闭口气孔率、吸水率和体积密度的意义及相互关系是什么？

# 实验 3.4 低温氮吸附法测定多孔材料的比表面积及孔隙分布

## 3.4.1 实验目的

(1) 了解低温氮吸附法测定多孔材料的比表面积及孔隙分布的原理。

(2) 掌握低温氮吸附法测定比表面积及孔隙分布的方法。

(3) 了解仪器的实际操作过程和软件使用方法。

## 3.4.2 实验原理

多孔材料的比表面积和孔隙分布测试在各行各业已逐步引起人们的重视,是评价粉末及多孔材料的活性、吸附、催化等多种性能的一项重要参数。广泛应用于药品、陶瓷、活性炭、炭黑、油漆和涂料、医学植入体、推进燃料、航天隔绝材料、MOF 储氢材料、碳纳米管和燃料电池的研究。

比表面积及孔隙分布测试方法根据测试思路不同分为吸附法、透气法和其他方法。透气法是将待测粉体填装在透气管内振实到一定堆积密度,根据透气速率不同来确定粉体比表面积大小,比表面积测试范围和精度都很有限。其他比表面积及孔隙分布测试方法有粒度估算法和显微镜观测估算法,这些方法已很少使用。其中吸附法比较常用且精度相对其他方法较高。吸附法是让一种吸附质分子吸附在待测粉末样品(吸附剂)表面,根据吸附量的多少来评价待测粉末样品的比表面积及孔隙分布。根据吸附质的不同,吸附法分为低温氮吸附法、吸碘法、吸汞法和吸附其他分子的方法。以氮分子作为吸附质的氮吸附法由于需要在液氮温度下进行吸附,又叫低温氮吸附法。这种方法中使用的吸附质——氮分子性质稳定、分子直径小、安全无毒、来源广泛。低温氮吸附法是目前主要的测比表面积及孔隙分布的方法。

### 3.4.2.1 *比表面积测试原理*

比表面积是指单位质量物料所具有的总表面积,分外表面积、内表面积两类。低温吸附法依据气体在固体表面的吸附规律测定固体比表面积和孔隙分布。在恒定温度下,在平衡状态时,一定的气体压强,对应于固体表面一定的气体平衡吸附量,改变压强可以改变平衡吸附量。平衡吸附量随压强而变化的曲线称为吸附等温线,对吸附等温线的研究与测定不仅可以获取有关吸附剂和吸附质性质的信息,还可以计算固体的比表面积和孔隙分布。

(1) Langmuir 吸附等温方程-单层吸附

理论模型:提出了三点假设,即吸附剂(固体)表面是均匀的;吸附粒子间的相互作用可以忽略;吸附是单分子层。

Langmuir 吸附等温方程为:

$$\frac{p}{V}=\frac{1}{V_m b}+\frac{p}{V_m} \tag{3.8}$$

式中 $V$——气体吸附量,mL;

$V_m$——单层饱和吸附量,mL;

$p$——吸附质(气体)压强,Pa;

$b$——常数。

根据式(3.8),以$\frac{p}{V}$对 $p$ 作图,得到一直线,根据直线的斜率和截距可求出 $b$ 和 $V_m$,只要得到单分子层饱和吸附量 $V_m$ 即可求出比表面积 $S_g$。用氮气作吸附质时,$S_g$ 由下式求得:

$$S_g = \frac{4.36V_m}{W} \tag{3.9}$$

式中 $W$——被测样品质量，g；

$S_g$——比表面积，$m^2/g$；

$V_m$ 意义同前。

(2) BET 吸附等温线方程-多层吸附理论

BET 法的原理是物质表面（颗粒外部和内部通孔的表面）在低温下发生物理吸附，目前被公认为测量固体比表面的标准方法。

理论模型：假设物理吸附是按多层方式进行的，不等第一层吸满就可有第二层吸附，第二层上又可能产生第三层吸附，各层达到吸附平衡时，测量平衡吸附压强和平衡气体量。吸附法测得的表面积实质上是吸附质分子所能达到的材料的外表面和内部通孔总表面之和。BET 吸附等温方程为：

$$\frac{\frac{p}{p_0}}{V\left(1-\frac{p}{p_0}\right)} = \frac{C-1}{V_m C} \times \frac{p}{p_0} + \frac{1}{V_m C} \tag{3.10}$$

式中 $V$——气体吸附量，mL；

$V_m$——单分子层饱和吸附量，mL；

$p$——吸附质压强，Pa；

$p_0$——吸附质饱和蒸气压，Pa；

$C$——与吸附有关的常数。

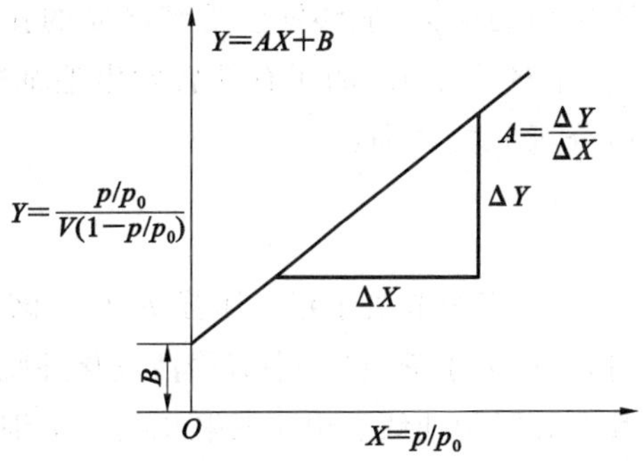


**图 3.14** BET **直线图**

令 $Y=\frac{\frac{p}{p_0}}{V\left(1-\frac{p}{p_0}\right)}$，$X=\frac{p}{p_0}$，$A=\frac{C-1}{V_m C}$，$B=\frac{1}{V_m C}$

将 $Y=\frac{\frac{p}{p_0}}{V\left(1-\frac{p}{p_0}\right)}$ 对 $X=\frac{p}{p_0}$ 作图，得一直线（见图 3.14），

其斜率为 $A=\frac{C-1}{V_m C}$，截距为 $B=\frac{1}{V_m C}$，由此可得：

$$V_m = \frac{1}{斜率 + 截距} \tag{3.11}$$

若已知每个被吸附分子的截面积，可求出被测样品的比表面积，即：

$$S_g = \frac{V_m N_A A_m}{2240W} \times 10^{-18} \tag{3.12}$$

式中 $S_g$——被测样品的比表面积，$m^2/g$；

$N_A$——阿伏伽德罗常数；

$A_m$——被吸附气体分子的截面积，$nm^2$；

$W$——被测样品质量，g。

标准状态下，每毫升氮气分子铺成单分子层占用面积 4.354 $m^2$，则 $S_g=4.354\ V_m$。

用 BET 法测定比表面积，最常用的吸附质是氮气，吸附温度在其液化点（−195 ℃）附近，相对压强控制在 0.05～0.35 之间。相对压强低于 0.05 时，氮分子数离多层吸附的要求太远，不易建立吸附平衡，高于 0.35 时，会发生毛细凝聚现象，丧失内表面，妨碍多层物理吸附层数的增加。

3.4.2.2 孔隙分布测定原理

根据孔半径的大小，固体表面的细孔可以分成三类：微孔，孔径小于 2 nm，活性炭、沸石、分子筛会有此类孔；介孔，孔径 2～50 nm，多数超细粉体属于这一范围；大孔，孔径大于 50 nm，$Fe_3O_4$、硅藻土等含此类孔。用氮吸附法测定孔隙分布是比较成熟而广泛采用的方法，它是用氮吸附法测定 BET 比表面积的一种延伸，都是利用氮气的等温吸附特性曲线。在液氮温度下，氮气在固体表面的吸附量取决于氮气的相对压强（$p/p_0$），$p$ 为氮气分压，$p_0$ 为液氮温度下氮气的饱和蒸气压。当 $p/p_0$ 在 0.05～0.35 范围内时，吸附量与 $p/p_0$ 符合 BET 方程，这是氮吸附法测定粉体材料表面积的依据；当 $p/p_0>0.4$ 时，会产生毛细凝聚现象，即氮气开始在微孔中凝聚。通过实验和理论分析，可以测定孔容、孔隙分布。所谓孔隙分布是指不同孔径的容积随孔径尺寸的变化率。

(1) 毛细凝聚模型

所谓毛细凝聚现象，是指在一个毛细孔中，若能因吸附作用形成一个凹形的液面，与该液面呈平衡的蒸汽压强 $p$ 必小于同一温度下平液面的饱和蒸气压 $p_0$。即在低于 $p_0$ 的压力下，毛细孔内就可以产生凝聚液，而且吸附质压强 $p/p_0$ 与发生凝聚的孔的直径一一对应。孔径越小，产生凝聚液所需的压强也越小。

(2) 凯尔文(kelvin)方程

由毛细冷凝理论可知，在不同的 $p/p_0$ 下，能够发生毛细冷凝的孔径范围是不一样的，随着吸附质压强的增大，能够发生毛细冷凝的孔半径也随之增大。对应于一定的 $p/p_0$ 值，存在一临界孔半径 $R_k$，半径小于 $R_k$ 的所有孔皆发生毛细冷凝，液氮在其中填充。开始发生毛细凝聚液的孔径 $R_k$ 与吸附质分压的关系为：

$$R_k=\frac{-0.414}{\ln(p/p_0)} \tag{3.13}$$

$R_k$ 完全取决于相对压强 $p/p_0$。该公式也可理解为对于已发生冷凝的孔，当相对压强低于某一值时，半径大于 $R_k$ 的孔中凝聚液汽化并脱附出来。通过测定样品在不同 $p/p_0$ 下凝聚的氮气量，可绘制出其等温脱附曲线。由于其利用的是毛细冷凝原理，所以只适合于含大量介孔、微孔的多孔材料。

根据毛细凝聚理论，按照圆柱孔模型，把所有微孔按孔径分为若干孔区，这些孔区由大到小排列。当 $p/p_0=1$ 时，由式(3.13)式可知，$R_k=\infty$，即这时所有的孔中都充满了凝聚液。当相对压强由 1 逐级变小，每次大于该级对应孔径孔中的凝聚液就被脱附出来，直到相对压强降低至 0.4 时，可得每个孔区中脱附的气体量。把这些气体量换算成凝聚液的体积，就是每一孔区中孔的体积。综上所述，在气体分压从 0.4 到 1 的范围中，测定等温吸(脱)附线，按照毛细凝聚理论，即可计算出固体孔隙分布，孔径测定的范围是 2～50 nm。

3.4.2.3　吸附等温线分析

图 3.15 是标准状态下六类吸附等温线。各曲线说明如下：

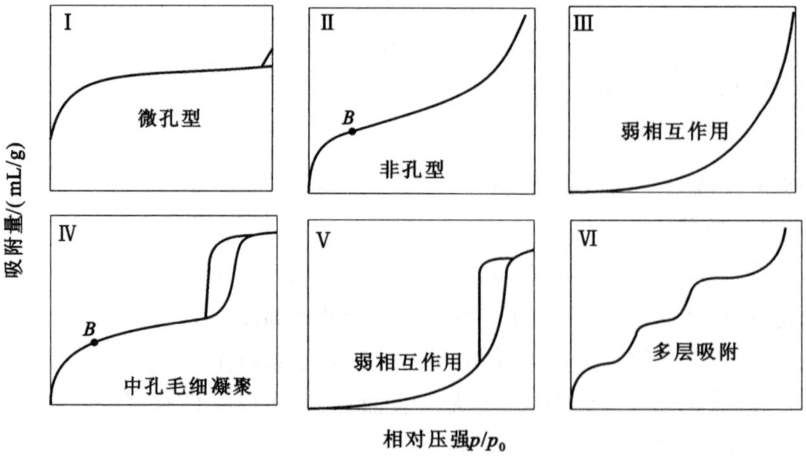


图 3.15　标准状态下六类吸附等温线

Ⅰ型等温线相当于朗格缪尔单层可逆吸附过程。

Ⅱ型等温线相当于发生在非孔或大孔固体上自由的单一多层可逆吸附过程，位于 $p/p_0=0.05\sim0.10$ 的 $B$ 点，是等温线的第一个陡峭部，它表示单分子层饱和吸附量。

Ⅲ型等温线不出现 $B$ 点，表示吸附剂与吸附质之间的作用很弱。

Ⅳ型等温线是一种特殊类型的等温线，反应的是固体均匀表面上谐式多层吸附的结果（有毛细凝聚现象发生）。

Ⅴ型等温线很少遇到，而且难以解释，虽然反映了吸附质与吸附剂之间作用微弱的Ⅲ型等温线特点，但在高压区又表现出有孔充填（毛细凝聚现象）。

Ⅳ型、Ⅴ型曲线则存在吸附滞后环，可能原因是：吸附时存在孔壁的多分子层吸附和在孔中凝聚两种因素，而脱附仅由毛细管凝聚所引起。这就是说，吸附时首先发生多分子层吸附，只有当孔壁上的吸附层达到足够厚度时才能发生凝聚现象；而在与吸附相同的相对压强 $p/p_0$ 下脱附时，仅产生于毛细管中的液面上的蒸汽却不能使 $p/p_0$ 下吸附的分子脱附，要使其脱附，就需要更小的 $p/p_0$，故出现脱附的滞后现象，实际就是相同 $p/p_0$ 下吸附的不可逆性造成的。

Ⅵ型等温线相当于多层吸附过程。

吸附曲线按相对压强可分为三段：低压（0.0～0.1）、中压（0.3～0.8）、高压（0.9～1.0）。

低压端偏 $Y$ 轴说明材料与氮有较强的作用力（Ⅰ型、Ⅱ型、Ⅳ型），较多微孔存在时，由于微孔内具有强吸附势，吸附曲线起始时呈Ⅰ型；低压端偏 $X$ 轴，说明与材料作用力弱（Ⅲ型、Ⅴ型）。

中压端多为氮气在材料孔道内的冷凝积聚，介孔分析（包括样品粒子堆积产生的孔、有序或梯度的内孔道）就来源于这段数据。BJH（Barrett-Joiner-Halenda）方法就是基于这段数据得出的孔隙分布数据。

对有序介孔材料用 BET 方法计算比表面积时取相对压强 $p/p_0=0.10\sim0.29$。

高压段可粗略地看出粒子堆积程度，如Ⅰ型等温线中若曲线最后上扬，则粒子有可能不均匀。平常得到的总孔容通常是取相对压强为 0.99 左右时氮气吸附量的冷凝值。标准状态下 1 mL 氮气凝聚后（假定凝聚密度不变）体积为 0.001547 mL，若吸附脱附图中吸附曲线 $p/p_0$ 最大时氮气吸附量约为400 mL，则可知总孔容$\approx400\times0.001547=400/654\approx0.61$ mL。

### 3.4.3　实验设备及材料

Autosorb-1 全自动物理/化学吸附分析仪、高纯氦气（99.99%）、高纯氮气（99.99%）、液氮、待测样品（模板法合成的介孔二氧化硅粉末）。

### 3.4.4　实验步骤

（1）开机步骤

① 仪器接通电源，打开工作气体；

② 打开计算机，打开仪器工作界面；

③ 待仪器自检完成。

（2）脱气

① 样品称重后（约 0.1 g），放入加热包，在脱气菜单内点Ⅰ站或Ⅱ站，脱气压强保持 50 Pa 不变。先抽真空后自动升温到设定温度（该温度因材料而异，无机物一般为 200 ℃），并保温 1 h 以上。

② 关温度开关，使温度指示归零，解下加热包，样品管冷却至室温，在脱气菜单内点“充氦”，等氦气阀关了（约 3 min 后）即可取下。

（3）物理分析

① 点菜单“Analysis”选物理分析，输入样品名及质量，其他均为默认。

② 选分析点。按要求选少点分析或多点分析。

③ 点“start”开始分析。

(4) 监视时按快捷键 Ctrl＋B。

(5) 关机(关仪器先右后左);关气;最后关计算机。

### 3.4.5 实验记录与数据处理

(1) 从“Report”菜单中选择报告文件。

(2) 观察吸附、脱附曲线形状,分析其曲线类型。

(3) 根据氮气等温吸附脱附曲线进行如下分析:对其中 $p/p_0=0.05\sim0.35$ 之间的部分用 BET 公式处理,得到单分子层饱和吸附量 $V_m$,然后据此算出比表面积;根据中压段曲线特点分析孔径的大小、分布,判断孔的均一性;根据高压段曲线特点分析大孔或粒子堆积孔的情况,计算总孔容。

### 3.4.6 注意事项

(1) 样品处理

由于吸附法测定的关键是吸附质气体分子有效地吸附在被测颗粒的表面或填充在孔隙中,因此样品颗粒表面是否干净至关重要。样品处理的目的主要是让非吸附质分子占据的表面尽可能地被释放出来,一般情况下,真空脱气分两步,100 ℃左右常压下去除的是其表面吸附的水分子,350 ℃左右去除的是有机物。特殊样品应特殊处理,对于含微孔或吸附特性很强的样品,常温常压下很容易吸附杂质分子,有时需要通入惰性保护气体,以利于样品表面杂质的脱附。总之,样品预处理不当对测试结果有很大影响。

(2) 吸附气体的选择

气体吸附法测试中,氮气是最常用的吸附质气体。对于含有微孔类的样品,若微孔尺寸非常小,基本接近氮气分子的直径时,一方面,氮气分子很难或根本无法进入微孔内,导致吸附不完全;另一方面,气体分子在与其直径相当的孔内的吸附特性非常复杂,受很多因素影响。因此,吸附量大小不能完全反应样品表面积的大小。对于这类样品,一般采用饱和蒸汽压较小的氩气或氪气来作为吸附质,以利于样品的吸附,保证测试结果的有效性。几种常用吸附气体的主要参数及比表面积测定范围如表 3.2 所示。表中所述只是一个理论范围,在实际测量中,低比表面积的实验精度很难提高。使用氪气检测极低比表面积需要高真空泵、低压传感器和高气密性系统等。

**表 3.2　几种常用吸附气体的主要参数及比表面积测定范围**

| 吸附气体 | 液浴(液体)/K | 饱和蒸汽压/Pa | 比表面积测定范围/($m^2$/g) |
|---|---|---|---|
| 氮气 | 氮(77.4) | $1.01\times10^5$ | >0.1 |
| 氩气 | 氮(77.4) | $2.68\times10^4$ | 0.05～10 |
| 氩气 | 氧(90.19) | $1.33\times10^5$ | 1～10 |
| 氪气 | 氮(77.4) | 0.239 | 0.001～1 |
| 氪气 | 氧(90.19) | $2.58\times10^5$ | 0.02～1 |

(3) 安全注意事项

① 倒液氮要注意安全,一定要戴上防护手套;

② 脱气站温度很高,要注意防止烫伤;

③ 仪器开启状态下,脱气杜瓦必须保证有足够的液氮。

### 3.4.7 思考题

(1) 简述 Autosorb-1 全自动物理/化学吸附分析仪利用低温氮吸附法测定多孔材料的比表面积及孔隙的影响因素。

(2) 分析低温氮吸附法测定多孔材料的比表面积及孔隙分布的原理。

(3) 简述比表面积及孔隙分布测定的各种方法,包括分类、原理及特点。

(4) 为什么吸附过程要在液氮中进行?

(5) 低温物理吸附测量比表面积的优点和缺点是什么?

(6) 氮气是本实验仪器的主要气体,但并不是唯一气体,其他气体如 $CO_2$ 与氮气相比较,优点和缺点又如何?

# 实验 3.5　材料热膨胀系数的测量

## 3.5.1　实验目的

（1）了解热膨胀性的机理；

（2）了解热膨胀性的表征方法；

（3）掌握热膨胀性的测量技术。

## 3.5.2　实验原理

### 3.5.2.1　热膨胀的概念

物体的体积或长度随着温度的升高而增大的现象称为热膨胀。热膨胀性是材料的主要物理性质之一，它是衡量材料热稳定性好坏的一个重要指标。

对于普通材料，通常所说的膨胀系数是指线膨胀系数，其意义是温度升高 1 ℃时单位长度上所增加的长度，单位为 $cm \cdot cm^{-1} \cdot ℃^{-1}$。

假设物体原来的长度为 $L_0$，温度升高后长度的增加量为 $\Delta L$，则：

$$\Delta L/L_0 = \alpha_1 \Delta T \tag{3.14}$$

式中　$\alpha_1$——线膨胀系数，也就是温度每升高 1 ℃时，物体的相对伸长。

当物体的温度从 $T_1$ 上升到 $T_2$ 时，其体积也从 $V_1$ 变为 $V_2$，则该物体在 $T_1 \sim T_2$ 的温度范围内，温度每上升一个单位，单位体积物体的平均增长量为：

$$\beta = \frac{V_1 - V_2}{V_1(T_1 - T_2)} \tag{3.15}$$

式中　$\beta$——平均体膨胀系数。

从测试技术来说，测体膨胀系数较为复杂。因此，在讨论材料的热膨胀系数时，常常采用线膨胀系数，如下：

$$\alpha = \frac{L_1 - L_2}{L_1(T_1 - T_2)} \tag{3.16}$$

式中　$\alpha$——平均线膨胀系数；

　　$L_1$——在温度为 $T_1$ 时试样的长度；

　　$L_2$——在温度为 $T_2$ 时试样的长度。

$\alpha$ 与 $\beta$ 的关系：

$$\beta = 3\alpha + 3\alpha^2 \cdot \Delta T^2 + \alpha^3 \cdot \Delta T^3$$

上式中的第二项和第三项非常小，在实际中一般略去不计，而取 $\beta \approx 3\alpha$。

膨胀系数实际上并不是一个恒定的值，而是随着温度变化的，所以膨胀系数都是在一定温度范围 $\Delta T$ 内的平均值，因此使用时要注意它适用的温度范围，一些材料的线膨胀系数见表 3.3。

表 3.3　一些材料的线膨胀系数

| 材料名称 | 0～1000 ℃线膨胀系数 ($\times10^{-6}$)/$K^{-1}$ | 材料名称 | 0～1000 ℃线膨胀系数 ($\times10^{-6}$)/$K^{-1}$ | 材料名称 | 0～1000 ℃线膨胀系数 ($\times10^{-6}$)/$K^{-1}$ |
|---|---|---|---|---|---|
| $Al_2O_3$ | 8.8 | $ZrO_2$(稳定化) | 10 | 硼硅玻璃 | 3 |
| BeO | 9.0 | TiC | 7.4 | 黏土耐火材料 | 5.5 |
| MgO | 13.5 | $B_4C$ | 4.5 | 刚玉瓷 | 5～5.5 |
| 莫来石 | 5.3 | SiC | 4.7 | 硬质瓷 | 6 |
| 尖晶石 | 7.6 | 石英玻璃 | 0.5 | 滑石瓷 | 7～9 |
| 氧化锆 | 4.2 | 钠钙硅玻璃 | 9.0 | 钛酸钡瓷 | 10 |

3.5.2.2　热膨胀机理

简谐振动是指质点间的作用力与距离成正比，即微观弹性模量 $E$ 为常数。非简谐振动是指作用力并不是简单地与位移成正比，热振动不是左右对称的线性振动而是非线性振动。固体材料热膨胀的本质是源于材料内部的质点（分子或原子）之间相互作用力关于质点平衡位置的不对称性。图 3.16所示为热膨胀机理示意图。

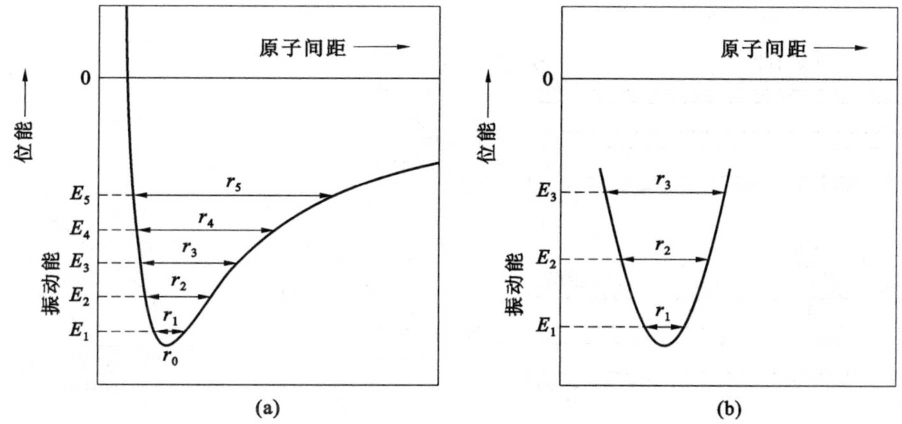


图 3.16　热膨胀机理示意图

质点在晶格点阵中做非简谐振动，相邻质点间的作用力实际上是非线性的，并不是简单地与位移成正比。与合力变化相对应，两原子相互作用势能呈不对称曲线变化。温度上升，势能增高，不对称性越明显，导致振动中心右移，原子间距增大，宏观上表现为热膨胀。

3.5.2.3　示差法测量热膨胀性的原理

示差法是基于热稳定性良好的材料如石英玻璃（棒和管）在较高温度下，其线膨胀系数随温度改变很小的性质。在测量线膨胀系数时，把待测试样置于石英玻璃管中，待测试样的另一端面与石英玻璃棒的断面紧密接触，石英玻璃棒与千分表的顶杆相接触，如图 3.17 所示为石英膨胀仪内部结构示意图。当温度升高时，石英玻璃与待测试样都会发生膨胀，但是待测试样的膨胀比石英玻璃同样长度部分的膨胀要大，石英玻璃管、石英玻璃棒等测试样三者的同时伸长和部分抵消后的结果就是千分表上所显示的 $\Delta L$ 值，它是试样伸长（$\Delta L_1$）与石英玻璃棒伸长（$\Delta L_2$）的差值。测定出这个系统的伸长之差值及加热前后的温度差，并根据已知石英玻璃的膨胀系数，便可算出待测试样的热膨胀系数。从图 3.17 中可见，膨胀仪上千分表上的读数为 $\Delta L=\Delta L_1-\Delta L_2$，由此得到：

$$\Delta L_1=\Delta L+\Delta L_2$$

根据定义，待测试样的线膨胀系数

$$\alpha=(\Delta L+\Delta L_2)/(L\cdot\Delta T)=\Delta L/(L\cdot\Delta T)+\Delta L_2/(L\cdot\Delta T)$$

其中

$$\Delta L_2/(L\cdot\Delta T)=\alpha_{石}$$

所以 $\alpha=\alpha_{石}+\Delta L/(L\cdot\Delta T)$

若温度差为 $T_2-T_1$，则待测试样的平均线膨胀系数 $\alpha$ 可按下式计算：

$$\alpha=\alpha_{石}+\frac{\Delta L}{L(T_2-T_1)} \tag{3.17}$$

式中 $\alpha_{石}$——石英玻璃的平均线膨胀系数（按下列温度范围取值）；

$5.7\times10^{-7}$ ℃$^{-1}$ （0～300 ℃）

$5.9\times10^{-7}$ ℃$^{-1}$ （0～400 ℃）

$5.8\times10^{-7}$ ℃$^{-1}$ （0～1000 ℃）

$5.97\times10^{-7}$ ℃$^{-1}$ （200～700 ℃）

$T_1$——开始测定时的温度；

$T_2$——一般定为 300 ℃（若需要，也可定为其他温度）；

$\Delta L$——试样的伸长值，即对应于温度 $T_2$ 与 $T_1$ 时千分表读数之差值，mm；

$L$——试样的原始长度，mm。

这样，将实验数据在直角坐标系上作出热膨胀曲线（图 3.18），就可确定试样的线膨胀系数，对于玻璃材料还可以得出其特征温度 $T_g$ 与 $T_f$。

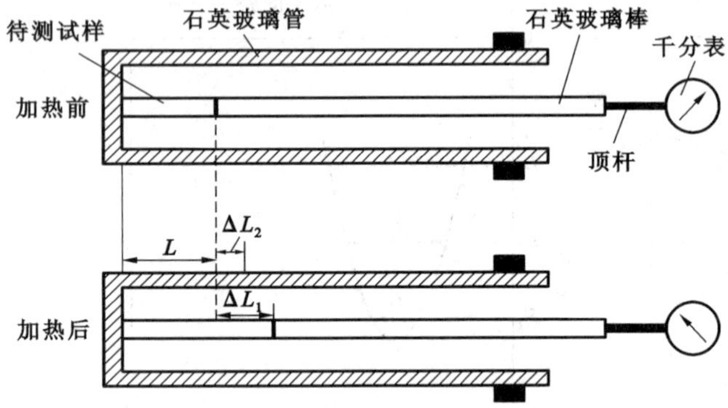


图 3.17 石英膨胀仪内部结构热膨胀分析图

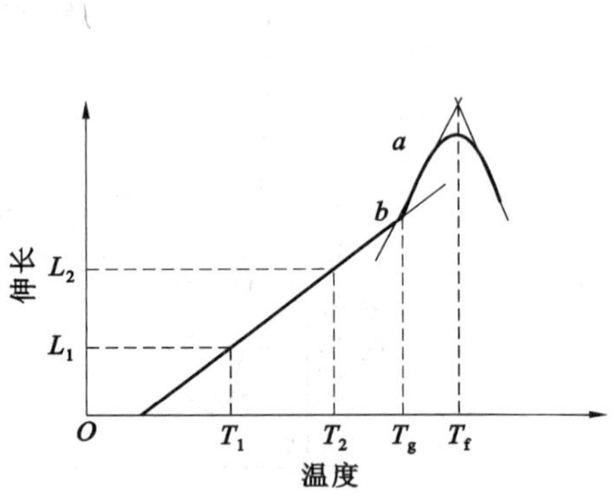


图 3.18 玻璃材料的热膨胀曲线

3.5.2.4 测定材料的热膨胀系数的意义

在实际应用中，当两种不同的材料彼此焊接或熔接时，选择合适的材料热膨胀系数显得尤为重要，如玻璃仪器、陶瓷制品的焊接加工，都要求两种材料具备相近的膨胀系数。在电真空工业和仪器制造工业中广泛地将非金属材料（玻璃、陶瓷）与各种金属焊接，也要求两者有相适应的热膨胀系数。如果选择材料的热膨胀系数相差比较大，焊接时由于膨胀的速度不同，在焊接处将产生应力，降低材料的机械强度和气密性，严重时会导致焊接处脱落、炸裂、漏气或漏油。如果层状物由两种材料叠置连接而成，则温度变化时，由于两种材料膨胀值不同，若仍连接在一起，体系中要采用一中间膨胀值，从而使一种材料中产生压应力，而另一种材料中产生大小相等的张应力。恰当地利用这个特性，可以增加制品的强度。因此，测定材料的热膨胀系数具有重要的意义。

### 3.5.3 实验设备及材料

（1）小砂轮片（磨平试样端面用）。

（2）卡尺（量试样长度用）。

（3）秒表（计时用）。

（4）石英膨胀仪（包括管式电炉、特制石英玻璃管、石英玻璃棒、千分表、热电偶、电位差计、电流表、调压器等）。图 3.19 是示差法测定材料膨胀系数的装置。图 3.20 是 WTD-1 型立式热膨胀仪。

（5）待测样品——玻璃棒。

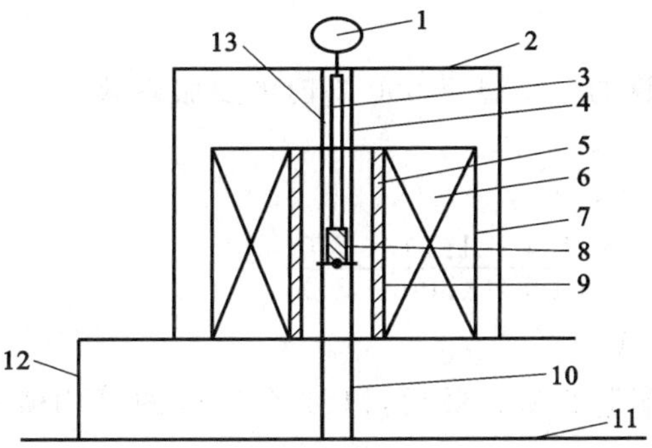


图 3.19 示差法测定材料膨胀系数的装置

1—位移检测装置;2—横梁;3—石英玻璃棒;4—刚玉套管;
5—管式炉膛;6—保温层;7—电炉外壳;8—试样;9—热电偶;
10—样品座及支撑杆;11—仪器底座;12—升降台;13—石英玻璃管

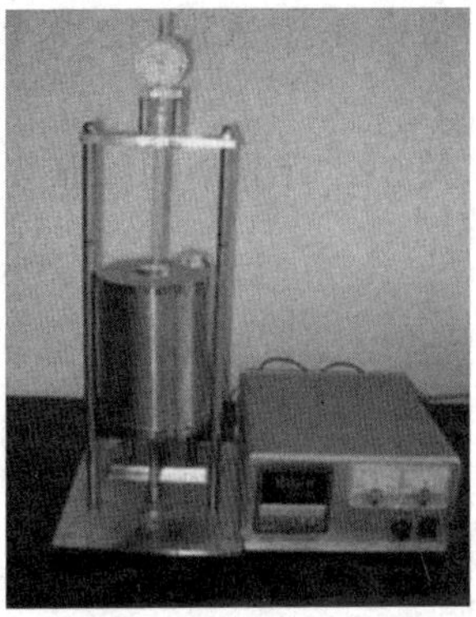

图 3.20 WTD-1 型立式热膨胀仪

### 3.5.4 实验步骤

(1) 试样的准备

选择直径为 5～6 mm,长为 60±0.1 mm 的待测玻璃样品——玻璃棒;把玻璃棒两端磨平,用千分卡尺精确量出长度,此为试样的原始长度 $L$。

(2) 放置样品

先把准备好的待测试样装入石英玻璃管内,然后装进石英玻璃棒,使石英玻璃棒紧贴试样,固定好石英玻璃管。在支架的上端装上千分表,使千分表的顶杆轻轻顶压在石英玻璃棒的末端。注意试样、石英玻璃棒和千分表顶杆要在一条直线上。把千分表上的短针置于 2～3 之间,然后长针转到零位。

(3) 记录数据

合上电闸,接通电源,待测温仪表自检完成后,按下加热按钮,以 2～3 ℃/min 的速度匀速升温。每隔 5 ℃记录一次千分表的读数和温度表的读数。当千分表上的读数向后退时,每隔 3～5 ℃记录一次千分表的读数,直到记录 5 个读数为止。

(4) 关闭仪器

测试完后,关掉各测试仪器,切断电源,炉内的测试材料随炉冷却。

### 3.5.5 实验记录与数据处理

(1) 记录试样的原始长度 $L$。

(2) 每隔 5 ℃记录一次千分表的读数,当千分表上的读数向后退时,每隔 3～5 ℃记录一次千分表的读数,直到记录 5 个读数为止。按表 3.4 所示样表记录实验原始数据。

表 3.4 实验原始数据记录样表

| 温度/℃ | 伸长(×0.01)/mm | 温度/℃ | 伸长(×0.01)/mm |
|---|---|---|---|
| 35 | 0.1 | 535 | 24.0 |
| 40 | 0.2 | 540 | 24.6 |
| 45 | 0.5 | 545 | 26.0 |
| 50 | 0.9 | 550 | 27.2 |
| 55 | 1.1 | 556 | 27.4 |
| 60 | 1.6 | 559 | 25.5 |
| … | … | 562 | 20.9 |

(3) 根据原始数据，绘出待测材料的线膨胀曲线。确定 $T_2$、$T_1$，并根据 $T_2$ 和 $T_1$ 来确定 $L_2$ 和 $L_1$。

(4) 按公式计算平均膨胀系数，通常要求计算的是室温至 300 ℃时的膨胀系数。

$$\begin{aligned}\alpha &= \alpha_{石} + \frac{L_2 - L_1}{L(T_2 - T_1)} \\ &= 5.8 \times 10^{-7} + \frac{(14.4 - 1.1) \times 0.01}{58.9 \times (300 - 60)} \\ &= 99.9 \times 10^{-7}\ ℃^{-1}\end{aligned}$$

当然，用绘图软件也可以作图和计算平均膨胀系数。最后，以 3 个试样的平均值来表示实验结果。

(5) 在线膨胀曲线图上标出材料的特征温度。图 3.21 是玻璃的典型线膨胀曲线，在玻璃材料的线膨胀曲线图上可确定玻璃化转变温度 $T_g$ 和玻璃软化点温度 $T_f$。

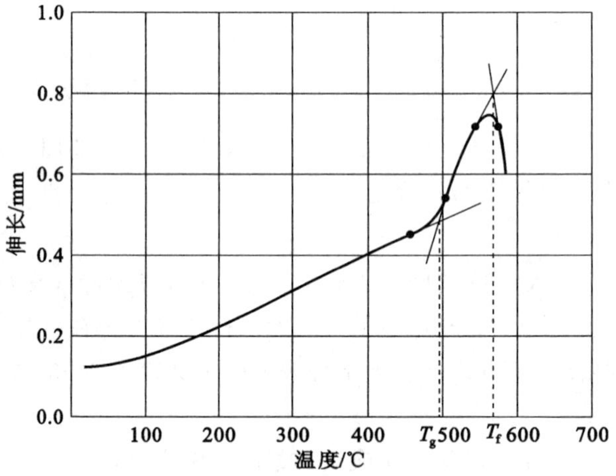


图 3.21　玻璃的线膨胀曲线

### 3.5.6　注意事项

(1) 注意试样、石英玻璃棒和千分表顶杆要在一条直线上；装好试样后，把千分表上的短针置于 2～3之间，然后长针转到零位。

(2) 当千分表上的读数向后退时，说明玻璃样品已经开始软化，由于千分表上的读数向后退的速度较快，因此每隔 3 ℃记录一次千分表的读数，记录 5 个读数为止。

### 3.5.7　思考题

(1) 测定材料的热膨胀系数有何意义？

(2) 石英膨胀仪测定材料膨胀系数的原理是什么？

(3) 影响测定膨胀系数的因素是什么？如何防止？

# 实验 3.6　吸声系数的测量

## 3.6.1　实验目的

(1) 了解吸声材料的种类与特点；

(2) 掌握吸声系数的测量方法。

## 3.6.2　实验原理

### 3.6.2.1　吸声系数

声波在传播过程中遇到材料时，一部分声能被反射，一部分声能进入材料内部被吸收，还有很少一部分声能透射到另一侧。通常将入射声能 $E_i$ 和反射声能 $E_r$ 的差值与入射声能 $E_i$ 之比值称为吸声系数，记为 $\alpha$，即：$\alpha=(E_i-E_r)/E_i$。

吸声系数 $\alpha$ 的取值在 0 到 1 之间，当 $\alpha=0$ 时，表示声能全部反射，材料不吸声；$\alpha=1$ 时表示材料吸收全部声能，没有反射。吸声系数愈大，表明材料的吸声性能愈好。吸声系数的大小与入射声波的频率有关，同一材料对不同频率的声波，其吸声系数不同。所以一般计算材料在给定声频段的平均吸声系数。

不同频率上会有不同的吸声系数。人们使用吸声系数频率特性曲线描述材料在不同频率上的吸声性能。按照 ISO 标准和国家标准，吸声测试报告中吸声系数的频率范围是 100～5000 Hz。将 100～5000 Hz 的吸声系数取平均值得到的是平均吸声系数，平均吸声系数反映了材料总体的吸声性能。在工程中常使用降噪系数 NRC 粗略地评价在语言频率范围内的吸声性能，这一数值是材料在 250、500、1000、2000 四个频率的吸声系数的算术平均值。一般认为 NRC 小于 0.2 的材料是反射材料，NRC 大于或等于 0.2 的材料才被认为是吸声材料。当需要吸收大量声能降低室内混响及噪声时，常常需要使用高吸声系数的材料。如离心玻璃棉、岩棉等属于高 NRC 吸声材料，5 cm 厚的 24 $kg/m^3$ 的离心玻璃棉的 NRC 可达到 0.95。

### 3.6.2.2　吸声材料

一般把吸声系数 $\alpha$ 大于 0.3 的材料称为吸声材料。吸声材料(或结构)通常按吸声的频率特性和本身的构造分类：(1) 按吸声的频率特性分类：可分为低频吸声材料、中频吸声材料和高频吸声材料三类；(2) 按材料本身的构造分类：可分为多孔性吸声材料和共振吸声材料两类。一般来说，多孔性吸声材料以吸收中、高频声能为主，而共振吸声结构则主要吸收低频声能。

当声波入射到多孔材料表面后，一部分声波经多孔材料反射，另一部分声波透射进入多孔材料。进入多孔材料的这部分声波，引起多孔性吸声材料内部空气振动，多孔材料中空气与固体筋络间产生相对运动，由于空气的黏滞性在微孔内产生相应的黏滞阻力，使振动空气的动能不断地转化为热能，使得声能衰减；此外，声波在多孔材料内部经过多次反射进一步衰减，进入多孔材料内部的声波能量已经衰减了很多，只剩下小部分的能量，大部分的能量被多孔性吸声材料损耗和吸收。从上述吸声机理可以看出，多孔性吸声材料必须具备以下几个条件：(1) 材料内部应有大量的微孔或间隙，而且孔隙应尽量细小且分布均匀；(2) 材料内部的微孔必须是向外敞开的，也就是说必须通到材料的表面，使得声波能够从材料表面进入材料的内部；(3) 材料内部的微孔必须是相互连通的，而不能是封闭的。

### 3.6.2.3　驻波管法测量吸收系数

驻波管法是测定材料吸声系数的方法之一，测试的是当声波垂直入射到材料时的吸声系数值。

驻波管法只要求很小的两块试样，测试装置简单、时间短、费用低，它广泛地应用于生产实践和科学研究中。

利用驻波管测量频率 125～4000 Hz 范围内的吸声系数。测量频率在 1800 Hz 以下时，使用 L 驻波管（$\phi$96 mm×1000 mm），而测量频率在 1800 Hz 以上时，使用 S 驻波管（$\phi$30 mm×350 mm），所以，同一种试片必须制成两种尺寸。L 驻波管长 100 cm，内径为 9.6 cm；S 驻波管长 35 cm，内径为 3 cm。它们的一端可以用夹具安装试样，另一端接好扬声器，声频信号由声频发生器产生，经放大器进行放大，由扬声器发出单频声波，声波在驻波管内传播。由于管径较小，与音频声波的波长相比，可近似地将声波面看作平面入射波，沿管内直线传播。当入射到试样后，进行反射，由于反射波与入射波传递的方向和相位相反，声压产生叠加、干涉而形成驻波，波腹处形成声压极大值，波节处形成声压极小值。实验中测得距样品最近的声压极大值为 $P_{max}$，极小值为 $P_{min}$，有

$$n = \frac{P_{max}}{P_{min}} \tag{3.18}$$

式中 $n$——驻波比；

$P_{max}$——极大声压；

$P_{min}$——极小声压。

如果直接测量声压极大值与极小值之间的声压级差 $P$，则：

$$P = 20\lg \frac{1}{n}$$

根据公式：

$$\alpha = \frac{4 \times 10^{P/20}}{(1 + 10^{P/20})^2}$$

计算出材料在给定频率下的垂直吸声系数。本实验中由计算机程序直接算出吸声材料的吸声系数。

### 3.6.3 实验设备及材料

实验采用浙江爱华仪器公司生产的 AWA6122A 型智能电声测试仪，利用驻波管来测试声学材料的吸声系数，装置如图 3.22 所示。实验材料采用挤压成型法制备的多孔陶瓷。

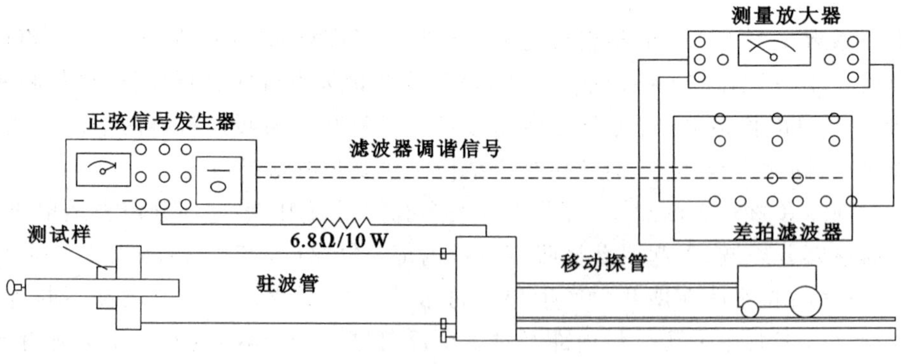


图 3.22 驻波管测量吸声系数实验装置示意图

### 3.6.4 实验步骤

测试倍频程 125～4000 Hz（或 1/3 倍频程）频率下的吸声系数，绘制材料吸声系数频率特性曲线。实验步骤如下：

(1) 确认电路接线正确后，将信号发生器等电子仪器电源接通，并预热 5 min。

(2) 将试样按照要求装在试样筒内测量，要求：1800 Hz 以下时必须使用 L 驻波管（$\phi$96 mm×

1000 mm)，而测量 1800 Hz 以上时须使用 S 驻波管($\phi$30 mm×350 mm)。用凡士林将试样与筒壁接触处的缝隙填塞，使之严密，然后，用夹具将试样筒固定在驻波管上。

(3) 调节声频发生器的频率，依次发出 125 Hz、250 Hz、500 Hz、1000 Hz、2000 Hz、4000 Hz 不同的声频。

(4) 将固定驻波管的滑块移到最远处。

(5) 移动仪器屏幕上的光标到所要测量的频率的第一个峰值位置，缓慢移动滑槽上的小车，将滑块停在声压级为一个极大值的位置。此位置即为峰值位置。按同样的方法找一个极小值。

(6) 每一频率反复测试三次。

(7) 在测量得到各个频率点下的声压级峰值、谷值后，按〈F7〉键即可计算各个频率下的吸声系数。

(8) 取出样品，关闭电源，整理实验台。

### 3.6.5　实验记录与数据处理

将测得的实验结果记录在表 3.5 中。计算材料的平均吸声系数，并作出材料吸声系数频率特性曲线。

**表 3.5　实验记录表**

| 频率 | | 1 | | 2 | | 3 | | 吸声系数 |
|---|---|---|---|---|---|---|---|---|
| | | 峰 | 谷 | 峰 | 谷 | 峰 | 谷 | |
| 125 Hz | 声级/dB | | | | | | | |
| | 距离/mm | | | | | | | |
| 250 Hz | 声级/dB | | | | | | | |
| | 距离/mm | | | | | | | |
| 500 Hz | 声级/dB | | | | | | | |
| | 距离/mm | | | | | | | |
| 1000 Hz | 声级/dB | | | | | | | |
| | 距离/mm | | | | | | | |
| 2000 Hz | 声级/dB | | | | | | | |
| | 距离/mm | | | | | | | |
| 4000 Hz | 声级/dB | | | | | | | |
| | 距离/mm | | | | | | | |

### 3.6.6　注意事项

(1) 使用过程中信号线与信号接地线不能短接，以免烧坏仪器。

(2) 关机前请按〈F10〉键退出测试软件，以便保存仪器的测试状态。

### 3.6.7　思考题

(1) 根据实验获得的材料平均吸声系数和吸声系数频率特性曲线，分析该材料的吸声特性。

(2) 比较不同种类吸声材料的吸声原理有何不同。

# 实验 3.7 四探针法测量半导体材料的变温电阻率

## 3.7.1 实验目的

（1）掌握直流四探针法测量材料的电导率的基本原理和方法；

（2）掌握电导率的物理意义及不同材料的电导率和温度之间的关系。

## 3.7.2 实验原理

### 3.7.2.1 电导率

不同的材料导电性能相差很大。如超导材料和绝缘材料，其间还有半导体材料和半绝缘体材料。根据载流子的不同可把导电材料分为离子导体（载流子为正、负离子或空位）和电子导体（载流子为电子、空穴）。欧姆定律则是研究和测量导电性能的基础。

电荷为 $q$ 的载流子在电场力的作用下，将做加速运动。由于晶体中存在原子热振动和缺陷的影响，这一运动很快达到一个极限速率，称为载流子漂移速度，用 $v$ 表示。若单位时间里载流子全部通过截面为 $S$、长度为 $L$ 的柱体，则电流密度为：

$$j = nqv \tag{3.19}$$

式中 $n$——晶体的载流子密度。

若电荷的漂移速度与所受的作用力成正比，则

$$v = \mu E \tag{3.20}$$

式中 $\mu$——施加单位电场时载流子的迁移率。

由式(3.19)和式(3.20)可知：

$$j = nq\mu E \tag{3.21}$$

在一定温度下，对于给定的材料。通常 $n$、$q$、$\mu$ 为常数，则欧姆定律可写成：

$$j = \sigma E \tag{3.22}$$

这里 $\sigma = nq\mu$，$\sigma$ 表示材料的电导率，它由材料本身的特性所决定，与材料的形状、大小无关。电导率的倒数 $\rho$ 为电阻率，它也是衡量材料电导特性的重要参数。

$$\rho = R \cdot S/L \tag{3.23}$$

式中 $\rho$——材料的电阻率，$\Omega \cdot m$；

$R$——材料的电阻，$\Omega$；

$S$——材料的横截面积，$m^2$；

$L$——材料的长度，m。

电阻率的数值等于单位长度、单位横截面积的导体的电阻，而电导率等于电阻率的倒数。则

$$\sigma = \frac{L}{RS} = \frac{IL}{VS} \tag{3.24}$$

式中 $\sigma$——电导率，$S \cdot cm^{-1}$；

$R$——电阻，$\Omega$；

$I$——电流，mA；

$V$——电势差，mV；

$L$——材料的长度，cm；

$S$——样品的截面积，$cm^2$。

根据式(3.24)，可以采用四探针法测定材料的电导率。

#### 3.7.2.2 影响电导率的因素

(1) 温度

温度是强烈影响材料物理性能的外部因素。一般来说，金属的电导率随着温度的升高而减小。这是由于金属中温度对有效电子数影响不大，加热使点阵热振动加剧，电子散射概率增大，电子运动平均自由程减小所导致。而对于离子电导型的陶瓷材料，电导率一般随温度的升高而上升。这是由于温度升高，热缺陷的浓度增大所导致的。半导体的电导率随着温度的升高而增大。这是由于加热时半导体发生热激发，从而产生更多的电子-空穴对，这时载流子浓度增大。

为了比较物质在不同温度下的电导率，必须设定一个共同的参考温度。电导率与温度的相关性，通常可以表达为电导率对温度关系曲线的斜率。

(2) 晶体结构

晶体中的离子电导活化能与晶体结构有很大的关系。随着晶体结合力的增大，相应的活化能也高，电导率降低。离子带电荷的多少对活化能也有影响。一价正离子尺寸小，电荷少，活化能小，迁移率较高；高价正离子，价键强，所以活化能大，故迁移率较低。

除了离子的状态外，晶体结构状态对离子活化能也有影响。结构紧密的离子晶体，由于可供移动的空隙小，则离子迁移困难，即其活化能高，因而电导率小。

(3) 晶格缺陷与掺杂

在晶体中，由于热起伏、不等价固溶掺杂及气氛的变化等形成了多种类型的载流子，因此，在大多数情况下，材料的电导率为所有载流子电导率的总和。因此，离子型晶格缺陷的生成及其浓度的大小是决定离子电导率的关键。

杂质半导体(Extrinsic Semiconductor)中的杂质对电导率的影响非常大，本征半导体经过掺杂就形成杂质半导体，一般可分为n型半导体和p型半导体。半导体中掺入微量杂质时，杂质原子附近的周期势场受到干扰并形成附加的束缚状态，在禁带中产生附加的杂质能级。能提供电子载流子的杂质称为施主(Donor)杂质，相应能级称为施主能级，位于禁带上方靠近导带底附近。例如，四价元素锗或硅晶体中掺入五价元素磷、砷、锑等杂质原子时，杂质原子作为晶格的一分子，其五个价电子中有四个与周围的锗(或硅)原子形成共价键，多余的一个电子被束缚于杂质原子附近，产生类氢浅能级-施主能级。施主能级上的电子跃迁到导带所需能量比从价带激发到导带所需能量小得多，很易激发到导带成为电子载流子，因此对于掺入施主杂质的半导体，导电载流子主要是被激发到导带中的电子，属电子导电型，称为n型半导体。由于半导体中总是存在本征激发的电子空穴对，所以在n型半导体中电子是多数载流子，空穴是少数载流子。相应地，能提供空穴载流子的杂质称为受主(Acceptor)杂质，相应能级称为受主能级，位于禁带下方靠近价带顶附近。例如，在锗或硅晶体中掺入微量三价元素硼、铝、镓等杂质原子时，杂质原子与周围四个锗(或硅)原子形成共价结合时缺少一个电子，因而存在一个空位，与此空位相应的能量状态就是受主能级。由于受主能级靠近价带顶，价带中的电子很容易激发到受主能级上填补这个空位，使受主杂质原子成为负电中心。同时价带中由于电离出一个电子而留下一个空位，形成自由的空穴载流子，这一过程所需电离能比本征半导体情形下产生电子空穴对要小得多。因此，这时空穴是多数载流子，杂质半导体主要靠空穴导电，即空穴导电型，称为p型半导体。在p型半导体中空穴是多数载流子，电子是少数载流子。

#### 3.7.2.3 直流四探针法测量材料的电阻率的基本原理

直流四探针法主要用于半导体材料或超导体等的低电阻率的测量。具有设备简单、操作方便，测量较精确等优点。

(1) 体电阻率测量

假设被测样品为半无限大(样品厚度及边缘与探针之间的最近距离大于四倍探针间距),样品的电阻率 $\rho$ 均匀,探针与样品表面为点接触,形成以此点为球心的等位面(图 3.23),点电流源的电流为 $I$,则当电流由探针流入样品时,在距点电流源 $r$ 处的电势为:

$$V(r)=\frac{\rho I}{2\pi r} \tag{3.25}$$

四根探针位于样品中央(图 3.24),电流从探针 1 流入,从探针 4 流出,则可将 1 和 4 探针认为是点电流源,则 2、3 探针的电位差为:

$$V_{23}=V_2-V_3=\frac{\rho I_{14}}{2\pi}\left(\frac{1}{r_{12}}-\frac{1}{r_{42}}-\frac{1}{r_{13}}+\frac{1}{r_{43}}\right) \tag{3.26}$$

电阻率公式为:

$$\rho=\frac{2\pi V_{23}}{I_{14}}\left(\frac{1}{r_{12}}-\frac{1}{r_{42}}-\frac{1}{r_{13}}+\frac{1}{r_{43}}\right)^{-1}=\frac{V}{I}C \tag{3.27}$$

式中 $C$——探针系数,只要针距一定,它就是常数。

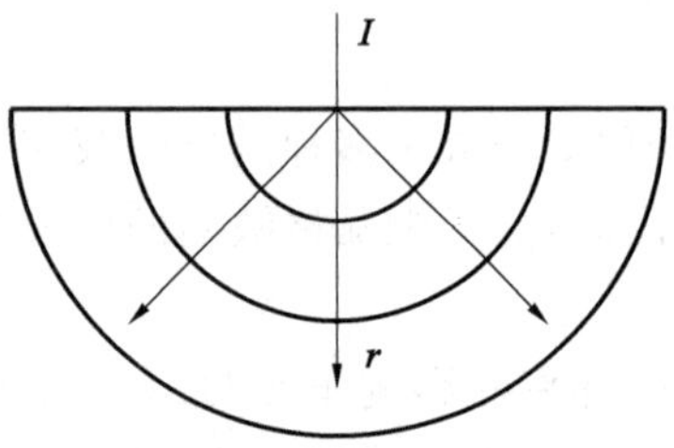


图 3.23 点电流源的半球形等位面

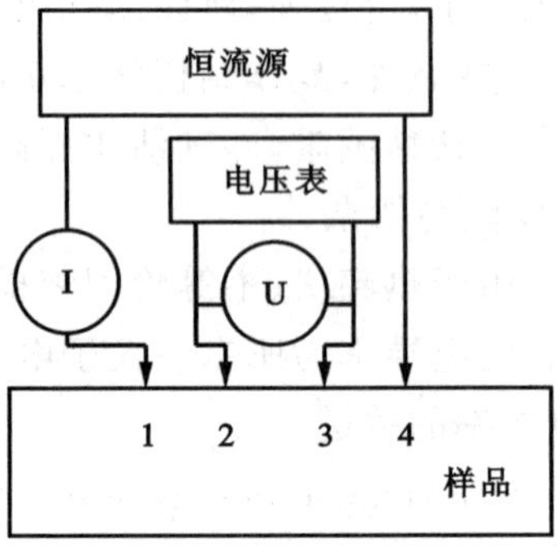


图 3.24 四探针测量原理图

当探针等距时,即 $r_{12}=r_{42}=r_{13}=r_{43}=s$ 时,$C=2\pi s$,材料的电阻率为 $\rho=\frac{V}{I}2\pi s$;当 $r_{12}=r_{42}=r_{13}=r_{43}=s=1$ mm 时,$C=2\pi$,$\rho=\frac{V}{I}2\pi$,若电流取 $I=C=2\pi$ 时,则 $\rho=V$ 可由数字电压表直接读出。

① 块状和棒状样品体电阻率测量

由于块状和棒状样品外形尺寸与探针间距比较,合乎半无限大的边界条件,电阻率值可以直接由式(3.27)求出。

② 薄片电阻率测量

当样品厚度 $W$ 小于探针距 $s$ 时就看作薄层。

不考虑样品厚度、形状等因素时,电阻率为:

$$\rho=\frac{\pi}{\ln 2}\frac{V}{I}W=4.532\frac{VW}{I} \tag{3.28}$$

考虑样品厚度、形状等因素时,电阻率可由下面公式得出:

$$\rho=2\pi s\frac{V}{I}G\left(\frac{W}{s}\right)D\left(\frac{d}{s}\right)=\rho_0 G\left(\frac{W}{s}\right)D\left(\frac{d}{s}\right) \tag{3.29}$$

式中 $\rho_0$——块状体电阻率测量值,Ω · cm;

$G\left(\frac{W}{s}\right)$——样品厚度与探针间距的修正系数,即厚度修正系数,可由相关表格查得;

$D\left(\frac{d}{s}\right)$——样品形状和测量位置的修正系数,即边缘修正系数,难以获得;

$W$——片厚,μm;

$d$——片径，mm；

$s$——探针间距，mm。

当圆形硅片的厚度满足 $W/s<0.5$ 时，电阻率为：

$$\rho = 4.532\frac{VW}{I}D\left(\frac{d}{s}\right) \tag{3.30}$$

(2) 扩散层的方块电阻测量

当半导体薄层尺寸满足半无限大平面条件时，有：

$$R = \frac{\pi}{\ln 2}\frac{V}{I} = 4.532\frac{V}{I} \tag{3.31}$$

若取 $I=4.532$，则 $R$ 值可由电压表中直接读出。

### 3.7.3 实验设备及材料

砂纸(陶瓷样品加工)、数字万用电表(电位差计)、恒流源(稳定输出电流)、WTC2 型电阻炉及温控器(控制测试温度)、游标卡尺(测量试样几何尺寸)、四探针测试架。

实验样品为低温自燃烧法合成的氧化物陶瓷。

### 3.7.4 实验步骤

(1) 测量样品几何尺寸：样品为涂覆了 Ag 电极的圆片状半导体陶瓷材料，用游标卡尺测量待测样品的横截面积 $S$ 和中间两探针电极间距 $L$，并记录下来；

(2) 放置样品：开启恒流源和数字万用表，将待测样品置于四探针电极上，使待测样品与四探针电极间接触良好，然后将样品固定；

(3) 设置测试温度制度：通过设置温度控制器设定样品的测试温度制度，即测试温度点、升温速度以及保温时间(室温至 600 ℃，每 50 ℃记录一次，升温速度为 5 ℃/min，保温 10 min)，并开启温控器调节测试温度；

(4) 记录数据：在各测试温度点记录相应的电流和电势差值，并利用公式计算相应温度下样品的电导率；

(5) 关闭仪器：测试完后，关掉各测试仪器，切断电源。

### 3.7.5 实验记录与数据处理

(1) 根据测试数据计算出待测样品在不同温度下的电导率；

(2) 绘出待测样品的电导率与温度的关系曲线。

### 3.7.6 注意事项

(1) 压下探头时，压力要适中，以免损坏探针；

(2) 由于样品表面电阻可能分布不均，测量时应对一个样品多测几个点，然后取平均值；

(3) 样品的实际电阻率还与其厚度有关，还需查附录中的厚度修正系数，进行修正。

### 3.7.7 思考题

(1) 分析待测样品随温度变化的电导率特征，并解释其变化的原因。

(2) 分析电阻率误差的来源。

(3) 为什么要用四探针进行测量？如果只用两根探针，既作电流探针又作电压探针，这样是否能够对样品进行较为准确的测量？为什么？

# 实验 3.8　材料的介电性能测试

## 3.8.1　实验目的

（1）了解材料极化的基本原理与介电性能；

（2）掌握压电效应与铁电效应的基本原理；

（3）了解压电系数的相关概念与压电系数 $d_{33}$ 的测试方法；

（4）了解居里温度的相关概念与测试方法；

（5）了解电滞回线及相关参数的物理意义与测试方法。

## 3.8.2　实验原理

电介质是指在电场作用下，能产生极化的一切物质。

3.8.2.1　介质的极化

当在一个真空平行板电容器的电极板间嵌入一块电解质时，如果在电极板之间施加外电场，则可发现在介质表面上感应出了电荷，即正极板附近的介质表面感应出了负电荷，负极板附近的介质表面上感应出了正电荷，这种表面电荷称为感应电荷，也称束缚电荷。束缚电荷不会形成漏电电流。电解质在电场作用下产生感应电荷的现象，称为电解质的极化。

从微观机制上分析，电介质的极化可以由三种方式产生，即电子位移极化、离子位移极化和极性分子的取向极化，极化的结果均导致介质中产生电偶极子。

电子的位移极化是指电介质在外电场作用下，构成它的原子、离子中的电子云将发生畸变，使电子云与原子核发生相对位移，因而产生了电偶极矩 $\mu_e=\alpha_e E$，电子极化率 $\alpha_e=4\pi\varepsilon_0 R^3$，极化率一般为 $10^{-40}$ F · $m^2$ 数量级。电子的位移极化表示由于外电场的影响，电子将有一定的概率吸收能量并在相应的能级之间跃迁，主要来自于价电子。通常负离子的电子位移极化远大于正离子，过渡金属元素由于 3d 电子的存在也会产生大的电子位移极化。测量电子位移极化一般在光频（紫光）下进行，其他极化机构（分子、离子极化）由于惯性跟不上电场的变化，因而此时的介点常数几乎完全来自电子极化率的共享，相对介电常数 $\varepsilon_r$ 等于介质折射率 $n$ 的平方。

离子位移极化是指在外电场作用下，离子性电介质中的正负离子产生了相对位移，从而电介质产生了宏观电偶极矩，由于正负离子之间的相互作用，使他们围绕质心谐振，离子极化率 $\alpha_a=\frac{e^2(m_1+m_2)}{m_1 m_2 \omega^2}$，极化率一般为 $10^{-38}$ F · $m^2$ 数量级。因此，可以通过计算正负离子之间的相互作用而推算体系的离子位移极化。

固有电偶极矩的取向极化是指若组成电介质的分子是极性分子，由于其正负电中心不重合而产生的固有的电偶极矩，在外电场作用下，由于正负电荷受电场力作用，取向无序的电偶极矩有指向外电场方向的趋势，极化率 $\alpha_d=\frac{\mu^2}{3kT}$，一般为 $10^{-38}$ F · $m^2$ 数量级。

分子的总极化率可以认为是各种机制极化率的总和 $\alpha=\alpha_e+\alpha_a+\alpha_d$。对于单位体积分子数为 $N$ 的体系存在关系 $\frac{\varepsilon_r-1}{\varepsilon_r+2}=\frac{N\alpha}{3\varepsilon_0}$。

3.8.2.2　介电性能

介电性能是指在电场作用下，表现出对静电能的储蓄和损耗的性质，通常用介电常数和介质损耗来表示。介电常数又称电容率（Permittivity），是电位移 $D$ 与电场强度 $E$ 之比，$\varepsilon=D/E$，其单位为

$F/m$ 。介电常数是表征电介质的最基本的参量,是衡量电介质在电场下的极化行为或储存电荷能力的参数。介电常数小的电介质,其分子为非极性或弱极性结构,介电常数大的电介质,其分子为极性或强极性结构。介质的介电常数,不仅与温度有关,而且与加在介质上的电场频率密切相关。

介电损耗是指电介质在交变电场中,由于消耗部分电能而使电介质本身发热的现象。在工程中以正弦电压作用下通过介质的有功电流与无功电流之比,或有功损耗与无功功率之比,即介质损耗角正切($\tan\delta$)来作为介质损耗的特性参数。介质损耗角正切体现的是材料对电场能量的传导与其过程中的损耗的相对量度,与极化的本质和极化建立过程密切相关。

材料的介电常数、介质损耗角正切这两个参数随加在样品上的交变电场信号的频率的变化关系称为介电频谱。介电频谱是介质材料性能表征的重要指标,它可以给出有关极化机制和晶格振动等重要信息。由响应频率可以确定原子(离子)之间以及原子实与电子之间的相互作用(弹性恢复力)及弛豫型极化的弛豫时间等。频率较低时,三种极化机制均起作用,随外电场频率增大,固有电偶极矩的取向迟缓而跟不上电场的变化,频率再高,离子的位移也跟不上电场的变化,此时电子位移极化起主要作用。由于各种极化机制随外电场变化的速度不同,因此,可以通过研究介电频谱来研究材料的极化机制。

3.8.2.3 压电效应与压电系数

某些电介质在沿一定方向上受到外力的作用而变形时,其内部会产生极化现象,同时在它的两个相对表面上会出现正负相反的电荷。当外力去掉后,它又会恢复到不带电的状态,这种现象称为正压电效应。当作用力的方向改变时,电荷的极性也随之改变。相反,当在电介质的极化方向上施加电场,这些电介质也会发生变形,电场去掉后,电介质的变形随之消失,这种现象称为逆压电效应。晶体的压电效应可用图 3.25 来加以解释。

图 3.25(a)表示压电晶体中的质点在某方向上的投影。在晶体不受外力作用时,其正、负电荷重心重合,整个晶体的总电矩为零,因而晶体表面不带电荷。但是当沿某一方向对晶体施加机械力时,晶体就会发生由于形变而导致的正、负电荷重心不重合,也就是电矩发生了变化,从而引起晶体表面的荷电现象。图 3.25(b)是晶体受到压缩时的荷电情况;图 3.25(c)则是晶体受到拉伸时的荷电情况。在这两种情况下,晶体表面带电的符号相反,这种效应称为正压电效应,正压电效应可将机械能转换为电能。如果将一块压电晶体置于外电场中,由于电场的作用,会引起晶体内部正负电荷中心的位移,这一极化位移又会导致晶体发生形变,这就是逆压电效应。逆压电效应可将电能转换为机械能。正压电效应和逆压电效应统称为压电效应,具有压电效应的材料称为压电材料。

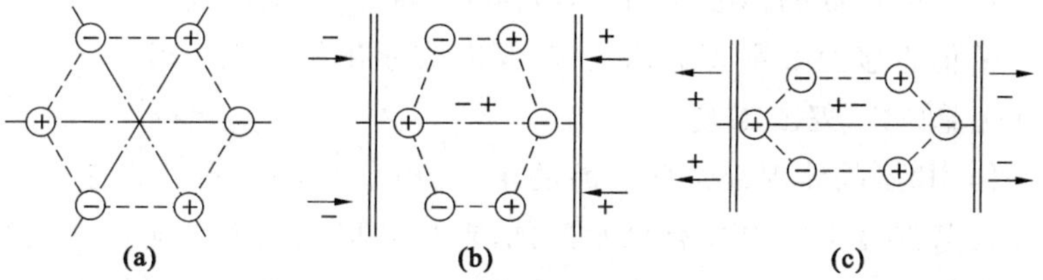


**图 3.25 压电晶体产生压电效应的机理**

无机压电材料分为压电晶体和压电陶瓷。压电晶体一般是指压电单晶体,这种晶体结构无对称中心,如水晶(石英晶体)、镓酸锂、锗酸锂、锗酸钛以及铁晶体管铌酸锂、钽酸锂等。石英等压电单晶压电性弱,介电常数很低,受切型限制存在尺寸局限,但稳定性很高,机械品质因数高,多用来作标准频率控制的振子、高选择性(多属高频狭带通)的滤波器以及高频、高温超声换能器等。压电陶瓷则泛指压电多晶体。压电陶瓷压电性强、介电常数高,可以加工成任意形状,但机械品质因数较低、电损耗较大、稳定性差,因而适合于大功率换能器和宽带滤波器等应用,但对高频、高稳定应用不理想。

有机压电材料又称压电聚合物,如聚偏氟乙烯(PVDF)(薄膜)及以它为代表的其他有机压电(薄膜)材料。这类材料的材质柔韧,其低密度、低阻抗和高压电电压常数($g$)等优点为世人瞩目,且发展十分迅速,在水声超声测量、压力传感、引燃引爆等方面获得应用。不足之处是压电应变常数($d$)偏低,使之作为有源发射换能器受到很大的限制。

复合压电材料是在有机聚合物基底材料中嵌入片状、棒状、杆状,或粉末状压电材料构成的,已在水声、电声、超声、医学等领域得到广泛的应用。用它制成的水声换能器,具有高的静水压响应速率,耐冲击,不易受损,且可用于不同的深度。

压电系数是压电体把机械能转变为电能或把电能转变为机械能的转换系数。它反映压电材料弹性(机械)性能与介电性能之间的耦合关系,体现力学量与电学量相互作用的系数,该系数必定与相应量的状态有关,如介电常数与力学状态有关,弹性常数与电学状态有关。从描述系统状态与热力学特征函数入手,分析各物理量之间的关系,建立压电方程组。根据其力学边界条件是自由还是夹持,电学边界条件是开路还是短路,可得到四类压电方程,由此可计算出一系列的力学、电学常数。

随压电晶体对称性提高,独立的压电常数数目减少。压电陶瓷的剩余极化方向是其特殊极性方向,与之垂直的平面是各向同性的,因此,压电陶瓷的对称性可用$\infty$mm 表示,剩余极化所在轴是无穷重旋转轴。就对介电、压电和弹性常量的限制来说,无穷重旋转轴等效于六重旋转轴,所以压电陶瓷的介电、压电和弹性常量矩阵与 6 mm($C_{6v}$)晶体的相同。压电陶瓷中存在独立的非零介电常数 $\varepsilon_{11}$ 和 $\varepsilon_{33}$,压电系数 $d_{31}$、$d_{33}$ 和 $d_{15}$。

压电常数是压电陶瓷最重要的物理参数,它取决于不同的力学和电学边界约束条件。压电常数有四种不同的表达方式,其中用得最广泛的是压电常数 $d$,压电效应是一种线性的机-电耦合效应,压电常数是一个力学的二阶对称量和一个电学一阶张量联系在一起,因此是一个三阶张量,共有$3^3=27$个分量。但是由于力学张量的对称性,其中只有 18 个是独立的,因此,可以用矩阵方式来表示。压电陶瓷由于其对称性,18 个压电常数分量中只有 5 个非零分量,其中只有 3 个是独立分量:$d_{31}$($d_{31}=d_{32}$)、$d_{33}$和 $d_{15}$($d_{15}=d_{24}$)。压电常数除与材料本身的性质有关外,通常还与压电陶瓷进行极化处理的条件有关。

设样品的静态电容为 $C$,由于充有电荷 $Q$,因而在样品两极产生电压 $V=\dfrac{Q}{C}$,故

$$d_{33}=\frac{Q}{F_3}=\frac{CV}{F_3} \tag{3.32}$$

ZJ-3A 型 $d_{33}$准静态测试仪的测量原理:将一个低频(几赫兹到几百赫兹)振动的应力同时施加到待测的压电样品和已知压电系数的标准样品上,将两个样品的压电电荷分别收集并做比较,经过电路处理,使待测样品的 $d_{33}$值直接由数字管显示出来,同时表示出样品的极性。

3.8.2.4　铁电体的电滞回线、居里温度

在没有外电场的作用时,晶体内部某些区域的正、负电荷中心不重合而呈现电偶极矩,这种现象称为自发极化。晶体在某温度范围内具有自发极化,且自发极化的方向能随外电场而取向,这种特性称为铁电性。当外加电场除去后仍存在极化,且具有这种性质的晶体称为铁电体。

晶体在整体上呈现自发极化,这意味着在其正负端分别有一层正的和负的束缚电荷。束缚电荷产生的电场在晶体内部,与极化反向,使静电能升高。晶体在受机械约束时,伴随着自发极化的应变还将使应变能增大。所以均匀极化的状态是不稳定的,晶体将分成若干个小区域,每个小区域内部电偶极子沿一方向,但各个小区域中电偶极子方向不同,这些小区域称为电畴或畴,畴的间界叫畴壁,畴的出现使晶体的静电能和应变能降低,但畴壁的存在引入了畴壁能。总自由能取极小值的条件决定了电畴的稳定构型。

铁电体的极化随电场的变化而变化,但电场较强时,极化与电场之间呈非线性关系。在电场作用下,新畴成核长大,畴壁移动,导致极化转向,在电场很弱时,极化线性地依赖于电场,此时可逆的畴壁

移动占主导地位。当电场增强时，新畴成核，畴壁运动成为不可逆的，极化强度随电场的增强比线性段快。当电场达到相应于 $B$ 点的值时，晶体成为单畴的，极化趋于饱和。电场进一步增强时，由于感应极化强度的增强，总极化强度仍然有所增强（$BC$ 段）。如果趋于饱和后电场减小，极化强度将循 $CBD$ 曲线减弱，以致当电场达到零时，晶体仍保留在宏观极化状态。线段 $OD$ 表示的极化称为剩余极化 $P_r$。将线段 $CB$ 外推到与极化轴相交于 $E$，则线段 $OE$ 等于自发极化强度 $P_s$。如果电场反向，极化强度将随之减弱并改变方向。直到电场等于某一值时，极化强度又将趋于饱和，这一过程如曲线 $DFG$ 所示。$OF$ 所代表的电场是使极化等于零的电场，称为矫顽场 $E_c$。电场在正负饱和值之间循环一周时，极化强度与电场的关系如曲线 $CBDFGHC$ 所示，此曲线称为(饱和)电滞回线。

铁电体的极化强度 $P$ 与电场强度 $E$ 的关系类似于铁磁材料的磁化特性，称为电滞现象。如图 3.26所示，电场强度不断增大，最后晶体成为单个电畴，晶体的极化强度达到饱和，即 $C$ 点以后的恒定值 $P_s$ 称为饱和极化强度。实际上，$P_s$ 的大小就是每个电畴所固有的自发极化强度，因而是针对每个电畴而言的。如果电场从 $C$ 状态降低，晶体的极化强度也随之减小，直到零电场时仍存在剩余极化强度 $P_r$，这个剩余极化强度 $P_r$ 是针对整个晶体而言的。如加以反向电场使达到 $E_c$，剩余极化才全部消除。反向电场继续增大，极化强度开始反向，最终也将达到反向饱和，$E_c$ 被称为矫顽场强。显而易见，如果矫顽场强大于晶体的击穿场强，那么在电畴极化到反向之前晶体已被电击穿，这种晶体便不存在铁电性。

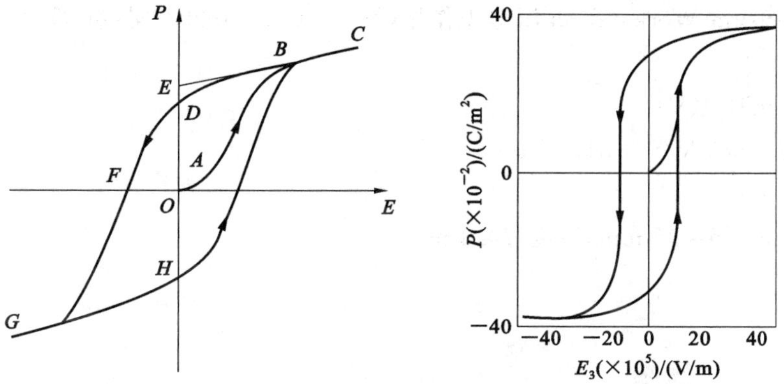


**图 3.26 铁电体的电滞回线**

晶体的铁电性通常只存在于一定的温度范围，在铁电相时具有自发极化，随着温度的升高自发极化减弱，当达到某一临界温度 $T_c$ 时自发极化消失，铁电体变为顺电体。铁电体与顺电体之间的转变通常简称为铁电相变，该转变温度 $T_c$ 称为居里温度(居里点)。

铁电晶体在发生铁电相变时，最重要的是材料介电性能的变化。高于居里点 $T_c$ 时，许多铁电体表现出非常高的，并随温度发生强烈变化的介电常数。介电常数张量中的某一分量遵循居里-外斯定律：

$$\varepsilon_{ii} = \frac{C}{T - \Theta_D}$$

或

$$T = \Theta_D + \frac{C}{\varepsilon_{ii}} \tag{3.33}$$

式中 $C$——居里-外斯常数；

$\varepsilon_{ii}$——介电常数；

$T$——温度；

$\Theta_D$——居里-外斯温度或顺电体居里点。

一级相变，即具有铁电性时，$\Theta_D < T_c$；二级相变，即铁电性-顺电性相变时，$\Theta_D = T_c$。

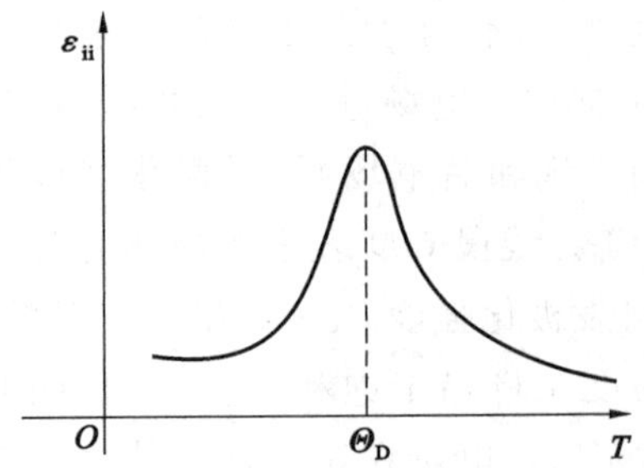


图 3.27　铁电体介电常数随温度的变化曲线

由此可见，温度 $T$ 与 $1/\varepsilon_{ii}$ 是线性关系，该直线的延长线与 $x$ 轴(表示温度 $T$)的交点就是居里-外斯温度 $\Theta_D$，而其斜率又可决定居里常数 $C$。

居里温度是表征铁电性的一个重要物理量。常用的测试方法种类很多，例如电容电桥法、比热法等。

图 3.27 是铁电体介电常数随温度的变化曲线。由图可见，介电常数将随着温度的升高而减小，$\Theta_D$ 即为居里温度 $T_c$。

## 3.8.3　实验材料及设备

(1) 实验材料

实验样品为通过固相法制备并加工的介电陶瓷。

(2) 介电频谱测试

频率范围：20 Hz～1 GHz；所用设备：HP4294、HP4291B 阻抗分析仪。图 3.28 即为阻抗分析仪。

(3) 压电系数及电滞回线测试

所需设备：Precision Workstation 压电工作站(图 3.29)、Deta9023 温箱(室温至 320 ℃)、聚四氟乙烯耐压夹具；

输出电压：0～±10 KV；

测量温度范围：−73 ℃～+315 ℃；

测量精度：≤1%；

圆片试样：5 mm≤$\phi$≤30 mm，厚度 $d$≤3 mm。

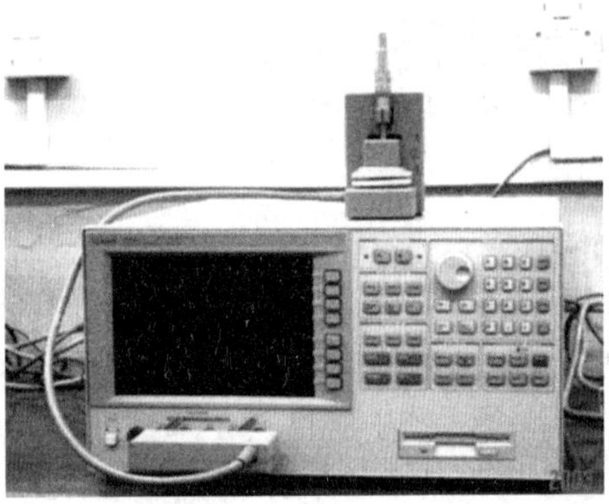

图 3.28　阻抗分析仪

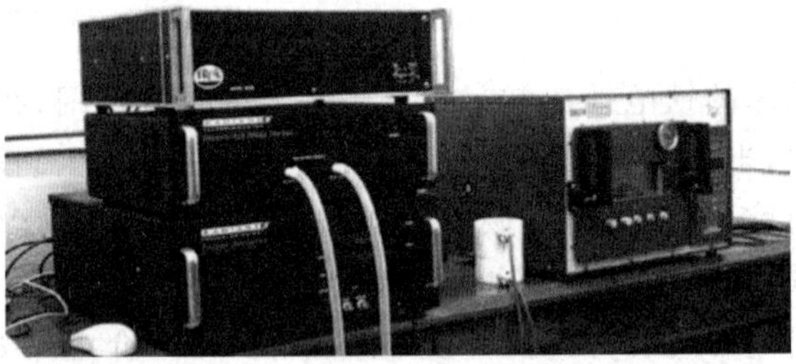

图 3.29　ZJ-3A 型 d33 准静态测试仪

## 3.8.4　实验步骤

### 3.8.4.1　介电频谱测试

(1) 打开电源，先进行系统补偿，可依次进行 open、short、load 和 low-loss 补偿，保存补偿数据到内存中。

(2) 将夹具 HP16453A 接到测试台上进行夹具补偿[同(1)]。

(3) 设置活动通道。

(4) 设置激励：先设置扫描频率，再设置 OSC 电平。

(5) 设置每个通道的测试参数，输入样品厚度。

(6) 设置显示模式：平面坐标、极坐标、复平面坐标、史密斯圆等。

(7) 若显示器上显示的图形太小，则可以用 Auto Scale 来自动调节。

(8) 打开 Marker 功能。

(9) 保存数据至电脑，可拷贝数据，也可拷贝图形。

(10) 取下样品，卸下夹具，关掉电源。

3.8.4.2 压电系数的测量

(1) 接通压电工作站 ZJ-3A 型 d33 准静态测试仪电源，按下电源开关。

(2) 标准振动应力的选择：在用 ZJ-3A 型 d33 准静态测试仪测定压电振子的压电应变系数时，有以下两种标准振动应力可供选择：

① 将应力选择“×1”挡，表示标准振动应力为 250 N，对应的压电应变系数的范围为 $|d33|>100$ PC/N；

② 若将应力选择“×0.1”挡，表示标准振动应力为 25.0 N，对应的压电应变系数的范围为 $|d33|<100$ PC/N。

测量时，根据压电振子压电应变系数所在的范围，选择合适的标准振动应力。

(3) 仪器校核

① 将“力—测量”转换开关置于“力”挡，调节应力旋钮，使液晶显示屏上显示的数字为“250”或“25.0”；将“力—测量”转换开关置于“测量”挡，调节校准旋钮，使液晶显示屏上的读数为“000”或“00.0”。

② 将“力—测量”转换开关置于“力”挡，将 PE 标准试样置于测量夹具上，调节应力旋钮，使液晶显示屏上的数字为“250”或“25.0”；将“力—测量”转换开关置于“测量”挡，此时液晶显示屏上的读数应该为“000”或“00.0”，若读数不为零，则调节校准旋钮，使读数为零。

③ 将“力—测量”转换开关置于“力”挡，同时将应力选择“×1”挡，然后将标准的 PZT 压电陶瓷试样置于夹具上，调节应力旋钮，使液晶显示屏上的数字为“250”，然后将“力—测量”转换开关置于“测量”挡，此时液晶显示屏上的读数应该为“300”左右。若读数相差太大，则仪器有可能失效，需要进一步查明原因并检修。

(4) 测定压电应变系数

① 仪器校准后，将标准振动应力打到所需的应力挡(“×1”或“0.1”)；

② 将“力—测量”转换开关置于“力”挡，将待测试样置于夹具上，调节应力旋钮，使液晶显示屏上的数字为“250”或“25.0”；

③ 将“力—测量”转换开关置于“测量”挡，此时液晶显示屏上的读数即为压电振子在这一点上的压电应变系数 d33；

④ 重复步骤②、③，测定压电振子其他点上的压电应变系数 d33；

⑤ 取各点 d33 的平均值作为压电振子压电应变系数；

⑥ 测定其他压电振子的压电应变系数时，只需重复上面的②至⑤步即可。

压电振子的压电系数是有符号区别的，即有“+”和“−”之分。测量时，只需知道压电系数的绝对值，无论符号的“+”和“−”都不影响性能的测试。但有些时候，符号的“+”和“−”非常重要，这时，应该分清压电系数符号“+”和“−”与极化方向的关系。为了不至于混淆，建议在测定振子的压电系数时，沿极化方向，使压电振子极化时的正极向上，将振子置于夹具上来进行测量。

(5) 测量完毕后，关闭设备电源，清洁整理实验台。

3.8.4.3 电滞回线测试

(1) 打开电源，将仪器预热 15 min；

(2) 将测试样品放入夹具中，根据测试温度要求将夹具室温放置或放入温控箱中；

(3) 若测试温度低于室温,打开液氮罐,通入液氮,使温度低于环境温度;

(4) 根据要求打开测试程序,按程序要求操作,得到电滞回线。

3.8.4.4 居里温度测试

(1) 连接设备:将精密控制高温炉与 TH2816LRC 电桥或 HP4294 阻抗分析仪连接到一起;

(2) 放置样品:将待测样品放入高温炉,使其处于炉温稳定的中部;

(3) 预热 TH2816LRC 电桥或 HP4294 阻抗分析仪;

(4) 设定升降温曲线,保证取样温度点保温时间不少于 2 min,最高温度至少高于居里温度 100 ℃,降温的最终温度至少低于居里温度 100 ℃;

(5) 测试设定温度下的介电常数;

(6) 实验结束后关掉所有设备的电源,等炉温降至室温再取出样品;

(7) 处理数据,绘制 $\varepsilon_{ii}$-$T$ 及 $\frac{1}{\varepsilon_{ii}}$-$T$ 曲线,获得居里温度。

### 3.8.5 注意事项

3.8.5.1 介电频谱测试

(1) 必须要进行补偿,补偿时注意一定要拧紧。

(2) 要求试样 $d \geqslant 15$ mm,$\phi < 3$ mm,试样要牢牢夹在夹具中。

(3) 终止扫描频率不得大于 1 GHz。

(4) 要真正保存到内存中,需按 Backup Memory 软键。

3.8.5.2 电滞回线测试

(1) 严格按操作规程操作使用仪器,不得随便触摸仪器和高压线。

(2) 及时关闭液氮罐,避免液氮倾倒。

(3) 测试完毕,关闭电源。

### 3.8.6 思考题

(1) 简述不同应用领域压电材料对介电常数的要求。

(2) 介电频率曲线可以说明什么问题?

(3) 简述介电常数的意义。

(4) 简述压电系数的物理意义。

(5) 从剩余极化强度和矫顽场特点分析材料性能。

(6) 从电滞回线上可获得哪些信息?

# 实验 3.9　交流阻抗谱测试

## 3.9.1　实验目的

（1）掌握交流阻抗谱的测试意义及原理；

（2）熟练掌握 TH2818 自动元件分析仪和 WTC2 型电阻炉及温控器的使用方法。

## 3.9.2　实验原理

交流阻抗谱分析对于确定材料的基本电化学参量，了解材料的结构特点和离子输运机制，都具有重要的意义。在快离子导体（固体电解质）的研究中，交流阻抗谱分析得到了广泛的应用。

交流阻抗谱方法是一种以小振幅的正弦波电位为扰动信号的电化学测量方法。由于以小振幅的电信号对体系扰动，一方面可避免对体系产生大的影响，另一方面也使得扰动与体系的响应之间近似呈线性关系，这就使测量结果的数学处理变得简单。交流阻抗谱法就是以不同频率的小幅值正弦波扰动信号作用于待测样品①，由待测样品②的响应与扰动信号之间的关系得到的待测样品③的阻抗，推测样品的等效电路，进而可以分析电极系统所包含的动力学过程及其机理，由等效电路中有关元件的参数值估算待测样品④的动力学参数，如电极双电层电容、电荷转移过程的反应电阻、扩散传质过程参数等。

当电流通过电极时，在电极上发生四个基本的电化学过程：电化学反应、反应物和产物的扩散、溶液中离子的电迁移、电极界面双电层的充放电。这些过程都会对电流产生一定的阻抗：电化学反应表现为电化学反应电阻 $R_r$，性质为一纯电阻；反应物和产物的扩散表现为浓度极化阻抗 $Z_c$，由电阻和电容串联而成；离子在溶液中的电迁移表现为电阻 $R_e$；双电层充放电表现为电容 $C_d$。

交流阻抗谱法最基本的特点是把被研究对象的导电特性用一系列的电阻及电容的串联和并联的等效电路来表示。其基本方法是把不同频率下测得的阻抗（$Z'$）和容抗（$Z''$）作复数平面图，与测量电池的等效电路模拟的复平面进行对比分析，从而求出样品和电极部分的相应参数。

如果对系统施加一个正弦波信号作为扰动信号，则相应地，系统将产生一个与扰动信号具有相同频率的响应信号。

通常，正弦信号 $U(\omega)$ 被定义为

$$U(\omega) = U_0 \sin(\omega t) \tag{3.34}$$

式中　$U_0$——电压；

$\omega$——角频率，$\omega=2\pi f$，$f$ 为交流频率；

$t$——时间。

如果对体系施加如式（3.34）的正弦信号，则体系产生如式（3.35）的响应信号

$$I(\omega) = I_0 \sin(\omega t + \theta) \tag{3.35}$$

式中　$I(\omega)$——响应信号；

$I_0$——电流；

$\theta$——相位角。

式（3.34）和式（3.35）中的频率相同。式中，$\omega=2\pi f$，$f$ 为交流频率，$t$ 为时间，$\theta$ 为电流对于电压的相位移。则电池的阻抗可用复数表示：

$$\overline{Z} = \frac{U_0 \sin\omega t}{I_0 \sin(\omega t + \theta)} = Z' + jZ'' \tag{3.36}$$

其中，实数部分 $Z'=R$；虚数部分 $Z''=\frac{1}{\omega C}$。

根据交变电路理论分析可知，当等效电路是由电阻 $R$ 和电容 $C$ 并联时，在阻抗谱中可以得到一个半圆曲线(图 3.30)。半圆顶点处满足关系式 $\omega RC=1$。如果是不可逆电极，通常在阻抗谱的高频部分出现一半圆而低频部分出现一条近似的直线，即出现恒相角阻抗(CPA)，这条近似直线与电极/电解质界面的粗糙程度有关(图 3.31)。

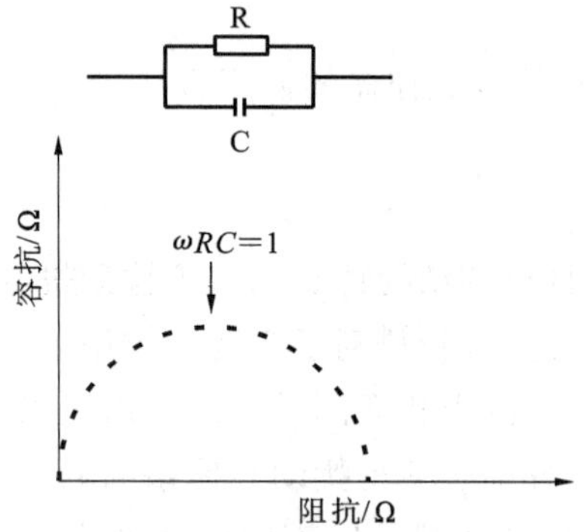


图 3.30　等效电路及对应的阻抗谱

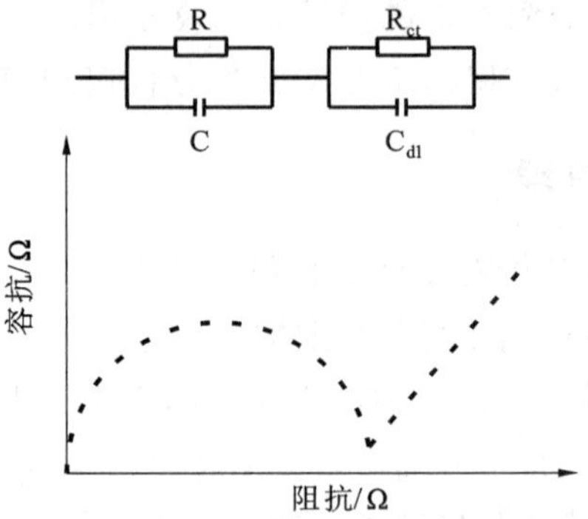


图 3.31　考虑电极界面的等效电路及对应阻抗谱

### 3.9.3　实验设备及材料

砂纸(陶瓷样品加工)、TH2818 自动元件分析仪(阻抗谱测量)、计算机(收集数据和处理数据)、WTC2 型电阻炉及温控器(控制测试温度)、游标卡尺(测量试样几何尺寸)、实验样品为低温自燃烧法合成的氧化物陶瓷。

### 3.9.4　实验步骤

(1) 测量样品几何尺寸：将经过烧结的样品磨平、抛光，使互相平行的两个平面保持干净平整；然后在样品的表面涂覆银电极浆料，在红外灯下烘干，置于马弗炉中，以 100 ℃/h 的升温速率升到 850 ℃，保温 15 min 后随炉冷却，最后将涂覆的银电极表面抛光。用游标卡尺测量待测样品的横截面积 $S$ 和厚度 $h$，并记录下来。

(2) 放置样品：将待测样品置于两电极上，使待测样品与电极间接触良好，然后将样品固定。

(3) 设置测试温度制度：通过设置温度控制器设定样品的测试温度制度，即测试温度点、升温速度以及保温时间(200～600 ℃，每升温 50 ℃记录一次，升温速度为 5 ℃/min，保温 10 min)，并开启温控器调节测试温度。

(4) 记录数据：开启计算机并打开 TH2818 软件，选择测量参数为 $R$-$X$，设定测量频率范围，在各测试温度点对 $R$ 和 $X$ 进行扫频，并存储数据。

(5) 关闭仪器：测试完后，关掉各测试仪器，切断电源。

### 3.9.5　实验记录与数据处理

导体材料的阻抗主要来自晶粒阻抗、晶界阻抗和电极界面阻抗，它通常可以等效为晶粒传导、晶界传导和电极过程三部分响应的等效电阻元件和等效电容元件的串并联结构。不同温度下的等效电路及阻抗谱如图 3.32 及图 3.33 所示。高频端半圆与实轴的交点对应于晶粒的等效电阻 $R_g$，低频端半圆与实轴的交点对应于等效体电阻 $R_g+R_{gb}$。随着温度的升高，离子迁移能力增强，极化过程加快，极化弛豫时间变短，使样品中晶粒的等效电阻 $R_g$ 和晶界的等效电阻 $R_{gb}$ 减小。如果进一步升高温度，与氧离子在晶界的传导过程相联系的阻抗谱半圆将消失，此时阻抗谱主要来自电极过程的贡献。根据测试数据绘制样品在不同温度下的交流阻抗谱图，采用图 3.32 及图 3.33 所示的等效电路和 Zview 3.0a 软件对交流阻抗谱数据进行拟合，陶瓷在不同温度下的拟合结果如图 3.34 所示。

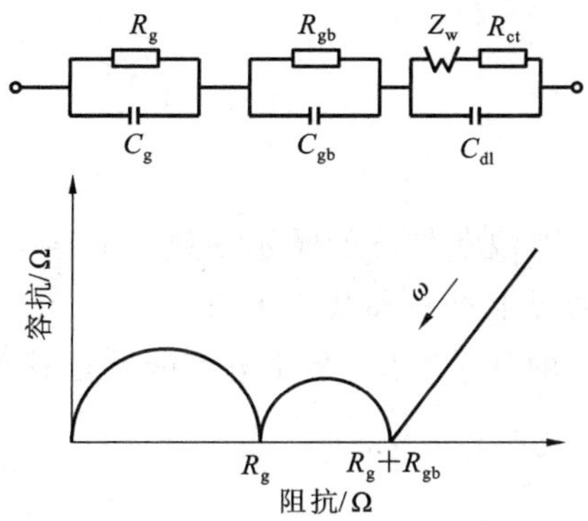


图 3.32　低温下的等效电路及对应的阻抗谱

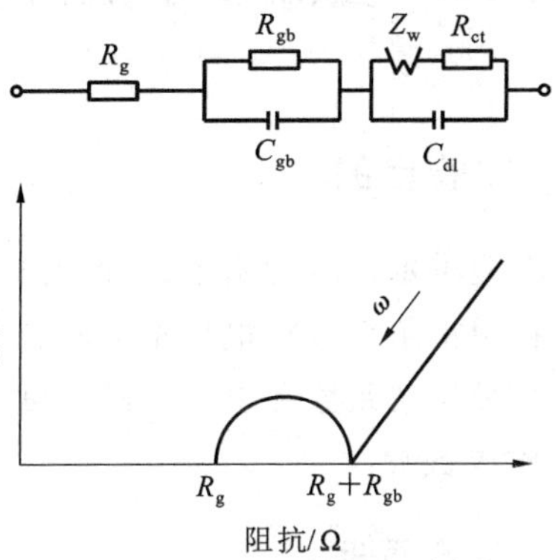


图 3.33　高温下的等效电路及对应的阻抗谱

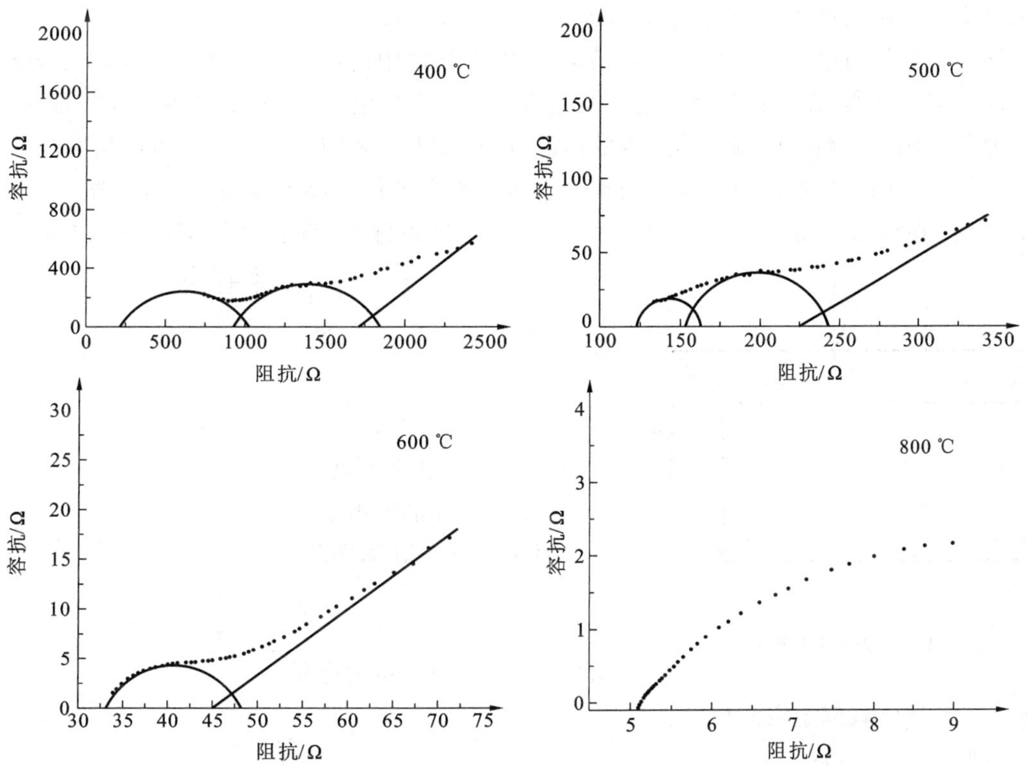


图 3.34　不同温度下陶瓷的交流阻抗谱

## 3.9.6　思考题

(1) 交流阻抗的测试原理是什么？

(2) 从交流阻抗谱中可以得到材料的哪些信息？

(3) 温度对材料的交流阻抗谱有何影响？

# 实验 3.10　变温霍尔效应的测试

## 3.10.1　实验目的

（1）掌握霍尔效应的基本原理和测试方法，测试常温及变温条件下的霍尔系数和电导率；

（2）利用霍尔系数和电导率的联合测量，确定半导体的导电类型和载流子浓度；

（3）通过霍尔系数和电导率随温度的变化，确定半导体的禁带宽度，杂质电离能及迁移率的温度系数等基本参数。

## 3.10.2　实验原理

### 3.10.2.1　霍尔效应和霍尔系数

霍尔效应是一种电流磁效应，霍尔效应原理如图 3.35 所示。

在半导体上外加与电流方向垂直的磁场，会使得半导体中的电子与空穴受到不同方向的洛伦兹力而在不同方向上聚集，在聚集起来的电子与空穴之间会产生电场，此电场将会使后来的电子和空穴受到电场力的作用而平衡掉磁场对其产生的洛伦兹力，使得后来的电子和空穴能顺利通过不会偏移，此称为霍尔效应。而产生的内建电压称为霍尔电压。当半导体样品通以电流 $I_S$，并加一垂直于电流的磁场 $B$ 时，则在样品两侧产生一横向电势差 $U_H$，这种现象称为"霍尔效应"，$U_H$ 称为霍尔电压。

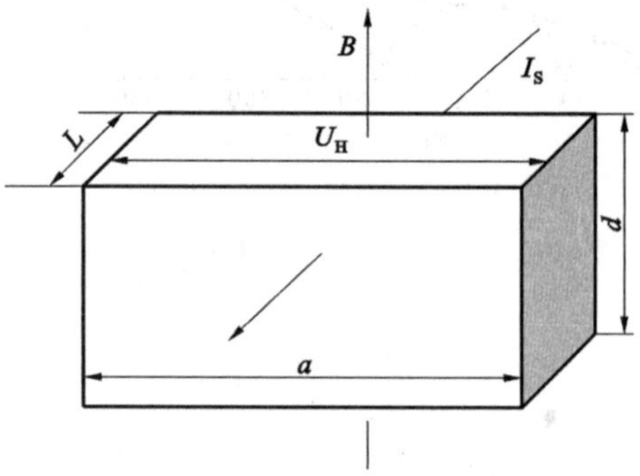


图 3.35　霍尔效应原理

$$U_H = \frac{R_H I_S B}{d}$$

则

$$R_H = \frac{U_H d}{I_S B} \tag{3.37}$$

式中　$R_H$——霍尔系数；

$d$——样品厚度。

对于 p 型半导体样品

$$R_H = \frac{1}{qp} \tag{3.38}$$

式中　$q$——空穴电荷电量；

$p$——半导体载流子空穴浓度。

对于 n 型半导体样品

$$R_H = -\frac{1}{qn} \tag{3.39}$$

式中　$q$——电子电荷电量；

$n$——半导体载流子电子浓度。

考虑到载流子速度的统计分布以及载流子在运动中受到散射等因素的影响。在霍尔系数的表达式中还引入霍尔因子 $A$，则上式修正为 p 型半导体样品 $R_H = A/(qp)$，n 型半导体样品 $R_H = -A/(qn)$。$A$ 的大小与散射机理及能带结构有关。在弱磁场（一般为 0.2 mT）条件下，对球形等能面的非简并半导体，在较高温度（晶格散射起主要作用）情况下，$A=1.18$，在较低的温度（电离杂质散射起主要作用）的情况下，$A=1.93$，对于高载流子浓度的简并半导体以及强磁场条件 $A=1$。

对于电子、空穴混合半导体的情况，在计算 $R_H$ 时应同时考虑两种载流子在磁场偏转下偏转的效果。对于球形等能面的半导体材料，可以证明：

$$R_H = \frac{A(p - nb^2)}{q(p + nb)^2} \tag{3.40}$$

式中，$b=\mu_n/\mu_p$，$\mu_n$、$\mu_p$ 分别为电子和空穴的迁移率；A 为霍尔因子，其大小与散射机理及能带结构有关。

从霍尔系数的表达式可以看出：由 $R_H$ 的符号可以判断载流子的类型，正为 p 型，负为 n 型。由 $R_H$ 的大小还可以确定载流子的浓度，还可以结合测得的电导率算出霍尔迁移率 $\mu_H$，有

$$\mu_H = |R_H|\sigma$$

对于 p 型半导体 $\mu_H=\mu_p$，对于 n 型半导体 $\mu_H=\mu_n$。

霍尔系数 $R_H$ 可以在实验中测量出来，表达式为

$$R_H = \frac{\mu_H d}{I_S B} \tag{3.41}$$

但在实际测量中，往往伴随着各种热磁效应所产生的电位叠加在测量值 $\mu_H$ 上，引起测量误差。为了消除热磁效应带来的测量误差，可采用改变流过样品的电流方向及磁场方向的方法予以消除。

#### 3.10.2.2 霍尔系数与温度的关系

$R_H$ 与载流子浓度之间有反比关系，当温度不变时，载流子浓度不变，$R_H$ 不变，而当温度改变时，载流子浓度发生变化，$R_H$ 也随之改变。

通过实验可测得 $R_H$ 随温度 $T$ 变化的曲线。

#### 3.10.2.3 半导体的电导率

在半导体中若有两种载流子同时存在，其电导率 $\sigma$ 为：

$$\sigma = qp\mu_p + qn\mu_n \tag{3.42}$$

式中 $q$——电子电量；

$p$——半导体载流子空穴浓度；

$n$——半导体载流子电子浓度。

实验中电导率 $\sigma$ 可由下式计算出：

$$\sigma = \frac{1}{\rho} = \frac{IL}{U_0 ad} \tag{3.43}$$

式中 $\rho$——电阻率；

$I$——流过样品的电流；

$U_0$，$L$——两测量点间的电压降和长度；

$a$——样品宽度；

$d$——样品厚度。

### 3.10.3 实验设备及材料

霍尔系数测试仪、电磁铁、数字特斯拉计、数据采集系统、电炉。

### 3.10.4 实验步骤

(1) 常温下测量霍尔系数 $R_H$ 和电导率 $\sigma$

① 打开电脑、霍尔效应实验仪(Ⅰ)及磁场测量和控制系统电源开关(Ⅱ)(以下简称Ⅰ或Ⅱ)。

② 将Ⅰ“样品电流方式”拨至自动，“测量方式”拨至动态，将Ⅱ“换向转换开关”拨至自动。按一下Ⅰ的复位开关，电流有输出，调节Ⅱ电位器至电流为某一定值，同时测量磁场强度。

③ 将测量样品杆放入电磁铁磁场中(对好位置)。

④ 进入数据采集状态，选择电压曲线。如没有进入数据采集状态，则按一下Ⅰ的复位开关后进

入数据采集状态。记录磁场电流正向和反向的霍尔电压，可在数据窗口得到具体数值。

⑤ 将Ⅰ“测量选择”拨至“$\sigma$”，记录电流正方向的电压。

⑥ 计算霍尔系数 $R_H$ 和电导率 $\sigma$ 等数据。

（2）变温下测量霍尔系数 $R_H$ 和电导率 $\sigma$

① 将Ⅰ“测量选择”拨至“$R_H$”，将“温度设定”调至最小（往左旋到底，加热指示灯不亮）。

② 将测量样品杆放入杜瓦杯中冷却至液氮温度。

③ 将测量样品杆放入电磁铁磁场中（对好位置）。

④ 重新进入数据采集状态（电压曲线）。

⑤ 系统自动记录随温度变化的霍尔电压，并自动进行电流和磁场换向。温度接近室温时调节“温度设定”至最大（向右旋到底）。也可一开始就加热测量。

⑥ 指示灯灭时，退出数据采集状态。保存霍尔系数 $R_H$ 文件。

⑦ 将Ⅰ“测量选择”拨至“$\sigma$”。

⑧ 将测量样品杆放入杜瓦杯中冷却至液氮温度。

⑨ 将测量样品杆拿出杜瓦杯。

⑩ 重新进入数据采集状态。

⑪ 系统自动记录随温度变化的电压，温度接近室温时调节“温度设定”至最大。

⑫ 温度基本不变时，退出数据采集状态，保存电导率 $\sigma$ 文件。

⑬ 根据实验要求进行数据处理。

### 3.10.5 实验记录与数据处理

记录所测得的室温和变温条件下的霍尔系数 $R_H$ 和电导率 $\sigma$，绘制出相应的曲线。确定半导体的导电类型和载流子浓度，通过霍尔系数和电导率随温度的变化，确定半导体的禁带宽度、杂质电离能及迁移率的温度系数等基本参数。

### 3.10.6 思考题

（1）电导率-温度曲线中出现极值的温度是什么温度？这种行为说明了什么问题？从微观机制给予相应解释。

（2）半导体的禁带宽度的大小意味着什么？它的大小和温度有关吗？

# 实验 3.11 静态磁滞回线的测量

## 3.11.1 实验目的

(1) 学习用电子积分器测量材料的磁感应强度;

(2) 测量软磁材料的磁滞回线,学会分析材料的磁滞回线。

## 3.11.2 实验原理

磁滞是指当铁磁材料达到磁饱和状态后,减小磁化场强 $H$,介质的磁化强度 $M$(或磁感应强度 $B$)并不沿着起始磁化曲线减小,而是 $M$(或 $B$)的变化滞后于 $H$ 的变化的现象。在磁场中,铁磁体的磁感应强度与磁场强度的关系可用曲线来表示,当磁化磁场做周期的变化时,铁磁体中的磁感应强度与磁场强度的关系是一条闭合线,这条闭合线叫作磁滞回线。图 3.36(横坐标为磁场强度,纵坐标为磁感应强度)中,$B_r$ 为剩余磁感应强度,$H_C$ 为矫顽场,$b$ 点处对应的磁感应强度为饱和磁感应强度,$B$-$H$ 磁滞回线围成的面积表示经历一个周期的过程后铁磁体损耗的能量。

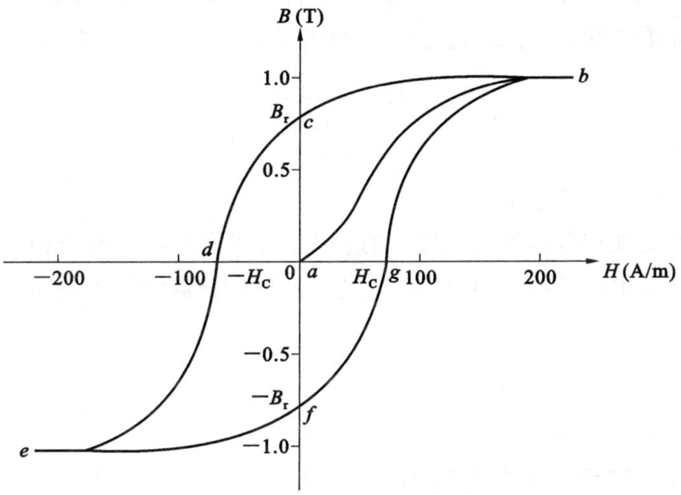


图 3.36 磁滞回线

测量磁滞回线大致有两种方法:一个是静态法;另一个是动态法。

电子积分器法是根据电磁感应原理将探测线圈测得的感生电势通过电子积分器积分来测量磁感应强度的方法。通常用直流产生稳定磁场,通过定量增大或减小励磁电流来改变磁场,逐点测量磁滞回线,称为静态磁滞回线。电子积分法物理过程清晰,测量较准确。示波器法用交流(一般用 50 Hz)产生交变磁场,用示波器显示磁滞回线,称为动态磁滞回线。示波器法直观、简便,便于定性理解。

本实验进行的是静态磁滞回线的测量,下面介绍该方法的测试原理:

磁滞回线测量原理图如图 3.37 所示,图中 A 为环状磁性材料,$N_1$,$N_2$ 分别为绕在其上的初、次级线圈的匝数;M 为互感器;$R_0$ 是取样电阻,阻值为 1 Ω;电子积分器用于测量磁感应强度 $B$,由运算放大器等构成。$K_1$ 为电流换向开关;$K_2$ 为选择测量开关;$K_3$ 为复位按钮开关。E 为可调电源。

(1) 磁化场强 $H$ 的测量

磁化场强 $H$ 可以表示为:

$$H = \frac{N_1 I_0}{L} \tag{3.44}$$

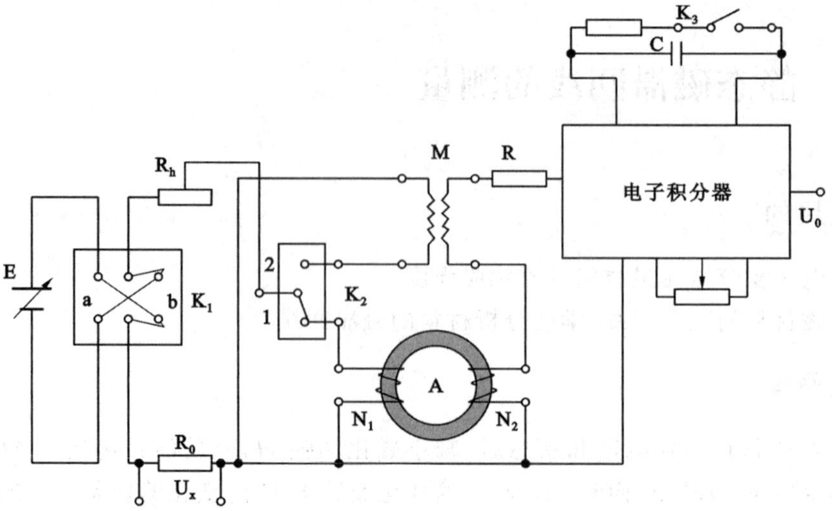


图 3.37　磁滞回线测量原理图

式中　$I_0$——通过初级线圈的磁化电流；

$L$——环形磁性材料的平均周长。

$H$ 的变化是通过改变 $I_0$ 实现的，因此，$H$ 的测量就转换成了 $I_0$ 的测量。但是计算机不能直接采集 $I_0$ 的信号，需通过采样电阻 $R_0$ 将 $I_0$ 转化成与 $H$ 成正比的电压信号 $U_x$。于是：

$$H = \frac{N_1 U_x}{L R_0} \tag{3.45}$$

（2）磁感应强度 $B$ 的测量

本实验中通过电子积分器测量 $B$。

电子积分器是一种实现积分运算的电路，通过对连续变化的感应电动势进行累加，来测量随时间变化的磁场。电子积分器由运算放大器、R、C 组成。电子积分器的输出电压 $U_0$ 表示为：

$$U_0 = -\frac{1}{RC\int U_i \mathrm{d}t} - U_c \tag{3.46}$$

式中　$U_i$——积分器的输入电压；

$U_c$——积分器在零时刻的输出电压，$U_c$ 可以通过在测量之前对电容 C 放电使之为 0，这样上式就简化成：

$$U_0 = -\frac{1}{RC\int U_i \mathrm{d}t} \tag{3.47}$$

由上式可见积分器的输出电压 $U_0$ 正比于输入电压 $U_i$ 对时间的积分。式中的负号表示 $U_0$ 与 $U_i$ 反位相。

参照图 3.37，在测量电路中，单调地改变流过 $N_1$ 中的电流 $I_0$，样品内部的磁场 $H$ 将发生变化，此时在 $N_2$ 中，将产生感应电动势 ε，ε 的大小为：

$$\varepsilon = \frac{-N_2 S \mathrm{d}B}{\mathrm{d}t} \tag{3.48}$$

式中　$S$——环形磁性材料的横截面积；

$N_2$——次级线圈的匝数。

将 $N_2$ 接到积分器的输入端，对 ε 积分，得到：

$$U_0 = \frac{N_2 S}{RC}\int \mathrm{d}B = \frac{N_2 S(B - B_0)}{\tau} \tag{3.49}$$

式中 $\tau$——时间常数，由电路参数决定；

$B_0$——样品中的剩磁，只要在正式测量之前将样品退磁，即可使 $B_0=0$。

实验中只要单调、缓慢地改变磁化电流 $I$，计算机就可以同步画出与 $H$-$B$ 关系相对应的 $U_x$-$U_0$ 的曲线，$U_0$、$U_x$ 的大小可以分别从计算机所绘的曲线上求得。

(3) 时间常数 $\tau$ 的确定

$\tau$ 的大小可以用互感器 M 测定。实验时 $K_2$ 选择 2，用互感器替代样品线圈。改变流过 M 的电流 $I$，则 M 产生的电动势 $\varepsilon_1$ 为：

$$\varepsilon_1 = -\frac{M\mathrm{d}I}{\mathrm{d}t} \tag{3.50}$$

对 $\varepsilon_1$ 积分，积分器的输出电压：

$$U_{0M} = \frac{MU_{XM}}{\tau R_0} \tag{3.51}$$

由此可得：

$$\tau = \frac{MU_{XM}}{R_0 U_{0M}} \tag{3.52}$$

当电流 $I$ 从 0 逐渐增大到互感器的额定电流值时，计算机将绘出一条直线，则 $B$ 为：

$$B = \frac{MU_{XM}U_0}{N_2 SR_0 U_{0M}} \tag{3.53}$$

## 3.11.3 实验设备及材料

实验设备为静态磁滞回线测量仪(南京大学制，图 3.38)，样品为仪器自带环形试样。

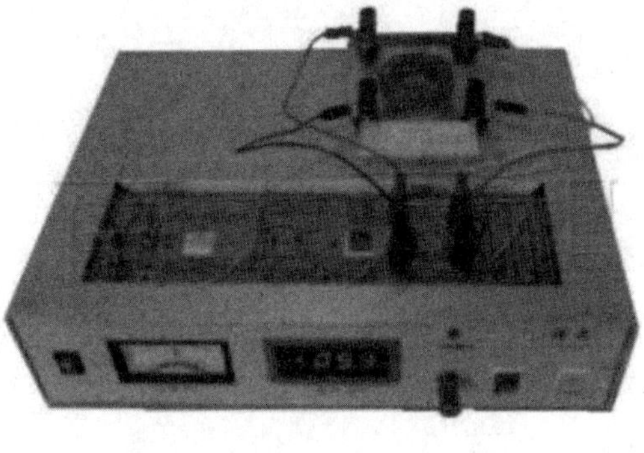

图 3.38 静态磁滞回线测量仪

## 3.11.4 实验步骤

以静态磁特性参数测量仪为例，介绍操作过程。

(1) 打开电脑和测量仪的控制面板。选择电脑上的“静态磁滞回线测量仪”程序。

(2) 接入样品后，调节“平衡”旋钮，使数字表上的读数基本保持不变。

(3) 在测量条件、参数和显示区域设定后，按下“记录”按钮，系统进入测量状态。同时，一些相关的按钮和选项变灰，此时“暂停”按钮有效。

(4) 调节电流调节旋钮，以此改变磁场的大小和方向(注意：测量时，请将电流控制在 0.8 A 以内)。

(5) 测量过程中，按下“暂停”按钮，系统进入待命状态，此时可以进行变更显示坐标、平滑测量曲线、保存数据、打印曲线、更新显示区域等操作。按下“继续”按钮，系统再次进入测量状态。

(6) 在记录仪的“测量曲线显示区”中，用鼠标任意拉出一个方框，单击“选定”按钮，显示区更新为所框定的区域，即对选定区域进行局部放大。

### 3.11.5　实验记录与数据处理

绘制磁滞回线；在磁滞回线上得出材料的饱和磁感应强度、剩余磁感应强度、矫顽力、最大磁能积等参数；通过磁滞回线判断材料的磁性类型。

### 3.11.6　思考题

(1) 测定铁磁材料的磁滞回线有什么意义？

(2) 分析过渡金属元素掺杂对材料磁性能影响规律。

(3) 如何由测试曲线分析材料的磁性类型、饱和磁感应强度、剩余磁感应强度及矫顽力？

# 实验 3.12 电化学循环伏安测试

## 3.12.1 实验目的

(1) 了解循环伏安特性的测量目的,掌握循环伏安特性测量的基本原理;

(2) 熟练使用循环伏安法测量和分析锂离子电极材料循环伏安特性。

## 3.12.2 实验原理

循环伏安法(Cyclic Voltammetry,CV)是一种常用的电化学研究方法。该法以不同的速率控制电极电势,随时间以三角波形一次或多次反复扫描,电势范围是使电极上能交替发生不同的还原和氧化反应,并记录电流-电势曲线。根据曲线形状可以判断电极反应的可逆程度、中间体、相界吸附或新相形成的可能性,以及偶联化学反应的性质等。常用来测量电极反应参数,判断其控制步骤和反应机理,并观察整个电势扫描范围内可发生哪些反应及其反应性质。对于一个新的电化学体系,首选的研究方法往往就是循环伏安法,又称之为“电化学的谱图”,已被广泛地应用于化学、生命科学、能源科学、材料科学和环境科学等领域中相关体系的测试表征。

(1) 恒电位仪工作原理及使用范围

MCP-1 型恒电位仪由扫描信号发生器,阻抗转换器,零阻电流计,$I_r$ 补偿电路,电流、电位检测电路,过载显示等部分组成。它具有频率响应快、稳定性好、可靠性强等优点。其主要用于测定:控制电位或控制电流的阴、阳极极化曲线,循环伏安曲线,常规极谱分析,自腐蚀电位等。测试结果通过仪器面板显示,配用 $X$-$Y$ 函数记录仪记录实验曲线。

(2) 循环伏安法基本原理

$Li^+$ 嵌入-脱出循环伏安特性是阴极材料的重要特性,它是判断阴极材料性能优劣的关键性能指标。因此,采用电化学中基本测量方法——循环伏安法进行测试。

循环伏安法是在面积恒定的工作电极上加上对称的三角波扫描电压[图 3.39(a)],记录 $I$-$E$ 曲线,也称为循环伏安图[图 3.39(b)]。若三角波的前半部分呈阴极扫描过程,电极上发生还原反应,电流响应是峰形的阴极波,而三角波的后半部分是阳极扫描过程,电极上发生氧化反应,电流响应是峰形的阳极波。因此,一次三角波电压扫描,电极完成一个还原-氧化的循环,故称为循环伏安法。

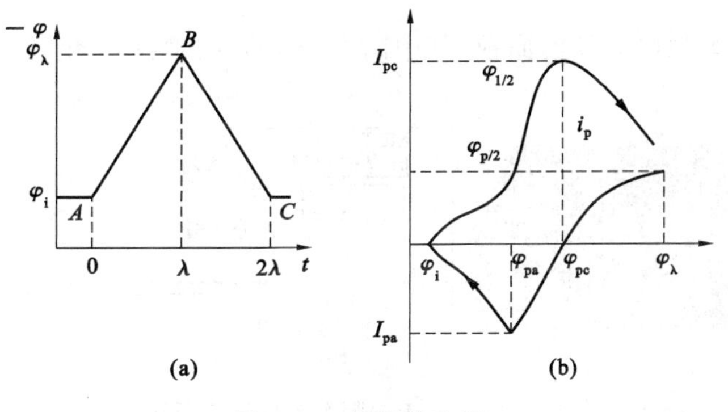


图 3.39 循环伏安图

循环伏安法是研究电极过程机理的有效手段,从循环伏安曲线上可获得用于判断电极反应可逆性的重要依据。如从阳极峰、阴极峰的峰高以及峰位,可以评价电极反应的可逆性。

(3) 循环伏安曲线

设电极反应为 O+$ne$⇔R,式中 O 表示氧化态物质,R 表示还原态物质,当扰动信号为一三角波电位[图 3.39(a)]时,所得的典型循环伏安图如 3.39(b)所示。

图 3.39(a)中 $\varphi_i$ 为起扫电位,$\varphi_\lambda$ 为反扫电位,当电位从 $\varphi_i$ 扫至 $\varphi_\lambda$ 时称正向扫描,为阴极过程,电位从 $\varphi_\lambda$ 扫至 $\varphi_i$ 时称反向扫描,为阳极过程。

从电位 $\varphi_i$ 开始扫描时,开始只有非法拉第充电电流,当电位向负方向增大到一定值时,反应物开始在电极表面发生还原反应 O+$ne$→R,电极表面反应物浓度下降,引起电极表面扩散电流增大,电流随电位的升高而增大。当电位升高到某一值时,扩散电流达到最大值,出现阴极峰电流 $I_{pc}$,这时电极表面反应物浓度已经下降到 0,当电位继续向负方向升高时,由于溶液内部的反应物会向电极表面扩散,使扩散层厚度增加,这时电流开始下降,因而出现了具有峰电流的电流-电位曲线。当正向扫描电位达到三角波的顶点 $\varphi_\lambda$ 时,改为反向扫描,电位向正方向移动。此时电极附近,积聚的还原态产物 R 随着电位的正移而逐渐被氧化 R−$ne$→O,其过程与正向扫描相似,随着电位逐渐升高,阳极电流不断增大,阳极电流达到最大值后,同样出现电流衰减。因此,反向扫描同样出现阳极峰电流 $I_{pa}$,整个扫描过程则形成如图 3.39(b)所示的循环曲线,阴极峰电流 $I_{pc}$ 与阳极峰电流 $I_{pa}$ 所对应的电位称为阴极峰电位 $\varphi_{pc}$ 及阳极峰电位 $\varphi_{pa}$。阴极峰电流 $I_{pc}$ 是峰位置相对于零电位基线($I=0$)的高度。而阳极峰电流由于反扫是从换向电位 $\varphi_\lambda$ 处开始的,而 $\varphi_\lambda$ 处的阴极电流并未衰减到零,因此,阳极峰电流的读数应以阴极电流的衰减线的外延为基线。其方法是在 $\varphi_\lambda$ 处开始作阴极电流衰减线外延部分的对称线,以对称线作为基线。如果实验测定有困难可以用计算法确定阳极峰电流。即:

$$\frac{I_{pa}}{I_{pc}} = \frac{(I_{pa})_0}{I_{pc}} + \frac{0.485(I_{sp})_0}{I_{pc}} + 0.086 \tag{3.54}$$

式中　$I_{pa}$——阳极峰电流;

$I_{pc}$——阴极峰电流;

$(I_{pa})_0$——相对于零电流线为基线的阳极峰电流;

$(I_{sp})_0$——电位为 $\varphi_\lambda$ 时所对应的阴极电流。

### 3.12.3　实验设备及材料

MCP-1 型恒电位仪,$LiCoO_2$ 电极(工作电极),参考电极为甘汞电极,对电极为铂电极,0.5 M 的 $LiClO_4$/PC 溶液。

### 3.12.4　实验步骤

图 3.40 是 MCP-1 型恒电位仪前面板,其中图 3.40(a)为实物图,图 3.40(b)为示意图。

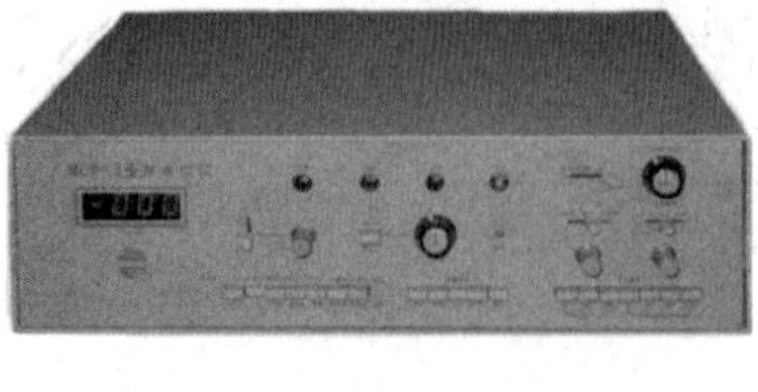

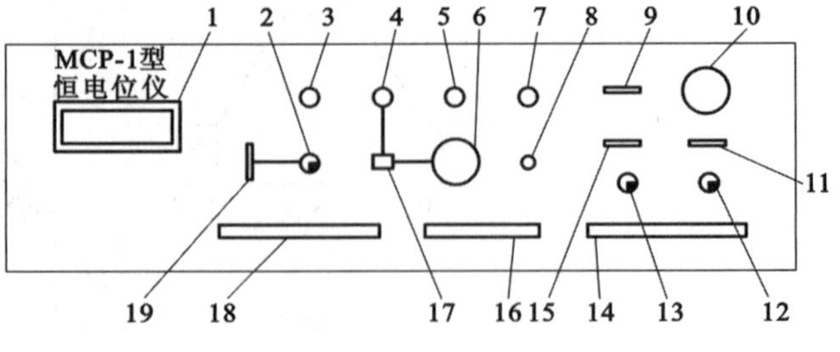


**图 3.40**　MCP-1 **型恒电位仪前面板**

1—液晶显示屏;2—给定;3—过载;4—补偿;5—正扫;6—$I_r$ 补偿;7—反扫;8—调零;9—自动扫、停、零开关;10—扫描速度;11—扫描倍乘;12—下限;13—上限;14—电流量程;15—上限停、循环、下限停开关;16—测量选择;17—通断开关;18—显示量程、工作、电解槽恒电流、起始、假负载、恒电位组合开关;19—显示正、零、负开关

3.12.4.1 恒电位仪前面板各开关旋钮的预置

图 3.40(b)中各数字对应旋钮的设置方法为：19 置“0”，2 逆时针旋到头，17 置“断”，9 置“0”，15 置“循环”，11 置“×10”，10 置“10 mV/sT”，14 置“500 mA/V”，16 置“电位”挡，18 置“×1”挡，工作方式置“起始、假负载、恒电位”(注：三挡自锁键均弹出)。

3.12.4.2 恒电位工作方式检查

打开电源，琴键开关 18 置“工作”(自锁键琴按下)，其他各键预置状态，此时表头显示应为“0”，将滞留给定开关拨至正或负，调节 2，表头显示之数值应随之呈线性变化，如正常则恒电位工作正常，各键恢复成预置状态，关闭电源。

3.12.4.3 循环可逆性的研究

将图 3.40 所示的 MCP-1 型恒电位仪前面板做如下设置：调节 13 为 1 V，调节 12 为－1 V，9 拨至“0”位置，15 拨至“循环”，11 拨至“×10”，将 10 调一圈，则仪器扫描速率为 10 mV/s×10＝100 mV/s，(可以改变扫描速率)，19 置“0”，17 置“断”(弹出为断)，18 置“×1”、“工作”、“电解槽”、“恒电位”(三挡自锁开关弹出分别为起始、假负载、恒电位)，14 置“1 mA/V”，取 0.5 M 的 $LiClO_4$/PC 溶液于电解杯中，打开仪器电源，E 输出接记录仪“X”轴，I 输出接记录仪的“Y”轴，18 置“电解槽”，9 拨至“扫”位置，开始工作，这时 X-Y 记录仪上即可记录到波形。

3.12.4.4 X-Y 记录仪的使用

(1) 连接电源

① 将笔架轻移至仪表右端，检查记录面板是否清洁，如有污垢或灰尘可用药棉蘸上少许酒精，轻轻擦除。面板切忌重压或搁置重物。

② 记录仪背部电源开关置于“断”。

③ 扫描控制单元面板上所有开关置于“OFF”。

④ 测量单元之 MEAS 开关置于“ZERO”。

(2) 输入信号线的连接

① MEAS 开关置于“OFF”。

② 信号源的输出不能接至“G”端；(＋)和(－)之间或(＋)和(G)之间输入信号的峰值应小于 500 V；输入信号不应为高频信号。

(3) 记录纸的放置

① 打开电源开关，SERVO 开关为“OFF”。

② 取下压条，将 Y 形大梁移至左边。

③ 将记录纸放在记录面板上。

④ 以记录纸有效幅面的右下角符号“。”为基准，对准记录面板上两个定位光点的右光点。

⑤ 在记录纸零、满刻度线外侧 3 mm 以外压上压条。

(4) 记录笔的安装

① 装笔前，将 SERVO 开关置于“OFF”；

② 将笔架移至记录区域中央；

③ 取下笔帽，将笔体底部两个圆形凸台插入笔架上对应位置；

④ 用手上下拨动笔，以检查安装是否可靠；

⑤ 笔架较长的是 Y2，笔架较短的是 Y1。

(5) 注意事项

① 压条不能弯曲；

② 不能使用有折痕的记录纸，否则即使抬笔，Y 形大梁运动也会使记录纸移动，影响记录。

(6) 测量步骤

① 将 SERVO 开关置于"ON",伺服系统立即处于工作状态,并全速移动至平衡位置。

② POSITION 的设置:调节测量单元上的 POSITION 旋钮,将记录笔设置在 $X$ 轴 5 cm 处。

③ 灵敏度设置:将 RANGE 开关设置于 100 mV/cm。

④ P1(P2)开关设置于 DOWN,使记录笔落下。

⑤ 开始测量,将 MEAS 开关设置于 MEAS,记录仪即开始测量和记录。

## 3.12.5 实验记录与数据处理

(1) 用函数记录仪记录 $LiCoO_2$ 电化学极化的曲线,分析氧化还原峰的位置。

(2) 从循环伏安图,读出 $I_{pa}$、$I_{pc}$、$\varphi_{pa}$、$\varphi_{pc}$的值。

(3) 分别以 $I_{pa}$、$I_{pc}$对溶液的浓度作图,说明峰电流与浓度的关系。

(4) 分别以 $I_{pa}$、$I_{pc}$对 $V_{1/2}$作图,说明峰电流与扫描速率间的关系。

(5) 计算 $I_{pa}/I_{pc}$的值,说明电极过程的可逆性。

## 3.12.6 注意事项

(1) 电化学实验中电极预处理非常重要。电极一定要处理干净,否则误差较大。

(2)电极千万不能接错,也不能短路,否则会导致错误结果,甚至烧坏仪器。

## 3.12.7 思考题

(1) 请说明扫描速率对测试结果的影响。

(2) 根据循环伏安特性测试中的氧化还原峰的位置,分析其原因。

(3) 如何用循环伏安法来判断电极过程的可逆性?

# 实验 3.13 材料的吸收光谱、透过光谱测试

## 3.13.1 实验目的

(1) 了解吸收光谱、透过光谱产生的基本原理；

(2) 熟悉光谱仪的仪器原理及操作规程；

(3) 了解吸收光谱、透过光谱在材料研发中的应用。

## 3.13.2 实验原理

在材料中，玻璃、陶瓷、塑料等是透明或半透明材料，也呈现出各种颜色。吸收光谱、透过光谱是对其光学性能进行表征的重要手段。本实验中，以玻璃为例来测定材料的吸收光谱和透过光谱。

### 3.13.2.1 理论基础

光波通过媒质后会出现透过、吸收、反射、折射、散射等光学现象。

光吸收是指光波通过媒质后，光强减弱的现象。除真空，没有一种介质对任何波长的电磁波是完全透明的。所有的物质都是对某些范围内的光透明，对其他光不透明。因此，若在一定波长范围内，物质吸收不随波长而变，这种吸收称为一般吸收；反之，随波长而改变的吸收称为选择吸收。例如，在可见光范围，一般的光学玻璃吸收很小，且不随波长而变，它就是一般吸收。而有色玻璃在可见光范围内具有选择吸收。如“红”玻璃就是对红色光微弱吸收，而对绿光、蓝光及紫光的吸收比较显著，因此，当白光通过“红”玻璃时，除红光外其他光基本已经被吸收，此即滤光片的作用。不过，一般吸收与选择吸收的区别是有相对条件的。任何物质在一个波段范围内表现为一般吸收，在另一波段范围内可能表现为选择吸收。例如，普通光学玻璃，对可见光吸收很弱，是一般吸收，而紫外及红外波段则表现为强烈的吸收，即选择吸收。任一介质对光的吸收都是由这两种吸收组成的。

对于玻璃材料，若呈现一般吸收，往往测定其透过光谱，以确定其透光性能。若呈现选择吸收，则需要测定其吸收光谱，以确定出现选择吸收的光谱范围。吸收光谱和透过光谱的测定，根据需要而定。如市售的建筑用窗玻璃往往测试其透过光谱，而颜色玻璃、激光玻璃等特种功能玻璃往往测试其吸收光谱。

分子吸收紫外-可见光区 10～800 nm 的电磁波而产生的吸收光谱称为紫外-可见吸收光谱(Ultraviolet-visible Absorption Spectra)，又称电子光谱。这个数量级能量的吸收，可以导致分子的价电子由基态跃迁到高能量的激发态。显然，物质吸收电磁辐射的本领与物质分子的能级结构有关。当物质中能跃迁的两能级的能量差越接近电磁辐射的能量，则物质吸收越大，能级差相距辐射能量越大，则吸收越小。这就是物质具有一般吸收和选择吸收的缘故。而吸收分光光度法正是基于不同分子结构的各种物质，对电磁辐射显示选择吸收这种特性建立起来的。

红外光吸收和光与分子振动相互作用产生的多声子过程相关。

紫外-可见-红外光可分为 5 个区域。远紫外区：10～190 nm；近紫外区：190～400 nm；可见光区：400～800 nm；近红外区：760～2500 nm；中远红外区：大于 2.5 μm。

### 3.13.2.2 测试原理

最常用的吸收光谱或透射光谱的谱带强度单位为透过率 $T$(Transmittance)或吸光度 $A$(Absorbance)。强度为 $I_0$ 的光束通过玻璃，强度降低为 $I$，则透射率 $T$ 为：

$$T = \frac{I}{I_0} \tag{3.55}$$

按照比尔-兰伯特(Beer-Lammbert)定律：

$$\frac{I}{I_0}=10^{-\alpha cl} \quad 或 \quad \lg\left(\frac{I_0}{I}\right)=\alpha cl \tag{3.56}$$

式中　$l$——样品厚度，cm；

$c$——样品中吸收光的组分浓度，mol/L；

$\alpha$——吸收系数(Absorptivity)，L/(mol·cm)。

定义吸光度 $A$ 为：

$$A=\lg\frac{I_0}{I}=\lg\frac{1}{T} \tag{3.57}$$

将式(3.56)代入式(3.57)，有：

$$A=\lg\frac{I_0}{I}=\alpha lc \tag{3.58}$$

定义 $\varepsilon$ 为摩尔吸收系数(Molar Absorption Coefficient)，则：

$$\varepsilon=\frac{A}{lc} \tag{3.59}$$

式中，$\varepsilon$ 是表示物质对某波长的光的吸收能力的量度，指一定波长时，溶液的浓度为 1 mol/L，光程为 1 cm 时的吸光度值，用 $\varepsilon$ 或 $EM$ 表示。

由于固体材料中吸收光的组分浓度变化很大，光程也不能保证是 1 cm，因此一般用吸收系数 $\alpha$ 表示吸光强度。同时，片状的玻璃材料，其吸收系数一般表示为：

$$\alpha=\frac{1}{l}\lg\left(\frac{I_0}{I}\right) \tag{3.60}$$

式中，$\alpha$ 的单位为 $cm^{-1}$。

吸收光谱以吸收波长 $\lambda$(nm)对吸收强度(吸光度 $A$ 或摩尔吸收系数 $\varepsilon$)作图所得到吸收曲线表示。透过光谱以入射波长 $\lambda$(nm)对透过率 $T$ 作图所得到透过曲线表示。

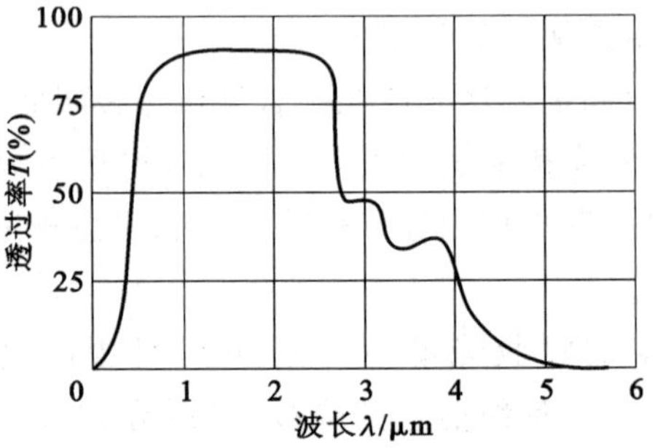


**图 3.41　商品平板玻璃的透过光谱**($l$=1 cm)

图 3.41 是商品平板玻璃的透过光谱，横坐标是波长，纵坐标是透过率。从图 3.41 可见，当光线垂直入射时，玻璃在近紫外区有明显的吸收截止边，而从近紫外区经过可见区到近红外区，都具有较高的透过率，在波长为 3 μm 左右处，开始出现若干吸收带，到波长约为 5 μm 以外又完全不透明。紫外吸收主要涉及原子内电子跃迁和迁移过程，紫外区透过率常用吸收限作为标志。一般认为 5 mm 厚的玻璃透过率为 10%或 50%时对应的波长为吸收限。玻璃的透光度在不吸收时也不是 100%，一般市售窗玻璃的透过率最大约为 90%，这是因为折射率为 1.5 的玻璃，其反射率是 0.04，具有两个表面的平板玻璃的反射损失总共为 8%。产生红外吸收的原因是入射光与玻璃中的基团、各种杂质相互作用。

图 3.42 是 50000ppm$Dy^{3+}$ 掺杂 GeGaCdS 硫系玻璃的吸收光谱，横坐标是波长，纵坐标是吸收系数。图 3.42 中若干波长处出现明显吸收峰，是由于 GeGaCdS 玻璃中掺杂的稀土 $Dy^{3+}$，在入射光的照射下发生了电子能级的跃迁，在分析这样的图谱时，就是要明确各个吸收峰对应的是何种能级跃迁。

#### 3.13.2.3　工作原理

下面以紫外-可见分光光度计为例，介绍其工作原理。

目前通用的紫外-可见光谱仪为自动记录式光电分光光度计。这种仪器以光平衡型居多，包括紫外和可见区两部分吸收光谱的测定，能自动地连续记录出无背景的样品吸收光谱，具有高灵敏性、快速和易于操作的特点。

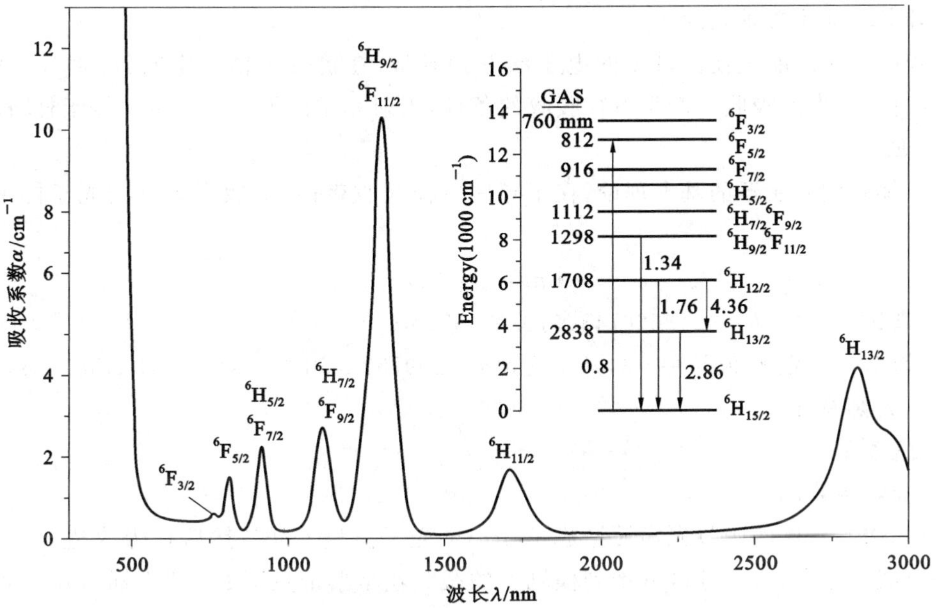


**图 3.42**　50000ppm$Dy^{3+}$掺杂 GeGaCdS 硫系玻璃的吸收光谱

分光光度计的结构大致由光源(紫外光和可见光)、单色器(石英棱镜或光栅)、样品池、检测器和记录装置等几个部分组成,光路简图见图 3.43。

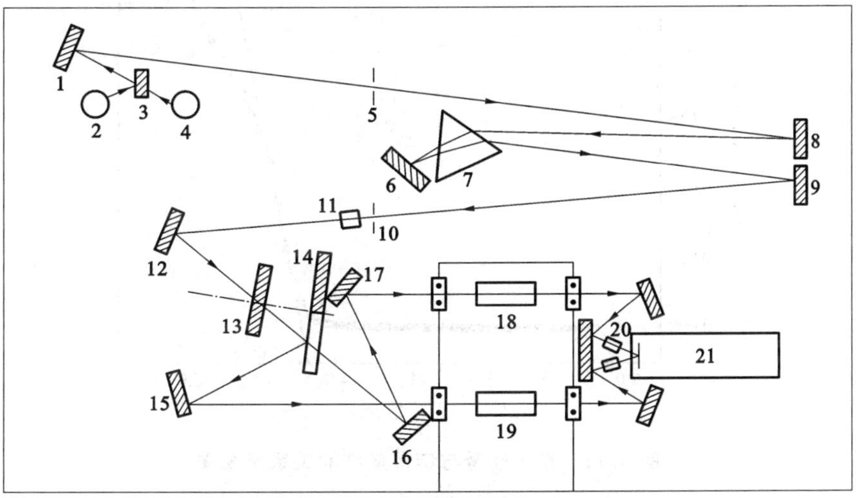

**图 3.43　紫外-可见分光光度计光路简图**

1—曲面镜;2—氘灯;3—平面镜;4—钨丝灯;5,10—狭缝;6—利特罗镜;7—光栅;8,9—凹面镜;11—透镜;12,15,16,17,20—平面反射镜;13—调节器面盘;14—斩波器;18—参比池;19—样品池;21—光电倍增管

由氘灯 2 和钨丝灯 4 发出紫外光和可见光,经平面镜 3 先后选择一种辐射光在曲面镜 1 聚焦,通过狭缝 5、凹面镜 8 反射到棱镜或光栅 7,色散后的光由利特罗镜 6 按不同波长依次返回单色器,经凹面镜 9 通过狭缝 10 和圆柱形透镜 11 到达曲面镜再次聚焦。聚焦后的单色光经调节器面盘 13、斩波器 14 分为两束交替通过样品池 19 和参比池 18。由于样品的吸收,两束光强度不同,经光电倍增管 21 检测,即给出相应的电信号,最后用电脑记录数据。

一般仪器记录的图谱为吸光度-波长曲线或透过率-波长曲线,有的仪器则记录吸光度-波数曲线,两者可以用下式相互换算:

$$\sigma = \frac{10^7}{\lambda} \tag{3.61}$$

式中　$\lambda$——波长,nm;

　　　$\sigma$——波数,$cm^{-1}$。

3.13.2.4　计算半导体禁带宽度 $E_g$

半导体吸收光子的能量使价带中的电子激发到导带，在价带中留下空穴，产生等量的电子与空穴，这种吸收过程叫本征吸收。产生本征吸收的条件：入射光子的能量($h\nu$)至少等于材料的禁带宽度 $E_g$，即，$h\nu \geqslant E_g$。

根据半导体带间光跃迁的基本理论，在半导体本征吸收带内，吸收系数 $\alpha$ 与光子能量 $h\nu$ 有如下关系：

$$(\alpha \cdot h\nu) = B^2 (h\nu - E_g)$$

式中　$h$——普朗克常数，$h=4.13566743\times10^{-15}$ eV·s；

$\nu$——频率，$\nu$=光速/波长=$c/\lambda$，其中光速 $c$=299792.458 km/s=299792458 m/s；

$E_g$——带隙宽度；

$B$——常数；

$\alpha$——吸收系数。

根据上式，将半导体的吸收光谱转换成 $(\alpha h\nu)^2$～光子能量 $h\nu$ 图，然后在吸收边处选择线性最好的几个点进行线形拟合，将线性区外推到横轴上的截距就是禁带宽度 $E_g$，即坐标$(\alpha h\nu)^2$为 0 时的横坐标值 $h\nu$。见图 3.44。

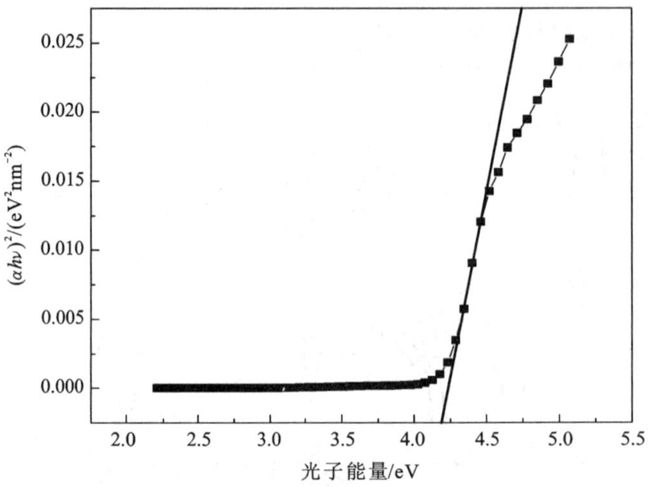


**图 3.44　光子能量与禁带宽度的关系示意图**

## 3.13.3　实验设备及材料

实验设备为岛津 UV-3600 紫外-可见-近红外分光光度计(图 3.45)，实验样品为熔融淬冷法制备的氧化物玻璃。

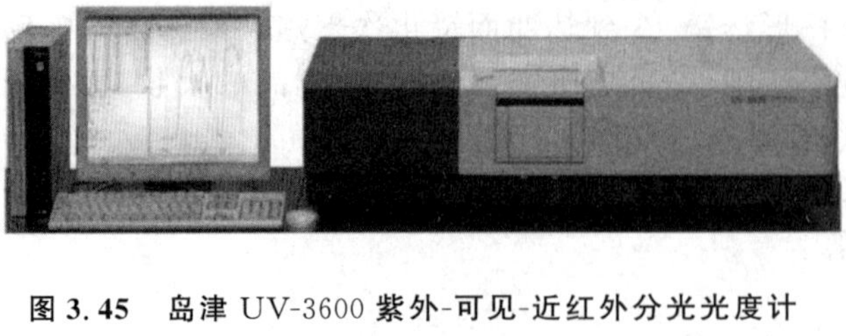

**图 3.45　岛津 UV-3600 紫外-可见-近红外分光光度计**

### 3.13.4 实验步骤

(1) 样品准备

将待测玻璃样品制成薄片状，尺寸能放入样品盒即可，玻璃要严格抛光。

(2) 实验操作

以岛津 UV-3600 紫外-可见-近红外分光光度计为例，介绍其操作方法。

① 打开主机样品仓盖，取出光路转换器件，安装主机样品仓样品支架，关闭主机样品仓盖。

② 打开主机右侧电源开关键。启动电脑，点击电脑桌面“UVProbe”图标。

③ 在主机“嘟”两次后，单击 UVProbe 软件上的“OM”按钮，“Instrument Parametera”选择探测器为“Dorect”，点击确认（注意：如果是初次开机，一定要等待 30 min 后再确认），单击“Connect”，开始自检，等全部项目检测“Pass”以后，单击“OK”确定连接成功。

④ 待自检完成后，等待 15 min 后，再次点击软件上的“OM”快捷方式，“Instrument Parametera”选择：transmittance（透过）或 absorption（吸收）；波长范围：在 190～3300 nm 范围内自选；slit（狭缝宽度）：选择“5”，单击确定；单击“baseline”，在弹出对话框中设置波长范围为 190～3300 nm，点击确定后开始走基线。

⑤ 待基线完成以后，打开样品仓盖，将待测样品夹在附件靠外面的样品架上。关闭样品仓盖，点击 UVProbe 软件上“Start”开始测试。测完后，在 File 中的“save as…”保存数据（数据以“. jpc”和“. txt”文本格式分别保存）。

⑥ 测试完成后点击“disconnecy”，关闭 UVProbe 软件，最后关闭主机右侧电源开关键。

⑦ 打开主机样品仓盖，取出样品支架，并放回附件箱中，重新安装光路转换附件，关闭主机样品仓盖。

⑧ 盖上仪器罩，清理试验台并做好登记。

### 3.13.5 实验记录与数据处理

利用绘图软件（如 Origin、Excel 等），根据实验数据绘制吸收光谱或透过光谱。根据吸收光谱的基本原理并结合所制备的样品，查阅相关文献，对谱图吸收峰给出合理的解释。分析样品的最大透过率、紫外截止吸收边等信息。

### 3.13.6 思考题

(1) 紫外-可见光区产生吸收的根本原因是什么？红外吸收的根本原因又是什么？紫外光谱和红外、拉曼光谱有何区别？

(2) 试样厚度对测定结果有无影响？为什么？

(3) 如何分析吸收光谱和透过光谱？

# 实验 3.14　材料的荧光光谱测试

## 3.14.1　实验目的

(1) 了解荧光光谱的基本原理；

(2) 熟悉荧光光谱仪的基本原理和操作规程；

(3) 了解荧光光谱的基本分析方法。

## 3.14.2　实验原理

光致发光(Photoluminescence，PL)是冷发光的一种，指物质吸收光子(或电磁波)后重新辐射出光子(或电磁波)的过程，即物质吸收光子跃迁到较高能级的激发态后返回低能态，同时放出光子的过程。光致发光可按延迟时间分为荧光和磷光。外辐射源停止作用后，仍然能持续发光的物质称为磷光物质；外辐射源停止作用后，立即停止发光的物质称为荧光物质，其发光波长比入射光的波长长。

由测量分子荧光和磷光强度而建立起来的定量分析法称为分子荧光分析法和分子磷光分析法。在化学反应过程中，分子吸收反应释放出的化学能产生激发态物质，这种激发态物质发出的光辐射称为化学发光(Chemiluminescence)。根据化学发光强度或发光总量来确定物质组分含量的分析方法称为化学发光分析法。化学发光分析、分子荧光分析和磷光分析统称为分子发光分析法。测量原子在紫外可见光辐射激发下所发射出的荧光强度，进行定量分析的方法，称为原子荧光光谱法。原子荧光与分子荧光的区别：分子荧光是受激基态分子产生的；原子荧光是受激原子产生的，是气态自由原子的光激发。

荧光光谱包括激发谱和发射谱两种。一束特定波长的单色光将离子从基态激发到某一个激发态能级，从这个激发态向低于它的各个能级跃迁发光，可以得到它下面各个能级以及下面各个能级到更低能级的发光光谱，即发射谱，这个是常用的。激发谱是荧光物质在不同波长的激发光作用下测得的某一波长处的荧光强度的变化情况，也就是不同波长的激发光的相对效率；通过荧光光谱可以获得激发态能级到下面各个能级的跃迁频率、荧光强度、荧光分支比等信息。

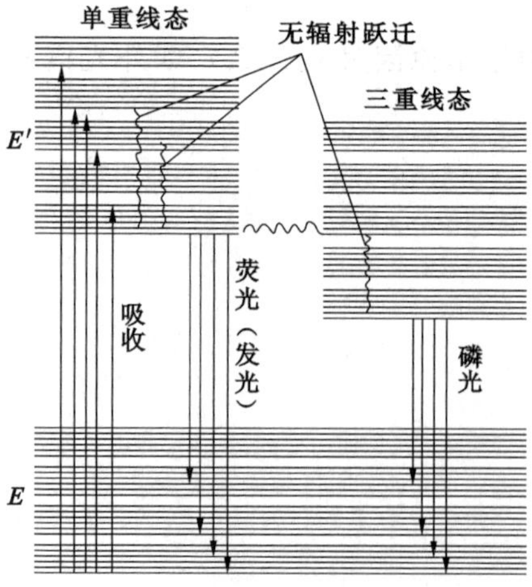

图 3.46　荧光、磷光产生原理

### 3.14.2.1　荧光及磷光的产生原理

含有孤对电子 n 和 π 轨道的分子，吸收光能后产生 $\pi\rightarrow\pi^*$ 和 $n\rightarrow\pi^*$ 电子跃迁。在通常情况下，基态分子的电子自旋是配对的，净自旋 $S=0$，光谱项的多重性 $2S+1=1$，这种状态称为单重态。电子激发态的多重性也是 $2S+1$。若有一个电子激发至高能轨道，当 $S=0$ 时，分子所处的状态就称为激发单重态；若一个电子激发至高能轨道，当 $S=1$，即 $2S+1=3$ 时，这种状态的分子就处于激发三重态。假若分子中含有奇数电子，即 $S=1/2$ 时，分子处于二重态。

在图 3.46 中，处于激发态的分子可以有多种辐射形式去激发而回到基态。一是由于与同类分子或其他分子碰撞，损失一部分能量，产生无辐射跃迁。二是若能态的多重性不变(激发单重态向基态单重态跃迁)所产生的辐射称为荧光。而能态的多重性改变(激发三重态向基态单重态跃迁)时产生的辐射称为磷光。由图 3.46 可知，吸收光谱的能级高于荧光光谱能级，荧光光谱能级又高于磷光光谱能级。所以，荧光波长较磷光短，荧光的寿命为

$10^{-9}\sim10^{-6}$ s,而磷光的寿命为 $10^{-3}\sim10$ s。一般荧光在常温下即可以发射,但磷光必须在极低的温度下(液氮,−196 ℃)才可以发射。

3.14.2.2　荧光强度与浓度的关系

由荧光发生机理可知,荧光强度 $I_f$ 由下式表示:

$$I_f = \varphi_f \cdot I_a \tag{3.62}$$

式中　$I_a$——被荧光物质吸收了的光强;

$\varphi_f$——荧光量子效率,$\varphi_f$=发射荧光的分子数/激发的分子总数,亦称荧光量子产率。

根据光的吸收定律,被吸收光的强度 $I_a$ 为:

$$I_a = I_0 - I_t = I_0\left(1 - \frac{I_t}{I_0}\right) \tag{3.63}$$

$$I_f = \varphi_f \cdot I_0(1 - e^{\varepsilon bc}) \tag{3.64}$$

式中　$I_0$——激发光的光强;

$I_t$——透过光强度;

$\varepsilon$——摩尔吸收系数;

$b$——样品槽长度;

$c$——样品浓度。

若 $I_0$ 固定,则 $I_f$ 取决于式(3.64)中的指数衰减项。将其指数项用级数展开得:

$$I_f = \varphi_f I_0\left[\varepsilon bc - \frac{(\varepsilon bc)^2}{2!} + \frac{(\varepsilon bc)^3}{3!} - \cdots\right]$$

或

$$I_f = \varphi_f I_0 \varepsilon bc\left[1 - \frac{\varepsilon bc}{2!} + \frac{(\varepsilon bc)^2}{3!} - \cdots\right] \tag{3.65}$$

由于荧光分析中检测物质浓度 $c$ 很小,故式(3.64)可写成:

$$I_f = \varphi_f \cdot I_0 \varepsilon bc \tag{3.66}$$

当工作条件一定时,式(3.66)中的 $I_0$、$\varepsilon$、$b$ 都为常数,则

$$I_f = k\varphi_f c \tag{3.67}$$

对于某种被分析物质及溶剂,$\varphi_f$ 也是常数,则

$$I_f = kc \tag{3.68}$$

式(3.68)为荧光定量分析的依据。

3.14.2.3　影响荧光、磷光强度的因素

如图 3.47 所示,可由分子激发态的各种辐射过程的速率常数来讨论影响发光的因素。图 3.47 中,$S$、$S^*$ 和 $T$ 分别表示基态、最低受激单重态和三重态。$k_c$ 和 $k_{c'}$ 分别是受激单重态和三重态无辐射去激发过程的速率常数;$k_f$ 和 $k_p$ 分别表示荧光和磷光发射过程的速率常数。$k_x$ 为最低 $S^*$-$T$ 态无辐射过程速率常数。这样,荧光量子效率为:

$$\varphi_f = \frac{k_f}{k_f + k_c + k_x} \tag{3.69}$$

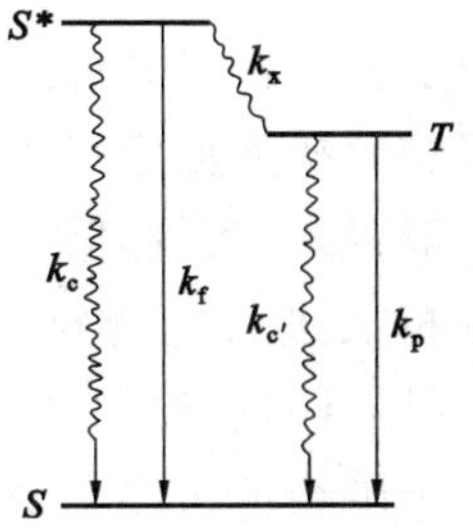

图 3.47　发光过程的速率常数

若 $k_c$ 和 $k_x$ 远大于 $k_f$,则 $\varphi_f$ 将趋于 0。显然,凡是能使 $k_f$ 值升高的因素均可增强荧光。

磷光量子效率取决于 $k_x$、$k_p$、$k_{c'}$,可由下式表示:

$$\varphi_p = \frac{k_p}{k_p \times k_{c'}} \times \frac{k_x}{k_f + k_c + k_x} \tag{3.70}$$

一般来讲,$k_f$ 和 $k_p$ 主要取决于分子结构,而受工作环境影响极小;而 $k_c$ 和 $k_{c'}$ 则受发光环境的强

烈影响；$k_x$ 既受分子结构的影响，也在一定程度上受环境的影响。分子中 $S^*$-$T$ 态间的能量差 $\Delta E$ 影响着 $k_x$，$\Delta E$ 越小，则 $k_x$ 越大，有利于激发态之间的转化。$\varphi_p$ 大，有利于磷光发射。

在实际工作中，荧光分子或磷光分子与溶剂分子及其他溶质分子相互作用，引起荧光强度或磷光强度降低的现象称为荧光熄灭或磷光熄灭现象。引起这种现象的一些物质叫熄灭剂。这种熄灭效应是由发光分子受环境作用而产生的。其原因很多，机理也很复杂，但主要是 $S^*$、$T$ 态发光分子与熄灭剂发生碰撞，由于碰撞作用使 $k_c$ 和 $k_{c'}$ 变大，因而产生熄灭现象。显然，碰撞熄灭现象与温度、溶剂的黏度有关系。不难理解，升高温度，降低黏度，都将使发光熄灭作用增大。因此，低温磷光就是基于这一原理建立起来的。

3.14.2.4　荧光、磷光与分子结构的关系

如果要使分子能够产生荧光或磷光，首先要求分子能够吸收紫外或可见光辐射能。根据吸收定律，$\varepsilon_{max}$大的物质，吸光度 $A$ 也大，$A$ 又影响 $k_f$ 和 $k_p$，因此，$\varepsilon_{max}$ 可以作为荧光、磷光发射的定性量度。通常分子吸收辐射能力越强，产生的荧光或磷光也越强。能够强烈发光的分子几乎都是通过 $\pi\rightarrow\pi^*$ 跃迁去激发产生的辐射。一般来讲，具有共轭双键、刚性较强的平面结构和多环结构分子易产生荧光；含杂环的芳香烃产生的磷光比荧光强。

取代基对分子发光有明显的影响，一般有以下一些规律：

(1) 给电子的基团常使荧光增强，因为这类基团使最低激发单重态和基态间的跃迁概率增大。例如，$—NH_2$、—OH、—OR 等。

(2) 吸电子的基团会使荧光减弱，因为此类基团使最低激发单重态和基态间的跃迁概率减小，即使 $k_f$ 减小。例如，—COOH、$—NO_2$、—N=N—、—SH 及卤素等。

(3) 引入原子序数较大的原子到 $\pi$ 电子体系中，可使磷光增强而荧光减弱，这种现象称为重原子效应。如卤素取代基随原子序数增加，使荧光减弱，磷光增强。这是由于在重原子中能级之间的交叉现象更严重，使单重态 $S^*$ 到三重态 $T$ 的无辐射速率常数 $k_x$ 增大。类似同样的原因，发光分子在含有重原子的溶剂如碘乙烷、溴乙烷中或在含有重原子的 $Ag^+$ 盐、$Pb^{2+}$ 盐中，荧光减弱，磷光会增强。

另外，环的封闭作用，有机螯合剂与金属离子形成配位键以及有机试剂与金属离子生成内络盐等，都可使发光分子结构的刚性增强，使 $k_c$ 减小，$k_f$ 增大，故有利于荧光的产生。

3.14.2.5　荧光和磷光分析法的应用

在荧光和磷光分析法中，由于测定的是 $I_f$ 和 $I_p$，故可通过增强 $I_0$ 来提高灵敏度。一般来讲，它们的灵敏度比分子吸收光谱法高 10～$10^3$ 倍。磷光分析法因不存在散射光干扰问题，可使用较宽的狭缝以增大 $I_0$，所以灵敏度比荧光法还要高。

由于分子荧光分析法的选择性和灵敏度好，常应用于医药、食品、生物化学和天然产物的分析。在有机物分析方面应用较多。荧光分析法在以上领域中具有特殊的作用。

一般说来，无机离子不发射荧光，但许多金属离子可与有机试剂形成荧光配合物，从而可以利用荧光分析法进行定量分析。目前已有 60 余种元素可用荧光分析法测定。某些阴离子如 $F^-$、$CN^-$ 等，可利用其对荧光物质的熄灭效应，来测定它们的浓度，这类方法称间接荧光分析法。

分子磷光分析法主要用于生物体液中痕量药物的分析。例如，血中色氨酸、含硫药物、阿司匹林、咖啡因、血清中的普鲁卡因、可卡因、苯巴比妥和阿托品等分析。

磷光物质比荧光物质更少，并且磷光分析法必须在低温度下进行，应用上受到一定限制。但对于那些在室温下不产生荧光或只产生微弱荧光，而在低温下可产生磷光的物质，磷光分析法将发挥作用。

3.14.2.6　荧光光谱仪工作原理

用于测量荧光的仪器种类较多，但它们的构造原理基本相同。荧光分光光度计的光学系统示意图如图 3.48 所示。由于氙灯在 250～600 nm 光谱区有很强的连续辐射，故商品仪器中常用氙灯为荧

光激发源。采用双单色仪(常用光栅),一个是激发用单色仪,其作用是获得单色性较好的激发光以激发样品产生荧光;另一个是荧光用单色仪,其作用在于减少光谱干扰,得到一定波长的荧光。为了防止光源对荧光测定的干扰,光源与检测器不在一条直线上。一般所说的荧光光谱实际上是指荧光发射光谱,即将激发用单色仪波长固定,荧光用单色仪进行波长扫描所得到的荧光强度随荧光波长变化的曲线。

荧光光谱与其共振吸收光谱常呈镜像对称关系。蒽的共振吸收光谱、荧光光谱和磷光光谱如图 3.49所示。蒽的荧光光谱和共振吸收光谱呈明显的镜像对称关系,是由于激发态和基态有相似的振动能级分布,而且从基态的最低振动能级跃迁到第一电子激发态各振动能级的概率与由第一电子激发态的最低振动能级跃迁到基态各振动能级的概率也相近。从图 3.49 可见:吸收光谱的能级>荧光光谱能级>磷光光谱能级。

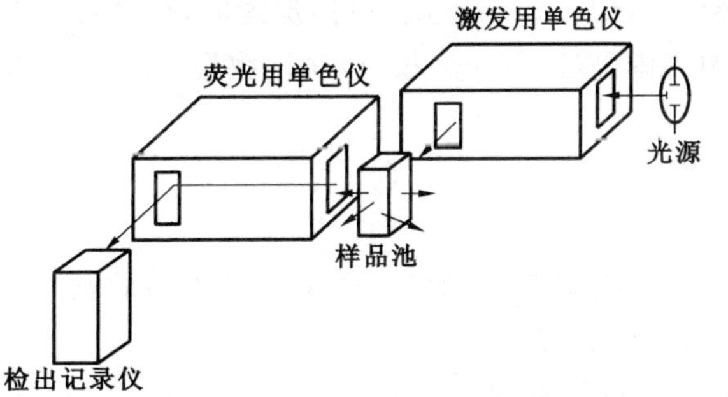


图 3.48 荧光分光光度计的光学系统示意图

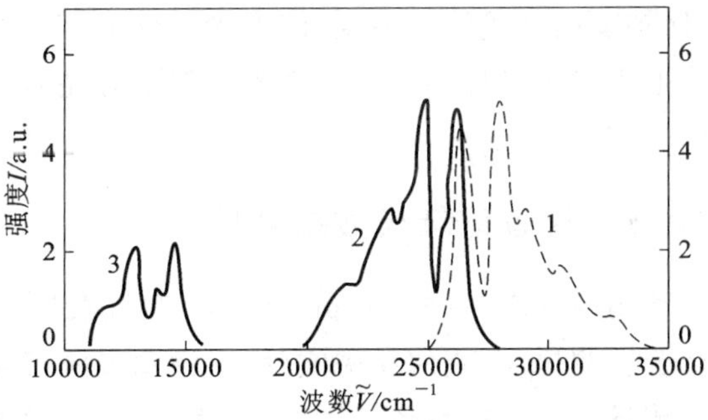


图 3.49 蒽的共振吸收光谱、荧光光谱和磷光光谱

1—共振吸收;2—荧光;3—磷光

## 3.14.3 实验设备及材料

RF-5301PC 荧光光谱仪(图 3.50)。

图 3.50 RF-5301PC 荧光光谱仪

## 3.14.4 实验步骤

(1) 连接荧光光谱仪数据传输线至计算机上,取出样品室中的干燥剂,开荧光光谱仪。

(2) 开计算机,调出 RF-5301PC 程序,开始自检。若有某项自检未通过,则关机重新自检。

(3) 若为第一次使用或更换氙灯后,需调整灯的位置(非专业人士一般不要自行换灯,详见使用手册)。

(4) 调整参数。

(5) 在样品仓中倒入蒸馏水,关样品室,按计算机屏幕上 Go To WL 按钮,选择 450 nm 散射波长做基线校准(此步骤并非必须进行的,原则上仪器调好后不必每次校准)。

(6) 按“Auto zero”按钮,归零。

(7) 打开样品仓,放入待测样品,关样品仓。

(8) 按计算机屏幕上“start”按钮,开始测试。

(9) 测试完毕后按照计算机提示输入样品名称,保存。

(10) 取出样品,放入下一个样品,重复(7)～(9)操作;若不再测试,取出样品后,进入关机操作(见下面的步骤)。

(11) 关 RF-5301PC 程序,关计算机。

(12) 关荧光光谱仪,把干燥剂放进样品仓。

使用环境为室温:15～35 ℃。

注意事项:避免太阳光直接照射;避免强烈震动或持续震动;室内相对湿度:45%～80%(若室温高于 30 ℃,相对湿度应≤70%);远离磁场,电场;远离腐蚀性气体及在紫外区可吸收的有机、无机气体;保持室内环境清洁卫生;注意光谱仪上灯电源接口处高压,以防触电;更换保险时,应关掉电源并拔掉电源插头,以防触电;荧光光谱仪上灯亮时,灯源周围高温,禁止触摸,以防被烫伤;应严格按操作规程操作。

### 3.14.5 实验记录与数据处理

利用绘图软件(如 Origin、Excel 等),根据实验数据,绘制荧光光谱。根据荧光光谱的基本原理并结合所测样品,查阅相关文献,对谱图吸收峰给出合理的解释。

测试结果分析举例。图 3.51 为 808 nm 激光泵浦下 $Dy^{3+}$ 掺杂 76$GeS_2$-19$Ga_2S_3$-5AgCl 玻璃样品的近红外荧光光谱。由图可见,在近红外波段 1000～1500 nm 范围内出现了 2 个荧光峰,1140 nm处峰值存在的荧光对应 $Dy^{3+}$:$^6F_{9/2}+^6H_{7/2}\longrightarrow ^6H_{15/2}$ 能级跃迁;1330 nm 处峰值存在的荧光对应 $Dy^{3+}$:$^6F_{11/2}+^6H_{9/2}\longrightarrow ^6H_{15/2}$能级跃迁。

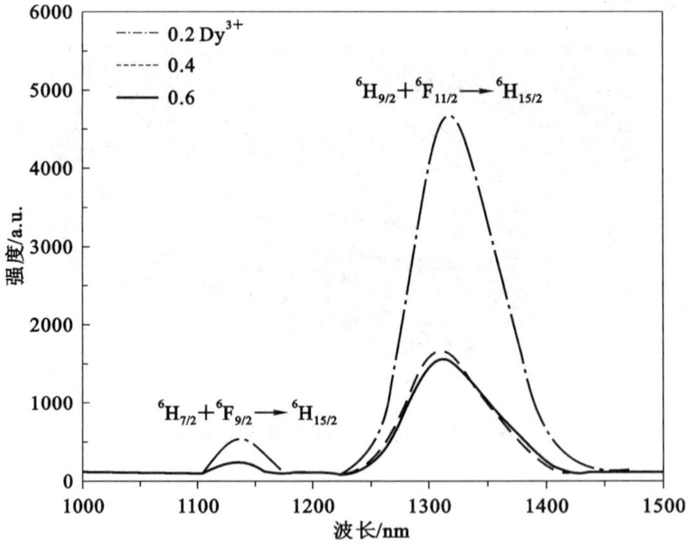


图 3.51　808 nm 激光泵浦下 $Dy^{3+}$ 掺杂 76$GeS_2$-19$Ga_2S_3$-5AgCl 玻璃的近红外荧光光谱

### 3.14.6 思考题

(1) 阐述分子荧光的产生原理。

(2) 为什么分子荧光、磷光分析法的灵敏度一般比分子吸收光谱法高?

(3) 激发谱和发射谱有什么不同之处?

# 实验 3.15 材料的二阶非线性光学性能测试

## 3.15.1 实验目的

(1) 了解非线性光学效应的基本概念；

(2) 掌握 Maber 条纹法测试材料二阶非线性光学效应的基本原理。

## 3.15.2 实验原理

当强光通过介质时，波的线性叠加原理不再成立，这种强光光学效应称为非线性光学效应。非线性光学材料是指在强光作用下能产生非线性效应的一类光学介质。激光是强度高、单色性和相干性好的光源，介质在这种强光场作用下产生的极化强度与入射光场强之间的关系不再是简单的线性关系，而是与场强的二次、三次以至更高次项有关，因而出现了各种非线性现象，如非线性介质中传播的各波长之间相互耦合呈现出倍频、和频、差频及四波混频等现象；介质在光场作用下由于折射率的变化而引起光束的自聚焦、自散焦、光学双稳和感生光栅效应等现象；共振介质在窄的激光脉冲作用下产生类似于磁共振中的光子回波、光学章动及自由感应衰减等瞬态相干现象。

在宏观理论中，非线性光学性质不涉及介质的单个原子(分子、离子)的极化性质，而是引入一个新的宏观物理量——介质的极化强度矢量 $P$，并假设 $P$ 与入射光波场强 $E$ 呈简单的线性关系，即：

$$P = \varepsilon_0 x E \tag{3.71}$$

式中 $x$——线性极化系数(极化率)；

$\varepsilon_0$——真空介电常数。

理论和实验都证明，当 $E$ 较小时，$P=\varepsilon_0 xE$ 的线性关系与实验结果高度吻合，但当 $E$ 很大时，$P$、$E$ 就偏离线性关系，而呈现出一种非线性关系 $P=f(E)$。这种非线性关系一般无法用显函数形式表示出来，通常都把它们展开成 $E$ 的幂级数形式，即：

$$P = \varepsilon_0 (x^{(1)} E + x^{(2)} EE + x^{(3)} EEE + \cdots) \tag{3.72}$$

式中 $x^{(1)}$——式(3.71)的线性极化系数；

$x^{(2)}, x^{(3)}, \cdots$——非线性极化系数，称为二阶、三阶……非线性极化系数，分别对应于 SHG (Second Harmonic Generation)、THG(Third Harmonic Generation)等二阶、三阶非线性光学效应。

普通光是一种弱光，它所能提供的光波场强与原子内部场强相比很小，因此，式(3.72)中除了第一项外，其余项可忽略，与此相应，如果采用量子理论，把入射光视为极弱的微扰，那么取一级近似就可以了。而激光与物质的相互作用，属于强光与物质的相互作用，激光所产生的光波场强可达到与原子内部场强相比拟的程度。此时式(3.72)中的非线性项不能忽略，必须视具体情况，保留至二次项或三次项。在采用量子理论处理时，一般均需考虑二阶以上的微扰。这些非线性项正是产生各种非线性光学现象的根源。

如果电场为交变电场，即 $E=E_0\cos\omega t$($E_0$ 为最大振幅下的场强)，则式(3.72)可以表示为：

$$\begin{aligned} P &= x^{(1)} E_0 \cos(\omega t) + x^{(2)} E_0^2 \cos^2(\omega t) + x^{(3)} E_0^3 \cos^3(\omega t) + \cdots \\ &= x^{(1)} E_0 \cos(\omega t) + \frac{1}{2} x^{(2)} E_0^2 [1 + \cos(2\omega t)] + \frac{1}{4} x^{(3)} E_0^3 [3\sin(\omega t) - \sin(3\omega t)] + \cdots \end{aligned} \tag{3.73}$$

从式(3.73)可见，有两个部分[$1+\cos(2\omega t)$]对二阶极化强度产生影响。第一部分为一常数，产生仅随 $E_0^2$ 变化的直流极化强度，因此，当强光束通过材料时，发生正比于光强的稳定极化，这个效应称为光学整流。第二部分给出一个随 $2\omega$ 变化的振荡极化强度，因此，从材料辐射出的光有 $2\omega$ 的频率，导致二次谐波产生，见图 3.52。此即二阶非线性光学效应。

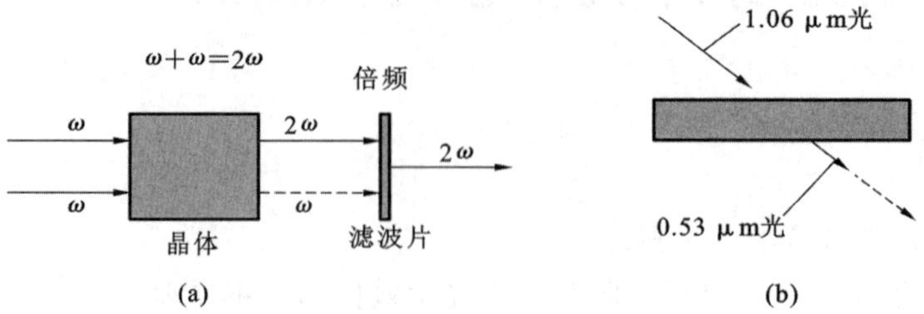


**图 3.52　光倍频现象**

倍频是材料二阶非线性光学性能中最主要的现象之一，因此，往往通过测试材料的倍频信号来研究材料是否具有二阶非线性光学效应。下面介绍倍频光的测试方法。

1962 年，Maker 等人在不能实现相位匹配（相位匹配指基频光和倍频光在非线性介质中有相同的传播速度）的倍频效应实验中，发现倍频光强度随着样品转动而出现近似于周期性的条纹，并称为 Maker 条纹。通过对这些条纹的分析，可以测定材料的非线性光学系数。1970 年 J. Jerphagnon 和 S. K. Kurtz 重新推导了倍频光功率随转角 $\theta$ 而变化的 Maker 公式，即

$$P_{2\omega}(\theta) = \frac{512\pi^2}{R_0^2 c} d_{\mathrm{il}}^2 T_\omega^4(\theta) T_{2\omega}(\theta) R(\theta) p^2(\theta) P_\omega^2 \frac{1}{n_\omega^2 - n_{2\omega}^2} \sin \frac{\pi l}{2l_c(\theta)} \tag{3.74}$$

式中　$R_0$——激光束束斑大小；

$T_\omega(\theta)$，$T_{2\omega}(\theta)$——基频光和倍频光的透射因子；

$R(\theta)$——反射修正因子；

$p(\theta)$——投影因子；

$l_c(\theta)$——相干长度；

$\theta$——入射角。

连接 $\sin \frac{\pi l}{2l_c(\theta)}=1$（即 $P_{2\omega}$ 的诸峰值）的曲线就是 Maker 条纹的包迹，可以得到在 $\theta=0$ 点处包迹的最大值。如选石英晶体作为参考，则待测样品的非线性光学系数的相对值 $d_r=\frac{d_{\mathrm{il}}}{d_{11}^q}$（其中 $d_{11}^q$ 表示石英晶体的非线性系数），有

$$d_r^2 = \left[\frac{l_c^q(0)}{l_c(0)}\right]^2 \frac{I_m(0)}{I_m^q(0)} \frac{f(n_\omega, n_{2\omega})}{f^q(n_\omega, n_{2\omega})} \tag{3.75}$$

式中，$f(n_\omega, n_{2\omega}) = \frac{(n_\omega+1)^3(n_{2\omega}+1)^3(n_\omega+n_{2\omega})}{n_{2\omega}R(0)}$；$l_c(0)=\frac{\lambda}{4|n_\omega-n_{2\omega}|}$。

由此可见，只要测得 Maker 条纹包络极大值 $I_m(0)$ 和相干长度 $l_c(0)$，并将有关折射率 $n_\omega$、$n_{2\omega}$ 等代入式(3.75)中，即可得到 $d_r$，从而求得 $d_{\mathrm{il}}$ 值。

由于玻璃在宏观上各向同性，而具有反演对称中心的介质，偶阶非线性电极化率应为零，不具有二阶非线性极化率（$\chi^{(2)}=0$），即在理论上玻璃中是不会出现二阶非线性光学效应的。因此，在较长时间内玻璃被认为不会产生二阶非线性效应，只有压电和铁电晶体才会出现这种效应。1986 年，Osterberg和 Margulis 在强激光诱导的掺 Ge 和 P 的石英单模光纤中首次发现了异乎寻常的倍频现象，加之玻璃具有在大部分波段透明、较好的化学稳定性和热稳定性、较高的光损伤阈值、较高的非线性光学系数、较快的光响应时间、易于成纤成膜、易于机械光学加工等优点，而使其作为一类新型的二阶非线性光学材料具有重要的学术价值和潜在的应用前景，受到研究者的普遍关注，掀起了国内外学者的研究热潮。目前有多种方法用于在玻璃中产生 SHG 效应，如激光诱导极化、电场/温度场极化法和电子束辐射极化等。图 3.53 为电场温度场极化示意图。

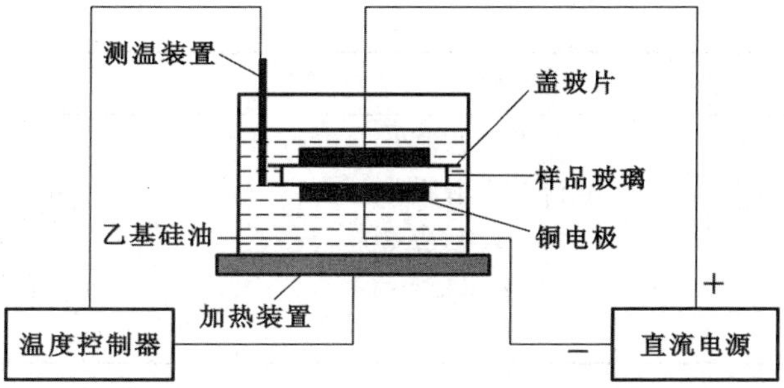


图 3.53 电场温度场极化示意图

本实验中将进行石英晶体和玻璃材料的二阶非线性极化系数的测试。

测试以 $Z$ 面切割的厚 1.11 mm 的 α-石英单晶为参考晶体，在同等条件下获得的 α-石英的Maker 条纹见图 3.54。图中小圆圈连接的曲线是 Maker 条纹的包迹，在 $\theta=0$ 点，包迹的最大值 $I_m^q(0)$ 为 0.32，代入式(3.75)中，有

$$d_{il}=d_{11}^q\times 24.0236\times[I_m(0)]^{1/2} \tag{3.76}$$

式中 $d_{11}^q$——石英的非线性极化系数，石英 $d_{11}^q=8.66\times10^{-10}$ esu；

$d_{il}$——待测样品的二阶非线性极化系数；

$I_m(0)$——图 3.54 中包络极大值。

图 3.55 为 α-石英的折射率曲线。

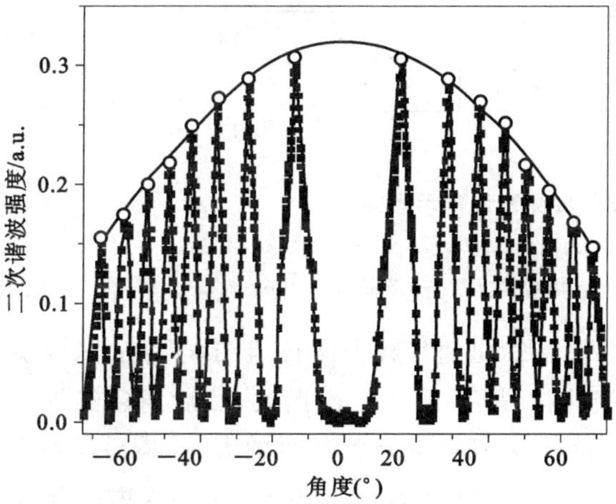


图 3.54 α-石英的 Maker 条纹

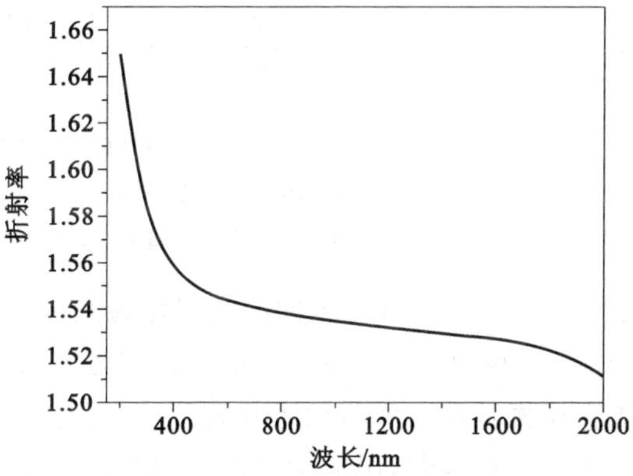


图 3.55 α-石英的折射率曲线

非线性光学效应的应用主要有以下两个方面：一是进行光波频率的转换，即通过倍频、和频、差频或混频，以及通过光学参量振荡等方式，拓宽激光波长的范围，以开辟新的激光光源；二是进行光信号处理，如进行控制、开关、偏转、放大、计算、存储等。表 3.6 具体列出了各种非线性光学效应及其应用。

表 3.6 各种非线性光学效应及其应用

| 阶数 | 效应 | 应用 |
|---|---|---|
| $x^{(1)}$ | 折射率 | 光纤、光波导 |
| $x^{(2)}$ | 二次谐波产生<br>光整流<br>光混频<br>参量放大<br>Pockel 效应 | 倍频器<br>杂化双稳器<br>紫外激光器<br>红外激光器<br>电光激光器 |

续表 3.6

| 阶数 | 效应 | 应用 |
|---|---|---|
| $x^{(3)}$ | 三次谐波发生<br>直流二次谐波发生<br>Kerr 效应<br>光学双稳态<br>光混频 | 三倍频器<br>分子非线性电极化率测定<br>超高速光开关<br>光学存储器、光学运算元件<br>拉曼分光 |

### 3.15.3　实验设备及材料

本实验主要测试材料的二阶非线性光学效应(Second Harmonic Generation,SHG),SHG 性能测试是在武汉理工大学硅酸盐建筑材料国家重点实验室的非线性光学性能测试仪上进行测试的,实验装置如图 3.56 所示。

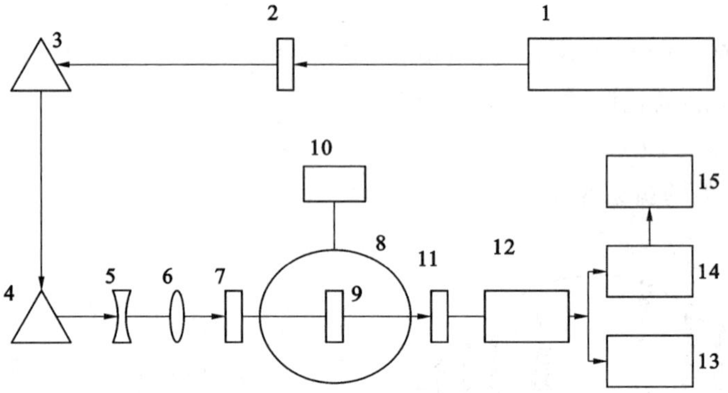


**图 3.56　光学二次谐波强度测试设备示意图**

1—激光器;2,7—透 IR 片;3,4—三棱镜;5—凹透镜;6—凸透镜;8—样品台;9—样品;10—步进电机;11—IR cut(红外截止滤光片);12—光电倍增管;13—示波器;14—Boxcar;15—计算机

其中,Nd:YAG 脉冲激光器作为光源输出基频光,其输出的基频光波长为 1064 μm,脉冲宽度为 10 ns,光束直径为 1 mm。基频光作为入射光通过极化样品后,产生二次谐波,然后通过红外镜截止滤光片将基频光和倍频光分离开,以配有光电倍增器的单色仪探测谐波信号的大小,最后经过盒式激光光度计积分器,用记录仪自动记录。基频光入射角 $\theta$ 的大小范围为 $-90°\sim90°$。入射基频光和最后探测到的倍频光的偏振方向均为 $p$,即平行于入射面(由玻璃表面法线方向和基频光入射方向决定的一个平面)。另外,在如上所述同样条件下测定了石英晶片的 SHG 作为计算材料的二阶非线性光学系数的参考标准。

实验材料为片状样品,要求在可见光区具有较好的透过率。

### 3.15.4　实验步骤

(1) 将样品置于样品室,接通激光器、Boxcar、示波器电源。

(2) 启动激光器冷却水源,冷却水循环 5 min 后,调整激光发射旋钮于合适位置,调整激光能量至合适值,发射激光。

(3) 调整样品室中的样品位置,使之与入射光所成的角度满足测试需要。

(4) 接通步进电机电源,归零后,设置运行速度与运行距离。

(5) 接通高压稳压电源,设置电压值。

(6) 开启电脑,进入程序中的 Sr272 菜单,在设置中设置参数,同时调速。设置 Box-car Sr250 的

Dolay 值，使之与程序中的数值相一致。

(7) 按下步进电机的"RUN"按钮，同时用电脑进行数据采集。

(8) 测试结束后，关闭高压稳压电源，取出样品，调整激光器能量旋钮至最小值，循环冷却水继续工作 15 min 后，关闭激光器的冷却水泵，切断示波器、Box-car、步进电机电源。

### 3.15.5 实验记录与数据处理

数据以". jpc"和". txt"文本格式分别保存。利用绘图软件(如 Origin、Excel 等)，根据实验数据，绘制 Maker 条纹，对 Maker 条纹进行分析。

图 3.57 是实测的 70$GeS_2$-15$Ga_2S_3$-15CdS 硫系玻璃的 Maker 条纹，图 3.58 是实测的 70$GeS_2$-15$Ga_2S_3$-15CdS 硫系玻璃折射率曲线，将相关结果代入式(3.76)，即可得到该玻璃的二阶非线性极化系数。

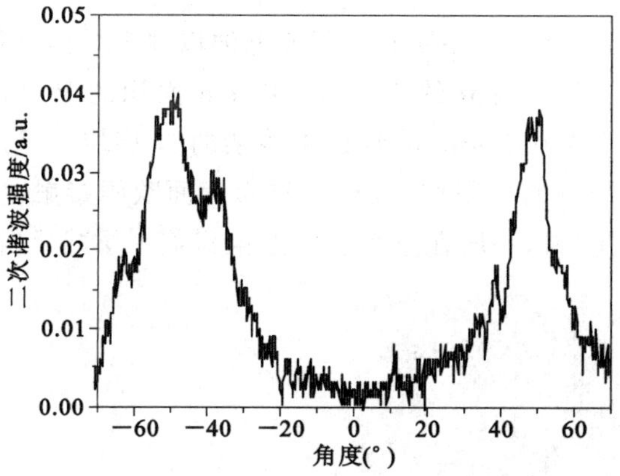


图 3.57 70$GeS_2$-15$Ga_2S_3$-15CdS 硫系玻璃 4 kV、270 ℃极化 30 min 的 Maker 条纹

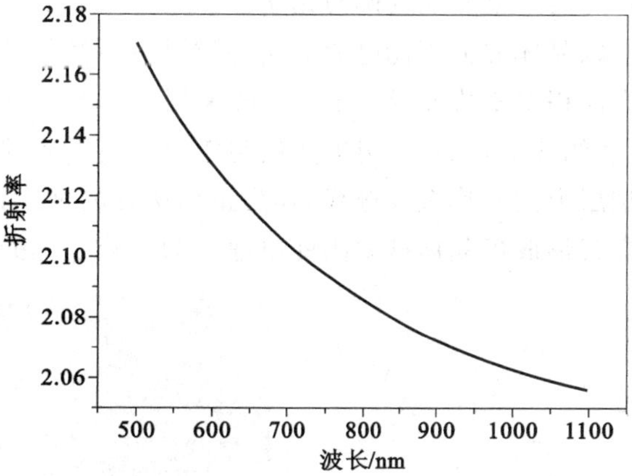


图 3.58 70$GeS_2$-15$Ga_2S_3$-15CdS 硫系玻璃的折射率曲线

### 3.15.6 思考题

(1) 检测材料二阶非线性的 Maker 条纹法的基本原理。

(2) 玻璃经过哪些处理后会产生二阶非线性光学效应？

# 实验 3.16　太阳能电池的性能测试

## 3.16.1　实验目的

（1）了解太阳能电池的工作原理及其应用；

（2）掌握太阳能电池基本特性参数测试原理与方法；

（3）测量并分析太阳能电池的伏安特性。

## 3.16.2　实验原理

### 3.16.2.1　太阳能电池的结构

以晶体硅太阳能电池为例，其结构示意图如图 3.59 所示。晶体硅太阳能电池以硅半导体材料制成大面积 PN 结进行工作。一般采用 $N^+$/P 同质结的结构，即在约 10 cm×10 cm 面积的 P 型硅片（厚度约 500 μm）上，用扩散法制作出一层很薄（厚度约为 0.3 μm）的经过重掺杂的 N 型层。然后在 N 型层上面制作金属栅线，作为正面接触电极。在整个背面也制作金属膜，作为背面欧姆接触电极。这样就形成了晶体硅太阳能电池。为了减少光的反射损失，一般在整个表面上再覆盖一层减反射膜。

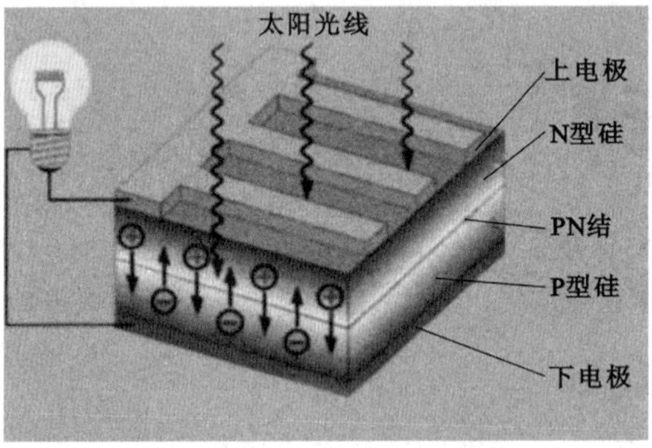


图 3.59　太阳能电池结构示意图

### 3.16.2.2　太阳能电池的工作原理

太阳能电池是一种利用光伏效应将太阳能转换为电能的半导体器件。图 3.60 为太阳能电池发电原理示意图，当太阳光照射到太阳电池上并被吸收时，其中能量大于禁带宽度 $E_g$ 的光子能把价带中电子激发到导带上去，形成自由电子，价带中留下带正电的自由空穴，即电子-空穴对，通常称它们为光生载流子。自由电子和空穴在不停的运动中扩散到 PN 结的空间电荷区，被该区的内建电场分

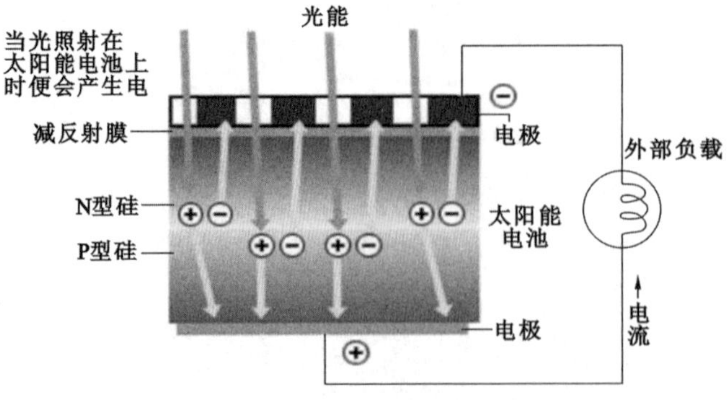


图 3.60　太阳能电池发电原理示意图

离，电子被抽到电池的N型一侧，空穴被抽到电池的P型一侧，从而在电池上下两面（两极）分别形成了正负电荷积累，产生"光生电压"，即"光伏效应"（Photovoltaic Effect）。若在电池两侧引出电极并接上负载，负载中就有"光生电流"通过，得到可利用的电能，这就是太阳能电池的工作原理。

3.16.2.3 太阳能电池的电性能参数

在没有光照时太阳能电池可视为一个理想二极管。通常把无光照情况下太阳能电池的电流-电压特性叫作暗特性。其电流-电压关系满足肖克莱方程：

$$I = I_0\left[\exp\left(\frac{qV}{nk_B T}\right) - 1\right] = I_0\left[\exp\left(\frac{V}{\beta}\right) - 1\right] \tag{3.77}$$

式中 $I_0$——二极管的反向饱和电流；

$n$——理想二极管参数，是表示PN结特性的参数，通常在1～2之间，理论值为$n=1$；

$k_B$——玻尔兹曼常数；

$q$——电子的电荷量；

$T$——热力学温度。

$\beta = \dfrac{nk_B T}{q}$

图3.61为光照下太阳能电池的等效电路。实际太阳能电池等效电路是由1个理想二极管D、1个恒流源$I_{ph}$与1个并联电阻$R_{sh}$相并联，再与1个串联电阻$R_s$相串联的电路。这时负载上的电流-电压关系为：

$$I = I_{ph} - I_D - I_{sh} = I_{ph} - I_0\left\{\exp\left[\frac{q(V + IR_s)}{nk_B T}\right] - 1\right\} - \frac{V + IR_s}{R_{sh}} \tag{3.78}$$

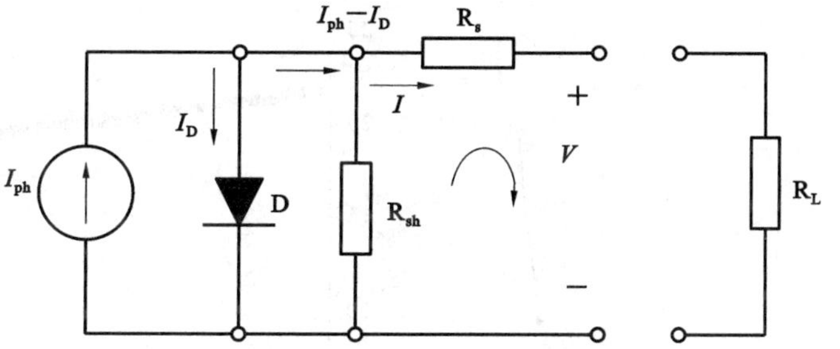


**图3.61 光照下太阳能电池等效电路**

在理想情况下，并联电阻$R_{sh}\to\infty$，串联电阻$R_s\to 0$，这时太阳能电池输出的电流$I$可以表示为：

$$I = I_{ph} - I_D = I_{ph} - I_0\left[\exp\left(\frac{qV}{k_B T}\right) - 1\right] \tag{3.79}$$

当太阳能电池的输出端短路时，$V=0(V_D=0)$，由式(3.79)可得到短路电流$I_{sc}=I_{ph}$，即太阳电池的短路电流等于光生电流，与入射光的强度成正比。

当太阳能电池的输出端开路时，$I=0$，由式(3.78)和式(3.79)可得到开路电压$V_{oc}$为

$$V_{oc} = \frac{k_B T}{q}\ln\left(1 + \frac{I_{sc}}{I_0}\right) \tag{3.80}$$

当太阳能电池接上负载$R_L$时，所得的负载伏-安特性曲线如图3.62所示。负载$R_L$可以从零到无穷大。当负载$R_L$使太阳能电池的功率输出为最大时，它对应的最大功率$P_m$为

$$P_m = I_m V_m \tag{3.81}$$

式中 $I_m$，$V_m$——最佳工作电流和最佳工作电压。

将$V_{oc}$与$I_{sc}$的乘积与最大功率$P_m$之比定义为填充因子$FF$，则

$$FF = \frac{P_m}{V_{oc}I_{sc}} = \frac{V_m I_m}{V_{oc}I_{sc}} \tag{3.82}$$

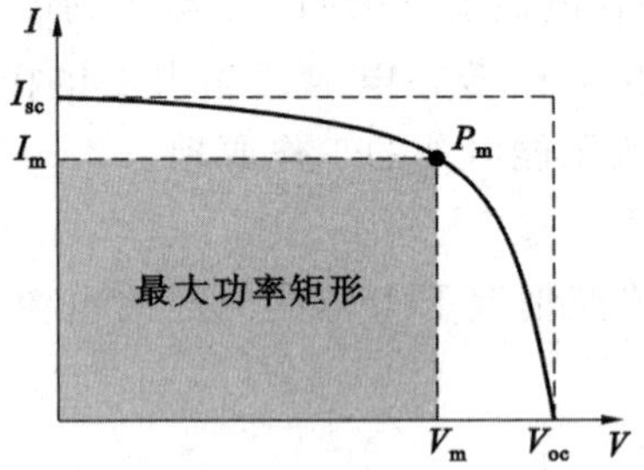


图 3.62　太阳能电池的 I-V 特性曲线

$FF$ 为太阳能电池的重要表征参数，$FF$ 愈大则输出的功率愈高。$FF$ 取决于入射光强、材料的禁带宽度、理想系数、串联电阻和并联电阻等。

太阳能电池的转换效率 $\eta$ 定义为太阳能电池的最大输出功率与照射到太阳能电池的总辐射能 $P_{in}$ 之比，即

$$\eta = \frac{P_m}{P_{in}} \times 100\% = \frac{V_{oc} I_{sc}}{P_{in}} \times FF \times 100\% \tag{3.83}$$

其中，$I_m V_m$ 在 I-V 关系中构成一个矩形，叫作最大功率矩形。如图 3.62 所示 I-V 特性曲线与电流、电压轴交点分别是短路电流和开路电压。

最大功率矩形取值点 $P_m$ 的物理含义是太阳能电池最大输出功率点，数学上是 I-V 曲线上坐标相乘的最大值点。短路电流和开路电压也自然构成一个矩形，面积为 $I_{sc}V_{oc}$，定义 $\frac{I_m V_m}{I_{sc} V_{oc}}$ 为占空系数，图形中它是两个矩形面积的比值。占空系数即填充因子（$FF$），表示电池中的欧姆损失，是半导体内的电压降和电解质溶液中的电压降的和，反映了太阳能电池可实现功率的度量，$FF$ 与器件内电荷传输电阻及载流子复合电阻有关，通常在 0.7～0.8 之间。

太阳能电池的效率取决于电池的材料与结构。影响太阳能电池效率的因素很多，如大气对太阳光的吸收，表面保护涂层的吸收、反射，串联电阻热损失等。图 3.63 给出了对某种商用太阳能电池板在室温下（25 ℃）实际测量得到的暗特性曲线。图 3.64 是对某种商用太阳能电池板在室温下（25 ℃）、150 W 氙灯光源直接照射下得到的光特性曲线、功率曲线和最大功率矩形示意图。

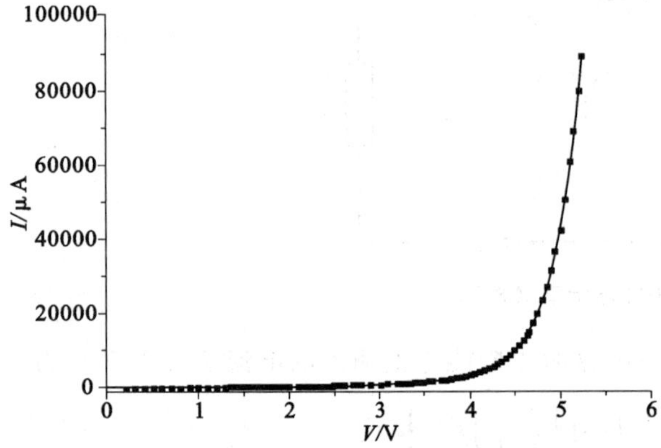


图 3.63　实测太阳能电池暗特性曲线

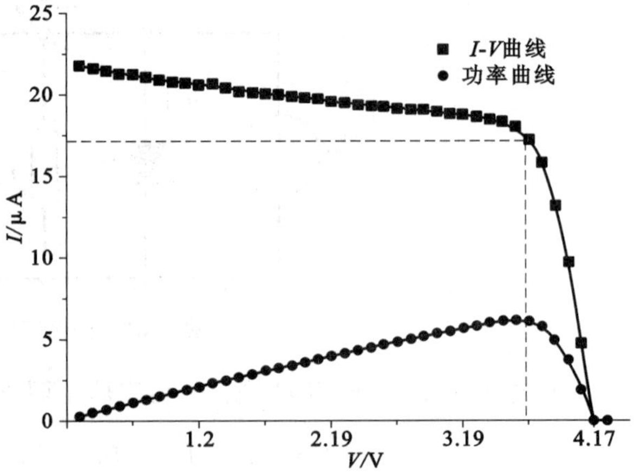


图 3.64　实测太阳能电池光特性曲线、功率曲线和最大功率矩形示意图

## 3.16.3　实验设备及材料

350 W 氙灯为光源模拟太阳光、美国 Keithley 公司的 Keithley4200 型半导体特性分析系统、美国 Newport 公司的 TLS-300 IPCE 测试平台、自组装的太阳能电池。

## 3.16.4　实验步骤

### 3.16.4.1　太阳能电池暗特性测试

在没有光源（全黑）的条件下，测量太阳能电池施加正向偏压时的 I-V 特性（通过太阳能电池的电流 $I$，电压范围为 0～4.5 V）。用实验测得的正向偏压时 I-V 关系数据，作出 I-V 曲线并求得常数 $\beta$ 和 $I_0$ 的值。（通过极性切换开关，可以得到极性相反的电压）

3.16.4.2 太阳能电池光照特性测试

(1) 使用与通常的太阳能电池 IPCE(光电转化效率)测试系统相同的硬件测量待测自组装太阳能电池的 IPCE 特性数据。

(2) 光路部分的高度调节:接好氙灯电源的连接线,打开氙灯电源,可以看到有一束光射进箱内,先将凸透镜与入光口的高度保持一致,再调节滤色片的高度,使其出光口的高度一致,并使氙灯灯光以平行入射的方式进入单色仪。

(3) 将标准参比电池接于电流计的两端。

(4) 测量参比电池在单色光照射下的电流信号,测量波长范围为 350～1100 nm。

(5) 换上待测自组装太阳能电池,在同样条件下采集数据。

(6) 调节好模拟光源,采用平衡电桥补偿电路;调节恒压源,测量不同扫描速度的偏压下样品流过的电流,得到 *I-V* 关系数据。

3.16.4.3 单色光光电转化效率测试

(1) 调节汞灯等入射到单色仪,使单色仪波长刻度与其保持一致;

(2) 将汞灯等以平行入射的方式进入单色仪,将标准参比电池接在电流计的两端;

(3) 测量参比电池在 200 nm 单色光照射下的电流信号,测量波长范围为 200 nm～1100 nm;

(4) 测试自组装太阳能电池,在同样条件下采集数据并计算。

## 3.16.5 实验记录与数据处理

(1) 在没有光源(全黑)的条件下,根据实验数据,画出 *I-V* 曲线并求得常数 $\beta$ 和 $I_0$ 的值。

(2) 记录光源到太阳能电池的距离、光源的能量和波长。

(3) 光照下,测量太阳能电池在不同负载电阻下,$I$ 对 $V$ 的变化关系,画出 *I-V* 曲线图。在 *I-V* 曲线图上,用外推法求短路电流 $I_{sc}$和开路电压 $V_{oc}$,求出太阳能电池的最大输出功率及最大输出功率时的负载电阻,计算填充因子 *FF*。

(4) 记录 IPCE 值,画出波长-IPCE 曲线。

## 3.16.6 思考题

(1) 太阳能电池的工作原理是什么?

(2) 实验中太阳能电池表面不垂直入射光束,对实验会产生什么影响?

(3) 为了尽可能地提高太阳能电池的光电转换效率,太阳能电池表面应该如何处理?

(4) 不同单色光下太阳能电池的光照特性有什么变化? 为什么?

(5) 根据实验结果,日常使用太阳能电池应该注意哪些问题?

# 实验 3.17　光催化性能测试

## 3.17.1　实验内容与目的

（1）了解半导体光催化材料的光催化基本原理；

（2）掌握光催化性能的测试方法。

## 3.17.2　实验原理

### 3.17.2.1　光催化材料

随着科技的进步和人们生活水平的提高，环境污染问题也日益严重。如在 1990 年美国《清洁空气法》的文件中，向人们列举了多达 189 种有毒气体，其中绝大部分是空气中挥发性有机物（Volatile Organic Compounds，VOCs）。如何有效地控制污染和消除各种化学污染物，是国民经济可持续发展的全球性难题。

在环境污染的治理中，按所使用治理方法的原理，分为物理化学技术、化学氧化技术、生物技术和光催化技术等。物理化学技术有吸附法、萃取法、共沉淀法等，化学氧化技术有氯化法、臭氧氧化法、焚烧法等，这两种方法存在二次污染、运转费用高、去除率低等缺陷；生物技术是现在的主要处理技术，但对毒性高的一些人工合成的有机物却无能为力；光催化技术是以半导体氧化物为催化剂，直接利用太阳光进行光化学反应，将环境中的污染物彻底氧化成 $CO_2$ 和 $H_2O$，具有反应条件温和、除净度高、无二次污染、分解速率快和易于操作等优点，是目前最为高效、低能耗、适用范围广和有深度氧化能力的化学污染物治理技术。

光催化材料是指通过该材料在光的作用下发生的光化学反应所需的一类半导体催化剂材料。光催化材料的种类很多，包括二氧化钛（$TiO_2$）、氧化锌（ZnO）、氧化锡、二氧化锆、硫化镉（CdS）等多种氧化物、硫化物半导体，其中 $TiO_2$ 因其氧化能力强、化学性质稳定、无毒、来源丰富，成为世界上最当红的光催化材料。在早期，也曾经较多使用 CdS 和 ZnO 作为光催化材料，但是由于这两者的化学性质不稳定，会在光催化的同时发生光溶解，溶出有害的金属离子，具有一定的生物毒性，故发达国家目前已经很少将它们用作民用光催化材料，部分工业光催化领域还在使用。近十几年来，光催化材料在环境治理、新能源开发、有机合成等领域日益受到重视，以 $TiO_2$ 为主体的半导体光催化已经发展成为一门新兴的边缘学科。

### 3.17.2.2　光催化原理

半导体的能带结构，一般由低能的价带和高能的导带构成，价带和导带之间存在禁带。半导体的禁带宽度一般在 3.0 eV 左右。当能量大于或等于带隙的光（$h\nu \geqslant E_g$）照射到半导体时，半导体吸收了光子的能量，产生光生载流子。光生载流子处于激发态，通过多种过程与反应，释放多余的能量，包括产生电子-空穴对（飞秒级）；电子或空穴在半导体表面上的俘获（皮秒级）；电子和空穴在体相与表面的复合（纳秒级）；半导体和表面吸附物之间的电荷转移（皮秒级到微秒级之间）。与金属不同，半导体粒子的能带间缺少连续区域，电子-空穴对一般有皮秒级的寿命，小于在半导体表面上的反应速率，足以使光生电子和空穴经由禁带向来自溶液或气相的吸附在半导体表面的物种转移电荷。空穴可以夺取半导体颗粒表面被吸附物质或溶剂中的电子，使原本不吸收光的物质被活化，并被氧化，电子受体通过接受表面的电子而被还原。如果半导体保持完整，向吸附物种转移电荷是连续和放热的，则这样的过程就称为多相光催化。

对于 $TiO_2$ 光催化剂，当以波长小于 385 nm 的光照射后，能够被激发产生光生电子-空穴对，激发态的导带电子和价带空穴又能重新合并，使光能以热能或其他形式散发掉。主要的自由基及反应可由以下的系列式子表示：

$$TiO_2 + h\nu \longrightarrow TiO_2 + h^+ + e$$

$$h^+ + e \longrightarrow 复合 + 能量(h\nu' < h\nu \text{ 或能量})$$

当催化剂存在合适的俘获剂或表面缺陷时，电子和空穴的重新复合受到抑制，在它们复合之前，就会在催化剂表面发生氧化-还原反应。价带空穴是良好的氧化剂，导带电子是良好的还原剂。大多数光催化氧化反应是直接或间接地利用空穴的氧化能。在光催化半导体中，空穴具有更大的反应活性，是携带量子的主要部分，一般与表面吸附的 $H_2O$ 或 $OH^-$ 反应形成具有强氧化性的羟基自由基：

$$H_2O + h^+ \longrightarrow \cdot OH + H^+$$

$$OH^- + h^+ \longrightarrow \cdot OH$$

电子与表面吸附的氧分子反应，分子氧不仅参与还原反应，还是表面羟基自由基的另外一个来源，具体的反应式如下：

$$O_2 + e \longrightarrow \cdot O_2^-$$

$$H_2O + \cdot O_2^- \longrightarrow \cdot OOH + OH^-$$

$$2 \cdot OOH \longrightarrow O_2 + H_2O_2$$

$$\cdot OOH + H_2O + e \longrightarrow H_2O_2 + OH^-$$

$$H_2O_2 + e \longrightarrow \cdot OH + OH^-$$

$$H_2O_2 + \cdot O_2^- \longrightarrow \cdot OH + OH^-$$

上面的反应中，产生了非常活泼的羟基自由基（$\cdot OH$）、超氧离子自由基（$\cdot O_2^-$）以及 $\cdot OOH$ 自由基，这些都是氧化性很强的活泼自由基，能够将各种有机物直接氧化为 $CO_2$、$H_2O$ 等无机小分子。但也有人认为，液相中的光分解主要是通过自由基进行，但气相中的反应不是通过自由基进行，而是反应物与光生空穴直接反应。

#### 3.17.2.3 光催化活性的评价方法

国内各实验室对光催化活性的评价方法都不一样，大致可按目标降解物状态的不同，分为液相法和气相法。

(1) 液相评价方法

目标降解物主要有：结晶紫、亚甲基蓝、甲基橙、罗丹明 B 等。

以 $TiO_2$ 粉体光催化剂降解亚甲基蓝为例。

准确称取定量 $TiO_2$ 的粉体光催化剂，在玻璃培养皿中用酒精溶解，并用超声波充分分散后倒入表面皿中。再用红外灯照射的方法蒸发表面皿中的酒精，催化剂则将均匀地铺满表面皿的底部。向表面皿中缓慢注入目标降解物溶液（如 50 mL 浓度为 $1\times10^{-5}$ mol/L 的亚甲基蓝溶液）。先在暗箱中静置一段时间，待催化剂对亚甲基蓝的吸附达到饱和后，抽取上层清液（定量如 10 mL）用紫外-可见分光光度计测其吸收光谱，获得其在最大吸收波长处的吸光度 $A_0$，测完后将溶液倒回培养皿中。以只装有相同初始浓度亚甲基蓝溶液而没有加催化剂的表面皿做空白对照实验。光照使溶液脱色（固定光强和波长），每光照一段时间（如 40 min），采用上述方法测一次溶液的吸收光谱，获得其在最大吸收波长处的吸光度 $A$。降解率计算公式如下：

$$\eta = \frac{A_0 - A}{A_0} \times 100\% \tag{3.84}$$

式中 $\eta$——光照一定时间之后亚甲基蓝的降解率；

$A_0$——反应开始前亚甲基蓝溶液的初始吸光度；

$A$——反应一定时间后亚甲基蓝溶液的吸光度，用吸收峰的面积来表示亚甲基蓝溶液的吸光度。

图 3.65 所示为 $TiO_2$ 粉体光催化剂降解亚甲基蓝示意图。

目标降解物溶液的浓度和吸光度是成正比的，据此绘制目标降解物溶液的浓度随光照时间变化的光催化降解图谱，光催化降解图谱中的直线斜率越小则表示反应速率越大，即光降解效果越好。

目前国际上通用的评价方法是：目标降解物为 $1.0\times10^{-5}\sim2.0\times10^{-5}$ mol/L 的亚甲基蓝溶液，测试温度为 25 ℃，每次用量是 10～50 mL，光强为 1.0～2.0 mW/cm$^2$。

图 3.66 为商用纳米 $TiO_2$(P25)降解亚甲基蓝水溶液吸光度随光照时间的变化实测图。

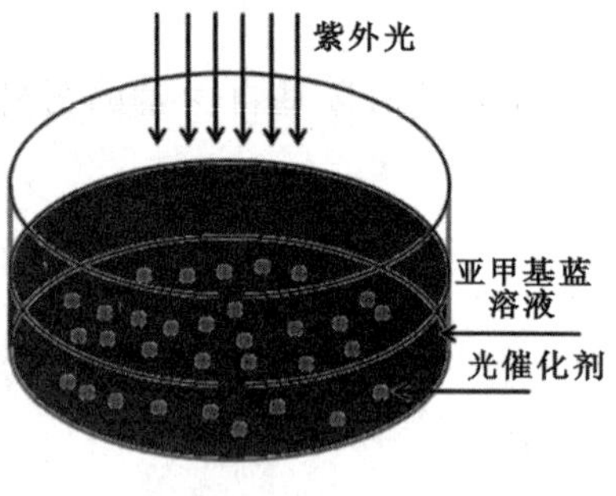


图 3.65 $TiO_2$ 粉体光催化剂降解亚甲基蓝示意图

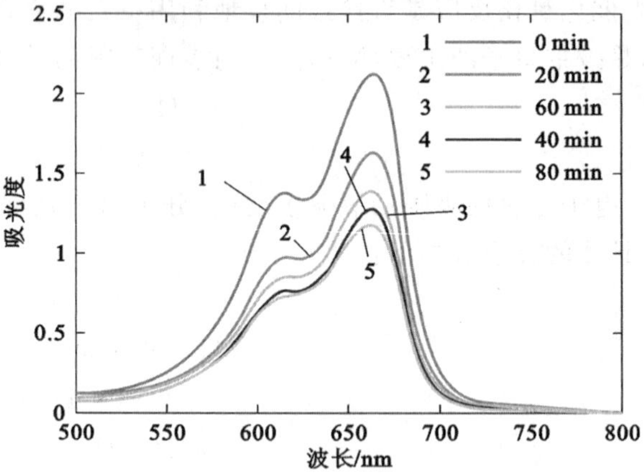


图 3.66 商用纳米 $TiO_2$(P25)降解亚甲基蓝水溶液吸光度随光照时间的变化实测图

(2) 气相评价方法

目标降解物主要有：苯、甲苯、乙醛、甲醛、丙酮、正己烷等。

气相评价方法实验装置示意图见图 3.67。气相光催化测试装置由反应腔、气相色谱仪和计算机控制系统组成。气相的光催化反应在反应腔中进行，反应腔(图 3.68)是由一个密闭的不锈钢腔体组成，侧壁上安装有光源(如主波长为 365 nm 的高压汞灯)，光源上附热电偶用来控制腔内温度，反应腔底部是放置光催化剂样品的平台，微量进气口位于反应腔顶部，反应腔侧壁的取样口与气相色谱仪相连。测试时，当光照下反应腔内温度稳定且腔体中 $CO_2$ 的浓度稳定后，采用微量进样器将一定量的目标降解物从腔体上部的进样孔中注入，待目标降解物蒸气达到吸附平衡后，每隔 5 min 取样一次，测定目标降解物和 $CO_2$ 的浓度，绘制目标降解物和 $CO_2$ 的浓度随时间的变化关系图谱，获得目标降解物完全降解所需的时间，进而考察催化剂的活性。

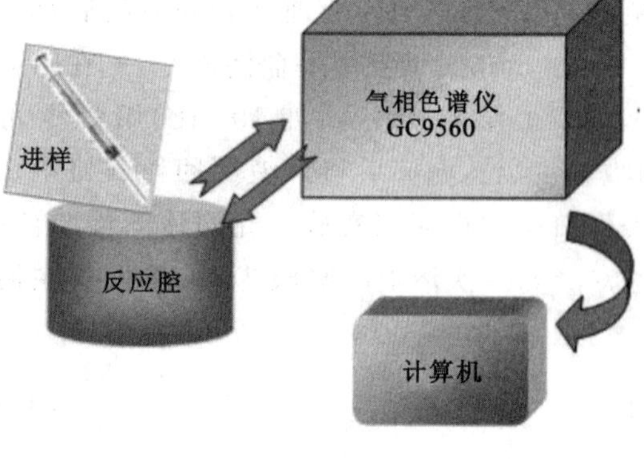


图 3.67 气相评价方法实验装置示意图

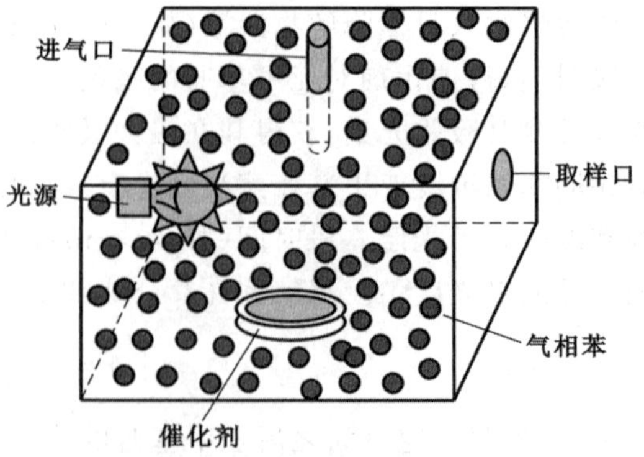


图 3.68 反应腔装置示意图(图中催化剂也可以竖放)

目前国际上通用的评价方法是：湿度为 70 %，测试温度为 25 ℃，光强为 1.0～2.0 mW/cm$^2$，玻璃光催化反应器规格为 $\phi$150 mm×10 mm。

图 3.69 为 P25 光催化降解丙酮和苯的 $CO_2$ 产量随时间的变化曲线。

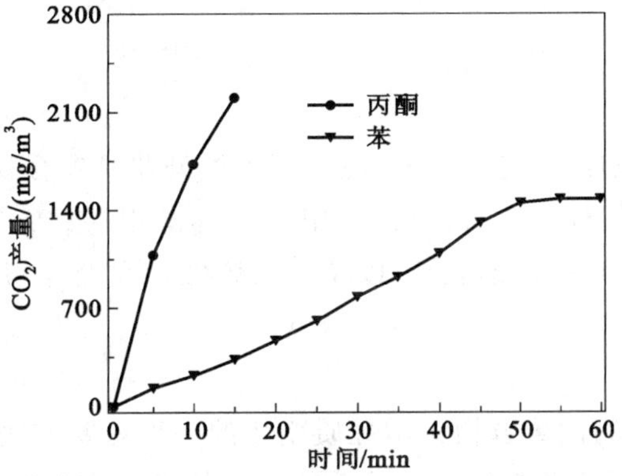


图 3.69 P25 光催化降解丙酮和苯的 $CO_2$ 产量随时间的变化曲线

## 3.17.3 实验材料与设备

采用阳极氧化法在钛片上制备的 $TiO_2$ 纳米管阵列为催化剂，目标降解物为苯。反应腔是密闭的不锈钢腔体，总容积为 5 L，用主波长为 365 nm 的高压汞灯作为光源。用 GC-9560 型气相色谱仪检测苯和 $CO_2$ 的浓度。

## 3.17.4 实验步骤

(1) 将负载有 $TiO_2$ 的玻璃片或负载有 $TiO_2$ 的保温棉用铜丝组合为柱状罩于高压汞灯外；

(2) 在反应腔中安装高压汞灯(外罩钛片)，密封腔体；

(3) 打开光源进行光照，并通过热电偶控制腔内温度为 120 ℃；

(4) 通过气相色谱仪，观察腔体中 $CO_2$ 浓度，待腔体中 $CO_2$ 浓度稳定后，采用微量取样器通过进样口注入 2 $\mu$L 苯，保持苯的初始浓度为 480 mg/m$^3$；

(5) 苯汽化为苯蒸气，待其达到吸附平衡后用气相色谱仪自动采样，每隔 5 min 取样一次；

(6) 绘制苯和 $CO_2$ 的浓度随时间的变化关系图谱，获得苯完全降解所需的时间，考察催化剂的催化活性。

## 3.17.5 注意事项

(1) 所有设备的使用均应按照操作规程执行，设备运行过程中应有专人看管，并不得擅自离开；

(2) 催化降解气相苯的反应腔需密封好。

## 3.17.6 思考题

(1) 简述半导体光催化材料的光催化原理。

(2) 如何表征光催化材料的光催化活性？

# 实验 3.18　TMA 法测试聚合物的温度-形变曲线

## 3.18.1　实验目的

（1）掌握测试聚合物的温度-形变曲线的方法，了解线型非晶聚合物的三种力学状态；

（2）掌握温度-形变曲线的分析方法，测试聚甲基丙烯酸甲酯（PMMA）、聚乙烯（PE）、聚氯乙烯（PVC）的玻璃化转变温度 $T_g$ 和黏流温度 $T_f$，以及聚乙烯（PE）的熔点 $T_m$。

## 3.18.2　实验原理

热机械分析法（TMA）是测试聚合物力学性质变化的一种重要方法。它是在程序控制温度下，测试聚合物在非振动载荷作用下的形变与温度关系的一种技术。实验时，对具有一定形状的聚合物试样施加恒定载荷，在一定范围内改变温度，试样的形态会随温度的升高而发生变化，以试样的形变或相对形变量对温度作图，所得的曲线，通常称为温度-形变曲线，又称为热机械曲线。

材料的力学性质是由其内部结构通过分子运动决定的。对于聚合物材料，由于其复杂的结构形态导致了运动单元的多重性，即结构已经确定而所处状态不同，其运动单元运动形式不同，将显示出不同的物理和力学性能。考察它的运动单元的运动所表现出的状态性质，才能建立起聚合物结构和性能之间的关系。聚合物中的运动单元的运动具有温度依赖性，不同温度下，外力恒定时，聚合物链段可以呈现不同的力学特征，这些力学特征随温度的变化可以用曲线（即温度-形变曲线）反映出来，进而反映材料的结构信息。聚合物的许多结构因素（包括化学结构、分子量、结晶、交联、增塑和老化）的改变，都会在温度-形变曲线上有明显的反映，因而材料的温度-形变曲线，可以提供许多关于试样内部结构的信息，可通过温度-形变曲线了解聚合物分子运动与力学性能的关系，并分析聚合物的结构，如分子量、结晶、交联、增塑等，得到聚合物的特性转变温度，如玻璃化转变温度 $T_g$、黏流温度 $T_f$ 和熔点 $T_m$ 等，对于评价被测试样的使用性能、确定适用温度范围和加工条件具有实际意义。

由图 3.69 可见，存在三种不同的力学状态：玻璃态、高弹态、黏流态，即“三态”，以及“三态”间的玻璃化转变区和黏流转变区，即两区。

① 玻璃态。当温度足够低时，高分子链和链段的运动被“冻结”，外力的作用只能引起高分子键长和键角的变化，因此聚合物形变量很小，弹性模量大，约为 1.02 N/m。形变-应力的关系服从虎克定律，其机械性能与玻璃相似，表现出硬而脆的物理机械性质，这时聚合物处于玻璃态，在玻璃态温度区间内，聚合物的这种力学性质变化不大，因而在温度-形变曲线上玻璃区是接近横坐标的斜率很小的一段直线。

② 玻璃化转变区和高弹态。随着温度的上升，分子热运动能量逐渐增加，分子运动能量已经能够克服链段运动所需克服的位垒，链段开始“解冻”，链构象开始变化，进行伸缩，进入玻璃化转变区，继续升高温度，这时聚合物的弹性模量骤降约三分数量级，形变量大增，表现为柔软而富于弹性的高弹体，聚合物进入高弹态，温度-形变曲线急剧向上弯曲，随后基本维持在一个“平台”。此时除去外力发生可逆高弹形变，具有明显的松弛时间。

③ 黏流转变区和黏流态。温度进一步升高，链段运动加剧，分子链能够在外力作用下发生滑移，进入黏流转变区，继续升高温度，聚合物进入黏流态，成为可以流动的黏液，产生不可逆的永久形变，形变量很大，在温度-形变曲线上表现为形变急剧增加，曲线向上弯曲。

高聚物随着温度的升高，从玻璃态转变到高弹态，再转变到黏流态。等速升温过程中在测量的聚合物试样上施加固定的静负荷，就能得到图 3.70 所示的线型非晶高聚物典型温度-形变曲线。由

图 3.70 可见，以切线法作图，就可得到玻璃态与高弹态之间的转变温度即玻璃化转变温度 $T_g$、高弹态与黏流态之间的转变温度即黏流温度 $T_f$。$T_g$ 是塑料的使用温度上限、橡胶类材料的使用温度下限，$T_f$ 是成型加工温度的下限。

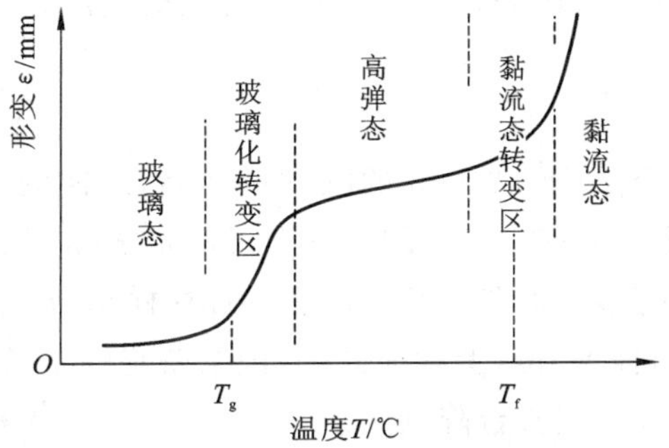


**图 3.70 线型非晶高聚物的温度-形变曲线**

并不是所有非晶高聚物都一定具有上述三种力学形态。例如，聚丙烯腈的分解温度低于黏流温度 $T_f$ 而不存在黏流态。此外，结晶、交联、添加增塑剂都会使得玻璃化转变温度 $T_g$、黏流温度 $T_f$ 发生相应的变化，这是因为非晶高聚物的分子量增加会导致分子链相互滑移困难，松弛时间增长，从而高弹态平台变宽，黏流温度升高。图 3.71 是不同类型高聚物材料的典型温度-形变曲线。

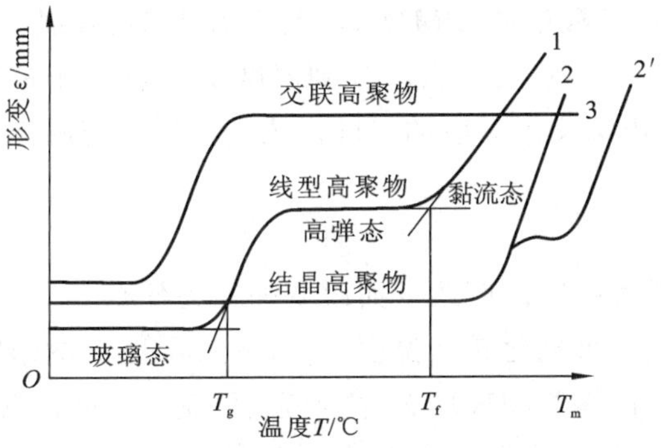


**图 3.71 不同类型高聚物材料的典型温度-形变曲线**

1—线型非晶高聚物；2—结晶高聚物；2′—大分子量结晶高聚物；3—交联高聚物

由图 3.71 曲线 2 可见，在结晶聚合物的晶区，高分子受晶格的束缚，链段和分子链都不能运动，因此，当结晶度足够高时，试样的弹性模量很大，在一定外力作用下，形变量很小，其温度-形变曲线在结晶熔融之前都是斜率很小的一段直线，温度升高到结晶熔融时，热运动克服了晶格能，晶格瓦解，链段和分子链都突然活动起来，聚合物直接进入黏流态，形变量急剧增大，曲线突然转折向上弯曲。对于一般分子量的结晶聚合物，两条直线外推相交得到的熔融温度 $T_m$ 也是黏流温度。如果分子量很大，温度达到 $T_m$ 后结晶熔融，聚合物先进入高弹态，到更高温度才发生黏性流动(图 3.71 曲线 2′)。由图 3.71 曲线 3 可见，交联高聚物的分子链由于交联不能够相互滑移，不存在黏流态，其高弹形变量随交联度增加而逐渐减小。轻度交联的高聚物由于网络间的链段仍可以运动，因此存在玻璃态、高弹态。高度交联的热固性塑料则只存在玻璃态一种力学状态；增塑剂的加入，使高聚物分子间的作用力减小，分子间运动空间增大，从而使得样品的玻璃化转变温度 $T_g$、黏流温度 $T_f$ 都下降。

由于力学状态的改变是一个松弛过程，温度-形变曲线的形状取决于聚合物的分子量、化学结构和聚集态结构、添加剂、受热史、形变史、测试方法等诸多因素，因此玻璃化转变温度 $T_g$、黏流温度 $T_f$ 往往随之改变。例如，测试同一种试样的温度-形变曲线时，所用外力的大小和升温速率不同，测得的 $T_g$、$T_f$ 不一样。随着外力的增加，$T_g$、$T_f$ 将降低，高弹态不明显；随着升温速率的增加，$T_g$、$T_f$ 会升高。

### 3.18.3　实验设备及材料

实验设备为热机械分析仪，该设备由监控装置、测量系统、热稳定控制系统和计算机处理系统等部分组成。试样为甲基丙烯酸甲酯(PMMA)、聚乙烯(PE)、聚氯乙烯(PVC)。

### 3.18.4　实验步骤

(1) 样品的制备：试样为厚度小于 22 mm 的圆柱形样品，所制的试样应保证上下两个面完全平行，试样直径小于 10 mm，一般为 3～5 mm。用游标卡尺测量试样厚度和直径。

(2) 仪器调节：将试样台升上来，将准备好的样品放置在样品台上，让压杆触头压在试样的中央，调节测量系统使其保持垂直，压杆上方压上载荷砝码，记录砝码的质量，千分表保留充分形变(千分表中间的杆子往上顶 5 mm 以上)，将实验台降到底。

(3)软件调节：打开计算机程序软件，设置温度和测量系统(变形量须大于样品厚度)，升温速率 2 ℃/min，最高温度 210 ℃，开始试验，记录温度、变形量、载荷。

(4) 结束实验：实验结束后，将样品台升起，待样品冷却，取下样品，切断电源，清除残渣。

### 3.18.5　实验记录与数据处理

记录试验尺寸、环境温度、升温速率、施加载荷、温度和形变量。绘制试样 PMMA、PVC、PE 的温度-形变曲线。确定试样甲基丙烯酸甲酯(PMMA)、聚乙烯(PE)、聚氯乙烯(PVC)的玻璃化转变温度 $T_g$、黏流温度 $T_f$，以及聚乙烯(PE)的熔点 $T_m$。找到温度-形变曲线上的相应转折区，转折区两侧的直线部分外推得到一个交点，读出该交点对应的温度。描述试样形态随温度的变化情况。

### 3.18.6　思考题

(1) 聚合物的力学状态是怎样随温度改变而改变的？为什么？

(2) 分析热机械分析法测试玻璃化转变温度 $T_g$ 和黏流温度 $T_f$ 的影响因素。

(3) 热机械分析法测得的高聚物的玻璃态、高弹态、黏流态之间的转变，为什么不是相变？

(4) 热机械分析法测得的 $T_g$ 与热膨胀法测得的 $T_g$ 是否一致，为什么？

# 实验 3.19 玻璃的显微维氏硬度测试

## 3.19.1 实验目的

(1) 了解材料的硬度;

(2) 熟悉维氏硬度(显微维氏硬度)测试的基本原理及操作规程。

## 3.19.2 实验原理

(1) 材料的硬度

硬度是衡量材料软硬程度的一种力学性能,反应材料表面局部抵抗塑性变形、压痕或划痕的能力,对材料的加工和使用有非常重要的意义。

晶体材料有软有硬,主要取决于原子键类型、原子间结合能大小和位错。例如:金刚石、碳化硅等硬度很高,很难变形但很脆;铜、银、金等纯金属很软,容易加工成型;钢铁、硬铝等合金兼具上述两种材料的优点。金属键没有方向性和饱和性、配位数高、结构简单,位错的数量多,位错运动时附近原子的变化带来的阻力小,导致位错易动,因此纯金属很软;共价键具有方向性和饱和性,导致晶体的微观对称性下降,不利于产生位错,同时位错运动时受到共价键方向性和饱和性的限制,位错运动阻力很大,加之共价键键强大,因此共价晶体硬且脆;虽然离子键也没有方向性和饱和性,但位错运动过程中在许多方向上有正负离子吸引、相邻同号离子排斥,使滑移过程难以进行,加之离子键键强比较分散,因此离子晶体硬度有高有低,脆性大。钢铁、硬铝等合金,位错的数量多,但是可动位错数量远远小于纯金属,位错运动阻力远大于纯金属但小于共价晶体,因此这类合金材料兼具可加工性和高硬度。

玻璃材料硬且脆,主要影响因素是玻璃本身的组成以及玻璃内部的结构,即玻璃的原子堆积密度和平均场键能密度的共同作用。原子堆积密度定义为 1 mol 玻璃中离子所占的体积与 1 mol 玻璃体积的比值,表示玻璃内部原子堆积的紧密程度,原子堆积密度增大意味着玻璃单位体积内可压缩的自由体积变小,硬度增加;平均场键能密度定义为单位体积玻璃的总键能,平均场键能密度增大意味着抵抗外力的能力增强,硬度增大。

无机非金属玻璃的维氏硬度 $H_V$ 值介于 1GPa(硫系玻璃)和 12GPa(氧化物玻璃)之间。在常见的氧化物玻璃中,石英玻璃的硬度通常很大,硼酸盐玻璃的硬度也相对较高,但是当碱金属元素的含量增加时,硬度往往会降低,这是因为石英玻璃中全部是 Si—O 键,平均场键能密度高且发挥主要作用所致。硫系玻璃的硬度比氧化物玻璃低得多,与特殊的网络结构、强极性共价键和配位缺陷有关。如纯硫族元素玻璃的结构一般是环状或链状结构单元,环或链通过范德华力结合在一起,结构较氧化物玻璃疏松,因此原子堆积密度小、平均场键能密度低;如二元硫系玻璃 $GeS_2$,尽管结构中存在 25% 的共边连接[$GeS_4$]四面体,但结构中存在大量的配位缺陷,配位缺陷带电不同,会通过静电引力结合形成变价对,可显著降低平均场键能密度。

石英玻璃的维氏硬度 $H_v = 8.7$ GPa,石英晶体的 $H_v = 10\sim12$ GPa,超高压石英晶体变体的 $H_v =$ 33 GPa,可见同组成的玻璃和晶体相比,玻璃的硬度低。这是因为此时影响硬度的因素是原子堆积密度,而与原子间结合能无关。石英玻璃原子堆积密度小、可压缩的自由体积大,抵抗荷载的能力最弱,硬度最小。

金属玻璃比氧化物玻璃更硬,是因为金属玻璃的原子堆积密度较高、原子间结合能低所致,但是,金属玻璃的硬度远大于同组成的晶体,是因为金属玻璃中没有位错的存在。

(2) 硬度的测试原理

硬度测量方法一般可以分为划痕法、压入法、回跳法。划痕法主要用于测莫氏硬度,该方法用标准矿物样品在试样表面划出划痕，以不能在样品表面划出划痕的最高硬度级为该样品的硬度，莫氏硬度测试简单方便但是分级较粗，只能得到相对硬度大小。回跳法主要用于测肖氏硬度，该方法是用金刚石冲头从一定高度自由下落到试样表面，以回弹高度来反映硬度。

压入法主要有布氏硬度、洛氏硬度、努氏硬度、维氏硬度、显微维氏硬度。对于金属材料而言，通常测试其布氏硬度。测试时在外加载荷的作用下，淬火钢球或硬质合金球被压入试样表面，之后保持所需要的时间，最后卸除外加载荷，将单位压痕面积承受的平均压力定义为布氏硬度。在测试布氏硬度时，由于淬火钢球或硬质合金球的直径较大，测试时会对成品造成不可逆的破坏，当测试的样品较薄时，往往无法完成测试，同时其压痕直径的测量也较为麻烦。

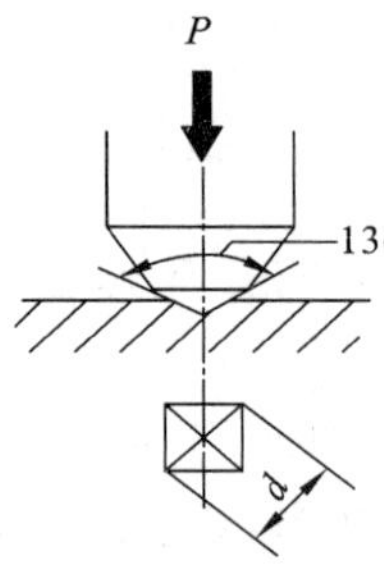


图 3.72 维氏硬度测试原理示意图

维氏硬度的测试原理和布氏硬度基本相同，所不同的是，维氏硬度的压头采用的是由金刚石制成的夹角为 136°的方形锥，如图 3.72所示。由于压头为方形锥，当载荷改变时压入角不变，因此在测试过程中可以根据不同的需求任意选择载荷，这是维氏硬度测试最大的优点。维氏硬度 $H_V$ 等于施加在压头上的法向载荷 $P$ 与压痕投影面积 $S$ 的比值。压痕是一个尖底菱形坑(图 3.73)，测量菱形坑对角线的长度 $d$，则压痕投影面积 $S$ 为 $d^2/[2\sin(136°/2)]=d^2/(2\sin 68°)$，维氏硬度按式(3.85)计算：

$$H_V=P/S=P/[d^2/(2\sin 68°)]=1.8544P/d^2 \qquad (3.85)$$

式中 $P$——载荷；

$S$——压痕投影面积；

$d$——压痕对角线长度。

维氏硬度可测试从极软到极硬各种材料的硬度，测量精度可靠。为了减小误差，测试前试样需抛光，测试中尽可能选用较大载荷。

显微维氏硬度和维氏硬度的测试原理基本相同，显微维氏硬度实质是小载荷下的维氏硬度，其受载荷的影响较大，因此测试时会标明测量载荷以便于比较。

图 3.73 是 $5CaO \cdot 44Al_2O_3 \cdot 51SiO_2$(玻璃样品采用气动悬浮激光加热技术制备)玻璃样品在不同载荷下的显微维氏压痕图。从图 3.73 可见，压痕呈尖底菱形坑，随着载荷的增大，压痕逐渐变大，当载荷增大到 29.4 N 时，压痕出现裂纹。

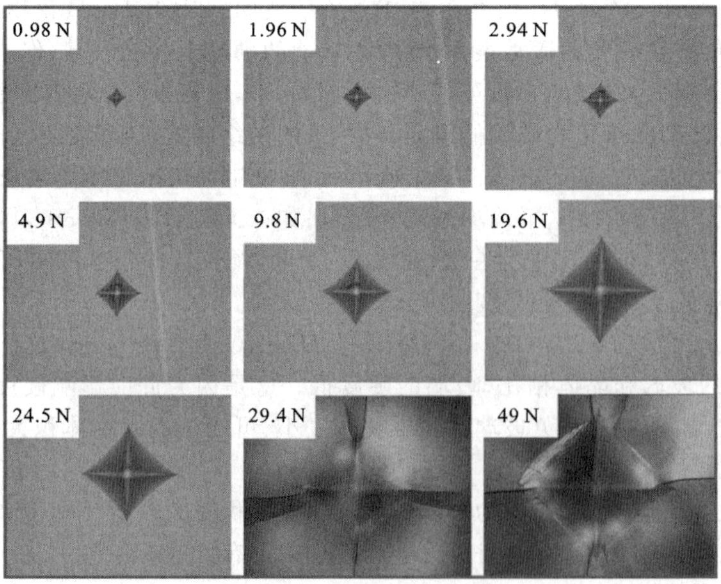


图 3.73 $5CaO \cdot 44Al_2O_3 \cdot 51SiO_2$ 玻璃的显微维氏压痕图

为了保证测试结果的准确性，测试前玻璃样品需精细抛光，测试时需在样品表面不同位置进行，固定保压时间(图 3.73 是 10 s)，每个荷载下，记录 10 个有效压痕形貌对应的硬度值，取平均值，即为该荷载下的显微维氏硬度值。图 3.74 是 $5CaO \cdot 44Al_2O_3 \cdot 51SiO_2$ 玻璃样品在不同载荷下的显微维氏硬度值。从图 3.74 可见，随着载荷的增大，维氏硬度逐渐减小，最后趋于稳定。

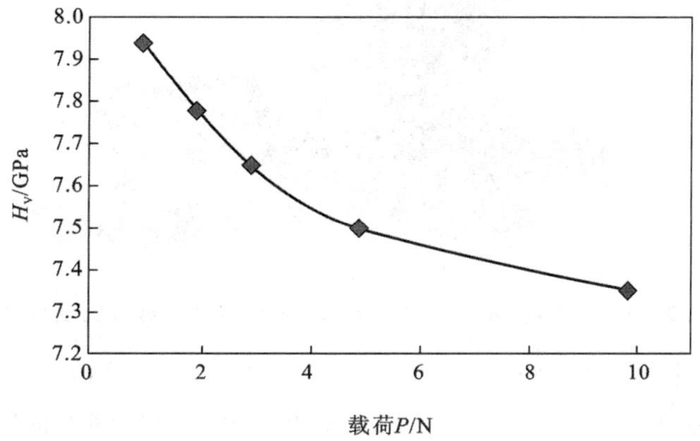


**图 3.74　$5CaO \cdot 44Al_2O_3 \cdot 51SiO_2$ 玻璃在不同载荷下的显微维氏硬度值**

GB/T 37900—2019 规定了采用显微维氏硬度法测量厚度为 0.1～1.1 mm 超薄玻璃的硬度方法，载荷为 1.961～49.030 N。测量时，需要根据试样厚度确定载荷(载荷与玻璃厚度关系见表 3.6)，优先采用较高载荷值进行试验，但压痕对角线长度应不大于玻璃厚度的 0.7 倍，试样背面及压痕周边应无肉眼可见的损伤且压痕的 4 个顶点附近无明显的裂纹。至少在同一个试样上进行 10 个有效压痕形貌的测量，同一批次试样数不少于 3 个，取平均值。测量压痕对角线长度 $d_1$、$d_2$，代入式(3.86)计算。

**表 3.6　超薄玻璃硬度载荷值**

| 超薄玻璃厚度 $h$/mm | 荷载值 $P$/N |
|---|---|
| $0.7<h\leqslant1.1$ | 1.961，2.942，3.922，4.903，9.807，29.420，49.030 |
| $0.3<h\leqslant0.7$ | 1.961，2.942，3.922，4.903，9.807，29.420 |
| $0.2<h\leqslant0.3$ | 1.961，2.942，3.922，4.903，9.807 |
| $0.1<h\leqslant0.2$ | 1.961，2.942，3.922，4.903 |
| 0.1 | 1.961，2.942 |

$$H_V = 0.447426 \cdot [P/(d_1+d_2)^2] \tag{3.86}$$

式中　$H_V$——显微维氏硬度，GPa；

$P$——载荷，N；

$d_1$、$d_2$——压痕对角线长度，mm。

## 3.19.3　实验设备及材料

实验设备为沈阳科晶自动化设备有限公司 STX-202A 型金刚石线切割机、奥地利 Qness 公司 UNIPOL-802 型抛光机和奥地利 Qness 公司 Q10A＋型全自动显微维氏硬度仪(图 3.75)。显微维氏硬度仪包括照明系统、物镜系统、目镜系统、调焦系统、硬度值测量系统。实验样品为片状玻璃。

## 3.19.4　实验步骤

(1) 样品制备

将片状玻璃用金刚石线切割机切割成边长为 30～50mm 的正方形试样，试样周边无须磨边，但

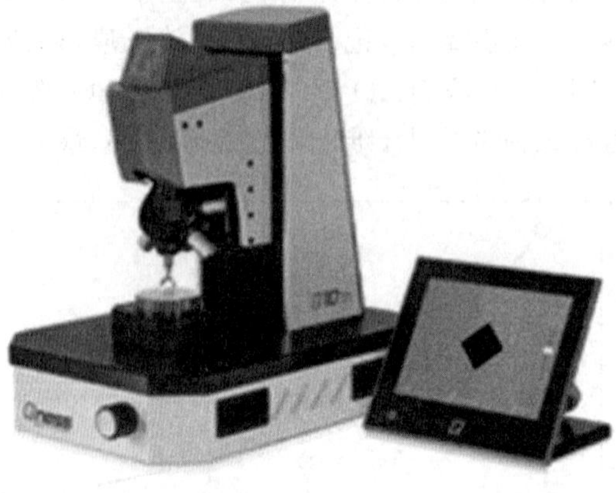

图 3.75 奥地利 Qness 公司 Q10A+型全自动显微维氏硬度仪

边缘不应有大于 0.5 mm 的爆边或裂纹。

用抛光机进行严格抛光。先用 400/800/1200/2000 目砂纸由粗到细依次打磨，再用抛光布进行抛光，试样表面清洁、光滑、平整，无肉眼可见的划伤、凹坑及裂纹等损伤。

同一组成或批次需制备不少于 5 个试样。

(2) 显微维氏硬度测试

① 开启硬度仪，并对设备进行校验，开启电脑。

② 将制好的样品放在载物台上，要保证测试面保持水平状态。

③ 将物镜上升到一定高度之后(尽量抬高，以免转换镜头碰到样品，损坏仪器)，保证在整个测试环节中仪器不受外力作用，以免影响测试精度。

④ 在电脑上打开测试软件，将物镜调整至合适高度，在样品表面找到光滑、无明显划痕平面，自动对焦。

⑤ 设置合适的载荷值和保持时间(5 s、10 s、15 s)，进行测试。

⑥ 加载完成后，手动调焦，找到清晰的菱形压痕，测量菱形压痕对角线长度 $d$。

⑦ 在测试完成后，保存压痕照片和测量结果。

⑧ 改变测试点，重复上述过程，同一载荷下测试 10 组数据，取平均值为该试样在该载荷下的显微维氏硬度值。

⑨ 改变测试点和载荷，重复上述过程，在不同载荷下各测试 10 组数据，直至压痕出现裂纹，取平均值为该试样在不同载荷下的显微维氏硬度值。

⑩ 测试结束后，取出样品并依次关闭电脑及硬度计开关，清洁桌面。

(3) 注意事项

① 避免碰撞压头，保持清洁。

② 加载时动作要轻稳，不能移动试样或转动压头。

### 3.19.5 实验记录与数据处理

记录同一样品不同载荷下的显微维氏压痕图，绘制载荷和显微维氏硬度关系曲线，并解释曲线的变化规律。针对不同组成的玻璃样品，绘制固定载荷下(如 1.96N)的组成和显微维氏硬度关系曲线，分析玻璃组成、结构对硬度的影响。

### 3.19.6 思考题

(1) 测试显微维氏硬度时，要选择适当的载荷，尽量选择较大的载荷，为什么？

(2) 如何确定压痕形貌是有效的？

# 实验 3.20 玻璃和陶瓷的断裂韧性测试

## 3.20.1 实验目的

(1) 了解材料的脆断实质；

(1) 掌握断裂韧性的基本概念，了解材料断裂韧性的测试方法；

(2) 掌握玻璃和陶瓷平面应变断裂韧性 $K_{IC}$的测定方法。

## 3.20.2 实验原理

### 3.20.2.1 材料的脆断实质

断裂是材料的主要失效形式之一。随材料、温度、应力状态、加载速度的不同，断裂表现出多种类型。根据断裂前发生塑性形变情况，断裂大体可以分为两类：(1)试样断裂前已经历大量的塑性形变——韧性断裂；(2)断裂前试样在表观上没有明显的塑性形变——脆性断裂。不同种类的材料其脆性断裂的微观机理存在较大的差异。

Griffith 理论认为，材料中总是存在许多细小的裂纹或缺陷，在外力作用下，这些裂纹和缺陷附近产生应力集中现象。当外力达到一定程度时，裂纹开始扩展而导致脆性断裂。Griffith 理论成功地解释了脆性材料的理论强度远高于实际断裂强度的原因，说明了脆性材料断裂的本质是微裂纹的产生和扩展。

金属材料是典型的韧性材料，但随温度降低、形变速度增大、试样增厚，有的金属也会发生脆断。外力作用下，金属材料中的位错在不同滑移面会发生微小的滑移，当它们在滑移面交线上汇合时，会形成新的位错。汇合形成的新位错是不可动的，其滑移面与之前滑移位错的滑移面不同，导致滑移位错运动受阻，三个位错的交界处出现微裂纹，随着外力的增大微裂纹不断扩展直至材料脆断。对于材料来说，任何形式的应力集中只可能导致两种后果：一是激活位错源；二是形成微裂纹。前者导致韧性断裂，后者促成脆性断裂。金属材料中存在大量位错，同时又存在微裂纹，因此存在韧脆转变现象。一般用韧脆转变温度描述金属材料的韧脆转变现象，它是指位错源不被激活的最高温度，在此温度以下，位错源不起动，微裂口扩展而发生脆断。

陶瓷、玻璃是典型的脆性材料。陶瓷显微结构中的晶粒尺寸、形貌和取向，气孔和玻璃相等，都会导致陶瓷的表面或内部存在许多细小的裂纹或缺陷，成为陶瓷材料脆性断裂的断裂源。刚制备的玻璃棒，其弯曲强度接近理论强度，在空气中放置几小时后强度显著下降，这是因为大气腐蚀形成了表面微裂纹，所以玻璃表面的化学腐蚀、机械损伤或玻璃的热应力都会形成微裂纹，微裂纹扩展使玻璃强度显著下降。

按照 Griffith 理论，材料的脆性断裂强度不是取决于微裂纹的数量，而是取决定于微裂纹的大小，即由临界裂纹尺寸决定材料的断裂强度。应力场强度因子 $K_I$是表达裂纹扩展规律的函数，是指在外力作用下裂纹尖端产生应力集中程度的强弱。随着应力或裂纹长度的增大，应力场强度因子 $K_I$ 不断增大，当 $K_I$增大到临界值 $K_{IC}$时，裂纹开始失稳扩展，材料脆断，$K_{IC}$ 即为临界应力场强度因子。可见，$K_{IC}$ 可以表示材料对裂纹扩展的阻力，又把 $K_{IC}$ 称为平面应变断裂韧性，简称断裂韧性，是材料抵抗脆性断裂的参数，是度量材料的韧性好坏的一个定量指标。

在加载速度和温度一定的条件下，$K_{IC}$对某种材料而言是一个常数，只与材料本身的组成、结构、加工工艺有关，它与材料本身存在的裂纹的大小、形状以及外加载荷的大小无关。当裂纹尺寸一定时，材料的断裂韧性值愈大，其裂纹失稳扩展所需的临界应力就愈大；当外力一定时，材料的断裂韧性值愈高，其裂纹达到失稳扩展时的临界尺寸就愈大。韧性材料的断裂韧性较大，而脆性材料一般断裂韧性较小。

根据材料不同，断裂韧性的测试方法主要有单边预裂纹梁法(SEPB)、紧凑拉伸法和压痕法等。对于金属等韧性材料，常用的测试方法有单边预裂纹梁法和紧凑拉伸法等；对于陶瓷、玻璃等脆性材料，常用的测试方法有单边预裂纹梁法和压痕法等，下面分别介绍单边预裂纹梁法和压痕法的测试原理。

3.20.2.2　单边预裂纹梁法测试原理

将玻璃或陶瓷制成常规的弯曲强度试样(长×宽×高＝$L \times t \times \omega \geqslant 36\text{mm} \times 3\text{mm} \times 4\text{mm}$，图 3.75)，就可以用单边预裂纹梁法测量断裂韧性 $K_{IC}$。

首先在试样下表面(受拉面)人为引进一条预裂纹。预裂纹试样制备过程如下：先通过维氏压痕或直接切口在试样下表面中心位置、沿试样宽度方向制得裂纹源(图 3.76)，然后将带有裂纹源的试样置于预裂纹引发装置上，垂直施加载荷预制裂纹，注意预裂纹深度不超过试样高度 $\omega$ 的 0.35～0.6 倍。然后将预裂纹试样置于三点弯曲试验装置上，通过缓慢地增大作用在试样上表面的压应力，使得试样下表面的预裂纹发生稳态扩展，预裂纹在稳态扩展过程中沿高度方向的扩展量大于沿长度方向的扩展量，当压应力增大到某一个临界值时，预裂纹高度方向的扩展将到达试样的边缘，从而形成一条尖锐的贯穿试样横截面的人工裂纹，试样断裂。根据试样断裂时的临界载荷、裂纹长度、试样宽度和高度以及支撑试样下表面的两支撑点间的跨距，计算出被测试样的断裂韧性，测试时至少取 5 个试样的平均值。

$$K_{IC} = [(P_1 \times d_1)/(t \times \omega^{3/2})] \cdot Y \tag{3.87}$$

式中　$K_{IC}$——断裂韧性；

$P_1$——试样断裂时的临界载荷，N；

$d_1$——三点弯曲试验夹具下跨距，mm；

$t$——试样宽度，一般为 3 mm；

$\omega$——试样高度，一般为 4 mm；

$Y$——与 $l/\omega$ 值有关的数值，可以查表获取(表 3.7)，需满足 $0.35 \leqslant l/\omega \leqslant 0.6$，其中 $l$ 为裂纹长度，单位为 mm。

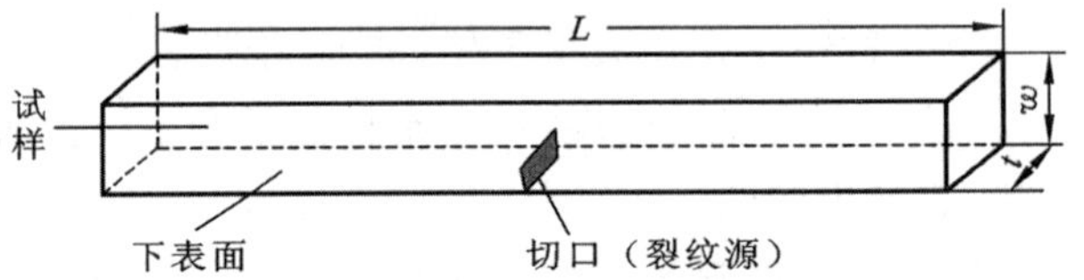


**图 3.76　试样形状和切口示意图**

**表 3.7　三点弯曲试验中 Y 值速查表**

| $l/\omega$ | 0.35 | 0.36 | 0.37 | 0.38 | 0.39 | 0.40 | 0.41 | 0.42 | 0.43 | 0.44 | 0.45 | 0.46 | 0.47 |
|---|---|---|---|---|---|---|---|---|---|---|---|---|---|
| Y | 1.7889 | 1.8361 | 1.8849 | 1.9355 | 1.9878 | 2.0422 | 2.0987 | 2.1575 | 2.2187 | 2.2825 | 2.3492 | 2.4188 | 2.4916 |
| $l/\omega$ | 0.48 | 0.49 | 0.50 | 0.51 | 0.52 | 0.53 | 0.54 | 0.55 | 0.56 | 0.57 | 0.58 | 0.59 | 0.60 |
| Y | 2.5678 | 2.6476 | 2.7313 | 2.8190 | 2.9111 | 3.0078 | 3.1093 | 3.2160 | 3.3281 | 3.4460 | 3.5700 | 3.7004 | 3.8376 |

注：$L \times t \times \omega \geqslant 36\ \text{mm} \times 3\ \text{mm} \times 4\ \text{mm}$，$0.35 \leqslant l/\omega \leqslant 0.6$。

GB/T 23806—2009 规定了测试精细陶瓷断裂韧性的单边预裂纹梁法，但是采用单边预裂纹梁法测试玻璃的断裂韧性的标准还没有，目前都是参考 GB/T 23806—2009 测试玻璃的断裂韧性。

3.20.2.3　压痕法测试原理

对于超薄玻璃，主要采用直接压痕法测量玻璃的断裂韧性 $K_{IC}$，即通过显微维氏硬度仪对样品施加合适的载荷，使玻璃表面形成压痕，并在压痕的 4 个顶点产生裂纹且玻璃不发生破裂(图 3.77)。图 3.77 中 $d$ 为压痕对角线长度，$2c$ 为压痕对角线方向裂纹长度。为了使数据更具准确性，需使 $2C/d \geqslant 2.5$。通过式(3.88)对断裂韧性进行计算：

$$K_{IC}=0.016(E/1.0785H_v)^{1/2}(P/c^{3/2}) \tag{3.88}$$

式中 $K_{IC}$——断裂韧性，$MPa \cdot m^{1/2}$；

$E$——杨氏模量，MPa；

$P$——载荷，N；

$H_V$——维氏硬度，GPa；

$c$——裂纹半长，m。

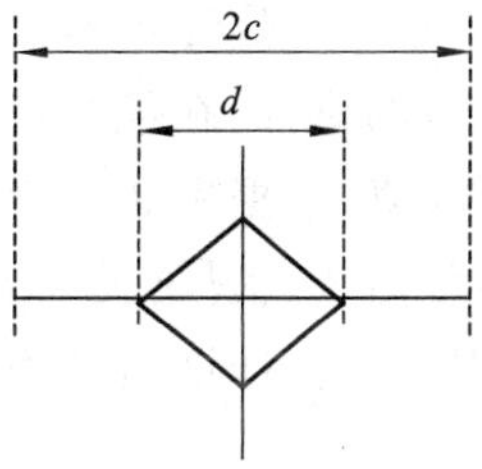


图 3.77 理想的维氏压痕形貌、压痕对角线与对角线裂纹示意图

GB/T 37900—2019 规定了采用显微维氏硬度法测量厚度为 0.3～1.1 mm 超薄玻璃的断裂韧性方法，载荷为 1.961～49.030 N。测量时，以一定的负载，将金刚石维氏压头压入试样表面形成压痕，并在压痕的 4 个顶点处均应产生裂纹(图 3.78)。至少在同一个试样上进行 20 个有效压痕形貌的测量，同一批次试样数不少于 3 个，取平均值。测量压痕对角线长度 $d_1$、$d_2$，测量对角线方向的裂纹长度 $2c_1$、$2c_2$，代入式(3.89)计算。

$$K_{IC}=0.016\{E \cdot P/[(2c_1+2c_2)/4]\} \cdot [(d_1+d_2)/(2c_1+2c_2)] \tag{3.89}$$

式中 $K_{IC}$——断裂韧性，$MPa \cdot m^{1/2}$；

$E$——杨氏模量，GPa；

$P$——载荷，N；

$d_1, d_2$——压痕对角线长度，mm；

$2c_1, 2c_2$——压痕对角线方向裂纹扩展长度，mm。

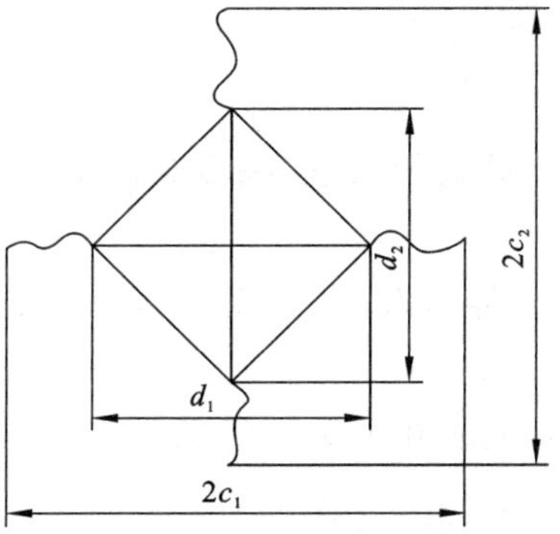


图 3.78 实际的维氏压痕对角线与对角线裂纹长度测量示意图

## 3.20.3 实验设备及材料

实验设备为 STX-202A 型金刚石线切割机、UNIPOL-802 型抛光机、AG-IC20/50KN 的万能试验机(三点弯曲试验机)、Dino-Lite 型数码显微镜、Q10A＋型全自动显微维氏硬度仪、游标卡尺。

## 3.20.4 实验步骤

### 3.20.4.1 单边预裂纹梁法

(1) 样品制备

将试样按图 3.76 所示切割并抛光成长×宽×高＝$L \times t \times \omega \geqslant 36\ mm \times 3\ mm \times 4\ mm$ 的长方体玻

璃棒，对面平行，横截面邻边垂直。测量试样尺寸。

(2) 预制裂纹

采用金刚石线切割机直接预制裂纹。预裂纹位于试样下表面中间，长度同试样宽度，深度为 0.35～0.6$\omega$，即 1.4～2.4 mm，宽度≤0.1 mm。采用混合了丙酮的染色液滴入裂纹处进行染色，确定预裂纹尖端位置。在染料完全干燥后进行弯曲试验。

(3) 测试断裂韧性

将试样置于三点弯曲试验机上，预裂纹位于支撑试样下表面的两支撑点中间，两支撑点间的跨距 $d_1$ 为 25 mm。以 0.5 mm/min 的加载速度，缓慢地增大作用在试样上表面的压应力，测量试样断裂时的临界载荷 $P_1$。试验时间不应超过 20 s，以免受到周围环境的影响。

取下断裂的试样，在显微镜下观察试样端面的裂纹形貌，测量裂纹长度 $l$。

计算 $l/\omega$ 值，根据表 3.7 查得 $Y$。

将临界载荷 $P_1$、裂纹长度 $l$、试样宽度 $t$ 和高度 $\omega$、试样下表面的两支撑点间的跨距 $d_1$(25 mm)、$Y$ 值，代入式(3.87)计算出被测试样的断裂韧性。

3.20.4.2　压痕法

(1) 样品制备

将片状玻璃用金刚石线切割机切割成边长为 30～50 mm 的正方形试样，试样周边无须磨边，但边缘不应有大于 0.5 mm 的爆边或裂纹。用抛光机进行严格抛光，试样表面清洁、光滑、平整，无肉眼可见的划伤、凹坑及裂纹等损伤。

(2) 测试断裂韧性

按照显微维氏硬度测试方法，测试时，以一定的负载，将金刚石维氏压头压入试样表面形成压痕，并在压痕的 4 个顶点处均应产生裂纹(图 3.77)，玻璃不发生破裂且裂纹清晰可见。

记录施加的载荷，测量压痕对角线长度 $d_1$、$d_2$，测量对角线方向的裂纹长度 $2c_1$、$2c_2$，代入式(3.89)计算出被测试样的断裂韧性。

## 3.20.5　实验记录与数据处理

单边预裂纹梁法：记录样品尺寸、预裂纹长度、临界载荷 $P_1$、裂纹长度 $l$、断面形貌、设备参数，计算断裂韧性。

压痕法：记录显微维氏压痕图、临界载荷、压痕对角线长度、对角线方向的裂纹长度，计算断裂韧性。

针对不同组成的玻璃样品，绘制组成和断裂韧性关系曲线，分析玻璃组成、结构对断裂韧性的影响。

分析单边预裂纹梁法制得试样的断面形貌，分析裂纹的变化规律。

## 3.20.6　思考题

(1) 断裂韧性测试的几种方法各有何特点？

(2) 分析单边预裂纹梁法中，预制裂纹对测试结果的影响。

(3) 分析压痕法测量得到的断裂韧性数据与理论值差异的原因。

(4) 断裂韧性和断裂强度都是衡量材料力学性能的指标，请分析它们有何不同。

# 4 综合性创新性实验

## 实验 4.1 锂电池材料与器件制备及电化学性能综合分析

### 4.1.1 实验目的

(1) 掌握可充锂离子电池的工作原理,熟悉影响锂离子电池性能的因素;

(2) 掌握 $LiCoO_2$ 正极材料的合成工艺;

(3) 熟悉扣式锂离子电池的组成与结构,掌握扣式锂离子电池的装配工艺;

(4) 掌握锂离子电池循环性能和倍率性能测试方法;

(5) 了解锂离子电池材料与器件的行业发展、社会影响、环保措施;

(6) 通过实验项目的实施,合理分析、评价锂离子电池材料与器件解决方案对社会、环境可持续发展的影响,理解应承担的责任。

### 4.1.2 实验原理

#### 4.1.2.1 锂离子电池的工作原理

作为一种可充式的二次电池,锂离子电池的正负两极都是锂离子嵌入化合物。它主要通过 $Li^+$ 在正极(cathode)和负极(anode)之间的循环嵌入和脱出工作(也称为摇椅式机制)。充电时,从正极脱出 $Li^+$,通过电解质(electrolyte)的传导穿过隔膜(separator)层嵌入负极中。随着 $Li^+$ 的嵌入,负极材料呈锂富积状态,正极处于锂的贫乏状态。与此同时,电子从外电路传导到负极,保证了负极中电荷的平衡;放电时则相反。脱出和嵌入的过程中 $Li^+$ 在正负两极间存在一定的浓度差别,因此锂离子电池也被称为"浓差电池"。

锂离子电池正极材料一般选用过渡金属氧化物,常见的有钴氧化物($LiCoO_2$)、锰氧化物($LiMn_2O_4$)、镍钴锰酸锂($LiNi_{1-x-y}Co_xMn_yO_2$)和磷酸铁锂($LiFePO_4$)等。负极的活性物质一般为石墨,或近似石墨结构的碳。以 $LiCoO_2$/石墨电池为例阐述锂离子电池的工作原理,如图 4.1 所示。在充电过程中,$Li^+$ 从 $LiCoO_2$ 材料中脱出嵌入石墨负极中;放电时,$Li^+$ 在内电场的作用下,从负极石墨中脱出,经过电解液回到正极 $LiCoO_2$ 材料中,同时负极中保持体系电中性的补偿电子通过外电路流到正极,从而形成了从正极到负极的电流,使化学能转化成电能。

充电时:

正极:$LiCoO_2 \longrightarrow Li_{1-x}CoO_2 + xLi^+ + xe^-$

负极:$C_6 + xLi^+ + xe^- \longrightarrow Li_xC_6$

放电时:

正极:$Li_{1-x}CoO_2 + xLi^+ + xe^- \longrightarrow LiCoO_2$

负极:$Li_xC_6 \longrightarrow C_6 + xLi^+ + xe^-$

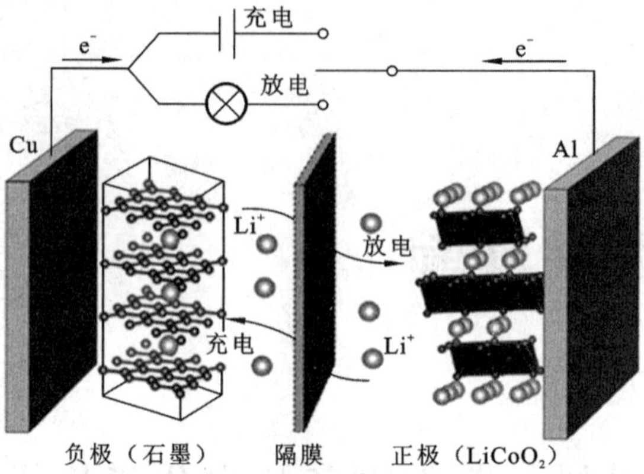


图 4.1　锂离子电池工作原理示意图

4.1.2.2　锂离子电池组成

锂离子电池作为一种化学电源，在实现能量转换的过程中，应具备两个必要的条件：

(1) 组成化学电源的两个电极上进行的氧化还原过程，必须分别在两个分开的区域进行，这一点区别于一般的氧化还原反应。

(2) 两电极的活性物质进行氧化还原反应时所需电子必须由外线路传递，这一点区别于金属腐蚀过程的微电池反应。

锂离子电池主要由以下几部分组成：

(1) 电极：电池的核心部分，它是由活性物质和导电骨架所组成。活性物质是指正、负极中参加成流反应的物质，是化学电源产生电能的源泉，是决定化学电源基本特性的重要部分。对活性物质的要求是：

① 组成电池的电动势高；

② 电化学活性高，即自发进行反应的能力强；

③ 重量比容量和体积比容量大；

④ 在电解液中的化学稳定性高；

⑤ 具有高的电子导电性；

⑥ 资源丰富，价格便宜。

(2) 电解质：电池的主要组成部分之一，在电池内部担负着传递正负极之间电荷的作用，所以是一些具有高离子导电性的物质。对电解质的要求是：

① 稳定性强，因为电解质长期保存在电池内部，所以必须具有稳定的化学性质，使储藏期间电解质与活性物质界面的电化学反应速率小，从而使电池的自放电容量损失减小；

② 比电导高，溶液的欧姆压降小，使电池的放电特性得以改善。对于固体电解质，则要求它只具有离子导电性，而不具有电子导电性。

(3) 隔膜：也称为隔离物。置于电池两极之间，其作用是防止正负极活性物质直接接触，阻止电池内部短路。对于隔膜的要求是：

① 在电解液中具有良好的化学稳定性和一定的机械强度，并能承受电极活性物质的氧化还原作用；

② 离子通过隔膜的能力要强，也就是说隔膜对电解质离子运动的阻力要小。这样，电池内阻就相应减小，电池在大电流放电时的能量损耗减小；

③ 应是电子的良好绝缘体，并能阻挡从电极上脱落的活性物质微粒和枝晶的生长；

④ 材料来源丰富，价格低廉。

因此，隔膜是一种经特殊成型的高分子薄膜，薄膜有微孔结构，可以让 $Li^+$ 自由通过，而电子不能通过。

4.1.2.3 锂离子电池主要术语与参数

(1) 正极：放电时，电子从外部电流流入电位较高的电极。

(2) 负极：放电时，电子从外部电路流出电位较低的电极。

(3) 放电容量：电池放电时释放出来的电荷量，一般是时间与电流的乘积，单位为 A·h 或 mA·h。

(4) 充放电速率：表征充放电快慢的一种量度。如容量 1 h 放电完毕，称为 1C 放电；10 h 放电完毕，称为 0.1 C 放电。

(5) 循环寿命：在一定的条件下，将电池进行反复充放电，当容量等电池性能达到规定指标以下时所发生的充放电次数。

(7) 工作电压：电池有负荷时正负极之间的电压，也称为闭路电压。

### 4.1.3 实验设计思路

锂离子电池正极材料是影响锂离子电池性能的关键因素，引导学生查阅文献，了解钴氧化物（$LiCoO_2$）、锰氧化物（$LiMn_2O_4$）、镍钴锰酸锂（$LiNi_{1-x-y}Co_xMn_yO_2$）和磷酸铁锂（$LiFePO_4$）等材料的结构、合成工艺、电化学性能（如放电比容量、循环性能、倍率性能等），按表 4.1 的格式进行总结，据此选择合适的工艺制备锂离子电池正极材料。

**表 4.1 锂离子电池正极材料的组成、结构、合成工艺及电化学性能**

| 材料名称 | 化学式/组成 | 结构 | 合成工艺及特点 | 电化学性能 |
|---|---|---|---|---|
| | | | | |

根据锂离子电池负极对活性物质的要求，选择石墨或金属锂为负极材料；根据稳定性强和电导率高的原则选择电解液；根据对隔膜的要求选择隔膜材料。

调研完成后，设计实验方案和技术路线：

(1) 锂离子正极材料制备

本阶段包括配料计算、球磨、煅烧等工艺过程。本实验合成的目标产物是 $LiCoO_2$ 材料，采用固相法合成，作为后续实验用正极活性材料。对合成的 $LiCoO_2$ 材料进行组成、结构、电化学性能表征。

(2) 纽扣电池装配

首先是正极浆料制备，正极片制备，负极片裁剪，隔膜裁剪，配置电解液、垫片、弹簧垫片，电池外壳预处理，然后装配纽扣电池并封装。本部分实验的目标是利用上述合成的 $LiCoO_2$ 正极材料制备正极浆料，并最终组装 CR2025 型锂离子纽扣电池以备电化学性能测试。

(3) 锂离子电池倍率性能测试和循环性能测试

利用相关的充放电仪器对上述制备的纽扣电池进行倍率性能测试和循环性能测试，通过数据分析评价电池性能。本实验设计理论初始放电比容量为 145 mAh/g 左右，50 次循环后容量衰减约 10%。

### 4.1.4 实验过程实施

4.1.4.1 实验材料、仪器及设备

(1) 实验材料

$Co_3O_4$（或 $Co_2O_3$）、$Li_2CO_3$、无水乙醇、铝箔、金属锂片、电解液、聚丙烯 2400 隔膜、垫片、弹簧垫片和电池外壳等。

(2) 制备设备

马弗炉、行星式球磨机、真空干燥箱、手套箱、恒温试验箱、扣式电池封口机、电子天平、粉末压片机。

(3) 电性能测试设备

本实验采用武汉兰电(Land)公司的 CT2001A 型充放电测试仪(多通道恒流/恒压源)对纽扣电池的性能等进行表征。见图 4.2。

**图 4.2**　CT2001A **型充放电测试仪**

4.1.4.2　实验步骤

(1) 正极材料制备

首先称量适量的 $Co_3O_4$ 和 $Li_2CO_3$,加入无水乙醇并球磨混合均匀;球磨后的浆料在 80～90 ℃烘箱内干燥后取出,经研磨后在 700～900 ℃保温 8～20 h。样品随炉冷却至室温,取出并粉碎后放入干燥器备用。

(2) 纽扣电池组装

本实验将正极材料组装成纽扣电池之后进行电化学性能测试,纽扣电池型号为 CR2025。该电池主要由电池外壳、电池的正负极片、电解液、垫片、弹片以及隔膜等部分组成。组装电池时的所有操作在充满高纯氩气的手套箱内进行,手套箱内的水分压以及氧分压均小于 $0.1\times10^{-6}$。

正极片:将正极活性物质样品、导电剂乙炔黑和黏结剂聚偏二氟乙烯(PVDF)按 80∶10∶10 的质量比称量,加入溶剂 N-甲基吡咯烷酮(NMP)中混合均匀后,均匀涂覆在铝箔上(或不锈钢基片),于 60 ℃下烘干,再置于真空干燥箱中在 120 ℃下真空干燥 12 h;烘完后用切片机将其剪切为直径为 12 mm 的正极片备用。

负极片:负极为金属锂圆片,厚度 0.30 mm,直径为 24 mm。

隔膜:隔膜为美国 Celgard 生产的聚丙烯 2400 隔膜,厚度 0.02 mm,使用前冲切成直径为 15～25 mm 的圆片备用。

电解液:电解液为 1 mol/L $LiPF_6$ 的碳酸乙烯酯 EC 和二甲基碳酸酯 DMC(摩尔比 3∶7)的混合液。

垫片、弹簧垫片和电池外壳:在使用时需先将垫片、弹簧垫片和电池外壳浸泡在无水乙醇中超声清洗,然后置于烘箱中烘干,待完全干燥后取出,用于组装电池。

纽扣电池的组装顺序从下往上依次为正极壳、正极片(正极活性材料)、电解液、隔膜、电解液、负极片(金属锂片)、垫片、弹簧垫片和负极壳,最后使用纽扣电池封装机进行封装,获得 CR2025 型锂离子纽扣电池。将组装好的电池在手套箱内静置 12 h,保证电解液完全浸透正极材料,然后进行相关的电化学性能测试。

(3) 纽扣电池性能测试

本实验采用武汉兰电(Land)公司的 CT2001A 型充放电测试仪对 CR2025 纽扣电池进行倍率及

循环性能的测试。在进行测试前先将测试夹具与扣式电池相连，然后设置测试过程参数和数据保存目录。

① 倍率性能测试：测试电压范围设置为 2.8～4.2 V，电流密度依次设置为 0.2C、0.5C、1.0C、2.0C、5.0C 和 0.2C，在各电流密度下各循环 5 次。

② 循环性能测试：在 2.8～4.2 V 的电压范围内，0.2C 电流密度下进行充放电循环实验。

测量过程中，应密切注意放电比容量、电流和电压的变化，出现异常时应终止测试。测试完成后导出数据。

4.1.4.3　实验记录和数据处理

记录固相合成 $LiCoO_2$ 的组成、结构、电化学性能表征结果，记录所装配电池的倍率性能和循环性能，绘制电池的倍率性能和循环性能曲线。

4.1.4.4　注意事项

(1) 严格遵守实验室管理规定，特别要注意实验安全；

(2) 对所涉及的仪器，严格遵守操作规范进行操作。

### 4.1.5　实验结果评价

4.1.5.1　实验结果分析

分析固相合成的 $LiCoO_2$ 的组成、结构和电化学性能，讨论合成条件如温度等对结构和电化学性能的影响，并与文献中的结果进行对比分析，确定最优合成工艺条件。

根据电池的倍率性能和循环性能曲线，评价电池性能。总结锂离子电池充放电比容量与电流大小、电压、次数等之间的关系。

4.1.5.2　实验设计评价

将实验所得的电池性能和电池各组成部分的材料，与报道的锂离子电池进行对比，分析实验设计中存在的问题并制定提升电池性能的方案。

### 4.1.6　综合创新能力拓展

当前世界电池工业发展的三个特点：一是绿色环保电池迅猛发展，包括锂离子蓄电池、氢镍电池等；二是一次电池向蓄电池转化，这符合可持续发展战略；三是电池进一步向小、轻、薄方向发展。在商品化的可充电池中，锂离子电池的体积比能量和质量比能量高，可充且无污染，单体电池的工作电压高达 3.7～3.8 V、循环寿命长，具备当前电池工业发展的三大特点，特别是移动通信和笔记本电脑的大量使用，给锂离子电池带来了市场机遇。

近年来国家对锂离子电池产业链扶持力度不断加大，出台了一系列相关法规规范以促进行业发展。锂离子电池产业链上游，需要完成初始矿石原料的采矿、冶炼、化工制作等流程，将原始矿产转变为适合制作动力电池的二级电池材料，包括正极材料、负极材料、电解液、电池隔膜和其他原材料产业。中游锂离子电池生产与组装要经过两个环节：①将一定数量的电芯进行串并联组装成电池模组；②电池模组加上热管理系统、电池管理系统(BMS)以及一些结构件组成完整的电池包，又称作电池 PACK。下游锂离子电池主要应用领域是新能源汽车动力电池、消费电子、储能设备。

三元锂离子电池正极材料常使用镍钴锰酸锂[$Li(NiCoMn)O_2$]，负极通常是石墨，能量密度大，因此常被广泛使用。三元锂离子电池主要有镍钴铝酸锂电池，但由于镍钴铝的高温结构不稳定，致使易产生高温，进而引发危险，也因此其安全性问题常受到怀疑。这是由于，磷酸铁锂与镍钴锰酸锂这两种材料都会在到达一定温度时发生分解，不过三元锂材料相比于磷酸铁锂电池会在较低温下发生分解，且三元锂材料的化学反应较为剧烈，可能会释放氧分子，于高温作用下电解液迅速燃烧，发生连锁反应。正因为三元锂材料有这样的安全隐患，因此根据三元锂材料容易热解的特性，厂商为抑制事故发生，在过充保护、过放保护、过温保护、过流保护这几个安全保护措施上都下了不少的功夫，以防止三元锂离子电池燃烧。

因此，请同学基于材料科学、材料化学、材料工程的相关背景知识，通过调研了解与锂离子电池及其关键材料相关的规范、政策、法律和法规，了解不同领域应用的锂离子电池的制备工艺特点、行业发展、社会影响、环保措施，总结和评价他们的解决方案对社会、环境、可持续发展的影响，提出材料工作者在其中应承担的责任。

### 4.1.7　思考题

(1) 锂离子电池的工作原理是什么？

(2) 组装锂离子电池应在什么气氛中进行，为什么？

(3) 简述锂离子电池充放电比容量与充放电条件（电流大小、电压、次数、温度）以及材料特性之间的关系。

(4) 基于实验过程，分析锂离子电池在工作过程中，影响其安全性的主要因素，如何提升其安全性？

(5) 国家对锂离子电池的生产在环保方面有何要求？企业采取了哪些解决方案？

(6) 国家在锂离子电池领域有哪些扶持措施和政策？

# 实验 4.2　大气多污染物的脱硝综合分析与评价

## 4.2.1　实验目的

(1) 掌握选择性催化还原(SCR)技术原理,掌握钒钛催化剂的选择性催化还原(SCR)脱硝机制,熟悉影响脱硝效率的因素;

(2) 了解红外烟气分析仪的使用方法,了解大气多污染物综合治理后的性能评价指标;

(3) 了解工业废气的组成,了解工业废气对社会、环境的影响、控制方法和环保措施;

(4) 通过实验项目的实施,能够合理分析、评价大气多污染物综合治理方案对社会、环境可持续发展的影响,理解应承担的责任。

## 4.2.2　实验原理

### 4.2.2.1　选择性催化还原(SCR)脱硝技术

氮氧化物是主要的大气污染物之一,其排放造成的酸雨、雾霾等二次污染使我国面临严重的环境污染。我国政府高度重视氮氧化物的排放控制,制定了一系列约束指标,单纯的燃烧过程控制已经不能满足现阶段的控制要求。要进一步降低排放,必须采用燃烧后控制技术,燃烧后控制技术也称为烟气脱硝控制技术。烟气脱硝技术主要包括湿法烟气脱硝技术和干法烟气脱硝技术两大类:湿法烟气脱硝技术包括直接吸收法、氧化吸收法和还原吸收法等,干法烟气脱硝技术则主要包括各类催化脱除法、等离子体脱除法等。干法烟气脱硝技术具有过程简单、脱除效率高等特点,是国际上研究最多和应用最广的技术。目前得到大量工业应用的干法脱硝技术主要是选择性非催化还原法(SNCR)和选择性催化还原法(SCR 法)两种。SNCR 和 SCR 技术均使用化学还原剂将烟气中的 $NO_x$ 还原,生成无害的氮气和水。以 $NH_3$ 为还原剂的 SCR 脱硝技术(图 4.3)是目前烟气脱除技术中最为成熟、高效的技术。

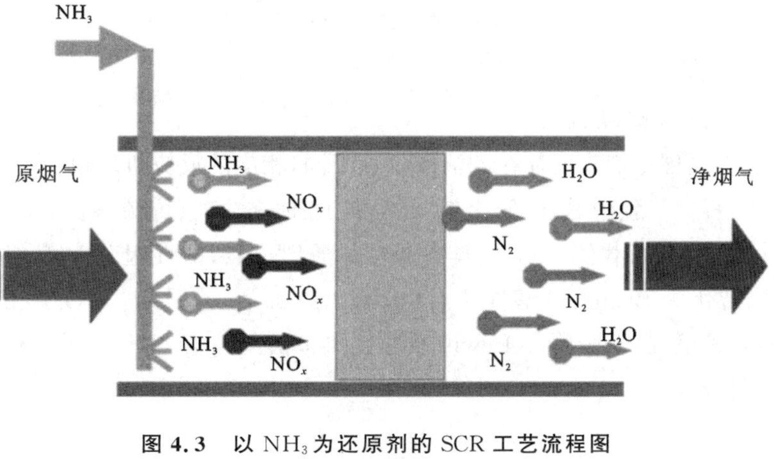


**图 4.3　以 $NH_3$ 为还原剂的 SCR 工艺流程图**

标准 SCR 反应过程如式(4.1)所示,但是当烟气中存在 $NO_2$ 时会迅速提高 $NH_3$ 还原 NO 的反应速率,并且脱硝效率随着 $NO_2/NO$ 比例增加而升高,此反应被称为快速 SCR[式(4.2)],它的反应速率至少是标准 SCR 反应速率的 10 倍。

$$4NO + 4NH_3 + O_2 \longrightarrow 4N_2 + 6H_2O \qquad (4.1)$$

$$NO + NO_2 + 2NH_3 \longrightarrow 2N_2 + 3H_2O \qquad (4.2)$$

在实际中还原剂 $NH_3$ 还会发生副反应,导致催化剂活性下降并产生 $N_2O$ 等新的污染。$SO_2$ 和

$H_2O$ 作为燃煤烟气的主要成分之一，会在催化剂表面发生如下不利反应：

$$SO_2 + O_2 \longrightarrow SO_3 \tag{4.3}$$

$$NH_3 + SO_3 + H_2O \longrightarrow NH_4HSO_4 \tag{4.4}$$

$$2NH_3 + SO_3 + H_2O \longrightarrow (NH_4)_2SO_4 \tag{4.5}$$

$$SO_2 + H_2O \longrightarrow H_2SO_4 \tag{4.6}$$

当温度较低时，铵盐会在催化剂表面附着并积聚，造成催化剂失活。此外，硫酸氢铵和硫酸铵会在 SCR 下游设备上附着，造成设备腐蚀和阻力增大等危害。

#### 4.2.2.2 脱硝催化剂类型

在整个 SCR 工艺中，催化剂是系统中最核心的部分，其活性、选择性以及抗中毒能力都直接关系到 SCR 脱硝工艺的效率、可靠性以及投资和运行成本。脱硝催化剂从外形结构上主要分为蜂窝式、波纹板式和平板式（图 4.4）。蜂窝式催化剂一般为均质催化剂。将载体和活性物质等混合物通过一种陶瓷挤出设备整体挤压成型，是目前使用最为广泛的 SCR 催化剂类型。波纹板式催化剂的制造工艺一般以用玻璃纤维加强的 $TiO_2$ 为基材，将活性成分浸渍到载体的表面，以达到提高催化剂活性、降低 $SO_2$ 氧化率的目的。平板式催化剂以不锈钢金属板压成的金属网为基材，将载体和活性物质的混合物黏附在不锈钢网上，经过压制、锻烧后，将催化剂板组装成催化剂模块。根据活性组分和载体材料不同，目前 SCR 又大致可以分为贵金属催化剂、金属氧化物催化剂及分子筛催化剂。

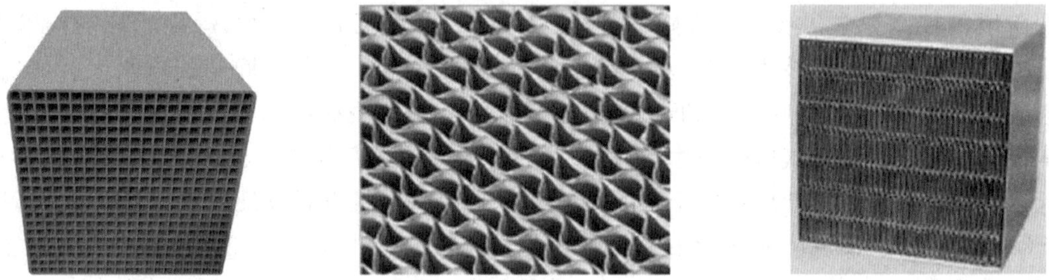

(a) (b) (c)

**图 4.4 脱硝催化剂外形结构**

(a) 蜂窝式；(b)波纹板式；(c) 平板式

#### 4.2.2.3 钒钛催化剂 SCR 脱硝机理

对于 SCR 反应，不同催化剂表面存在的活性位点不同，相应的反应机理也存在差异。$V_2O_5/TiO_2$ 是目前工业上应用最广的烟气脱硝 SCR 催化剂，此类催化剂活性高、抗硫性高，操作温度高于 350 ℃。在商业 $V_2O_5/TiO_2$ 催化剂中，载体 $TiO_2$ 仅具备 Lewis 酸性位点，活性组分 $V_2O_5$ 本身具有 Lewis 酸性位点，吸附水后可以转化为 Brønsted 酸性位点（如图 4.5 所示）。因此，$V_2O_5/TiO_2$ 催化剂上 $NH_3$ 主要以两种吸附态的形式呈现，即吸附在 Lewis 酸性位点上的配位态 $NH_3$ 分子以及吸附在 Brønsted 酸性位点上的 $NH_4^+$（图 4.6）。

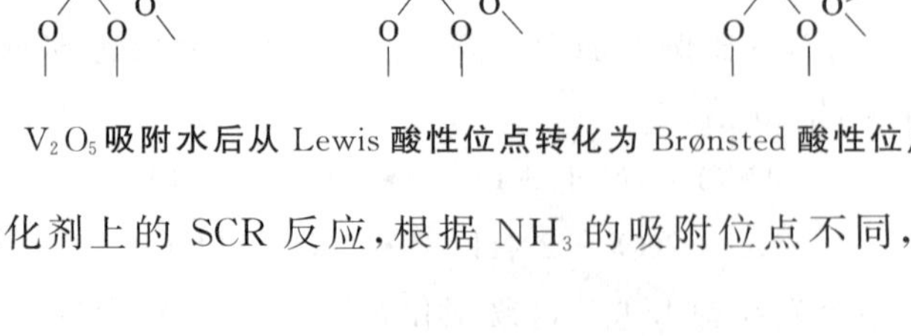


**图 4.5 $V_2O_5$ 吸附水后从 Lewis 酸性位点转化为 Brønsted 酸性位点示意图**

对于 $V_2O_5/TiO_2$ 催化剂上的 SCR 反应，根据 $NH_3$ 的吸附位点不同，分为 Brønsted 酸机理和 Lewis 酸机理。

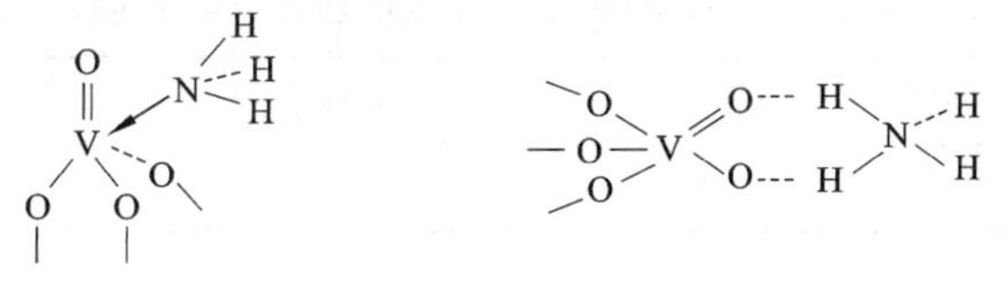

Lewis酸键合$Nh_3$　　　Brϕnsted酸键合$NH_4^+$

**图 4.6　$V_2O_5/TiO_2$催化剂上 $NH_3$的两种吸附态**

(1) Brønsted 酸机理认为,还原剂 $NH_3$首先吸附于 V-OH Brønsted 酸性位点上形成 $NH^{4+}$,然后经邻近的氧化位点 $V^{5+}=O$ 形成—$NH_3^+$中间物种,同时 $V^{5+}=O$ 被还原为 $V_4^+$—OH—$NH_3^+$,与气相 NO 发生反应生成—$NH_3^+$NO,然后生成 $H_2O$ 及 $N_2$。

(2) Lewis 酸机理认为,还原剂 $NH_3$吸附于催化剂的 Lewis 酸性位点,经过脱氢活化生成—$NH_2$(ads),同时活性位点被还原;—$NH_2$(ads)与气相 NO 发生反应生成—$NH_2$NO,之后分解成 $N_2$以及 $H_2O$,最后被还原的活性位点与 $O_2$发生作用发生重氧化反应。

4.2.2.4　脱硝工艺性能指标

脱硝工艺性能指标包括体现催化剂活性的脱硝效率、$SO_2/SO_3$转化率、$NH_3$逃逸率、压降等综合性能指标。

(1) 脱硝效率

脱硝效率指进入反应器前、后烟气中 $NO_x$的质量浓度差除以反应器进口前的 $NO_x$浓度,直接反映了催化剂对 $NO_x$的脱除效率。

(2) $SO_2/SO_3$转化率

$SO_2/SO_3$转化率指烟气中 $SO_2$转化成 $SO_3$的比例。$SO_2/SO_3$转化率越高,催化剂活性越好,所需要的催化剂量越少,但 $SO_2/SO_3$转化率过高会导致空气预热器堵塞及后续设备腐蚀,而且会造成催化剂中毒。因此,一般要求转化率小于1%。

(3) $NH_3$逃逸率

$NH_3$逃逸率指催化剂反应器出口烟气中 $NH_3$的体积分数,反映了未参加反应的 $NH_3$量。如果该值高,一是会增加生产成本,造成 $NH_3$二次污染;二是 $NH_3$与烟气中的 $SO_3$反应生成 $NH_4HSO_4$、$(NH_4)_2SO_4$等物质,腐蚀下游设备,并增大系统阻力。

(4) 压降

压降指烟气经过催化剂层后的压力损失。整个脱硝系统的压降是由催化剂压降以及反应器及烟道等压降组成,压降越小越好,压降大会直接影响锅炉主机和引风机的安全运行。在催化剂设计中合理选择催化剂孔径和结构,是降低催化剂本身压降的主要手段。

## 4.2.3　实验设计思路

选择性催化还原(SCR)氮氧化物的烟气脱硝技术应用广泛,在催化剂的作用下将氮氧化物(主要是 NO)还原为对大气没有影响的氮气和水。其中,催化剂是 SCR 烟气脱硝的核心,其性能直接影响脱硝效果。烟气温度是影响催化剂运行的重要因素,不仅决定反应物的反应速度,而且决定催化剂的反应活性及使用寿命。此外,脱硝催化剂在实际使用中容易受到 $SO_2$的污染,还原剂 $NH_3$与 $SO_2$和 $H_2O$ 反应生成$(HN_4)_2SO_4$或 $HN_4HSO_4$,减少与 $NO_x$ 的反应,生成物附着在催化剂表面,堵塞催化剂的通道和微孔,降低催化剂的活性。如何提高催化剂的活性和抗硫性是当今研究者门主要关注的问题。为此,引导学生查阅文献,了解选择性催化还原(SCR)脱硝催化剂的组成、结构、脱硝工艺性能指标,按表 4.2 进行总结,据此选择合适脱硝催化剂。

**表 4.2　选择性催化还原(SCR)脱硝催化剂的组成、结构、脱硝工艺性能指标**

| 催化剂名称 | 化学式/组成 | 外形结构 | 脱硝工艺性能指标 |
|---|---|---|---|
| | | | |

上述文献调研完成后，设计实验方案和技术路线：

(1) 催化剂的确定与表征

本实验催化剂为 $V_2O_5/TiO_2$。对 $V_2O_5/TiO_2$ 的组成、结构、性能进行表征。

(2) 测试钒钛催化剂在不同工作温度下的脱硝效率

确定模拟烟气系统，装填催化剂，进行脱硝实验，测试不同工作温度下进、出口 NO 浓度，获得脱硝效率。

## 4.2.4　实验过程实施

### 4.2.4.1　实验材料、仪器及设备

(1) 实验材料

$V_2O_5/TiO_2$ 催化剂、氮气、氨气、高纯氧、高纯氮、一氧化氮、二氧化硫。

(2) 烟气脱硝实验系统

烟气脱硝实验系统由烟气模拟系统、氨喷射系统、SCR 催化反应系统、烟气分析测试系统 4 部分组成，实验系统流程如图 4.7 所示。

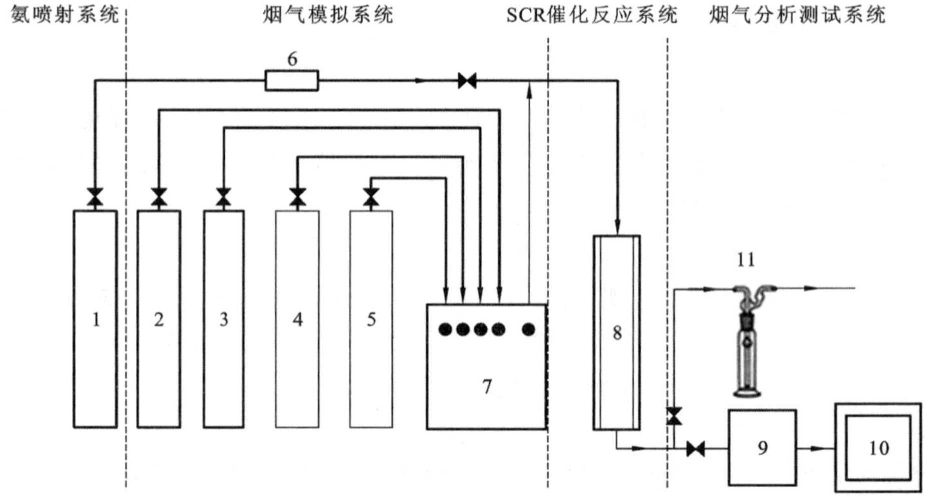


**图 4.7　烟气脱硝实验系统流程图**

1—氨气/氮；2—一氧化氮/氮；3—二氧化硫/氮；4—高纯氧；5 高纯氮；6—质子流量计；7—混气系统；8—立式管式炉；9—烟气预处理系统；10—红外烟气综合分析仪；11—尾气处理装置

① 烟气模拟系统

燃煤烟气主要包括 $N_2$、$O_2$、$NO_x$、$SO_2$、$H_2O$ 等成分。考虑到烟气中 $NO_x$ 主要以 NO 和 $NO_2$ 的形式存在，其中 NO 占 $NO_x$ 总量的 90%～95%，因此本实验用 NO 代替 $NO_x$。各模拟烟气成分(除 $H_2O$ 外)由钢瓶气来配置，各气体的流量由 4 路质量流量计控制系统(GSL-4Z-LCD)控制。为了避免 $SO_2$ 与 $NH_3$、$O_2$ 反应生成(亚)硫酸铵盐，$SO_2$ 直接由 SCR 反应器入口加入，流量由质子流量控制器控制。模拟烟气条件(以各组分浓度计)：NO $500\times10^{-6}$，$O_2$ 3%，$SO_2$ $200\times10^{-6}$。

② 氨喷射系统

还原剂 $NH_3$ 由钢瓶气供给，钢瓶气的浓度为 2% 的标准气体，采用高纯氮对气体进行稀释，混气系统调节气体流速，控制 $NH_3$ 浓度为 $500\times10^{-6}$。

③ SCR 催化反应系统

SCR 反应器采用立式管式炉(OTF-1200X)加热。OTF-1200X 单真空管式高温控制系统与炉膛为一体。炉衬使用真空成型高纯氧化铝聚轻材料,采用进口高温合金电阻丝为加热元件。石英玻璃管横穿于炉体中间,炉管两端用不锈钢法兰密封,试样在管中加热,加热元件与炉管平行,均匀地分布在炉管外,有效地保证了温场的均匀性。测温采用性能稳定、长寿命的"K"型热电偶。根据实验需要,设计相关的升温程序(100~300 ℃)。

④ 烟气分析测试系统

对于模拟烟气及反应后气体成分的分析工作,采用青岛崂山应用技术研究所制造的红外烟气综合分析仪(图 4.8)进行。

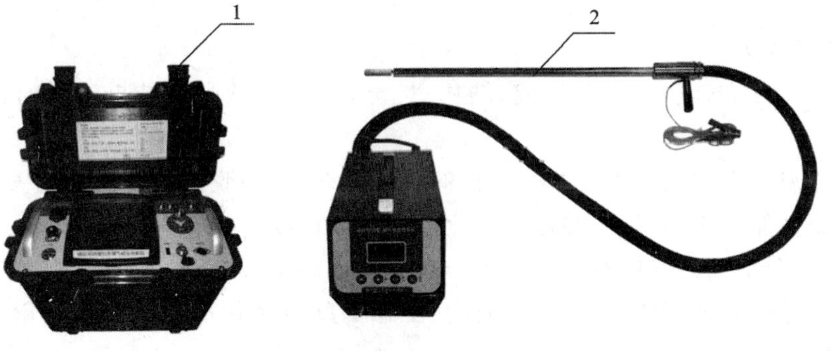


**图 4.8 红外烟气分析仪测量连接示意图**

1—分析仪主机;2—烟气预处理系统

用 3026 型红外烟气综合分析仪抽取含有特定气体的烟气,进行除尘、脱水处理,烟气通过红外分析气室,应用非分散红外吸收法进行分析。气体吸收的光学能量与气体浓度呈对应关系,通过测量吸收的能量可以计算出气体的瞬时浓度,并优化减小水汽干扰;根据检测到的烟气排放等参数计算出气体的排放量,可同时测量 $O_2$、NO、$CO_2$、$SO_2$的浓度。

4.2.4.2 实验步骤

(1) 装填催化剂

将 2 g 催化剂与石英砂混合均匀后放入石英管中,催化剂的上下两端用石英棉标定位置并固定催化剂床层,将装好的石英管放置在立式管式炉内。

(2) 气密性检查

只打开 $N_2$钢瓶的阀门和烟气分析仪,通入气体,达到实验设定的总气量,此时整个管路内都充满 $N_2$,若烟气分析仪面板上 $O_2$显示为 0,则证明气密性良好。

(3) 配气

本实验所用 NO、$NH_3$、$O_2$标气浓度较高,需要用 $N_2$载气将其稀释为实验设定的浓度,各气体流量由 4 路质量流量计控制系统(GSL-4Z-LCD)控制,使 NO 为 $500\times10^{-6}$,$NH_3$/NO 摩尔比为 1:1,$O_2$为 3%,$SO_2$流量由质子流量计控制为 $200\times10^{-6}$。保持流速为 1000 mL/min,空速为 30000 $h^{-1}$。

(4) SCR 脱硝实验

反应温度 100~300 ℃,温度由智能温控仪控制,实验开始后每个温度点均稳定 30 min,使 NO 和 $NH_3$能够吸附充分,排除内外扩散的影响,然后测定每个温度点进出口 NO 浓度。

4.2.4.3 实验记录和数据处理

采用崂应 3026 型红外烟气分析仪测定每个温度点进出口 NO 浓度,脱硝效率由式(4.7)计算。

$$\eta=\frac{(C_{NO}^{in}-C_{NO}^{out})}{C_{NO}^{in}}\times100\% \tag{4.7}$$

式中 $\eta$——脱硝效率;

$C_{NO}^{in}$——SCR 反应器进口 NO 的浓度；

$C_{NO}^{out}$——SCR 反应器出口 NO 的浓度。

根据式(4.7)计算出每个温度点的脱硝效率，以反应温度为横坐标、脱硝效率为纵坐标，绘制脱硝效率与温度关系曲线。

4.2.4.4　注意事项

(1) 实验过程中打开门窗和排风扇，保证室内空气流通。

(2) 使用高压气瓶时，先开气瓶出口阀，再用减压阀将压力调整到需要的压力，开启气门时应站在气压表的一侧，不准将气瓶总阀对准头或身体，以防万一阀门或气压表冲出伤人。

### 4.2.5　实验结果评价

4.2.5.1　实验结果分析

分析选用的 $V_2O_5/TiO_2$ 催化剂的组成、结构、性能，并与文献中的结果进行对比分析，确定最佳配比。

根据不同工作温度下进出口 NO 浓度获得的脱硝效率，绘制脱硝效率与温度关系曲线，分析工作温度对催化剂脱硝性能的影响规律，并评价催化剂的综合性能。

在设定温度下，分析其他气体对脱硝效率的影响。如在 240 ℃下，绘制脱硝效率与 $SO_2$ 含量、通气时间关系曲线。分析其他气体含量、通气时间、工作温度对催化剂脱硝性能的影响规律，并评价催化剂的综合性能。

4.2.5.2　实验设计评价

根据实验所得的催化剂的综合性能评价结果，与报道的其他催化剂或其他解决方案进行对比，分析实验设计中存在的问题并提出提升脱硝效率的解决方案。

### 4.2.6　综合创新能力拓展

随着“3060 碳达峰、碳中和”战略的推进，燃煤电厂深度调峰辅助新能源消纳利用成为目前电力行业发展的趋势，机组低负荷运行对脱硝系统带来了巨大挑战。此外，大气治理中非电力行业比例逐渐上升，而其中的部分行业排放的烟气温度较低，例如焦化、水泥、玻璃、工业锅炉、垃圾焚烧等行业。因此，研究高效的低温 SCR 脱硝催化剂是目前脱硝工艺的重要方向。目前，我国低温脱硝催化剂的应用和推广还有待工程校验，但是国外几家公司(荷兰壳牌公司、丹麦 Topsoe 公司等)已成功将低温 SCR 催化剂应用到实际生产中。

请同学基于材料科学、材料化学、材料工程的相关背景知识，通过调研了解大气多污染物治理相关的规范、政策、法律和法规，了解不用领域排放的工业废气的特点、社会影响、治理措施、发展方向，总结和评价他们的解决方案对社会、环境、健康和可持续发展的影响，了解材料工作者在其中应承担的责任。

### 4.2.7　思考题

(1) 分析工作温度对催化剂脱硝性能的影响规律。

(2) $SO_2$ 对催化剂脱硝性能有哪些影响，为什么？

(3) 总结不同行业工业废气的组成，以及对社会、环境、健康的影响。

(4) 国家对大气多污染物排放的短期和长期的控制目标是什么？

(5) 总结不同行业大气多污染物综合治理方案的特点，提出企业应承担的社会责任。

# 实验 4.3 半导体芯片的制备与综合性能分析

## 4.3.1 实验目的

(1) 了解光刻与刻蚀的作用,掌握光刻与刻蚀工艺流程、原理,了解光刻与刻蚀的影响因素;

(2) 了解离子注入的作用和机理,掌握离子注入工艺流程,了解离子注入的影响因素;

(3) 通过实验项目的实施,能够合理分析、评价半导体芯片制造对社会、环境可持续发展的影响,知晓并了解应承担的责任。

## 4.3.2 实验原理

### 4.3.2.1 半导体芯片简介

芯片是将大量的微电子元器件(晶体管、电阻、电容等)形成的集成电路置于半导体晶片或介质基片上,然后封装在一个管壳内,成为具有所需电路功能的微型结构,是一种微型电子器件或部件。芯片也叫集成电路(integrated circuit,IC)或者微电路(microcircuit)。

芯片的分类方法有许多种。按照其功能、结构的不同可以分为模拟集成电路、数字集成电路和数/模混合集成电路三大类,用来生产、放大和处理各种模拟或数字信号;按照导电类型的不同可分为双极型或单极型集成电路;按照制作工艺可分为半导体集成电路或膜集成电路,膜集成电路又分为厚膜集成电路和薄膜集成电路;按照集成度高低可分为小规模集成电路(SSIC)、中规模集成电路(MSIC)、大规模集成电路(LSIC)、超大规模集成电路(VLSIC)、特大规模集成电路(ULSIC)及巨大规模集成电路[也被称作超特大规模集成电路(GSIC)]。

芯片制作的完整过程包括芯片设计(IC design)、晶片制作(wafer fabrication)、封装制作(packaging)、测试(wafer probe)等几个环节,其中晶片制作过程最为复杂,主要包括清洗、热氧化、光刻、刻蚀、掺杂(热扩散或离子注入)、薄膜生长、化学机械抛光、金属化等多次重复的工序。其中,光刻与刻蚀工艺是 IC 制造中最重要的工艺,决定着芯片的特征尺寸,占制造时间的 40%～50%,占制造成本的 30%。

### 4.3.2.2 芯片制造技术中的光刻与刻蚀工艺

光刻与刻蚀是实现图案从掩模版向单晶硅转移的精密加工技术,分立元器件和集成电路中的各个区域,如离子注入区(ion implantation)、接触窗口(contact window)和压焊区(bonding-pad)等图案都是由光刻与刻蚀完成的,光刻与刻蚀常被认为是 IC 制造中最关键的步骤。

1) 光刻工艺

光刻(photolithography)是通过光化学反应把掩模版(mask)上的电路图形转移到涂覆在硅片上的光刻胶(photoresist)膜上,为后续刻蚀或离子注入提供掩蔽膜,以完成图形的最终转移的工艺过程。半导体光刻工艺流程如图 4.9 所示。

(1) 硅片清洗

① 硅片清洗(wafer cleaning)方法

硅片经过切片、倒角、研磨、表面处理、抛光、外延等不同工序加工后,表面已经受到严重的沾污,清洗的目的是去除硅片表面颗粒、金属离子以及有机物等污染。在芯片生产过程中,硅片表面的沾污会严重影响到最终的芯片成品率、性能和可靠性,因此硅片的清洗至关重要。

硅片清洗方法分为两类:湿法清洗和干法清洗。湿法清洗是利用化学试剂与硅材料或者杂质进行化学反应,而进行溶解,最终去除杂质。硅片湿法清洗的主要清洗液与可去除污染物见表 4.3,清洗完后用去离子水冲洗。

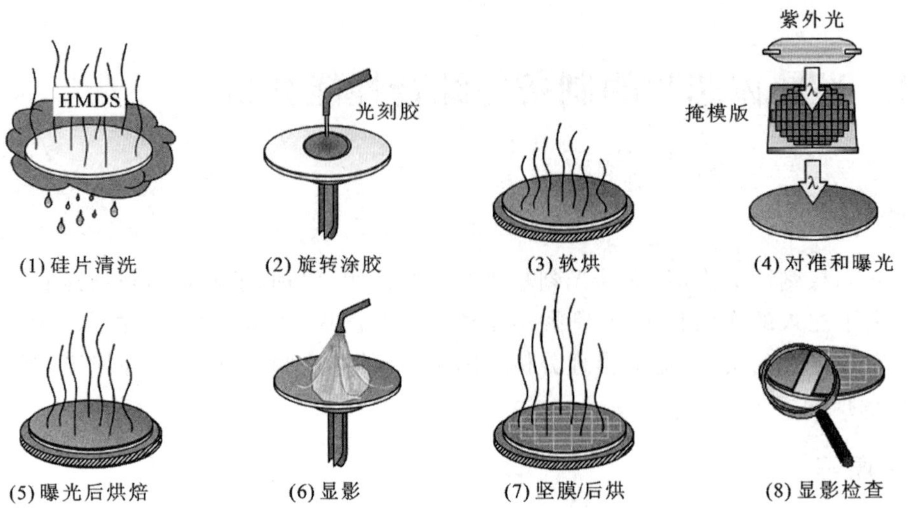


**图 4.9　半导体光刻工艺流程图**

**表 4.3　主要清洗液与可去除污染物**

| 清洗液和配比 | 清洗温度/使用时间 | 可去除的污染物 |
|---|---|---|
| 1 号液 SC1(APM),体积比为 $NH_4OH:H_2O_2:H_2O=1:1:5$ | $Si+2H_2O_2 = SiO_2+2H_2O$<br>$SiO_2+2NH_3 \cdot H_2O = (NH_4)_2SiO_3+H_2O$<br>75～85 ℃/10～15 min | 微颗粒、重金属、有机物 |
| 2 号液 SC2(HPM),体积比为 $HCl:H_2O_2:H_2O=1:1:6$ | 65～85 ℃/10～15 min | 微颗粒、有机物、活泼金属 |
| 3 号液 Piranha(SPM),体积比为 $H_2SO_4:H_2O_2=2:1\sim4:1$ | 120～150 ℃/15 min | 微颗粒、有机物、金属 |
| 氢氟酸稀释液(DHF),体积比为 $HF:H_2O=1:50\sim1:100$ | $SiO_2+4HF = SiF_4\uparrow+2H_2O$<br>$SiF_4+2HF = H_2SiF_6$<br>总反应式为:$SiO_2+6HF = H_2SiF_6+2H_2O$<br>室温(20～25 ℃)/5～10 s | 氧化物(自然氧化层)、金属 |
| 缓冲氢氟酸溶液(BHF),其配比为:$HF:NH_4F:H_2O=3\ mL:6g:10\ mL$ | 室温(20～25 ℃)/5～30 s | 氧化物(自然氧化层) |

注:$SiO_2$采用稀释的 HF 腐蚀,由于 HF 对 $SiO_2$腐蚀太快,实际上采用缓冲氢氟酸液 BHF 腐蚀。缓冲氢氟酸(buffer HF,BHF 或者称 BOE,Buffer Oxide Etching)是 HF、氟化铵混合液,氟化铵作为氢氟酸的缓冲剂既能补充氟离子在溶液因刻蚀反应所消耗的量,又能降低对 $SiO_2$的腐蚀速率。

RCA 清洗法是用于单晶硅片清洗的一种典型的、至今使用最普遍的湿式化学清洗法。RCA 标准清洗法是 1965 年由 Kern 和 Puotinen 等人在 N. J. Princeton 的 RCA 实验室首创的,并由此而得名。硅片清洗的 RCA 过程如图 4.10 所示。

② 物体表面的洁净度、污染物测定检查方法

金属污染是有机物、微粒、氧化物和金属污染这四种污染中最常被讨论的议题,可能来自清洁、刻蚀、光刻、沉积等过程中所使用的试剂,或是工艺中所使用的机台,如烘箱、反应器、离子注入等,亦有可能是对晶圆处理方式不慎所导致。对晶圆实际附着的金属成分主要是利用全反射 X 射线荧光光谱仪(total reflection X-ray fluorescence, TXRF)与感应耦合等离子体质谱仪(ICP-MS)两种测量方法。

全反射 X 射线荧光光谱仪 (TXRF)利用 X 射线全反射原理,以小于全反射角的角度入射至样品表面,激发表面仅 3～8 nm 原子层厚度的样品,获得表面上的金属污染物含量的映射图,是一种高度

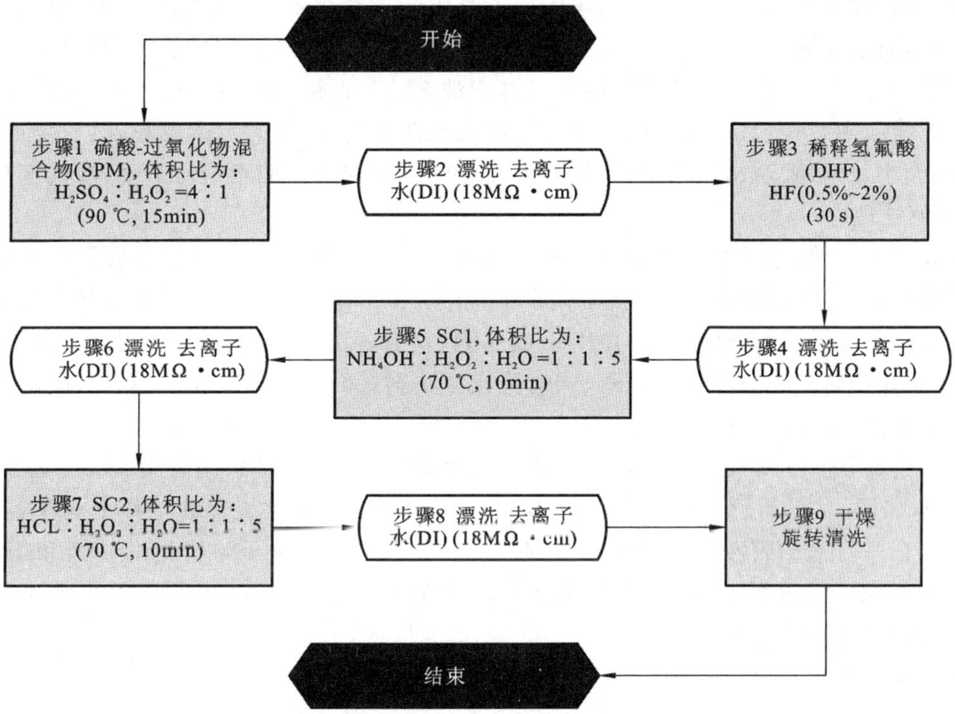


**图 4.10 硅片 RCA 清洗的工艺流程**

表面敏感的分析技术，可实现微量元素的分析检测。

TXRF 具有非破坏性及可进行定点检测的优点，在过渡金属元素如铜、铁的检测中，侦测极限为 $10^9 \sim 10^{10}$ atoms/cm$^2$，符合一般检测及监测需求，只有在低质量数的金属如钠、镁、铝等，会有侦测极限偏高的现象；锂、铍、硼元素则无法检测。

感应耦合等离子体质谱仪（ICP-MS)技术是 20 世纪 80 年代发展起来的新的分析测试技术。它将 ICP 的高温(8000 K)电离特性与四极杆质谱计的灵敏快速扫描的优点相结合而形成一种新型的强有力的元素分析、同位素分析和形态分析技术。

目前进行硅晶圆表面金属污染检测的样品，绝大部分还是以表层为原生（native）或长成（chemical grown and thermal grown）的氧化硅薄膜或氮化硅薄膜的硅晶圆为主。ICP-MS 需要先由氢氟酸分解晶圆表面原生或沉积（deposited）的氧化硅膜层或氮化硅膜层，才能对收集的酸液进行分析检测，并将结果换算成表面浓度单位（atoms/cm$^2$）。

相较于 TXRF，感应耦合等离子体质谱仪（inductively coupled plasma mass spectrometry，ICP-MS）在 20 世纪 80 年代发展后，由于可由高温等离子破坏样品基质成分，并由高分辨率与高灵敏度的质谱仪进行待测物解析和测定，目前已被广泛应用于环境、生物、鉴识科学、材料分析等诸多领域，再与不同设备串联（hyphenation），可以达到许多特定的分析检测目的。ICP-MS 可以测定的元素种类除了卤素因为游离效率不佳而不适用外，其他不适用于 TXRF 或是无法检测的低质量数元素，如钠、镁、铝、锂、铍、硼等，皆可用 ICP-MS 得到良好的分析结果。于 8 吋及 12 吋硅晶圆表面检测金属污染时，对大部分金属的侦测极限为 $10^8 \sim 10^9$ atoms/cm$^2$。

该技术具有极低的检出限、极宽的动态线性范围，谱线简单、干扰少、分析精密度高、分析速度快，可提供同位素信息等。

有机物测量，最常用的和最有效的是气相色谱-质谱（GC-MS）分析仪，可分离出不同分子的色谱峰，质谱测定这个峰的分子量。在尖端半导体器件制造中，来自洁净室内存在的装置、构件、化学试剂等构成物质的微量有机物气体，在制造过程中引起反应物的形成和异常生长，从而降低半导体器件的成品率。

微颗粒测量，通常使用被称为激光式粒子检查装置的检查仪器，将氩等激光器扫描到晶圆表面，当存在粒子时，通过检测与粒子尺寸相关的散射激光量，将晶圆表面上的粒子位置和尺寸显示为晶圆图。目前利用一种双激光窄光颗粒检测器可以对清洗剂、半导体、超纯水、电子产品、平板玻璃、硅晶片等产品的在线或离线颗粒进行监测和分析，操作流程非常简单，首先定位颗粒，然后统计颗粒大小、形状，再根据大小、形状筛选出候选颗粒，最后再按照国际上相关标准测量污染度、清洁度和颗粒度。

③ 成底膜处理

在涂覆光刻胶之前，通常将洗净的硅片脱水烘焙(dehydration bake)以除去吸附在硅片表面的水分。脱水烘焙后硅片还常利用旋涂、浸泡、喷雾和气相沉积方法中的任意一种方法在硅片表面涂覆六甲基二硅氮烷(hexamethyldisilazane，HMDS)成底膜(primer layer)，以增强硅片表面跟光刻胶之间的黏附力，防止显影时光刻胶图形的脱落，同时防止湿法腐蚀时产生侧面腐蚀(side etching)。

(2) 旋转涂胶(spin coating)

利用旋涂仪(又称匀胶机)在待光刻的硅片表面均匀涂上一层黏附性好，厚度适当的光刻胶(photoresist)，如图 4.11 所示。旋涂仪/匀胶机的工作原理是在高速旋转的基片上滴注各类胶液，利用离心力使滴在基片上的胶液均匀地涂覆在基片上，膜的厚度取决于匀胶机的转速和溶胶的黏度。涂胶的目的是将掩模版图案转移到硅片表面顶层的光刻胶中，并在后续工艺中保护光刻胶下面的材料(例如刻蚀或离子注入阻挡层)。

旋转涂胶结果检查和处理：

① 表面干净，均匀，光亮；

② 无放射状线条；

③ 背面无渗胶；

④ 去边处理：由中心向外越来越薄，但是最边缘特别厚，所以要进行去边处理。

对涂胶的要求：黏附良好，均匀，膜厚适当。

通过优化滴胶速度、滴胶量、转速、环境温度和湿度等工艺参数控制胶膜的厚度与膜厚的均匀性，进而提高所加工器件的质量。

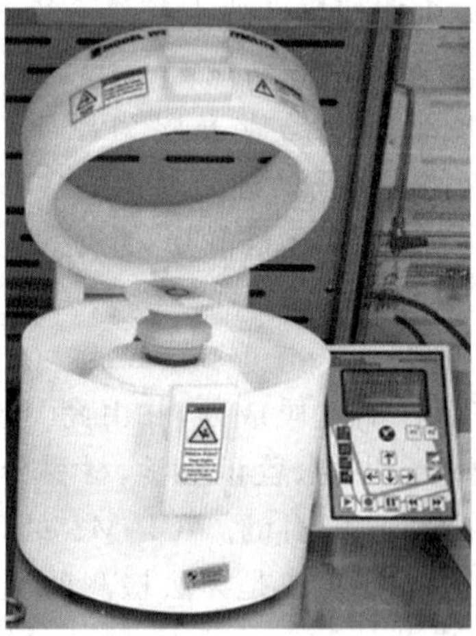

(a)

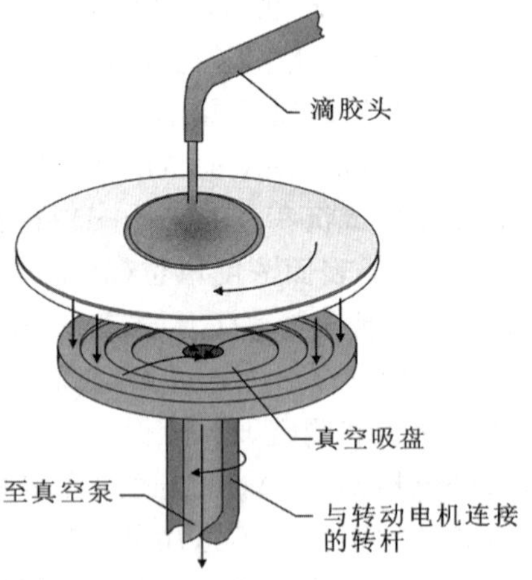


(b)

**图 4.11　旋涂仪和旋涂示意图**

(a) 旋涂仪；(b) 旋涂示意图

光刻胶，又称光致抗蚀剂(photoresist)，是一种对光敏感的聚合物，受到光辐照之后发生光化学反应，其内部分子结构发生变化，在显影液中光刻胶感光部分与未感光部分的溶解速度相差非常大。它是由树脂(有机高分子聚合物，提供光刻胶的机械和化学特性)、感光剂(光刻胶材料的光敏成分)、有机溶剂(将树脂溶解为液体，使光刻胶具有流动性，使之易于涂覆)和添加剂(控制和改变光刻胶材料的特定化学物质,染色剂等)等混合而成的胶状液体。

根据光刻胶对光作用后产生的不同化学反应,光刻胶分为正性光刻胶(正胶)和负性光刻胶(负胶)两类。负胶是指那些在紫外光照射下,胶发生交联聚合反应的光刻胶。正胶指在紫外光照射下,胶发生分解,变成可溶于碱性溶液的光刻胶。正胶和负胶的区别,如图 4.12 所示。

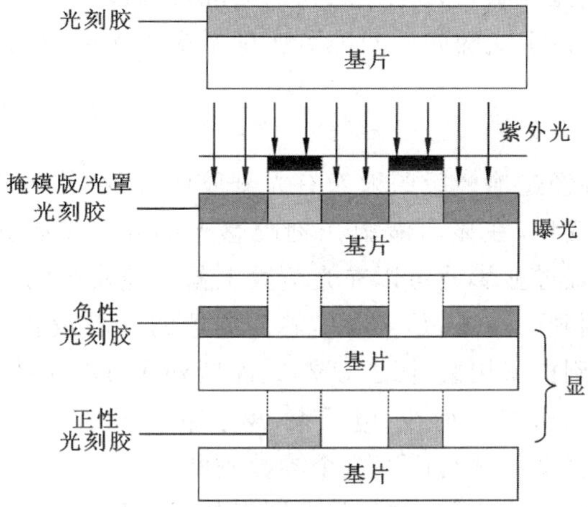


**图 4.12 正胶和负胶的区别**

正胶、负胶对比见表 4.4。

**表 4.4 正胶、负胶对比**

| 比较内容 | 正性光刻胶(正胶) | 负性光刻胶(负胶) |
| --- | --- | --- |
| 成分组成 | 酚醛树脂聚合物、醋酸盐类溶剂 | 聚异戊二烯类聚合物、二甲苯溶剂 |
| 曝光作用 | 曝光前感光剂与树脂交联,曝光后感光剂分解,交联被破坏 | 曝光后成为相互交联的聚合物,有高抗刻蚀性 |
| 曝光后溶解度 | 可溶。显影时曝光的部分溶于显影液,所得图案与掩模版相同 | 不可溶。显影时未曝光的部分溶于显影液,所得图案与掩模版相反 |
| 分辨率 | 高。聚合物的尺寸小而分辨率高,特征尺寸 3 μm 以下时使用 | 低。聚合物易吸收显影液中溶剂使得聚合物膨胀而降低分辨率 |
| 优点 | 分辨率高、台阶覆盖好、对比度好 | 良好的黏附能力、良好的阻挡作用、感光速度快 |
| 缺点 | 价格昂贵、黏附性差、抗刻蚀能力差 | 二甲苯溶剂有毒、分辨率低 |

(3) 软烘/前烘(prebake)

在 80～100 ℃之间烘烤 15～30 min,使光刻胶膜干燥,目的是去除光刻胶内的溶剂,降低灰尘污染,提高胶膜与硅片表面的黏附力,提高胶膜的抗机械摩擦的能力和减小高速旋转形成的薄膜应力。软烘/前烘方法有热平板热传导、红外线辐射、干燥循环热风等。

影响前烘效果的因素:温度和时间。

① 若烘焙不足(温度太低或时间太短)则显影时易浮胶,图形易变形。

② 烘焙时间过长则增感剂挥发,导致曝光时间增长,甚至显不出图形。

③ 烘焙温度过高则感光剂反应(胶膜硬化),不易溶于显影液,导致显影不干净。

(4) 对准与曝光(alignment & exposure)

对准与曝光所用到的设备为光刻机,光刻机最关键的部件之一是光源系统。在涂好光刻胶的硅片表面覆盖掩模版(光罩),或将掩模版置于光源与光刻胶之间,利用紫外光等通过掩模版对光刻胶进行照射，使照射到的光刻胶起光化学反应，感光与未感光的光刻胶对显影液的溶解度不同，掩模版上图形就转移到了硅片表面的光刻胶上，这就是光刻机的工作原理。

① 对准(alignment)

曝光前把所需图形在单晶硅表面上定位或对准，首次曝光需要对准晶向，多次曝光之间需要进行图形对准。对准晶向是指光刻掩模版与光刻机之间的对准，二者均刻有对准标记，将标记对准即可实现光刻掩模版与光刻机的对准。多次曝光后对准可实现本次曝光后的图案与前面工艺形成的图形进行套准或达到高精度匹配。

② 曝光(exposure)

曝光是利用光刻机使光源经过掩模版照射涂有光刻胶的硅片，使接收光辐照的光刻胶发生光化学反应，其内部分子结构发生变化，在显影液中光刻胶感光部分与未感光部分的溶解速度相差非常大。利用光刻胶的这种特性，经过显影就可以在光刻胶上留下掩模版的图形。

光刻机是对准与曝光所用到的设备，是半导体芯片制造的核心设备。光刻机分为光学光刻机和非光学光刻机两大类，光学光刻机采用紫外线(UV)或深紫外线(DUV)作为光源，而非光学光刻机的光源则来自电磁光谱的其他成分，如 X 射线、电子束、离子束。

光刻机的性能由分辨率、套准精度与产率三个参数判断：

Ⅰ. 分辨率：能精确转移到晶片表面光刻胶膜上图案的最小尺寸；

Ⅱ. 套准精度：掩模版上的图形与硅片上的图形的对准程度或匹配的程度；

Ⅲ. 产率：对一给定的掩模版，每小时能曝光完成的晶片数量。

光刻机最关键的部件之一是光源系统，对光源系统的要求一般有以下 3 点：

a. 有适当的波长；

b. 有足够的能量；

c. 光能量分布均匀。其中，由于紫外光用于光刻胶的曝光是因为光刻胶与这个特定波长的光反应，因此，曝光过程中要特别注意光源波长的选择。入射光波长越短，可实现的特征尺寸越小，图形分辨率越高，但能量越小，曝光所需要的时间也就越长。

由于曝光光源的不同，曝光分为光学曝光和非光学曝光。非光学曝光包括 X 射线曝光、电子束曝光和离子束曝光。在光学曝光中，由于掩模版的位置不同，又分为接触式复印曝光、接近式复印曝光和投影成像曝光，如图 4.13 所示，这三种光学曝光方式各自具有优缺点。

Ⅰ. 接触式复印曝光(contact printing exposure)：掩模版和涂有光刻胶的半导体基片相互接触，利用 300～450 nm 的紫外光进行曝光，将掩模版的图形转移至半导体基片上。该方法分辨率＞0.5 μm、设备简单、操作方便、成本低，但直接接触会损伤掩模版，因而掩模版寿命短，芯片的成品率会降低，光刻的分辨率和对准精度不高。

Ⅱ. 接近式复印曝光(proximity printing exposure)：利用高度平行的光束进行曝光，因而避免了直接接触，减少了沾污和磨损，掩模版使用寿命长；掩模版离硅片有 10 μm，但由于在硅片和掩模版之间有一个很小的间隙，会在掩模版图案边缘产生光学衍射效应，该效应会使分辨率降低至 2～5 μm，因而难以获得高的光刻精度。

Ⅲ. 投影成像曝光(projection imaging exposure)：利用光学系统，将掩模版的图形投影在硅片上，掩模版与基片不接触，掩模版不受损伤；同时它是通过成像的方式将掩模版上的图形成像在硅片上，从而有效地克服了光学衍射效应，提高了光刻分辨率和对准的精度。投影成像曝光技术还可以进一步划分为透射式投影曝光和分步重复曝光。透射式投影曝光是将掩模版的整个版面的图形等倍地复制到硅基片上，如图 4.13(c)所示。分步重复曝光是将掩模版上的图形以缩小倍率投影成像在硅片上，使其曝光，曝光不能一次完成，而是必须经过数十次重复性的曝光，才能全部完成，如图 4.13(d)所示。分步重复曝光是目前半导体 IC 生产中广泛应用的技术。缺点：投影系统光路复杂，对物镜成像能力要求高。

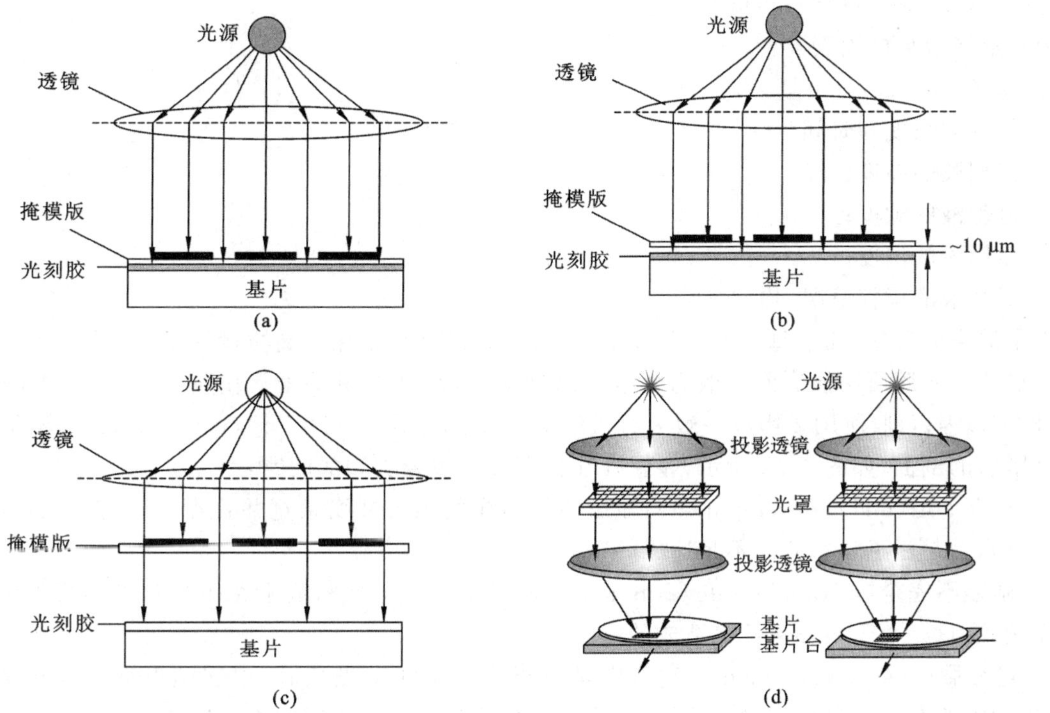


**图 4.13　光学曝光三种曝光方式示意图**

(a) 接触式曝光；(b) 接近式曝光；(c) 透射式投影曝光；(d) 分步重复投影曝光

(5) 曝光后烘焙(post-exposure-bake,PEB)

在光刻胶曝光的过程中,入射光与反射光(在基底或者表面)之间会发生干涉。这种相同频率的光波之间的干涉,在光刻胶的曝光区域内会出现相长相消的条纹。光刻胶在显影后,在侧壁会产生波浪状的不平整的现象叫驻波效应,如图 4.14(a)所示,从而使光刻胶的宽度发生变化,影响光刻的精度。

曝光后的硅片需要进行短时间的烘焙,目的是使得曝光后的光敏感物质在光刻胶内部进行一定的扩散,以有效防止产生驻波效应和增强光敏化合物(photoactive compound)产生的酸跟化学基团的反应。

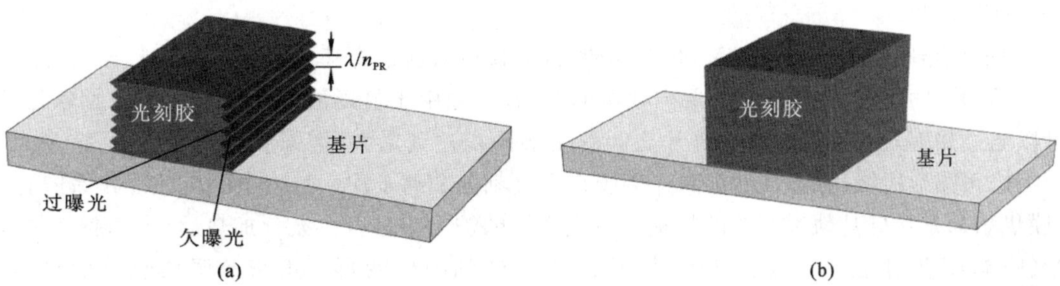


**图 4.14　驻波效应**

曝光后烘焙所用温度一般在光刻胶玻璃转变温度 $T_g$ 以上(100～110 ℃),此时光刻胶分子发生热运动,过曝光和欠曝光的光刻胶分子可以发生重排,从而平衡驻波效应、平滑光刻胶侧墙,最终达到提高分辨率的目的,如图 4.14(b)所示。

(6) 显影(development)

目前最常用的光刻胶显影技术为连续喷雾显影和旋转浸没显影。在显影液中,正光刻胶的感光区、负光刻胶的非感光区,会溶解于显影液中,从而使曝光后在光刻胶层中形成的潜在图形在光刻胶上显现出来,形成三维光刻胶图形。显影后所留下的光刻胶图形将在后续的刻蚀或离子注入工艺中作为掩模，因此，显影也是一步重要工艺。

影响显影效果的因素有：

① 曝光时间；

② 前烘的温度和时间；

③ 光刻胶的厚度；

④ 显影液的浓度；

⑤ 显影液的温度；

⑥ 显影液的搅拌情况（均匀度）。

为了提高分辨率，几乎每一种光刻胶都有专门的显影液，以保证高质量的显影效果。显影后用去离子水清洗。正胶所用显影液一般为含水的碱性显影液，如四甲基氢氧化胺水溶液（TMAH）、氢氧化钾（KOH）等；负胶所用显影液一般为有机溶剂，如丙酮、甲苯、二甲苯等和抑制显影速率的缓冲剂。

显影后的剖面，如图 4.15 所示，显影存在如下三个主要类型的问题：

① 显影不足（under development）：显影不足的线条比正常线条宽并且在侧面有斜坡（显影的侧壁不垂直），这是由于显影时间不足造成的；

② 显影不完全（incomplete development）：显影不完全会在衬底上留下应该在显影过程去掉的剩余光刻胶，这是由于显影液不足造成的；

③ 过显影（over development）：过显影是由于除去了太多光刻胶，引起图形变窄和拙劣的外形（靠近表面的光刻胶被显影液过度溶解，形成台阶），这是由于显影时间太长造成的。

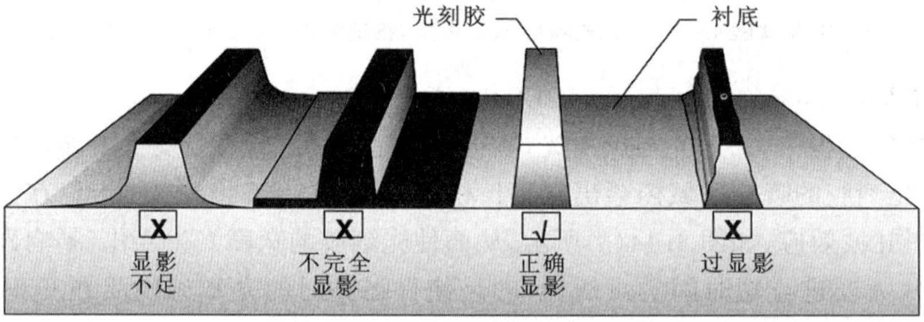


**图 4.15　显影后的剖面**

（7）坚膜/后烘

显影后的烘焙叫坚膜（hard bake），也叫后烘（post bake），通常将基片在 120～140℃温度下烘干 20～30 min。坚膜不但可以去除显影后胶层内残留的溶剂，消除由于显影液的浸泡引起的胶膜软化、溶胀现象，还可以通过热熔效应使光刻胶与硅片之间的接触面积达到最大，增强胶膜附着能力、减少光刻胶膜中的针孔，修正图形边缘轮廓，从而提高光刻胶在后续刻蚀和离子注入过程中的抗蚀性和保护能力。

坚膜烘焙通常在硅片轨道系统的热板上或生产线的炉子中进行。充分加热后，光刻胶变软并流动。较高的坚膜温度会引起光刻胶轻微流动，从而造成光刻图形变形。正胶的坚膜烘焙温度为 120～140 ℃，这比软烘的温度高，温度不能太高，否则光刻胶就会流动从而破坏图形。如图 4.16 所示。

坚膜烘焙常见的问题：

① 坚膜烘烤不足（underbake）：减弱光刻胶的强度（抗刻蚀能力和离子注入中的阻挡能力），降低了与基底的黏附能力。腐蚀时易浮胶，易侧蚀。

② 坚膜烘烤过度（overbake）：引起光刻胶的流动，使图形精度降低，分辨率变差。热膨胀引起胶膜翘曲、剥落，腐蚀时易浮胶或钻蚀。若坚膜温度大于 300 ℃：光刻胶分解，失去抗蚀能力。

（8）显影检查（check）

显影检查是指显影后的检查，目的是找出光刻胶中形成图形有质量问题的硅片。显影检查可以采用光学显微镜或扫描电子显微镜检查图形质量。显影检查的主要内容有：

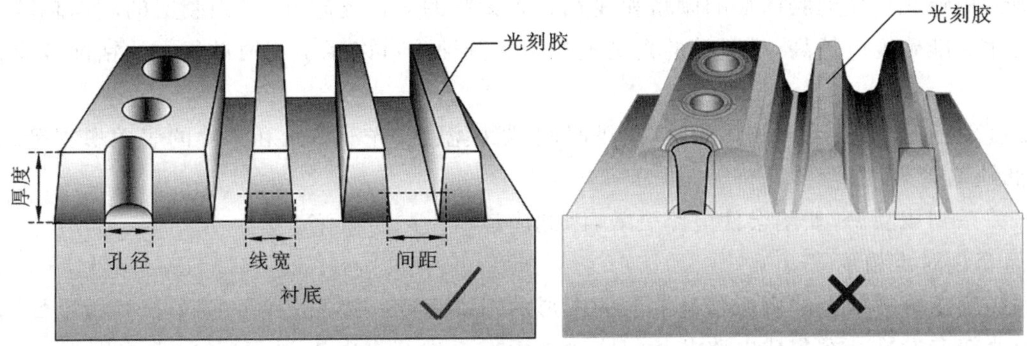


**图 4.16 光刻胶的三维图形**

① 掩模版选用是否正确；

② 光刻胶的质量是否满足要求(划痕、针孔、污点、污染物、条纹等)；

③ 图形的质量(边界好,图形尺寸和线宽满足要求)；

④ 套刻精度是否满足要求。

显影检查出现有问题的硅片有两种处理方法：

① 如果由先前操作造成的硅片问题无法接受,那么硅片就报废；

② 如果问题与光刻胶中图形的质量有关,那么硅片就需要返工。硅片返工是将硅片表面的光刻胶剥离,然后重新进行光学光刻工艺的过程。

2) 光刻工艺要求

光刻的目的:按照集成电路的设计要求,在 $SiO_2$ 或金属层上面刻蚀出与光刻掩模版完全对应的几何图形,以实现选择性扩散或金属布线的目的。

① 高分辨率

分辨率 $R$ 是指光刻工艺中将硅片上两个邻近的特征图形区分开来的能力,即对光刻工艺中可以达到的最小光刻图形尺寸的一种描述,是光刻精度和清晰度的标志之一。

随着集成电路集成度的提高,特征尺寸越来越小,要求实现掩模图形高水平转移的光学系统分辨率必须越高。

分辨率 $R$ 通常以每毫米内能刻蚀出可分辨的最多线条数目来表示。若可分辨的最小线宽为 $L$(线条间隔也为 $L$),见图 4.16 左图所示,则分辨率为：

$$R=\frac{1}{2L} \tag{4.8}$$

对于投影式曝光,分辨率则为：

$$R=\frac{k\lambda}{NA} \tag{4.9}$$

式中 $k$——系统常数,范围是 0.6～0.8；

$\lambda$——光源的波长；

$NA$——曝光系统的数值孔径。

要提高曝光系统的分辨率即减小关键尺寸,就要降低光源的波长 $\lambda$。

② 高灵敏度的光刻胶

光刻胶的灵敏度是指光刻胶的感光速度。光刻工序的周期越短越好,减小曝光所需的时间就必须使用高灵敏度的光刻胶。

③ 高对比度的光刻胶

对比度是衡量光刻胶区分掩模版上亮区与暗区的能力大小的指标。从理论上说,光刻胶的对比度会直接影响曝光后光刻胶图形的倾角和线宽。光刻胶的对比度越高,光刻胶层的侧面越陡,线宽描述掩模尺寸的准确度就越高,且陡峭的光刻胶在干法刻蚀中可以减小刻蚀过程中的钻蚀效应,从而提高分辨率。

对比度依赖于工艺参数,如显影液、前烘时间、坚膜温度、光源波长和硅片的表面形貌等。

④ 低缺陷密度

缺陷关系到成品率,缺陷会使电路失效,因此应该尽量减少缺陷。

⑤ 高套刻对准精度

套刻精度指掩模版上的图形与硅片上的图形的对准程度。按照光刻的要求掩模板上的图形与硅片上图形要精确对准。在集成电路芯片制造过程中需要进行多次光刻,在各次曝光图形之间要相互套准。要求套刻误差在特征尺寸的10%左右。

⑥ 可对大尺寸硅片进行光刻加工

大尺寸硅片加工提高了经济效益和硅片利用率,但是要在大面积的晶圆上实现均匀的胶膜涂覆、均匀感光、均匀显影就比较困难。一般情况下,高温会引起晶圆的形变,需要对周围环境的温度控制十分严格,否则会影响光刻质量。

3) 刻蚀工艺

刻蚀(etching),通常是在光刻工艺之后进行。刻蚀就是用化学的、物理的或同时使用化学和物理的方法,有选择地把没有被光刻胶或者阻挡层掩蔽的那一部分薄膜层除去,从而在薄膜上得到和光刻胶膜上完全一致的图形。光刻与刻蚀工艺示意图,如图4.17所示。

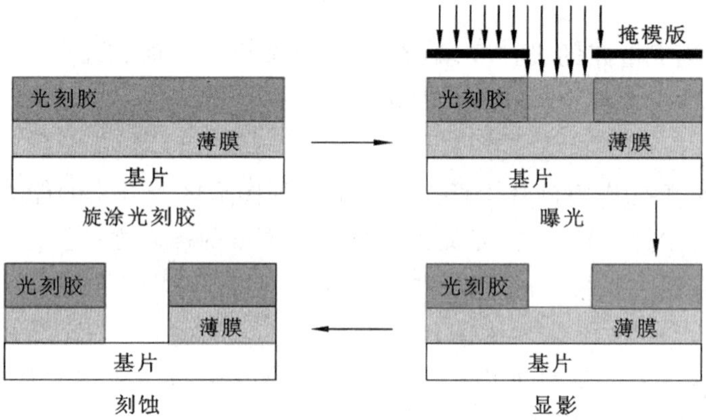


**图4.17 光刻与刻蚀示意图**

刻蚀方法按被刻蚀的材料分为金属刻蚀、介质刻蚀、硅(多晶硅)刻蚀和光刻胶剥离。金属刻蚀是在金属层上去掉铝合金复合层,制作出互连线;介质刻蚀是用于介质材料的刻蚀,接触孔和通孔结构的制作需要刻蚀介质(如二氧化硅);硅刻蚀(包括多晶硅)应用于需要去除硅的场合,如刻蚀多晶硅晶体管栅。

刻蚀方法按刻蚀剂物态又可分为湿法刻蚀(wet etching)与干法刻蚀(dry etching)。湿法刻蚀按照反应原理又可分为化学刻蚀和电解刻蚀;干法刻蚀按照反应原理又分为物理性刻蚀、化学性刻蚀和物理化学性刻蚀,如图4.18所示。

(1) 湿法刻蚀

湿法刻蚀,又称为湿化学腐蚀方法,它是采用液体化学试剂(如酸、碱和溶剂)与待刻材料之间的化学反应,将未被光刻胶覆盖的材料溶解而达到刻蚀的目的。

不同物质的刻蚀需要用不同的刻蚀剂。几种常用材料的湿法腐蚀剂和其他材料的湿法腐蚀剂,如表4.5和表4.6所示。

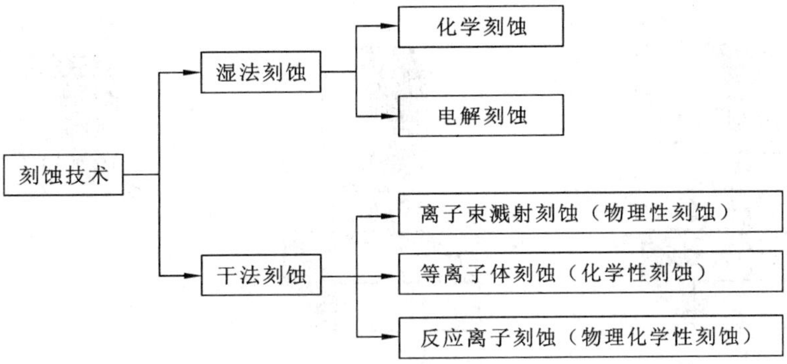


**图 4.18　刻蚀方法分类**

**表 4.5　几种常用材料的湿法腐蚀剂**

| 被腐蚀的材料 | 刻蚀液和配比 |
|---|---|
| 单晶硅 | 常用氢氧化钾（KOH）、异丙醇（IPA）和水的混合液。刻蚀液配比为：KOH∶IPA∶$H_2O$＝60 g∶50 mL∶1000 mL |
| 多晶硅 | 常用硝酸、氢氟酸和水的混合溶液，体积比为：$HNO_3$∶$H_2O$∶HF＝50∶20∶1 |
| $SiO_2$ | 一般使用 $NH_4F$ 作为缓冲剂的氢氟酸缓冲液，刻蚀液配比为：HF∶$NH_4F$∶$H_2O$＝3 mL∶6 g∶10 mL |
| $Si_3N_4$ | 85%磷酸溶液在 180 ℃中进行。<br>氢氟酸和硝酸混合酸，其体积比为：49%HF∶70%$HNO_3$＝3∶10 |
| Al | 磷酸、硝酸、乙酸和水的混合溶液，其体积比为：$H_3PO_4$∶$HNO_3$∶$CH_3COOH$∶$H_2O$＝80∶5∶5∶10（35～60℃） |

**表 4.6　其他材料的湿法腐蚀剂**

| 被腐蚀的材料 | 刻蚀液和配比 |
|---|---|
| Ti 和 TiN | 氨水、双氧水和水的混合溶液，其体积比为：$NH_4OH$∶$H_2O_2$∶$H_2O$＝1∶1∶5 |
| Ni | 盐酸和硝酸混合液，其体积比为：HCl∶$HNO_3$＝1∶1 |
| Cu | 硝酸和水混合溶液，其体积比为：$HNO_3$∶$H_2O$＝5∶1 |
| Au | 碘化钾（KI）、碘（$I_2$）和水的混合液。刻蚀液配比为：KI∶$I_2$∶$H_2O$＝17.5 g∶35 g∶140 mL |
| Pt | 王水，体积比为：盐酸∶硝酸＝3∶1 |
| Mo | 硫酸、硝酸和水的混合溶液，其体积比为：$H_2SO_4$∶$HNO_3$∶$H_2O$＝1∶1∶1 |
| W | 铁氰化钾［$K_3Fe(CN)_6$］和氢氧化钾（KOH）的混合液，其配比为：10% $K_3Fe(CN)_6$∶10% KOH＝1∶1 |
| 光刻胶 | 浓硫酸和双氧水混合液，其体积比为：$H_2SO_4$∶$H_2O_2$＝4∶1 |

注：湿法刻蚀的腐蚀剂中所添加的水和冰醋酸，主要作用是稀释反应物质的浓度。水的加入主要降低了硝酸的浓度，从而减小了酸液对硅片的氧化能力。用冰醋酸做稀释剂时，可抑制 $HNO_3$ 的分解，降低硝酸的电离度，降低反应速度。

刻蚀方式：浸入式湿法刻蚀和喷洒式湿法刻蚀。

刻蚀流程：刻蚀、冲洗、甩干。如图 4.19 所示。

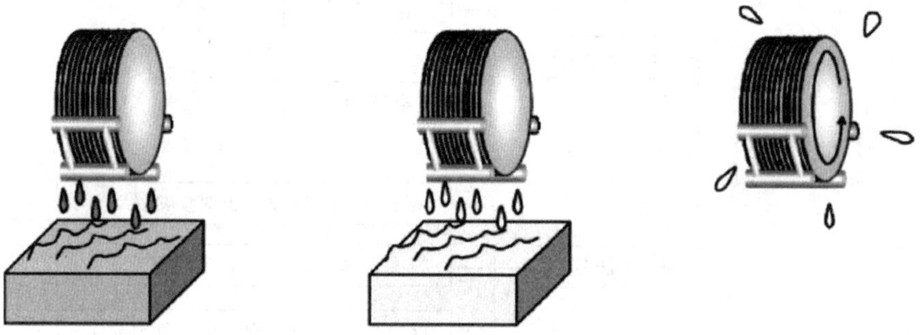

(a)　　(b)　　(c)

**图 4.19　湿法刻蚀流程**

(a) 湿法刻蚀;(b) 冲洗;(c) 甩干

影响湿法刻蚀速率的参数有下面几个:

① 刻蚀溶液的种类;

② 溶液的浓度;

③ 反应温度;

④ 刻蚀时间;

⑤ 溶液的搅拌。

目前最常使用的搅拌技术有:气泡搅拌方式或者是超声波振荡方式。不断搅拌溶液,从而使溶液的温度、浓度等均匀性提高,进而提高刻蚀的均匀性。常用的搅拌方式有水平搅拌和垂直搅拌,搅拌方向应该与晶片表面同向,以减小阻力和避免盲区。

由于化学反应没有方向性,因而湿式刻蚀是等向性(isotropic)的,即湿法刻蚀是各向同性刻蚀(isotropic etching)(横向与纵向腐蚀速度相同),因而,光刻胶掩模下面的薄膜材料,在横向上也随着时间的延长而受到腐蚀,通常会有钻蚀(undercut)或侧蚀,出现与掩模图形不一致的情形。因此,湿法刻蚀不适用于精细化工艺。湿法刻蚀的优点是设备简单、成本低,选择比高,通常不产生衬底损伤。

湿法刻蚀的缺点是需大量的腐蚀性化学试剂,对人体和环境有害、各向异性刻蚀(横向腐蚀速度远远小于纵向腐蚀速度,横向几乎不被腐蚀)差、刻蚀速率难以控制、产生颗粒沾污。一般用于大尺寸刻蚀(>3 μm 尺寸)、整体剥离或去除干法刻蚀后的残留物等,如粗线条的 IC、分立器件和微电子机械系统(MEMS)制造工艺中广泛使用湿法刻蚀。

(2) 干法刻蚀

干法刻蚀是采用气态的粒子,包括正离子、分子、自由基等,与待刻蚀材料发生物理或/和化学反应,从而刻蚀掉硅片上暴露的表面材料,在此制程中并不使用任何化学溶液。干法刻蚀是亚微米尺寸下刻蚀器件的最主要方法。干法刻蚀的优点是分辨率高,各向异性腐蚀能力强,均匀性、重复性好,便于连续自动操作。缺点是设备复杂、成本高,选择比一般较低。

干法刻蚀包括物理性刻蚀、化学性刻蚀和物理化学性刻蚀。

① 物理性刻蚀,又称离子束溅射刻蚀(ion beam etching)、离子铣(ion milling),原理是利用辉光放电将惰性气体(如 Ar 气)电离成带正电的离子,再利用偏压将离子加速使离子以一定的速度轰击(ion bombardment)被刻蚀物的表面而将被刻蚀物的原子击出,去除被刻蚀物,该过程完全是物理上的能量转移,故称为物理性刻蚀或称为非活性粒子的物理溅射刻蚀(sputtering etching)。

IBE 刻蚀的特点:

Ⅰ. 方向性好,各向异性,无钻蚀,陡直度高;

Ⅱ. 分辨率高,可小于 0.01 μm;

Ⅲ．不受刻蚀材料限制（金属或化合物，无机物或有机物，绝缘体或半导体均可）。

Ⅳ．刻蚀的选择比偏低，被溅射出的物质容易再度淀积在被刻蚀薄膜的表面和侧壁，易对下面结构造成损伤，在 VLSI 工艺中较少使用。

② 化学性刻蚀，又称等离子体（电浆）刻蚀（plasma etching，简称为 PE），原理是利用辉光放电将刻蚀气体电离形成带电离子、分子、电子以及化学活性很强的原子团，这些原子团扩散到被刻蚀物表面，与被刻蚀物的表面原子反应生成具有挥发性的产物，并被真空系统抽出腔体，从而实现刻蚀。因这种刻蚀完全利用化学反应进行，故称为化学性刻蚀或化学方法刻蚀。这种刻蚀方法与湿法刻蚀类似，其特点是选择比高、各向异性差、对基底的损伤小、刻蚀速率低，具有各向同性。一般用于去除光刻胶和要求不高的刻蚀，不能用于细线条的刻蚀。

③ 物理化学性刻蚀，即反应离子刻蚀（reactive ion etching，RIE），通过活性离子对衬底进行物理轰击和化学反应双重作用刻蚀，具有溅射刻蚀和等离子刻蚀两者的优点，同时兼有各向异性（anisotropic etching）和选择性好的优点。目前，RIE 已成为 VLSI 工艺中应用最广泛的主流刻蚀技术，又称物理与化学结合的方法刻蚀。

刻蚀不同的物质以及不同的刻蚀过程要利用不同的反应气体。表 4.7 列出了 IC 制造中常用薄膜的等离子刻蚀气体。表 4.8 列出了湿法和干法刻蚀的对比。

**表 4.7　IC 制造中常用薄膜的等离子刻蚀气体**

| 被刻材料 | 刻蚀气体 | 说明 |
|---|---|---|
| 单晶硅 | $CF_4$、$SF_6$、$SF_6/O_2$ | 各向同性，对 $SiO_2$ 选择性差 |
| | $CF_4/H_2$、$CHF_3$ | 各向异性好，对 $SiO_2$ 选择性差 |
| | $CF_4/O_2$ | 各向同性，对 $SiO_2$ 选择性好 |
| | HBr、$Cl_2$、$Cl_2/HBr/O_2$ | 各向异性好，对 $SiO_2$ 选择性好 |
| 多晶硅 | $CF_4$、$SF_6$、$Cl_2$、HCl | 氟化物（$CF_4$、$SF_6$）：各向同性；氯化物（$Cl_2$、HCl）：各向异性，选择性好（多晶硅/$SiO_2$） |
| $SiO_2$ | $SF_6$、$NF_3$、$CF_4$、$CF_4/O_2$ | 接近各向同性，通过提高离子的能量和降低压力可以改善各向异性，对 $SiO_2$ 选择性差 |
| | $CF_4/H_2$、$CHF_3/O_2$、$C_2F_6$、$C_3F_8$ | 各向异性好，对 $SiO_2$ 选择性好 |
| | $CHF_3/C_3F_8$ | 各向异性好，对 $Si_3N_4$ 选择性好 |
| $Si_3N_4$ | $CF_4/O_2$ | 各向同性，对 $SiO_2$ 选择性好，对 Si 选择性差 |
| | $CF_4/H_2$ | 各向异性好，对 $SiO_2$ 选择性好，对 Si 选择性差 |
| | $CHF_3/O_2$、$CH_2F_2$ | 各向异性好，对 $SiO_2$ 和 Si 选择性都好 |
| 金属硅化物：$WSi_2$、$MoSi_2$ | $CF_4+O_2$、$SF_6+O_2$、$Cl_2$、HCl | |
| Al | $BCl_3+Cl_2$、$CCl_4+Cl_2$ | 接近各向同性 |
| | $Cl_2/CHCl_3$、$Cl_2/N_2$ | 刻蚀后的侵蚀：$HCl+Al \longrightarrow AlCl_3\uparrow+H_2$ |
| 铝合金：Al-Si、Al-Au、Al-Cu | $BCl_3$、$CCl_4$、$CHCl_3$ | $CuCl_2$ 的去除：湿法腐蚀、溅射 |
| Ti，TiN | $Cl_2$、$Cl_2/CHCl_3$、$CF_4$ | |
| Mo，W，Ta，Ti | $CF_4+O_2$ | |
| Au，Pt | $C_2Cl_2F_4+O_2$、$C_2Cl_2F_4$ | |
| 有机物（光刻胶） | $O_2$ | 对其他的薄膜都有很好的选择性 |

**表 4.8　湿法刻蚀和干法刻蚀的对比**

| 项目 | 湿法刻蚀 | 干法刻蚀 |
| --- | --- | --- |
| 横向刻蚀长度 | $<3\ \mu m$ 的工艺条件不可接受 | 很小 |
| 刻蚀轮廓 | 等向性 | 可控，从非等向性到等向性 |
| 刻蚀速率 | 高 | 可接受，可控 |
| 选择性 | 高 | 可接受，可控 |
| 设备费用 | 低 | 高 |
| 产量 | 高(批量) | 可接受，可控 |
| 化学药品使用量 | 高 | 低 |

等离子体刻蚀的主要效应：

① 氢气效应(hydrogen effect)

$CF_4$等离子体是刻蚀 Si、$SiO_2$最常用到的气体，二者的刻蚀速率非常接近，若加入少量氢气，Si 的刻蚀速率随加入 $H_2$量增加而急剧下降，而 $SiO_2$的刻蚀率却缓慢下降。

$H_2$分解成自由基及离子，H 自由基和 F 自由基结合成 HF 以降低 F 自由基浓度，从而降低对 Si 的刻蚀率。

$$Si+4F = SiF_4$$

$$SiO_2+4F = SiF_4+O_2$$

② 氧气效应(oxygen effect)

$$2CF_4+O_2 = 2COF_2+4F$$

含氧的生成物消耗等离子体内的碳原子，使 F/C 比例升高，因此 $CF_4+O_2$的等离子体对 Si 的刻蚀速率比单纯 $CF_4$的快。

③ 负载效应(loading effect)

整体负载效应：和所要刻蚀的基材面积有关，刻蚀率和晶片数成反比。

微负载效应(区域负载效应)：由刻蚀活性基团传输不平均所致。如图 4.20 所示。

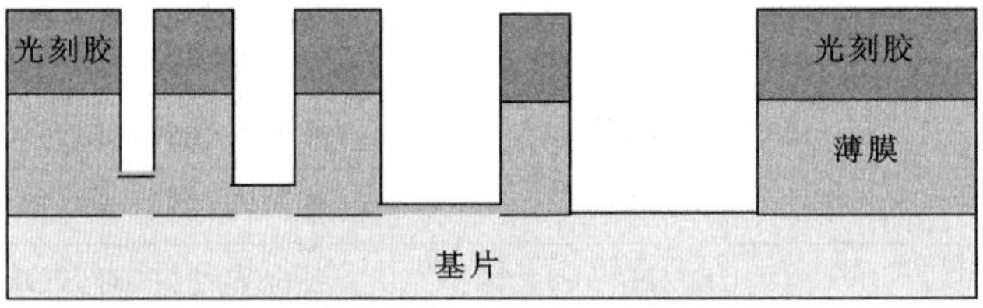


**图 4.20　负载效应**

较大开口区域的刻蚀不同于较小开口区域的刻蚀，主要影响批处理刻蚀工艺，对单片硅片刻蚀影响较小。

较小的孔的刻蚀率比大孔的刻蚀率小，刻蚀剂较难通过小孔，刻蚀副产物较难扩散出去，低压力可以减小这种效果。

干法刻蚀一般都是等离子体刻蚀，等离子体刻蚀机主要由反应腔、射频电源、气体流量控制器、真空系统、电极等部件组成，原理是利用等离子体将刻蚀气体电离并形成带电离子、分子及反应性很强自由基团，它们扩散到被刻蚀薄膜表面后与被刻蚀薄膜的表面原子反应生成具有挥发性的反应产物，并被真空设备抽离反应腔。

反应离子刻蚀(RIE)：常用刻蚀气体为含卤素的物质，如 $CF_4$、$SiF_6$、$Cl_2$、HBr、$BCl_3$、$CCl_4$、$CHCl_3$、$SF_6$等，加入气体如 $O_2$、$H_2$、Ar 等。$O_2$用于刻蚀光刻胶。

影响等离子体(plasma)刻蚀的因素：

Ⅰ. 等离子体刻蚀系统的形态

常见的等离子体刻蚀系统的形态(等离子体源)有容性耦合等离子体(capacitively coupled plasma,CCP)、感应耦合等离子体 ICP(Inductively coupled plasma)和微波 ECR 等离子体(microwave electron cyclotron resonance plasma)等。直流(DC)电场下产生的等离子体,为离子撞击电极所产生的二次电子(secondary electron)。射频(RF)产生的等离子体,与射频的功率、频率、电极的间距、气体种类、压力、流量有关,还与刻蚀温度及腔体设计有关。

Ⅱ. 等离子体刻蚀参数

例如,等离子体功率、气体流量、气体的种类、反应室压力、反应时间等。

Ⅲ. 前制程相关参数

如光刻胶、待刻蚀薄膜之沉积参数条件、待刻蚀薄膜下层薄膜的形态及表面的平整度等。

普通 RIE 系统中,为了获取更好的各向异性刻蚀,需要降低反应室内的气压,这会导致参与电离或转化为自由基的气体原子数目减少,使等离子体密度降低,从而降低刻蚀速率。为了提高刻蚀速率,就只能提高离子的能量,但这就会增加对硅片的损伤。

高密度等离子体刻蚀(HDP)系统可以有效地解决上述问题,在不提高离子能量和在较低的气压下产生高密度的等离子体,从而得到高刻蚀速率、高的刻蚀均匀性和选择性、小的辐射损伤。

电子回旋共振系统可以有效地解决上述问题,在不提高离子能量和在较低的气压下产生高密度的等离子体,从而得到高刻蚀速率、高的刻蚀均匀性和选择性、小的辐射损伤。电子回旋共振(electron cyclotron resonance,ECR)和感应耦合式等离子体(inductively coupled plasma,ICP)是最常用的 HDP 。

HDP 刻蚀系统与标准的 RIE 的最大差别是 HDP 刻蚀可以使用比较低的气体压力(1～10 mTorr)就可以达到与 RIE 一样的等离子体密度和刻蚀速率。低气压意味着在等离子体里的气相碰撞比较少,所以更能直接地刻蚀。

在标准的 RIE 中,通过增大功率来提高等离子体密度,从而提高刻蚀速率。缺点是离子的能量升高,对硅片的损伤增加。也可以提高气体压力来提高等离子体密度而保持较低的离子能量,但是在等离子体里的气体碰撞增加,刻蚀将更具各向同性。

在 HDP 系统中,在较低气压、较低离子能量的情况下保持高的刻蚀速率,离子轰击对硅片的损伤少,刻蚀易具各向异性。

通常,低能量比高能量有更好的刻蚀选择性。

4) 刻蚀的性能参数

(1) 刻蚀速率

刻蚀速率 $R$(etching rate)是指单位时间内刻蚀的厚度(或刻蚀过程中去除硅片表面膜层材料的速度)。见图 4.21。

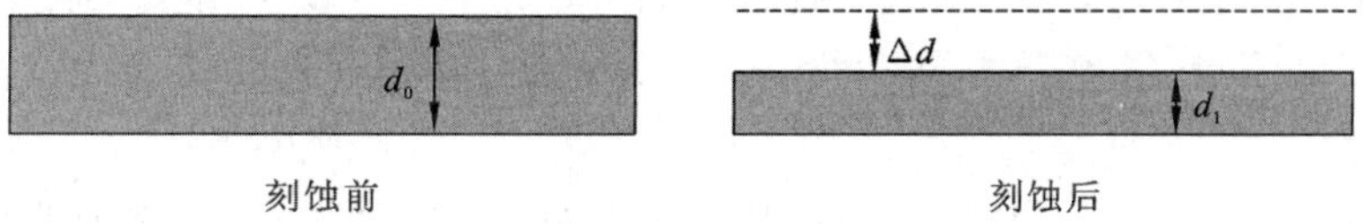


**图 4.21 刻蚀速率示意图**

其刻蚀速率用下式计算：

$$R=\frac{d_0-d_1}{t}=\frac{\Delta d}{t} \tag{4.10}$$

式中 $d_0$——刻蚀前的厚度,nm 或 $\mu$m;

$d_1$——刻蚀后的厚度,nm 或 $\mu$m;

$\Delta d$——被刻蚀膜层的厚度,nm 或 μm;

$t$——刻蚀时间,min;

$R$——刻蚀速率,nm/min 或 μm/min。

刻蚀速率由工艺和设备变量决定。如被刻蚀材料类型、刻蚀机的结构配置、使用的气体和工艺参数设置。

刻蚀速率通常正比于刻蚀剂的浓度。硅片表面几何形状不同,可造成不同的硅片之间不同的刻蚀速率。如被刻蚀的面积较大,则会消耗较多的刻蚀剂,也就是说大部分气相刻蚀剂在等离子反应过程中被消耗了,刻蚀剂浓度下降,刻蚀速率就随之减慢。反之,需刻蚀的面积较小,刻蚀速率就相对快些。这种现象被称为负载效应(loading effect)。

(2) 刻蚀偏差

刻蚀偏差 $B$(etch bias)是指刻蚀以后线宽或关键尺寸的变化,又称条宽损失。见图 4.22。通常是由横向钻蚀引起。其刻蚀偏差用下式计算:

$$B=W_a-W_b$$

式中 $W_a$——线宽或关键尺寸;

$W_b$——实际尺寸。

$B$ 可以大于 0 或小于 0。

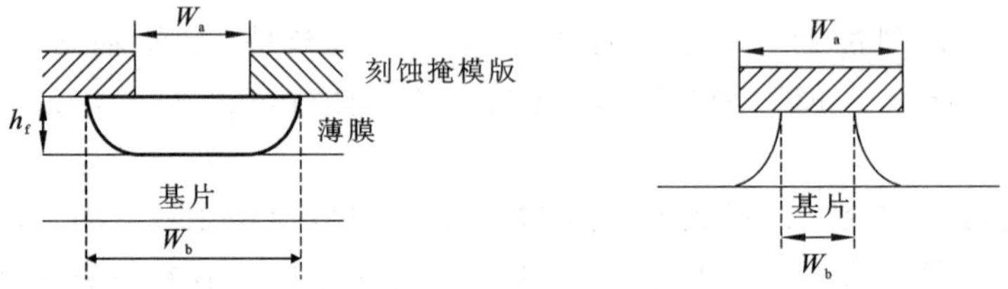


**图 4.22 刻蚀偏差示意图**

(3) 选择比

选择比 $S$(selectivity)是指待刻蚀材料的刻蚀速率与掩模或底层材料的刻蚀速率的比值(或者不同材料之间的刻蚀速率比),用下式计算:

$$S=\frac{R_1}{R_2} \tag{4.11}$$

式中 $R_1$——待刻蚀材料的刻蚀速率;

$R_2$——掩模或下层材料的刻蚀速率。

高选择比意味着只去除想要刻蚀掉的那一层材料。高选择比对于确保关键尺寸和剖面控制是必需的,要制造的关键尺寸越小,选择比要求越高。

选择比 $S$ 值的大小和工艺参数相关。例如,湿法刻蚀过程与刻蚀剂浓度、温度等有关,干法刻蚀过程与气体种类、气体流量、等离子体的功率、气压、反应温度等有关。

(4) 刻蚀均匀性

刻蚀均匀性(etch uniformity)是指一个硅片或多个硅片或多批硅片上刻蚀速率的变化。刻蚀均匀性是衡量刻蚀工艺在晶片内和晶片间的可重复性。保持硅片刻蚀均匀性是保证制造性能稳定的关键。用下式计算:

$$U_x=\frac{R_{max}-R_{min}}{2R_{averge}}\times 100\% \tag{4.12}$$

式中 $R_{max}$——面内刻蚀速率最大值;

$R_{min}$——面内刻蚀速率最小值;

$R_{averge}$——面内的平均速率；

$U_x$——被刻蚀材料 $x$ 的速率均一性。

刻蚀均匀性的检测：在一批样品中随机抽取 3～5 片，在每片上测 5～9 个点处的刻蚀速率，然后计算每片的刻蚀均匀性并比较片与片之间的均匀性。见图 4.23。

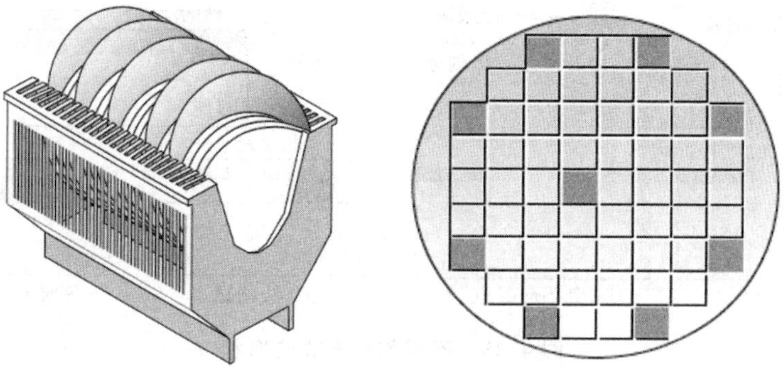

**图 4.23　刻蚀均匀性的检测取样**

$$\sigma=\sqrt{(x_1-\overline{x})^2+(x_2-\overline{x})^2+(x_3-\overline{x})^2+\cdots+(x_N-\overline{x})^2} \tag{4.13}$$

$$\overline{x}=\frac{x_1+x_2+x_3+\cdots+x_N}{N} \tag{4.14}$$

等离子密度的分布、刻蚀腔体的构造均会影响刻蚀速率的均一性。一般而言，刻蚀速率的均一性受刻蚀腔体的限制，不同的刻蚀设备之间，在某一刻蚀速率的均一性上会有差别，体现出不同设备的性质。

薄膜厚度的不均匀和刻蚀速率的不均匀会造成图形转移的不均匀，非均匀性刻蚀会产生额外的过刻蚀。保持硅片的刻蚀均匀性是保证制造性能一致的关键。

⑤ 刻蚀剖面

刻蚀剖面(profile)是指被刻蚀图形的侧壁形状，各向同性和各向异性刻蚀有不同的刻蚀剖面，如图 4.24 所示。刻蚀的方向性可用各向异性度(anisotropy)来描述，可用下式表示：

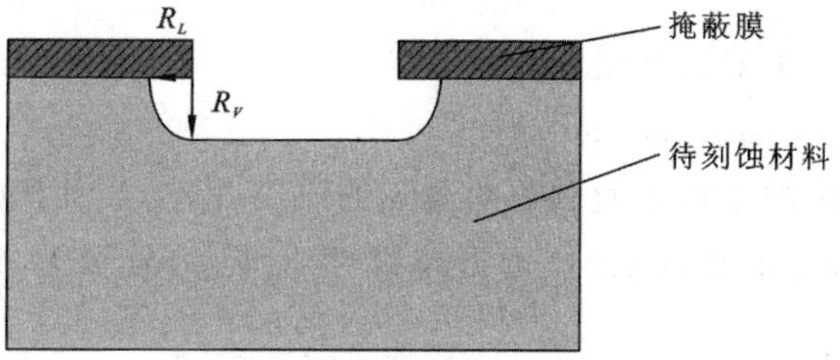


**图 4.24　被刻蚀材料的刻蚀剖面图**

$$A=1-\frac{R_L}{R_V} \tag{4.15}$$

式中　$A$——异性度；

$R_L$，$R_V$——横向刻蚀和纵向刻蚀速率。

横向刻蚀速度 $R_L$，决定刻蚀后剖面形貌和“钻蚀”程度。纵向刻蚀速度 $R_V$，决定刻蚀工艺的产率。

$A=0$，各向同性刻蚀(isotropic etch)，刻蚀速率在所有方向都是相同的；

$A=1$，理想的各向异性刻蚀(anisotropic etch)，刻蚀速率随方向而异；

$0<A<1$，实际的各向异性刻蚀。

湿法刻蚀中的各向同性刻蚀剖面在所有方向上以相同的刻蚀速率进行刻蚀，导致被刻蚀材料在掩模材料下面产生钻蚀。各向异性刻蚀只在垂直于晶片表面的方向进行。不同刻蚀方式的形状如图 4.25 所示。

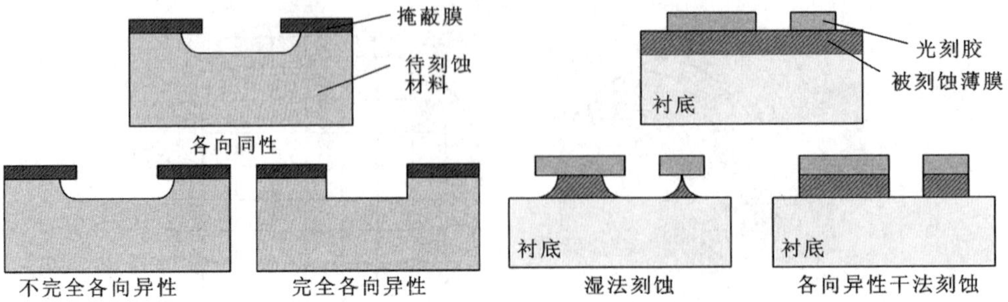


**图 4.25　不同刻蚀方式的形状**

5）刻蚀工艺的要求

不管采用哪种刻蚀方式，刻蚀工艺的要求是：

① 得到想要的形状（斜面或垂直图形）。

② 线条尺寸（宽度、深度）的高保真度。

③ 选择性好：高选择比对于确保关键尺寸和剖面控制是必需的，要制造的关键尺寸越小，选择比要求越高；关键尺寸（Critical dimensions-CD）是指一个最小特征图形的绝对尺寸，包括线宽、间隙，或者关联尺寸。

④ 均匀性和重复性好。

⑤ 对表面损伤最小。

⑥ 清洁度：超大规模集成电路的图形非常精细，在刻蚀过程中任何人为引入的污染，既影响图形转移的精度，也会增加刻蚀后清洗的复杂性，因此需要防止沾污。

⑦ 要兼顾选择性和方向性，优化刻蚀工艺。

6）刻蚀终点检测（EPD）

用于检测刻蚀是否完成，主要有下列几种方法：

① 激光干涉测量法（laser interferometry）

原理：利用反射光所产生的干涉来侦测透明薄膜的厚度变化，当侦测到厚度不再改变时，即是刻蚀完成。薄膜厚度为 1/2 波长的整数倍时，可得建设性干涉，信号最大，反之为破坏性干涉，信号最小；当 $d=0$ 时，可得最强信号。

② 光学发射光谱分析（optical emission spectroscopy）

原理：不同的材质在等离子体中，会因原子能级的变化而放出特定的光谱，这样就可通过检测光强度的变化（增强或减弱）来判断刻蚀是否完成。

③ 质谱分析（mass spectroscopy）

利用刻蚀腔壁上的洞来对等离子体中的物质取样，取得的粒子被灯丝所产生的电子束解离成离子，离子经由电场偏折，不同质量偏折程度不同，因而可将离子分辨出来，达到终点侦测的目的。

干法刻蚀质量检测：

刻蚀工艺的最后一步是进行检查以确保刻蚀的质量，通常都是通过自动检测系统进行的。检测的项目以及方法见表 4.9。

**表 4.9 刻蚀质量检测**

| 质量参数 | 缺陷类型 | 产生原因及检测方法 |
|---|---|---|
| 关键尺寸偏差 | 光刻胶线宽与刻蚀后图形线宽存在过大的差别 | 通过扫描电子显微镜比较刻蚀前光刻胶的线宽和刻蚀后图形的线宽来检查关键尺寸偏差；过度的关键尺寸偏差须针对横向刻蚀和侧墙角度来优化刻蚀工艺；光刻胶的剖面会影响关键尺寸偏差，陡直的光刻胶剖面可得到较好的关键尺寸偏差 |
| 金属腐蚀 | 刻蚀后金属膜的侵蚀 | 侵蚀是由于基片上残留的 HCl 与空气中水汽反应而产生的，可通过扫描电子显微镜观察到金属边缘因侵蚀而产生的气泡 |
| 刻蚀后的侧墙污染物 | 刻蚀后残留的侧墙钝化物 | 可通过优化刻蚀前的坚膜工艺来减少这种缺陷，残留物可通过刻蚀或稀释过的氢氟酸来去除 |
| | 污染物溅射到金属线条或通孔的侧墙上 | 用来钝化侧墙的聚合物会产生回溅，在金属线条上或通孔侧墙上留下一层覆盖薄膜 |
| 负载效应 | 显微镜可见的不均匀刻蚀 | 反应离子在小窗口中的密度比在大窗口中的密度低，故小窗口的刻蚀速率小于大窗口的刻蚀速率 |
| 金属刻蚀后的短路 | 刻蚀后金属线条的拆接导致短路 | 由于负载效应引起的图形密度的变化 |
| 刻蚀后过多的残留物 | 刻蚀后可能的残留物：细线条残留物；悬挂的薄残留物；侵蚀残留物；栏杆状残留物；冠状残留物 | 引起刻蚀残留物的原因有：不均匀刻蚀；待刻薄膜的膜层质量；薄膜内的污染物；反应腔中的污染物；工业参数不合适 |

7）光刻胶的去除

光刻胶的去除，简称去胶。光刻胶的主要功能是在整个区域进行化学或机械处理工艺时，保护光刻胶下的膜层部分。刻蚀或离子注入之后，已经不再需要光刻胶作保护层，需将光刻胶从表面除去，这就是去胶。

去胶的方法可分为湿法去胶和干法去胶。湿法去胶包括无机溶剂去胶和有机溶剂去胶两种。

① 无机溶剂去胶：通过使用一些无机溶剂，将光刻胶这种有机物中的碳元素氧化为二氧化碳，进而将其除去。$SiO_2$、$Si_3N_4$、多晶硅等非金属材料一般可采用浓硫酸去胶。由于浓硫酸去胶时碳被还原析出，微小的碳粒会污染衬底表面，因而必须在浓硫酸中加入 $H_2O_2$ 等强氧化剂，使碳被氧化为 $CO_2$ 溢出。浓硫酸与 $H_2O_2$ 的比值为 3∶1，温度为 125 ℃。

② 有机溶剂去胶：利用有机溶剂除去光刻胶。酸性腐蚀液对铝、铬等金属具有较强的腐蚀作用，因此，金属衬底的去胶需要专门的有机去胶剂。通常这类去胶剂中加入了三氯乙烯作为涨泡剂，因此去胶后要用三氯乙烯和甲醇进行清洗，由于去胶液和三氯乙烯都是有毒物质，处理比较困难。

为避免对被处理表面产生损伤，湿法去胶应当使用低温和有效的化学方法，超声波的应用也可以满足上述要求并增强剥离效能。

干法去胶或利用臭氧、等离子体将光刻胶剥除，或利用紫外线将光刻胶分解。相比于湿法去胶，干法去胶有操作简单安全、过程中引入污染的可能性小、能与干法腐蚀在同一设备中进行、不损伤下层衬底等优点，存在对器件表面的损坏等缺点。

4.3.2.3 半导体芯片离子注入制造工艺

1）离子注入简介

半导体掺杂的作用是形成 PN 结，形成双极晶体管的基区、发射区、集电区或 MOS 管的源漏区等。半导体掺杂可以通过热扩散（thermal diffusion）和离子注入（ion implantation）两种途径实现。热扩散是根据扩散的原理，使杂质从高浓度处向低浓度处扩散。离子注入是将掺杂的离子在强电场的加速作用下，将其注入硅衬底(称为靶)中进行掺杂，以改变硅材料表层的物理或化学性质。图 4.26 为离子注入示意图。

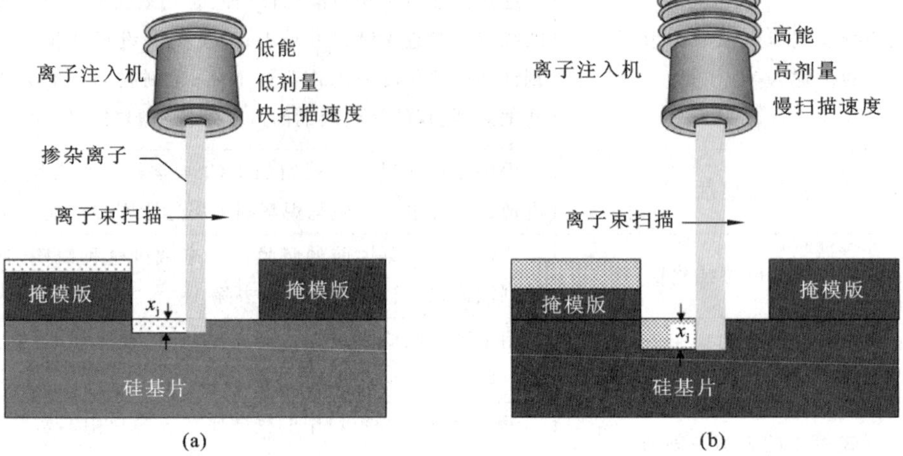


**图 4.26　离子注入示意图**

(a) 低掺杂浓度与浅结；(b) 高掺杂浓度与深结

离子注入是一个物理过程，相对于热扩散，离子注入横向扩散极其微小，可确保高精度和高均匀性，能更准确地控制杂质掺杂量、重复性好、工艺温度较低。通过离子注入掺杂所制成的半导体器件和集成电路具有速度快、功耗低、稳定性好、成品率高等特点。因此，离子注入已成为大规模、超大规模集成电路制程上最主要的掺杂技术。热扩散和离子注入过程的比较，如图 4.27 所示。

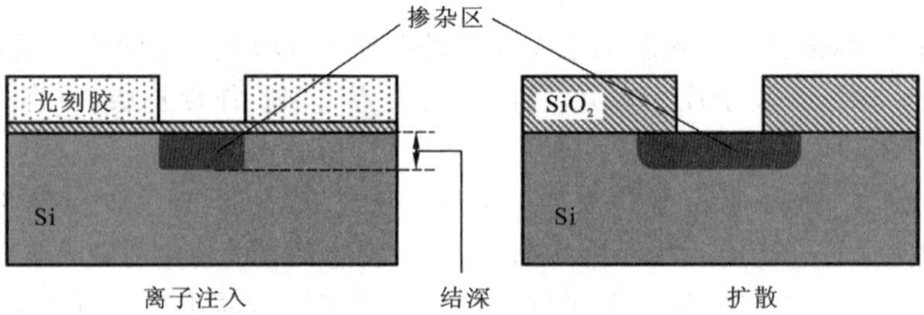


**图 4.27　离子注入和扩散掺杂过程的比较**

表 4.10 详细列出了热扩散和离子注入的区别。

**表 4.10　热扩散和离子注入的区别**

| 对比内容 | 热扩散 | 离子注入 |
|---|---|---|
| 动力 | 高温、杂质的浓度梯度 | 动能，5～500 keV |
| 杂质浓度 | 受表面固溶度限制，掺杂浓度过高、过低都无法实现 | 浓度不受限 |
| 结深 | 结深控制不精确，适合深结掺杂 | 结深控制精确，适合浅结掺杂 |
| 横向扩散 | 严重。横向是纵向扩散线度的 0.70～0.85 倍，扩散线宽 3 μm 以上 | 较小。特别在低温退火时，线宽可小于 1 μm |
| 均匀性 | 电阻率波动约 5%～10% | 电阻率波动约 1% |
| 温度 | 高温工艺，900～1200 ℃ | 室温或低于 400 ℃ |
| 掩蔽膜 | 二氧化硅等耐高温薄膜 | 光刻胶、二氧化硅或金属薄膜 |

续表 4.10

| 对比内容 | 热扩散 | 离子注入 |
|---|---|---|
| 工艺卫生 | 易沾污 | 高真空、常温注入，清洁 |
| 晶格损伤 | 小 | 损伤大，退火也无法完全消除 |
| 设备、费用 | 设备简单、价廉 | 复杂、费用高 |
| 应用 | 深层掺杂的双极型器件或电路 | 浅结的超大规模电路 |

半导体芯片制作过程中的一般掺杂工艺，如表 4.11 所示。

**表 4.11　半导体芯片制作过程中的一般掺杂工艺**

| 工艺步骤 | 杂质种类 | 掺杂方式 | 备注 |
|---|---|---|---|
| $p^+$ 硅衬底 | B | 扩散 | 单晶硅生长过程中掺杂 |
| p-外延层 | B | 扩散 | 外延层生长过程中掺杂 |
| 倒掺杂 n 阱 | P | 离子注入 | 倒掺杂阱的浓度峰值在一定深度处，越接近表面浓度越小 |
| 倒掺杂 p 阱 | B | 离子注入 | 倒掺杂阱的浓度峰值在一定深度处 |
| p 沟道器件穿通 | P | 离子注入 | 注入 P 以防漏区电场穿过 p 型沟道达到源区 |
| p 沟道器件阈值电压调整 | P | 离子注入 | 注入 P 调整 MOS 阈值电压 |
| n 沟道器件穿通 | B | 离子注入 | 注入 B 以防漏区电场穿过 n 型沟道达到源区 |
| n 沟道器件阈值电压调整 | B | 离子注入 | 注入 B 调整 MOS 阈值电压 |
| n 沟道器件轻掺杂漏区 | As | 离子注入 | 在临近 n 沟道的区域小剂量注入 As，减少电场峰值和热载流子效应，减少栅氧化物界面电荷 |
| n 沟道器件源漏区 | As | 离子注入 | 大剂量注入 As，形成 n 沟道器件源漏区 |
| p 沟道器件轻掺杂漏区 | $BF_2$ | 离子注入 | 在临近 n 沟道区域小剂量注入硼，改进漏区和沟道区之间电学性能 |
| p 沟道器件源漏区 | $BF_2$ | 离子注入 | 大剂量注入硼，形成 p 沟道器件源漏区 |
| 硅 | Si | 离子注入 | 注入非杂质原子使硅非晶化，减小穿通增强扩散和沟道效应 |
| 多晶硅掺杂 | P 或 B | 离子注入或扩散 | 多晶硅栅电极掺杂减小电阻 |
| $SiO_2$ 掺杂 | P 或 B | 离子注入或扩散 | 氧化物掺杂获得材料的优点(如更好的流动性和杂质捕获能力) |

离子注入工艺所用设备为离子注入机，它是半导体工艺中最复杂的设备之一。离子注入机系统主要由离子源、质量分析器、加速器、中性束偏移器、聚焦系统、偏转扫描系统和工作室(靶室)等部分组成。

离子注入机的基本原理是在离子源中将掺杂元素的原子(如 Si、Ge、B、As、P)或携带该元素的分子(如 $BCl_3$、$BF_3$、$PH_3$，$AsH_3$)经离化变成带正电的离子，再经吸极把离子从离子源引出，由初聚焦系统聚成离子束并射向磁质量分析器，经磁质量分析器分选出所需的杂质离子，被选出的离子束在强电场作用下加速使其成为高能离子束，高能离子束经过聚焦和偏转后对硅片(称为“靶”)进行注入扫描，完成对硅片表层的均匀掺杂。

离子注入机有中低电流(1 mA)、高电流(10 mA)离子注入机和高能、低能离子注入机以及氧注入机。离子注入机分类见表 4.12。

**表 4.12　离子注入机分类**

| 注入机分类 | 描述和应用 |
|---|---|
| 中、低电流注入机 | 高纯离子束，电流小于 10 mA；<br>束流能量一般小于 180 keV；<br>多数情况下硅片固定，扫描离子束；<br>穿通注入专用 |
| 大电流注入机 | 离子束电流大于 10 mA，大剂量注入达到 25 mA；<br>束流能量一般小于 120 keV；<br>多数情况下离子束固定，硅片扫描；<br>超浅源漏区注入，超低能束流（200～4000 eV） |
| 高能注入机 | 离子束电流能量超过 200 keV，最高达到几个 MeV；<br>向沟槽或厚氧化层下面注入杂质；<br>能形成倒掺杂阱和埋层 |
| 氧注入机 | 大电流系统，用于半导体上硅（SOI）的氧注入 |

2）离子注入的特点

优点：

（1）可控性高

① 各种杂质浓度分布与注入浓度可通过精确、独立控制掺杂剂量（$10^{11}$～$10^{17}$ $cm^{-2}$）和能量（5～500 keV）分别实现，且均匀性及重复性很好。

② 离子注入为非平衡过程，杂质含量不受固溶度限制，可做到浅结低浓度或深结高浓度。

③ 注入元素通过质量分析器选取，纯度高，能量单一。

④ 离子通过硅表面的薄膜注入，薄膜起到保护膜的作用，防止污染。

（2）低温过程

① 低温注入，避免高温扩散所引起的热缺陷；

② 温度低，掩蔽材料无须耐高温，离子注入掩模有更多的选择，光刻胶、介质（二氧化硅、氮化硅、多晶硅）薄膜、金属薄膜等多种材料都可以作为掩模使用；

③ 高温热扩散时化合物组分会变化，采用离子注入容易实现对化合物半导体的掺杂。

（3）精度高

由于离子注入是直进性，注入杂质是按照掩模的图形垂直入射，横向扩散（横向效应）比气固相高温热扩散小得多，有利于缩小器件尺寸，提高集成电路的集成度、提高器件和集成电路的工作频率。

缺点：

（1）离子注入将在靶中产生大量晶格缺陷，甚至非晶化，且注入的杂质大部分停留在间隙处，必须经高温退火加以改进；

（2）很难进行很深或很浅的结的注入；

（3）设备复杂、价格昂贵（尤其是超低能量离子注入机）；

（4）有不安全因素，如高压、有毒气体。

3）离子注入参数

离子注入最重要的参数是剂量和射程。

（1）剂量

剂量 $Q$ 是硅片表面单位面积注入的离子总数，可由下式计算：

$$Q=\frac{It}{enA} \tag{4.16}$$

式中 $Q$——剂量，$cm^{-2}$；

$I$——束流，A(C/s)；

$t$——注入时间，s；

$e$——电子电荷，$e=1.6\times10^{-19}$ C；

$n$——离子电荷数量；

$A$——注入面积，$cm^2$。

剂量由束流密度 $I$ 和注入时间 $t$ 决定。其中，离子束电流的量级是定义剂量的一个关键变量。电流增大，单位时间内注入的杂质原子数量也增大。大电流有助于提高硅片产量，但也会产生均匀性问题。一般中低电流的范围是 0.1～10 mA，大电流的范围是 10～25 mA。

(2) 射程与投影射程

高能离子进入靶后，不断与靶中原子核和电子发生碰撞，能量不断损失，轨迹不断变化，经过一段曲折路径的运动后，最后因动能耗尽，停止在靶中的某一位置。

任何一个注入离子，在靶内所受到的碰撞是一个随机过程。即使是能量相等的同种离子，在靶内每次发生碰撞的偏转角和损失能量、相邻两次碰撞之间的行程、离子在靶内所运动的路程总长度，以及总长度在入射方向上的投影射程(注入深度)都是不相同的。

不同能量杂质离子在靶中的射程和投影射程，如图 4.28 所示。

射程 $R$：离子从进入靶开始到停止点所通过路径的总路程。

投影射程(projected range)$x_p$：射程 $R$ 在入射方向上的投影长度。

射程横向分量(traverse range)$x_t$：射程 $R$ 在垂直于入射方向的平面内的投影长度。

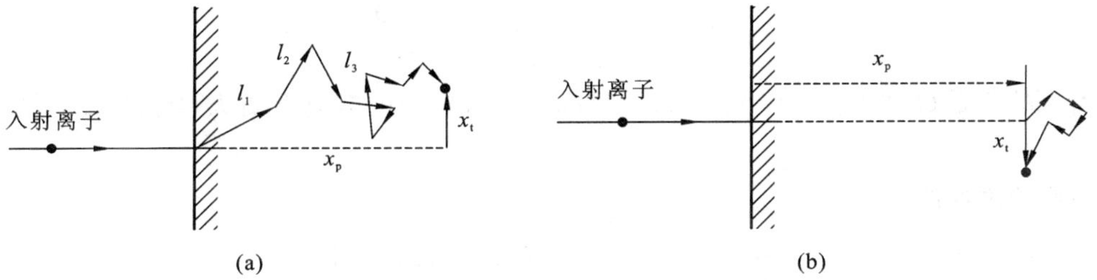


**图 4.28 不同能量杂质离子的投影射程**

射程的大小与入射离子能量有关。注入离子低能入射时原子核阻止起主要作用，此时散射角较大，离子运动方向发生较大偏折，射程分布较为分散[图 4.28(a)]。注入离子高能入射时电子阻止起主要作用，此时散射角较小，离子近似做直线运动，射程分布较为集中，随着离子能量的降低，逐渐过渡到以核阻挡为主，离子射程的末端部分又变为折线[图 4.28(b)]。

射程的大小与半导体靶材的结构特性有关。对于非晶靶，原子排列杂乱无章，入射粒子的碰撞过程是随机的，受到的阻滞为各向同性，入射离子从不同方向射入靶中将得到相同的平均射程。对于单晶靶，原子的排列是有规则和周期性的，靶对入射离子的阻滞作用将不是各向同性的，靶原子对入射离子的阻滞作用取决于晶体的取向，是各向异性的，入射离子从不同方向射入靶中将得到不同的射程。

因注入离子在靶内所受到的碰撞是一个随机过程，所以注入离子在靶内的分布服从统计分布。1963 年，Lindhard、Scharff、Schiott 首先确立了注入离子在靶内的分布，简称 LSS 理论。

平均投影射程 $R_p$：所有入射离子的投影射程的平均值。

离子束中的各个离子虽然能量相等但每个离子与靶原子和电子的碰撞次数和能量损失都是随机的，使得能量完全相同的同种离子在靶中的投影射程不等，存在如下统计分布：

$$R_p=\frac{\sum_{i=1}^{i=N}R_{pi}}{N} \tag{4.17}$$

式中　$N$—— 入射离子总数；

$R_{Pi}$—— 第 $i$ 个离子的投影射程。

标准偏差$\Delta R_p$ 是投影射程的平均偏差(straggling)，是投影射程离子浓度的统计波动，用下式表示：

$$\Delta R_p = \sqrt{\frac{\sum (R_p - R_{pi})^2}{N}} \tag{4.18}$$

式中　$N$—— 入射离子总数；

$R_p$—— 平均投影射程；

$R_{pi}$—— 第 $i$ 个离子的投影射程。

根据 LSS 理论，描述了注入离子在无定形靶中的浓度分布为高斯分布，其方程为：

$$N(x) = \frac{Q}{\sqrt{2\pi}\Delta R_p}\exp\left[\left(\frac{x-R_p}{\Delta R_p}\right)^2\right]$$

$$= N_{\max}\exp\left[-\frac{1}{2}\left(\frac{x-R_p}{\Delta R_p}\right)^2\right] \tag{4.19}$$

式中　$N(x)$—— 离样品表面的深度 $x$ 处的浓度；

$Q$—— 注入离子剂量；

$R_p$—— 平均投影射程；

$\Delta R_p$—— 投影射程的平均标准偏差；

$N_{\max}$—— 峰值处的浓度($x = R_p$ 处)，它与注入剂量 $Q$ 的关系：

$$N_{\max} = \frac{Q}{\sqrt{2\pi}\Delta R_p} \approx \frac{0.4Q}{\Delta R_p} \tag{4.20}$$

注入离子的剂量 $Q$ 越大，浓度峰值 $N_{\max}$ 就越高；注入离子的能量 $E$ 越大，$R_p$、$\Delta R_p$ 就越大，$N_{\max}$ 就越低。

注入杂质的表面浓度：

$$N(0) = N_{\max}\exp\left[-\frac{1}{2}\left(\frac{R_p}{\Delta R_p}\right)^2\right]$$

离子注入结深计算：

令

$$N(x_j) = \frac{Q}{\sqrt{2\pi}\Delta R_p}\exp\left[-\frac{1}{2}\left(\frac{x_j-R_p}{\Delta R_p}\right)^2\right] = N_B \tag{4.21}$$

得：

$$x_j = R_p \pm \Delta R_p\sqrt{2\ln\left(\frac{1}{\sqrt{2\pi}\Delta R_p}\right)\frac{Q}{N_B}} \tag{4.22}$$

其中，$N_B$ 为靶材(衬底)浓度。$R_p$ 和$\Delta R_p$ 的计算很复杂，有表可以查用。

在垂直于入射方向上也有一种横向扩展，以横向标准偏差$\Delta R_\perp$ 表示，横向标准偏差$\Delta R_\perp$ 是平均投影射程的横向偏差(traverse straggling)，是垂直于表面的平面上的标准偏差，是垂直于入射方向离子浓度的统计波动。$\Delta R_\perp$ 是决定器件尺寸(如源-漏之间沟道长度)的一个限制因素。如图 4.29 所示。

4) 离子注入横向效应

杂质与硅原子碰撞所产生的散射会造成杂质往横向注入。横向效应指的是注入离子在垂直于入射方向平面内的分布情况，掩模边缘的杂质浓度是中心浓度的 50%。如图 4.30 所示。

横向效应是离子在靶中行进的重要效应之一，是由杂质离子与硅原子碰撞所产生的散射而引起的。横向效应不但与注入离子的种类有关，也与入射离子的能量有关。离子注入的横向效应比热扩

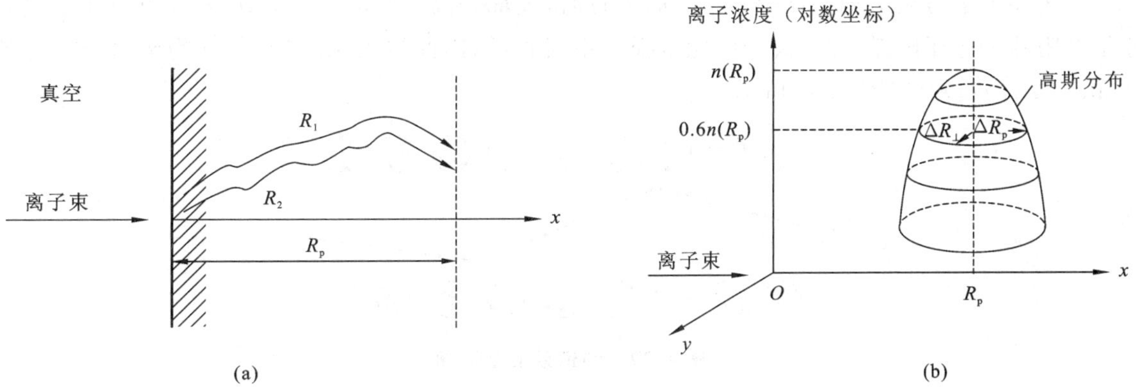


图 4.29 注入离子在靶内的分布

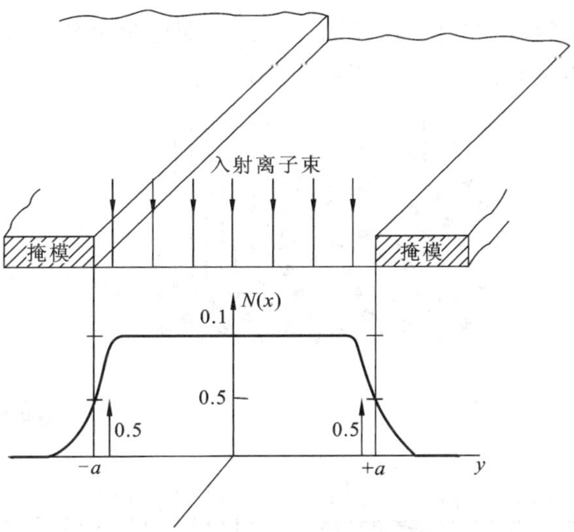


图 4.30 注入离子横向效应

散要小很多。注入离子的横向分布对于自对准源漏注入工艺是一个基本限制因素。横向效应影响 MOS 晶体管的有效沟道长度。

5）沟道效应

晶体靶对入射离子的阻挡作用是各向异性的，与靶的晶体取向有关。当沿着晶体的某些低指数晶向观察时，可以看到一些由原子列包围成的直通道，好像管道一样，称为沟道。如图 4.31 所示。

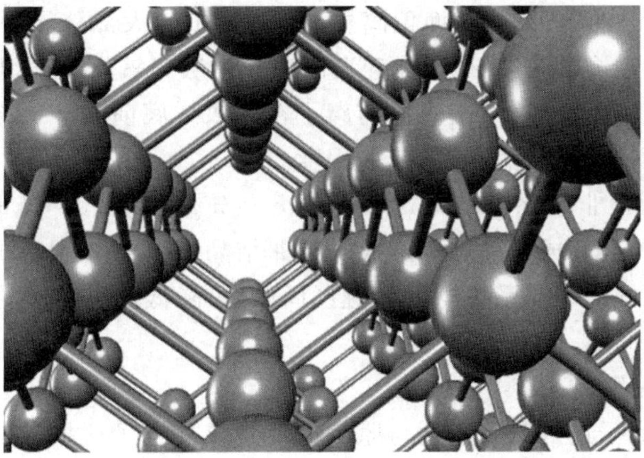

图 4.31 沿〈110〉晶向的硅晶格视图

当离子注入的方向与靶晶体的某个晶向平行时，大部分离子将沿沟道运动，离子几乎不会受到的靶原子核阻滞和电子阻滞，注入离子的能量损失率就很低，因此注入深度较大，称为沟道（渗透）效应（channeling effect）。如图 4.32 所示。

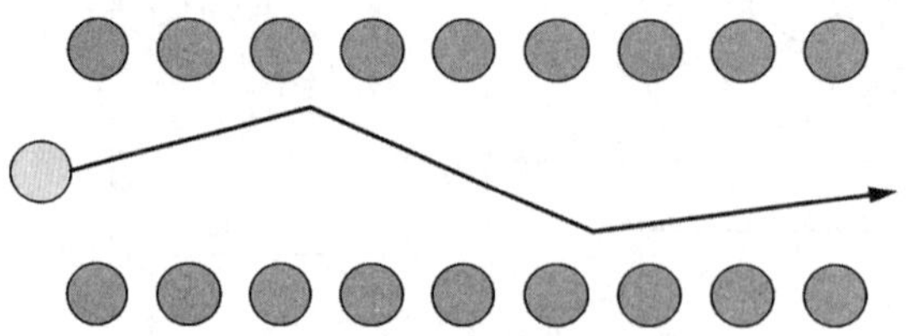

图 4.32　沟道效应示意图

实践表明，沟道效应与多种因素有关，包括单晶靶的取向、离子的注入方向、离子的注入能量、注入时的靶温、注入剂量。

沟道效应导致离子注入深度控制困难，使离子的注入深度超出预期，造成元件的功能受损。

防止沟道效应的常见措施有如图 4.33 所示的三种方法。

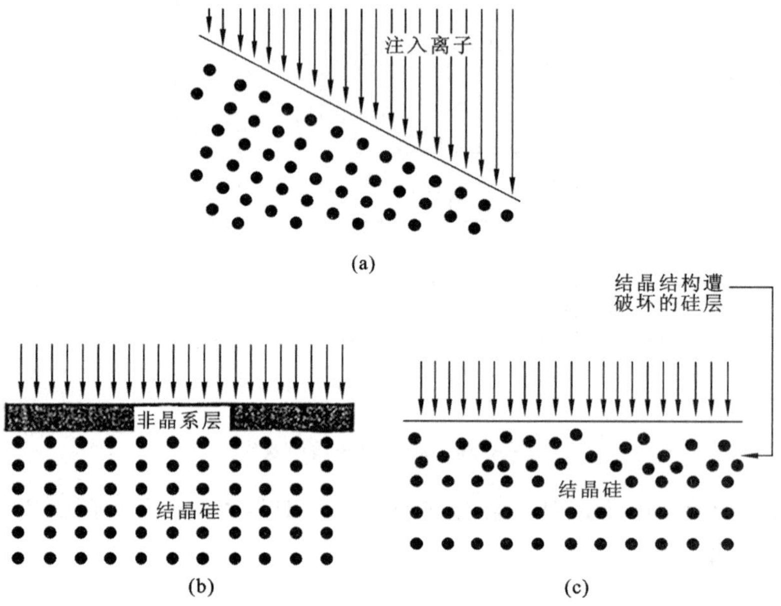


图 4.33　防止沟道效应的常见措施

(a)硅片倾斜；(b)硅片表面生长非晶层；(c)硅表面预非晶化

(1) 硅片（晶片）偏离晶向：把晶片表面偏离主平面 5°～10°，大部分晶片倾斜 7°。

(2) 硅片（晶片）表面生长非晶层：在晶体硅表面生长一层二氧化硅、氮化硅、氧化铝无定型薄层，注入离子通过介质薄膜注入衬底晶体，使入射的离子在进入衬底前在非晶系层里与无固定排列方式的非晶系原子发生碰撞而散射，降低沟道效应的程度。

(3) 硅片（晶片）表面预非晶化（pre-amorphization）：先使用 Si、Ge 等重离子注入或增加注入剂量，将晶片表面的晶体结构破坏成非晶态并形成一层非结晶的膜层，使入射的离子在进入硅之前在非晶系层里与无固定排列方式的非晶系原子发生碰撞而散射，降低沟道效应的程度后，再进行真正的离子注入。

6) 离子注入能量损失机制

离子注入的过程中，离子进入靶后不断与原子核及其核外电子碰撞，能量逐步损失，在此过程中存在两种主要的能量损失机制，即原子核阻止（nuclear stopping）和电子阻止（electron stopping）。总能量损失为原子核阻止和电子阻止两者之和。低能区:核阻止本领为主;中能区:两者同等重要;高能区:电子阻止本领为主。

原子核阻止的特点为与晶格原子的原子核发生核碰撞,大角度散射(离子与靶原子质量同数量级),引起晶格损伤(间隙原子和空位)。

电子阻止的特点为与晶格原子的自由电子及束缚电子发生电子碰撞,注入离子路径几乎不变,能量损失很少,对晶格结构的损伤可以忽略。

核碰撞指的是能量为E的一个注入离子与靶原子发生核碰撞,离子能量转移到原子核上,结果将使离子改变运动方向,而靶原子核可能离开原位,成为间隙原子核,或只是能量增加。

电子碰撞指的是注入离子与靶内自由电子以及束缚电子之间的碰撞。注入离子和靶原子周围电子云通过库仑作用,使离子和电子碰撞失去能量,而束缚电子被激发或电离,自由电子发生移动,瞬时形成电子-空穴对。

7) 注入损伤

高能离子注入靶后与靶原子发生一系列碰撞,靶原子也因碰撞而获得能量,如果获得的能量大于原子束缚能,就会离开原来所在晶格位置,形成移位原子,移位的原子在它的运动过程中将继续与其他靶原子碰撞,将能量依次传递给其他原子,使被碰靶原子脱离晶格位置,注入离子在其运动轨迹周围产生大量空位、间隙原子、间隙杂质原子和替位杂质原子等缺陷。这种因为离子注入所引起的简单或复杂的缺陷统称为晶格损伤。损伤情况与注入离子的能量、质量、注入剂量、靶的温度以及晶向等多种因素有关。

(1) 简单晶格损伤

① 损伤情况与注入离子的能量的关系

当入射离子的初始能量较小时,以核阻挡为主,损伤较多,但损伤区的分布较浅;当入射离子的初始能量较大时,先以电子阻挡为主,损伤较少,随着离子能量的降低,逐渐过渡到以核阻挡为主,损伤变得严重,这时损伤区的分布较深。

② 损伤情况与注入离子的轻重(质量)的关系

当入射离子的质量相对于靶原子较轻时,注入离子传给靶原子的能量较小,被散射角度较大,只能产生数量较少的位移靶原子,得到较小能量的位移靶原子,通常不大可能再使其他靶原子发生位移。因此,注入离子运动方向的变化大,产生的损伤密度小,不重叠,但区域较大。其运动轨迹呈"锯齿形"。如图 4.34(a)所示。

当入射离子的质量相对于靶原子较重时,重离子每次碰撞传输给靶的能量较大,散射角小,获得大能量的位移原子还可使许多原子移位。注入离子的能量损失以核碰撞为主。同时,射程较短,在小体积内有较大损伤。重离子注入所造成的损伤区域小,损伤密度大,容易形成非晶区。如图 4.34(b)所示。

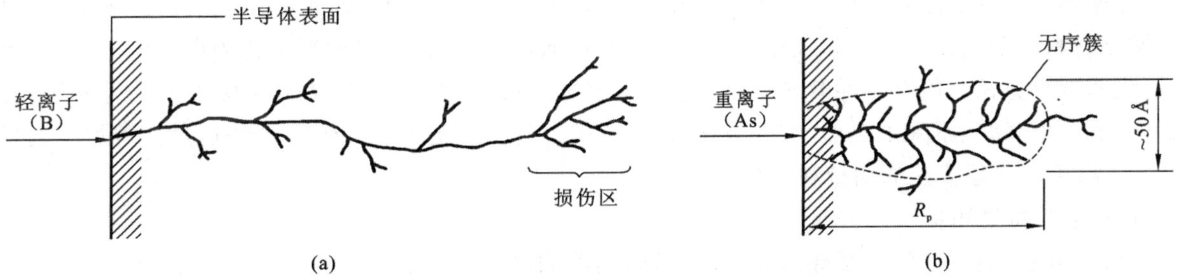


**图 4.34 轻离子和重离子引起的晶格损伤情况**

(a) 轻离子;(b)重离子

(2) 非晶化层的形成

注入离子引起的晶格损伤有可能使晶体结构完全破坏，变为无序的非晶层。注入损伤会使载流子迁移率下降，少数载流子寿命降低，PN结反向漏电流增大，危害大。

影响非晶层形成的因素有剂量、靶温、注入离子能量、注入离子剂量率、晶体取向和注入速度等。

8) 退火

注入离子造成的晶格损伤，对材料的电学性质(载流子迁移率、少数载流子寿命等)将产生重要影响。例如：移位原子的产生会增加散射中心，导致载流子迁移率降低；缺陷中心的增加会减少非平衡少数载流子寿命(缺陷能级和深能级陷阱能俘获自由载流子)；增大PN结漏电流。此外，注入半导体中的施主或受主杂质大部分都停留在晶格间隙位置，起不到施主或受主的作用。注入区的晶体结构遭到破坏，甚至成为非晶，注入的杂质难以处于替代位置。综上所述，必须进行退火以消除注入损伤，使注入的杂质原子进入替位位置而实现电激活，起到掺杂的作用。

退火(annealing)也叫热处理，利用热能(thermal energy)将离子注入后的样品在氮气、氩气等不活泼气氛中进行的热处理过程都可以称为退火。退火温度、时间和方式取决于注入剂量、靶温及非晶层的消除等不同条件。退火的目的在于使硅片中的损伤部分或绝大部分被消除，少数载流子的寿命及迁移率不同程度地恢复，让杂质进入电活性(electric active)位置——替位位置，掺入的杂质得到一定比例的电激活。杂质的激活与时间、温度有关，时间越长、温度越高，杂质的激活越充分。一般而言，修复晶格缺陷退火温度大约需要500 ℃。激活杂质原子退火温度大约需要950 ℃。

热退火的方法有高温炉退火(furnace annealing)和快速热退火(rapid thermal annealing，RTA)或快速热处理(rapid thermal processing，RTP)两种。

(1) 高温炉退火

高温炉退火是一种传统的退火方式，即将离子注入后的硅片置于真空或氮、氩等高纯保护性气氛中，加热到适当温度并恒温一定时间。典型的退火温度一般为850 ℃～1000 ℃，退火时间为30～60 min。在这样的热处理条件下，硅原子重新回到晶格位置消除晶格损伤，杂质原子也能替代硅原子进入晶格，起到激活杂质的作用。但是，在高温炉退火过程中，整个晶片都要经受一次高温处理，这将增加了表面污染，特别是高温长时间的退火会导致明显的杂质再分布。离子注入造成的各种缺陷会使杂质的扩散系数增大，扩散效应增强，抵消了离子注入技术固有的优点。另外，过大的温度梯度也可能造成硅片的翘曲变形，这些都限制了常规的退火方法在ULSI中的应用。

(2) 快速热退火(RTA)

快速热退火又称快速热处理(RTP)，在氮气或惰性气体的气氛下，瞬时将硅片(晶片)加热到所需温度(一般是1000℃以上)，在较短时间($10^{-3}$～$10^{2}$ s)内完成退火，亦称瞬态退火。RTP已逐渐成为微电子产品生产中必不可少的一项工艺，用于快速热氧化(RTO)、离子注入后的退火、金属硅化物的形成和快速热化学薄膜淀积。

快速热退火的优点是可以减少扩散，同时减少注入杂质分布的偏离，消除由注入所产生的晶格损伤，恢复材料少数载流子寿命和载流子迁移率和杂质激活，而且还可以缩短工艺周期。

快速退火方法目前有脉冲激光退火、连续波激光退火、扫描电子束退火以及非相干宽频带光源(如卤光灯、电弧灯、石墨加热器、红外设备等)退火等。通常在通入Ar或$N_2$的快速热处理炉中进行。

9) 离子注入层特性的测量和分析

(1) 电学特性测量

常规的电学特性测量包括导电类型的鉴别，结深的测量，薄层电阻的测量，离子注入层平均载流子浓度、电阻率和霍尔迁移率测量以及注入剂量和注入层均匀性测量等。

导电类型测量：采用整流特性、温差电动势及霍尔电压法。

结深测量：扩散结深采用磨角染色法和磨槽染色法；离子注入结深采用干涉显微镜和电解水氧化

显微法。

方块电阻(薄层电阻和 Rs)测量:用四探针测量法。

载流子浓度和迁移率测量:采用霍尔效应测试仪测试。

(2) 杂质浓度分布测量

离子注入层杂质分布测量可采用二次离子质谱法(SIMS)、离子探针显微分析(IMMA)、卢瑟福背散射能谱、核反应分析(NRA)、电子探针法(EPM)、俄歇电子能谱(AES)、X 射线荧光分析(XRF)以及电子能谱(ESCA)等方法。

(3) 注入层损伤的观测

离子注入会对靶晶体造成注入损伤,而这些损伤将影响器件的性能,因此观测离子注入层的损伤情况和分析其成因是一项非常重要的工作。

注入层损伤可用光学显微镜、扫描电子显微镜(SEM)、透射电子显微镜(TEM)、电子衍射成像、卢瑟福背散射能谱、X 射线显微技术、拉曼光谱等方法进行观测。通过非平衡少数载流子寿命、薄层电阻以及霍尔系数的测量,也可了解一定的损伤情况。应用剥层技术、电子显微镜以及背散射技术,可以对注入层进行深度剖析,了解不同注入深度的损伤情况。

离子注入层各种特性和损伤分析是一项复杂且精细的工作,需要多种方法结合,并长时间和反复观察测试以积累经验。

10) 离子注入的应用

(1) CMOS 阱制造(CMOS Fabrication)

① n 阱、p 沟道和器件阈值电压 $V_T$ 调整注入

MOS 器件的一个重要设计选择就是倒掺杂阱,它注入杂质浓度峰值在硅片表面下一定深度处(如几微米),所需能量高,甚至达到 MeV 级。而对于沟道很短的亚微米器件必须有穿通阻挡层,穿通使沟道短路,会发生漏电,导致器件失效。防止穿通注入的杂质位于临近源漏区的有源沟道下,能够改变阱掺杂,同时应防止在偏压下器件的漏耗尽区向沟道扩展。一般 n 型沟道器件用 B 注入,p 型沟道器件用 P 注入。

阈值电压 $V_T$ 是指能够使源漏间导通的电压,为了得到合适的器件性能,需要向硅层下注入杂质,把沟道杂质调整到所需浓度。$V_T$ 对沟道区的杂质浓度非常敏感,杂质浓度的提高将导致 $V_T$ 增大。图 4.35 为 n 阱、p 沟道和器件阈值电压 $V_T$ 调整的结构示意图。

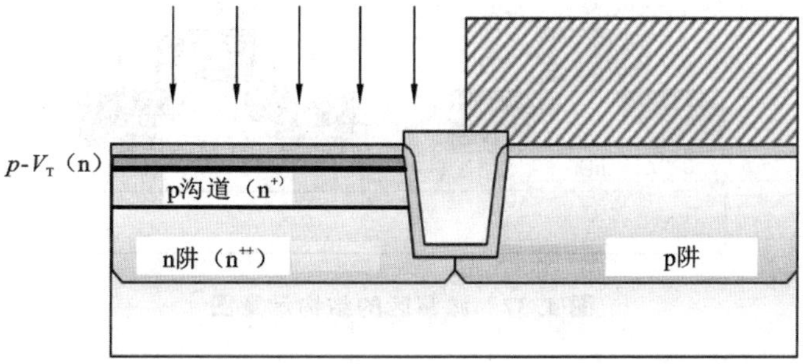


**图 4.35 n 阱、p 沟道和器件阈值电压 $V_T$ 调整的结构示意图**

② 轻掺杂(lightly doped drain,LDD)漏区注入

如果没有形成轻掺杂漏区,在正常的晶体管工作时会在结和沟道区之间形成高电场。电子从源区向漏区移动的过程中,将受此高电场加速成为高能电子,它碰撞产生电子-空穴对(称为热载流子或热电子)。高能热电子被栅氧化层陷阱捕获后,可能会产生栅电流,影响器件的阈值电压控制。因此,需要注入 LDD 杂质为源漏区提供杂质浓度梯度。

LDD 结构以栅作为掩模进行中低剂量的注入($n^-$ 或 $p^-$ 注入),随后才进行大剂量的源漏注入($n^+$ 或 $p^+$ 注入)。LDD 注入位置最浅,因此注入的能量明显低于阱注入,注入粒子一般选 As 或 $BF_2$,这是因为 As/$BF_2$ 比 P/B 大,利于硅表面非晶化,可在注入中得到更均匀的掺杂浓度。此外,当沟道长度减小到一定程度(十几纳米甚至几纳米)后会出现一系列二级物理效应,如阈值电压随着沟道长度降低而降低、漏致势垒降低(DIBL)、载流子表面散射、离子化和热电子效应,这些效应可统称为短沟道效应,严重时会导致源漏穿通器件失效。

采用口袋/晕环(Halo)离子注入可以控制短沟道效应。一般而言,NLDD 结构中采用 B 进行口袋/晕环(Halo)离子注入;PLDD 结构中采用 P 进行口袋/晕环(Halo)离子注入。但要主要的是,不是所有器件都需要进行口袋/晕环(Halo)离子注入。当器件特征尺寸较宽时,其下面的沟道也较宽,也就不会产生穿通现象,所以不需要进行口袋注入来调整。图 4.36 为轻掺杂漏区的结构示意图。

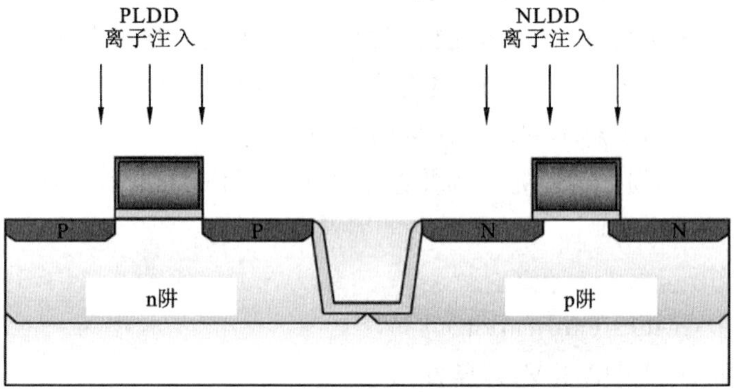


图 4.36　轻掺杂漏区的结构示意图

③ 源漏区注入

源漏注入形成的重掺杂区在轻掺杂有源沟道区和阱区之间,导电类型与周围的阱区相反。图 4.37 为源漏区的结构示意图。

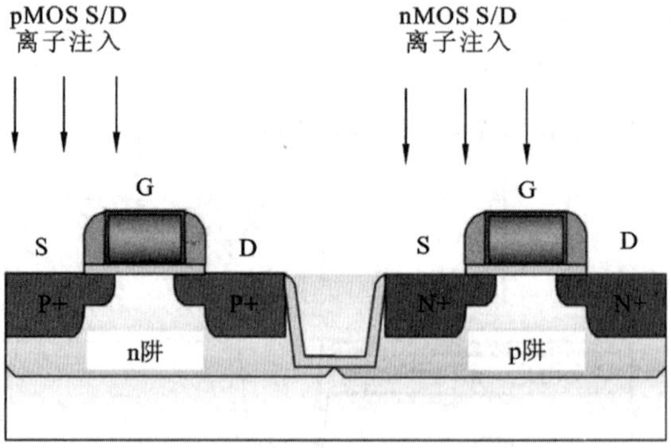


图 4.37　源漏区的结构示意图

(2) 其他应用

① 硅衬底背面损伤形成吸杂区。

② SOI 埋成的离子注入合成,形成 Silicon-on-Insulator(SOI)结构。

SOI 技术是 IBM 公司首先成功开发的芯片制造技术,SOI 技术是指在半导体的绝缘层(如二氧化硅)上,通过特殊工艺,再附着非常薄的一层硅,在这层 SOI 层之上再制造电子设备。目前最常用的方法是氧离子注入隔离技术(separation by implanting oxygen,SIMOX)和智能切割技术(smart cut)。

## 4.3.3 实验设计思路

芯片制作的完整过程包括芯片设计、晶片制作、封装制作、测试等几个环节，其中晶片制作过程最为复杂，主要包括热氧化、光刻、刻蚀、半导体掺杂、薄膜生长、抛光、金属化七大步骤。

光刻与刻蚀、半导体掺杂是半导体芯片制作的关键过程，因此，在“半导体芯片的制备与综合性能分析”综合实验中，设计了光刻与刻蚀实验以及半导体掺杂实验。为此，引导学生查阅相关文献，了解半导体的制备工艺和流程、相关的工艺设备和原理。了解光刻与刻蚀的作用、原理工艺流程和影响因素，了解如何根据芯片种类、芯片性能要求，选择合适的光刻和刻蚀工艺流程与具体参数；了解半导体掺杂的作用、机理、工艺流程和影响因素，了解如何根据半导体结构和硅片不同功能区域，选择半导体掺杂的方法。

上述文献调研完成后，设计实验方案和技术路线。

（1）光刻与刻蚀

本实验采用单晶硅基片，采用典型的半导体清洗工艺清洗基片，研究光刻工艺（光刻胶与涂胶工艺、曝光时间、烘焙条件、显影液与显影时间、坚膜条件）对光刻胶图形质量的影响。基于湿法刻蚀所用设备简单、成本低廉、刻蚀速率快、生产效率高的优点，选用湿法刻蚀研究刻蚀工艺（腐蚀液、腐蚀时间和温度）对图形转移质量的影响。

（2）半导体掺杂

基于离子注入法的可控性高、低温过程、精度高的优点，本实验采用离子注入法对半导体进行掺杂，研究注入离子种类、能量和剂量大小，以及热处理条件对制作硅片不同功能区域集成电路器件的电学性能的影响。

## 4.3.4 实验过程实施

### 4.3.4.1 实验材料、仪器及设备

（1）实验试剂及材料

浓硫酸、氢氟酸、盐酸、过氧化氢、氨水、氟化铵、去离子水、清洗液（SPM、DHF、APM、HPM）、硅片、掩模版、光刻胶、显影液等。

（2）实验仪器及设备

光刻机、刻蚀机、清洗设备、涂胶显影机、烘箱、旋涂仪、显微镜、离子注入机等。

### 4.3.4.2 实验步骤

1）光刻与刻蚀

（1）化学清洗：采用典型的半导体清洗工艺，根据表 4.3 选择相应洗液，按照图 4.10 单晶硅片清洗工序，将单晶硅片清洗干净。

（2）干燥：将单晶硅片置于烘箱中脱水烘焙，条件设置为 200～250 ℃，60 s。

（3）涂胶：根据掩模版形状与光刻期望图案选择光刻胶，选择标准见表 4.4。设置旋涂转速为 3000～5500 r/min，时间 120～150 s。

（4）软烘/前烘：将单晶硅片置于烘箱中软烘，软烘条件为 90～120 ℃，10～30 min。

（5）掩模光刻：利用光刻机进行对准与曝光。汞灯功率为 250～350 W，曝光能量为 5～6 s。

（6）单晶硅片检查：利用显微镜检查图案是否正确。

（7）曝光后烘焙（PEB）：将单晶硅片置于烘箱中烘焙。PEB 条件为 110～120 ℃，60～120 s。

（8）显影：将单晶硅片置于涂胶显影机中喷雾显影，根据正胶、负胶选择相应的显影液。

(9) 坚膜/后烘:将单晶硅片置于烘箱中坚膜,条件为 100～130℃,10～30 min。

(10) 刻蚀:将单晶硅片置于等离子体刻蚀机中,刻蚀机功率为 500～600 W,气压为 100 Pa。

(11) 超声波清洗:将单晶硅片置于超声清洗机中,进行湿法去胶,超声时间为 120～150 s。

(12) 单晶硅片检查:将单晶硅片置于显微镜下检查,查看图案是否正确以及光刻胶是否去除。

2) 离子注入

(1) n 阱、p 沟道和器件阈值电压 $V_T$ 调整

① n 阱光刻,形成图案。

② 第一次离子注入。利用离子注入机向晶圆注入 P 元素以形成 n 阱,能量为 300～600 keV,剂量 $10^{13}$～$10^{19}$ $cm^{-2}$。

③ 第二次离子注入。利用离子注入机向晶圆注入 P 元素以形成 p 沟道,能量为 50～100 keV,剂量 $10^{12}$～$10^{17}$ $cm^{-2}$。

④ 第三次离子注入。利用离子注入机向晶圆注入 P 元素以进行 $V_T$ 调整,能量为 2～10 keV,剂量 $10^{12}$～$10^{17}$ $cm^{-2}$。

⑤ 等离子去胶清洗及热处理。利用等离子去除光刻胶掩模版,利用 SPM 洗液去除光刻胶,再利用 SC1+SC2 进行晶圆热处理前的清洁处理。

⑥ 退火修复离子注入损伤。

(2) 轻掺杂漏区(LDD)

① 光刻 NLDD 图案。

② 第一次离子注入。利用离子注入机向晶圆注入 As 元素以形成 NLDD,能量为 2～7 keV,剂量 $10^{13}$～$10^{15}$ $cm^{-2}$。

③ 等离子去胶清洗。利用等离子去除光刻胶掩模版,利用 SPM 洗液去除光刻胶,再利用 SC1+SC2 进行晶圆热处理前的清洁处理。

④ 光刻 PLDD 图案。

⑤ 第二次离子注入。利用离子注入机向晶圆注入 $BF_2$ 以形成 PLDD,能量为 5～20 keV,剂量 $10^{13}$～$10^{15}$ $cm^{-2}$。

⑥ 等离子去胶清洗及热处理。利用等离子去除光刻胶掩模版,利用 SPM 洗液去除光刻胶,再利用 SC1+SC2 进行晶圆热处理前的清洁处理。

(3) 源漏区注入

① 光刻形成 nMOS 源漏区图案。

② 第一次离子注入。利用离子注入机向晶圆注入 As 以形成 nMOS 源漏区,能量为 2～10 keV,剂量 $10^{15}$～$10^{21}$ $cm^{-2}$。

③ 等离子去胶清洗。利用等离子去除光刻胶掩模版,利用 SPM/APM 洗液去除光刻胶,再利用 SC1+SC2 进行晶圆热处理前的清洁处理。

④ 光刻形成 pMOS 源漏区图案。

⑤ 第二次离子注入。利用离子注入机向晶圆注入 $BF_2$ 以形成 pMOS 源漏区,能量为 15～30 keV,剂量 $10^{15}$～$10^{21}$ $cm^{-2}$。

⑥ 等离子去胶清洗及热处理。利用等离子去除光刻胶掩模版,利用 SPM/APM 洗液去除光刻胶,再利用 SC1+SC2 进行晶圆热处理前的清洁处理。

因此,在制作晶圆上不同功能区域时,离子注入的粒子种类、能量和剂量都是不同的,表 4.13 为离子注入制程。

表 4.13　离子注入制程

| 功能区域 | 注入粒子 | 能量 | 剂量 |
|---|---|---|---|
| n 阱 | P | 高 | 中 |
| p 沟道 | P | 中 | 低 |
| $V_T$ 调整 | P | 低 | 低 |
| NLDD/PLDD | As/$BF_2$ | 低 | 中 |
| $N^+$/$P^+$ | As/ $BF_2$ | 低 | 高 |

4.3.4.3　实验记录和数据处理

绘制光刻与刻蚀的流程图，在流程图的每个工艺上认真记录观察到的实验现象，如基片的清洁程度、涂胶的胶膜厚度和均匀性、光刻胶的黏附力、曝光与显影质量、图形质量、去胶质量等。

画出 n 阱、p 沟道和器件阈值电压 $V_T$ 调整、轻掺杂漏区和源漏区注入制作工艺流程剖面图，设计离子注入工艺条件，认真观察离子注入实验的实验现象和实验结果，将实验现象、测试表征结果记入表 4.14 中。

表 4.14　离子注入实验现象和实验结果记录表

| 离子注入区域 | 工艺步骤 | 工艺名称及工艺目的 | 实验条件 | 实验现象 | 实验结果 |
|---|---|---|---|---|---|
| n 阱、p 沟道和器件阈值电压 $V_T$ 调整 | | | | | |
| 轻掺杂漏区 | | | | | |
| 源漏区注入 | | | | | |

4.3.4.4　注意事项

(1) 必须严格遵守实验室安全操作规程，遵守安全用电要求；

(2) 严格按照实验仪器、设备操作规程正确使用实验仪器、设备；

(3) 严格按照要求处理实验室废弃物。实验废液必须倒入指定的废液桶，严禁将腐蚀性化学品或有毒有害物质倒进水槽及下水管道，空试剂瓶放入废弃物丢弃箱。

(4) 注意浓硫酸的安全使用，不可将水倒入浓硫酸，正确的是将浓硫酸缓慢倒入水中，并不断搅拌。

(5) 在配制氢氟酸溶液时，要穿好防护服，戴好防护手套和防毒面具。

(6) 不得用手直接接触硅片和承载盒。

(7) 注意光刻后的显影检查。

(8) 等离子体刻蚀的安全性：

① 化学危险源-腐蚀性和毒性化学品：$Cl_2$、$BCl_3$、$SiF_4$、HBr、CO；

② 电气危险源-高功率射频电源；

③ 机械危险源-可移动零件：机械手臂、真空阀。

(9) 离子注入工艺中需要注意的问题：

① 元素污染：元素污染是指离子束中含有其他杂质；

② 尘埃污染：尘埃颗粒会挡住离子束的注入，尤其是在低能离子注入的情况下；

③ 遮挡问题：衬底表面凹凸不平，导致某些地方无法被注入。解决办法：旋转靶片，从不同角度注入。

(10) 化学危险源、电机危险源、辐射危险源和机械危险源的安全性。

① 化学危险源：

锑掺杂：锑(Sb)；

砷掺杂：砷(As)、砷化氢($AsH_3$)；

磷掺杂：红磷(P)、磷化氢($PH_3$)；

硼掺杂：三氟化硼($BF_3$)、十硼烷($B_{10}H_{14}$)、十八硼烷($B_{18}H_{22}$)、二碳代十二硼烷($C_2B_{10}H_{12}$)。

② 电机危险源：离子注入机，250 kV 高电压、大量静电电荷；

③ 辐射危险源：高能离子束、X 光辐射、电子和二次电子发射；

④ 机械危险源：旋转轮和旋转盘，转速可达 1250 r/m。

(11) 实验结束后应做好实验室卫生及设备的清洁、整理工作。

### 4.3.5 实验结果评价

#### 4.3.5.1 实验结果分析

分析基片清洗液类型、清洗时间、烘干温度、烘干时间对基片质量的影响。分析光刻胶的类型、滴胶速度、滴胶量、转速、曝光时间、前烘和后烘条件对光刻质量的影响。分析刻蚀方法、刻蚀速率、选择比对刻蚀质量的影响。分析注入离子能量和剂量对半导体电学性质的影响。分析退火温度和时间对芯片最终质量的影响。

#### 4.3.5.2 实验设计评价

查阅文献，将本实验的光刻工艺、离子注入工艺与其他半导体芯片的制造工艺进行比较。讨论光刻工艺的具体要求与芯片类型的关系。分析实验设计中存在的问题并提出提升半导体芯片性能的解决方案。

(1) 光刻与刻蚀

本实验采用单晶硅基片，采用典型的半导体清洗工艺清洗基片，研究光刻工艺(光刻胶与涂胶工艺、曝光时间、烘焙条件、显影液与显影时间、坚膜条件)对光刻胶、图形质量的影响；基于湿法刻蚀的成本低廉、选择比高、各向同性的优点，选用湿法刻蚀，研究刻蚀工艺(腐蚀液、腐蚀时间和温度、清洗、湿法去胶)对图形质量、去胶质量的影响。

(2) 半导体掺杂

基于离子注入法的可控性高、低温、精度高的优点，本实验采用该方法进行半导体掺杂，研究制作晶圆上的不同功能区域时，注入粒子种类，能量和剂量，去胶、清洁、热处理条件对导电类型、载流子寿命和浓度的影响。

### 4.3.6 综合创新能力拓展

芯片的发明带动全球科技呈现跳跃式的发展，大大地改变了人类的生活，生活中的科技装置几乎均以半导体芯片为基础。半导体的应用层面遍及智能手机、汽车、网络、云端数据、工业自动化、智能家庭与各式消费性电子产品，产业端对于半导体关键技术发展与零组件供应的需求与日俱增。20 世纪 90 年代中期以来，晶圆代工技术持续突破，晶圆中 IC 芯片的电路间隙一直在缩小，当电路间隙缩小，一个芯片中就能包含更多的晶体管，不仅能消耗较少的电力，还能提供更多功能，芯片的处理速度也会更快。简单来说，随着纳米制程技术进步，单一设备内部就有更多芯片组，让装置具备更多功能与更高效率。

半导体承担着保护国内产业战略安全的责任，供应链国产化的“国产替代”趋势不可避免，同时，爆发增长的需求也将使国内半导体赛道迎来一大批新鲜面孔，市场竞争加剧。半导体的规模和复杂度也呈爆炸式增长。国内半导体产能持续提升，带动半导体行业进入核心技术突破阶段。半导体产品快速迭代，技术变革迅速，行业生态变化快，国内半导体企业在政策和资金扶持下有望增强竞争力，向高端市场发起进攻。工业时代的基础是钢铁，信息时代的基础是芯片。半导体以及集成电路产业作为信息技术产业的核心，是当前支撑经济社会发展和国家安全的战略性、基础性和先导性的产业，是引领新一轮科技革命和产业变革的关键力量。

中国半导体每年数千亿美元的市场需求，叠加2019年之后国内半导体产业持续快速发展、竞争格局不断优化的事实，将有助于在国内形成一定程度上的需求-供给内循环，并有望促进半导体成熟制程产品广泛的国产替代。在此基础上，国内半导体先进制程的技术突破、设备自主化有望次第展开。而且，新能源、智能汽车、工业机器人等新兴应用场景对非先进制程半导体产品的需求旺盛，从而促进国内半导体行业的技术自主和迭代创新。

请同学基于材料科学、材料化学、材料工程的相关背景知识，通过调研了解与半导体芯片材料相关的规范、政策、法律和法规，了解不用领域应用的半导体芯片的制备工艺特点、行业发展、社会影响、环保措施，总结和评价他们的解决方案对社会、环境、可持续发展的影响，提出材料工作者在其中应承担的责任。

### 4.3.7　思考题

(1) SC1清洗液和SC2清洗液分别可以清除哪些污染物？

(2) 纯净的硅片，放到空气中会发生氧化吗？

(3) 如何判断半导体硅片(晶圆)是否达到一定的清洁度？

(4) 光刻中的常见问题及影响因素有哪些？如果使用了不正确型号的光刻胶进行光刻会出现什么情况？

(5) 试述湿法刻蚀和干法刻蚀的原理及优缺点。

(6) 试述电子束曝光、X射线曝光及光刻的未来发展趋势。

(7) 阐述离子注入掺杂技术与常规热掺杂技术的不同之处。

(8) 什么是沟道效应？可采取的消除方法有哪些？

(9) 注入离子在硅衬底中产生的损伤主要有哪些？

(10) 简述退火的目的和目前快速退火的方法。

(11) 通过调研了解与半导体芯片材料相关的政策、规范、环保法律和法规，总结和评价不同应用领域的半导体芯片的制备工艺特点、行业发展以及半导体芯片对社会、环境、可持续发展的影响。

# 实验 4.4　半导体热电材料及其微器件的制备与性能综合分析

## 4.4.1　实验目的

(1) 了解热电效应和半导体热电转换原理，了解热电器件的结构和工作原理，了解热电转换技术的特点及应用领域。

(2) 了解热电材料的制备方法，掌握自蔓延燃烧合成结合等离子活化烧结制备热电材料的基本原理与操作方法。

(3) 了解表征热电材料热电性能的参数、测试原理与表征方法，能够基于实验结果分析热电材料的热电性能。

(4) 掌握器件组装工艺，了解表征热电器件性能的参数、测试原理与表征方法，能够基于实验结果分析热电器件性能。

(5) 了解我国半导体热电材料与器件的行业发展、社会影响、环保措施。

(6) 通过实验项目的实施，能够合理分析、评价半导体热电材料及器件解决方案对社会、环境可持续发展的影响，理解应承担的责任。

## 4.4.2　实验原理

### 4.4.2.1　热电效应

热电效应包含两个方面：一个是由温差引起的电效应；另一个是由电流引起的可逆热效应。具体可分为三大热电效应：由温差产生电压的 Seebeck 效应，由电流驱动热流的 Peltier 效应，同时存在电流和温差时产生的可逆加热或冷却的 Thomson 效应。

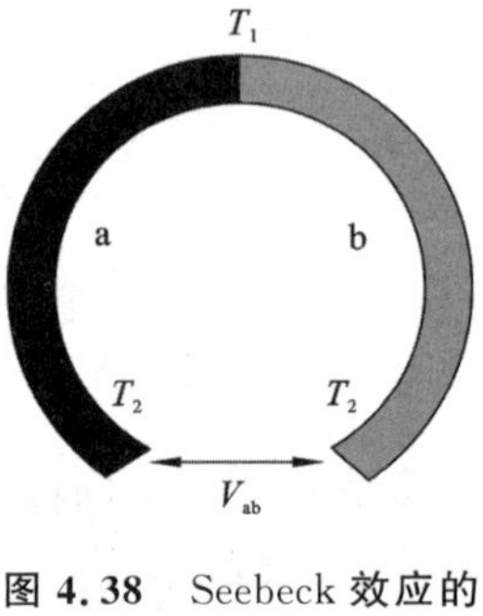

**图 4.38**　Seebeck 效应的热电循环示意图

1821—1823 年间，德国科学家 Seebeck 发现，由两种不同的导体材料组成的回路中，当两个连接点处于不同的温度 $T_1$、$T_2$时，回路中会有电流产生，产生这种电流形成的电动势称为温差电动势，这种现象称为 Seebeck 效应(图 4.38)，它可以将热能直接转换为电能。讨论温差电动势时，常采用开路的情况，当 $T_1>T_2$时，开路两端出现电势差 $V_{ab}$(Seebeck 电势)，$V_{ab}$一般只与两个连接点的温度和材料有关，定义材料的 Seebeck 系数 $\alpha_{AB}$为：

$$\alpha_{AB}=\frac{dV}{dt} \tag{4.23}$$

Seebeck 系数的单位为 $V \cdot K^{-1}$，可以为负也可以为正，主要取决于材料的传导类型。一般 n 型半导体材料的 Seebeck 系数为负，p 型半导体材料的 Seebeck 系数为正。

1834 年，法国物理学家 Peltier 发现，两个不同导体连接后通以电流，在接头处便有吸热或者放热的现象，此现象称为 Peltier 效应，它可以直接将电能转换为热能，实现精确控温和热电制冷。如图 4.39 所示，在 d$t$ 时间内产生的热量 d$Q_P$与流过的电流成正比，其比例系数 $\pi_{ab}$称为 Peltier 系数，有：

$$dQ_P \propto I dt, \quad dQ_P=\pi_{ab} I dt=\pi_{ab} q \tag{4.24}$$

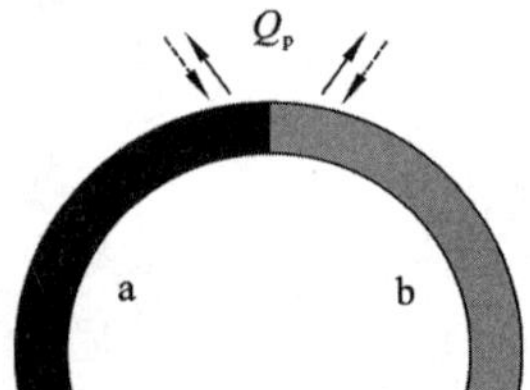

**图 4.39**　Peltier 效应的热电循环示意图

Seebeck 效应发现后 30 年，Thomson 发现当在存在温度梯度的均匀导体中通以电流时，导体中除了产生和电阻有关的焦耳热以外，还会吸收或放出热量。吸收或放出热量的效应称为 Thomson 效应，这部分热量称为

Thomson 热量。在单位时间 $dt$ 和单位体积内吸收或放出的热量 $dQ$ 与电流密度 $J$ 和温度梯度 $\Delta T$ 成比例，即：

$$dQ/dt \propto J\ \Delta T, \quad dQ/dt = \beta J\ \Delta T \tag{4.25}$$

式中　$\beta$——Thomson 系数，$V \cdot K^{-1}$。

Thomson 效应也是可逆的。

德国物理学家 E. Altenkirsch 引入了热电优值的概念。他发现材料的性能的好坏可以用材料的三个物理量组合来表示：

$$Z = \frac{\alpha^2 \sigma}{\kappa} \tag{4.26}$$

式中　$Z$——热电优值，单位为 $K^{-1}$；

$\alpha^2\sigma$——功率因子；

$\alpha$——Seebeck 系数；

$\sigma$——材料的电导率；

$\kappa$——材料的热导率。

好的热电材料需要有高的电导率和高的 Seebeck 系数及低的热导率。高的 Seebeck 系数能够使材料在单位温差下实现高的电动势，高的电导率能够有效降低内阻在整个回路中的损耗，同时，低的热导率能够使材料在单位热流密度下得到高的温差。

根据 Rowe 等人和 Cadoff 等人的推导，热电器件的最高转换效率 $\eta_{max}$ 和热电制冷的最大制冷系数 $\phi_{max}$ 分别为：

$$\eta_{max} = \frac{(T_1 - T_2)}{T_2} \times \frac{(M-1)}{(M + T_2/T_1)} \tag{4.27}$$

$$\phi_{max} = \frac{T_2}{T_1 - T_2} \times \frac{(M - T_1/T_2)}{(M+1)} \tag{4.28}$$

式中　$T_1, T_2$——高温端和低温端温度。

$M$ 与 $Z$ 的函数为

$$M = \sqrt{1 + \frac{Z(T_1 + T_2)}{2}}$$

$Z$ 值越高，材料的转化效率越高，因此，提高热电材料的 $Z$ 值是提高器件转换效率的关键。

#### 4.4.2.2　热电材料与热电转换技术

热电材料是一种能将热能和电能相互转换的功能材料，Seebeck 效应和 Peltier 效应为热电能量转换器和热电制冷的应用提供了理论依据。热电材料按其运作温度分为三类：碲化铋及其合金，最佳运作温度小于 450 ℃；碲化铅及其合金，最佳运作温度大约为 1000 ℃；硅锗合金，最佳运作温度大约为 1300 ℃。

热电转换技术是利用半导体材料的 Seebeck 效应和 Peltier 效应实现热能与电能之间直接转换的新能源转换技术，它是能够自身供能且无须照看的电源系统，具有结构简单、性能可靠、无噪声、无传动部件、无污染等优点，应用领域广泛。如利用 Peltier 效应制成的热电制冷机具有机械压缩制冷机难以媲美的优点：尺寸小、质量轻、无任何机械转动部分，工作无噪声，无液态或气态介质，因此，不存在污染环境的问题，可实现精确控温，响应速度快，器件使用寿命长；对于遥远的太空探测器来说，放射性同位素供热的热电发电器是唯一的供电系统，已被成功地应用于美国宇航局发射的“旅行者一号”和“伽利略火星探测器”等宇航器上；热电转换技术还可为超导材料提供低温环境，用于制备微型电源、微区冷却、光通信激光二极管和红外线传感器的调温系统；热电转换技术还可以利用自然界温差和工业废热实现热电发电，在大量分散的低品位余热回收利用方面具有不可替代的作用，具有良好的综合社会效益。

但是，热电器件的热电转化效率（<10%）仍远比传统冰箱或发电机小。提升热电材料热电优值 $Z$ 的方法一般有两种：一是提高其功率因子（$\alpha^2\sigma$），二是降低其热导率（$\kappa$）。影响功率因子的物理机制包括散射参数、能态密度、载子迁移率及费米能级等四项，前三项一般被认为是材料的本质属性，只能依靠更好更纯的样品来改进，而能控制功率因子的物理量则通过改变掺杂浓度来调整费米能级以达到最大的 $\alpha^2\sigma$ 值。固体材料热导率（$\kappa$）包括了晶格热导率（$\kappa_L$）及电子热导率（$\kappa_e$），即 $\kappa=\kappa_L+\kappa_e$，热电材料的热传导大部分是通过晶格来传导。晶格热导率（$\kappa_L$）正比于材料定容比热（$C_V$）、声速及平均自由程等三个物理量，同样，前二个物理量是材料的本质，而平均自由程则随材料中杂质或晶界的多寡而改变，可通过调控热电材料的晶粒尺寸和形貌、结构和杂质浓度等以达到最大的 $\alpha^2\sigma$ 值。

4.4.2.3　热电器件的基本结构

热电器件（thermoelectric module）通常由 p 型和 n 型热电材料采取热并联、电串联的方式组合，其中最基本为 π 形结构，将 p 型热电臂和 n 型热电臂与电极连接，可以实现类似 PN 结的空间电荷区，实现电流的单向流动。热电器件通过将多个 π 形元件进行串联或并联，实现温差的发电及制冷，其工作原理如图 4.40 所示。

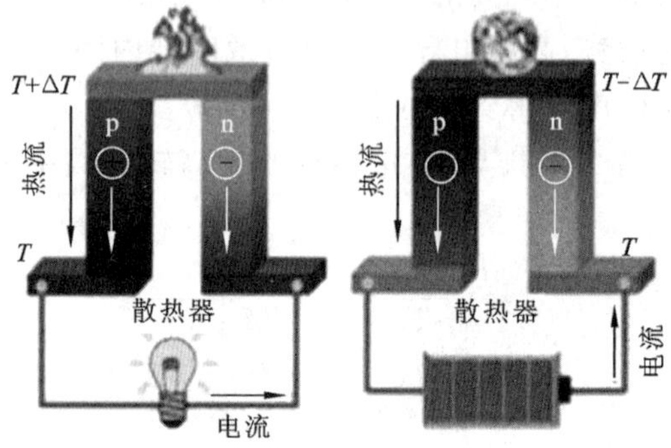


图 4.40　热电器件工作原理

目前，热电器件的结构设计形式多元化，根据应用的特定情况，可以设计成平板型、薄膜型、级联叠堆型以及环形器件等。其中应用最广泛的是平板型热电器件，图 4.41 为平板型热电器件的结构示意图，这种结构中热量分布均匀，易于实现热量的单向流通，通过优化设计参数能实现较高的转换效率。但平板型器件工作过程中，冷热面都处于束缚态，因此材料在长期处于垂直方向温差下，会产生较大的热应力，对其稳定性有一定的损害。

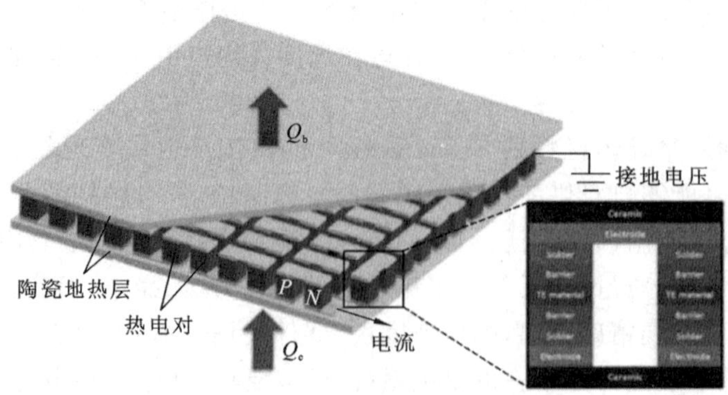


图 4.41　平板型热电器件的结构示意图

常规的热电器件（芯片尺寸在厘米级）主要采用钎焊技术制造，其工艺流程图如图 4.42 所示：先通过区熔法制备 p 型和 n 型棒材，再将棒材切割成具有一定尺寸的粒子，通过模具定位的方式实现 p

型和 n 型粒子相互交错排列，然后将两端电极与粒子焊接，使 p 型和 n 型粒子串联起来形成器件。

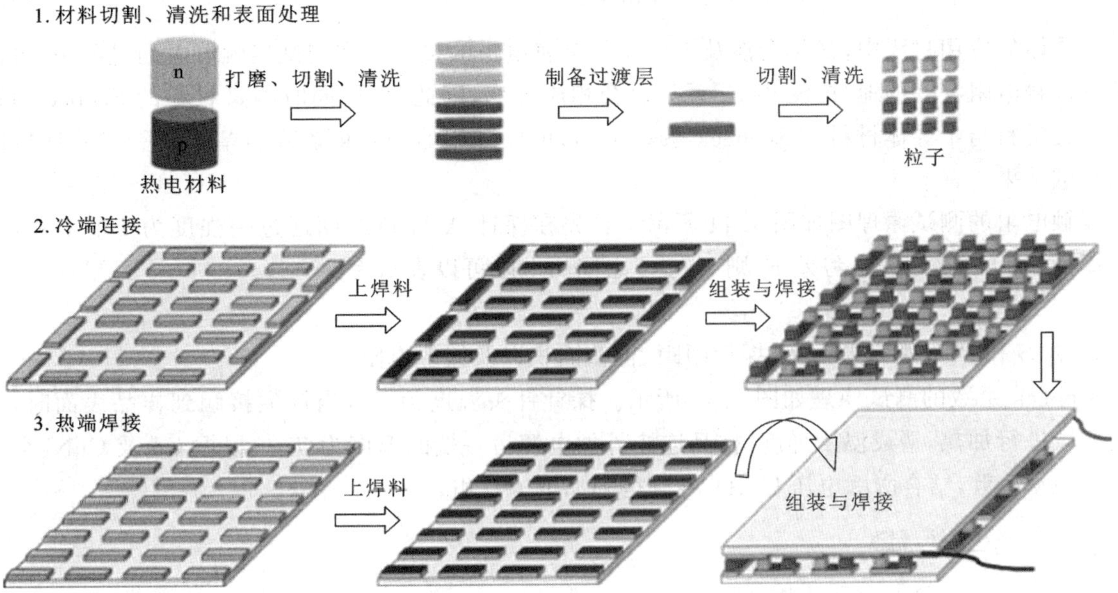


图 4.42 热电器件制备流程图

4.4.2.4 微型热电器件的发展与研究

温差发电和热电致冷技术的一个重要特点是，当缩小器件整体及其核心元件尺寸时，可显著提升其功率密度。高功率密度微型热电器件在物联网、可穿戴产品以及 5G 通信中有重要的应用需求。例如，在 5G 基站建设过程中，光通信模块中激光器的散热问题是一大难点，随着激光器体积的不断减小，单位体积的热能密度迅速增大，如果不能有效控制激光器温度，将对光模块传输信号的准确性和稳定性有显著影响，误码率大大提升。然而传统的自然冷却、强迫风冷、微通道散热技术以及液体喷淋冷却等散热方式已不能同时兼备制冷与稳定，这使得热电制冷芯片（thermoelectric cooling，TEC）成为光通信模块中不可替代的散热控温方式。

热电器件的微型化过程的主要技术难点在于高性能热电材料的制备、超高精度模具的加工及组装焊接等方面。微型芯片所需材料粒子的直径为 300～500 μm 左右，而材料粒子的完整性对温控性能有重要的影响，因此对热电材料的力学性能提出很高要求，采用区域融化法制备的材料力学性能差，而粉末冶金法制备的材料则热电性能较差，且都存在能耗高、污染大、制备周期长等问题，难以高效制备出兼具高热电性能和力学性能的材料。此外，国内半导体制冷厂商现有生产设备难以满足微型加工精度要求，粒子表面光洁度达不到要求，且自动化程度较低，生产周期较长。

4.4.2.5 热电材料性能测试

(1) Seebeck 系数 $\alpha$ 的测试

图 4.43 为样品 Seebeck 系数测量示意图。样品低温下 Seebeck 系数的测量采用稳态法在真空下进行，样品用 In 焊接到铜的热沉上，保持底座温度固定，在样品的上端加载一微小的电阻加热片，电阻为 300 Ω，通过电阻给样品上端加热，使样品中形成温度梯度，使用热电偶测试样品高温端和低温端的温度，使用铜线测试两个测试温度点之间的电压，计算过程中扣除铜线的 Seebeck 系数，得到样品低温下的 Seebeck 系数；样品高温下 Seebeck 系数的测量与低温下基本类似，采用 K 型热电偶，在下电极上加热来提供温差，采用动态法进行数据处理，上下电极之间的温差设为固定

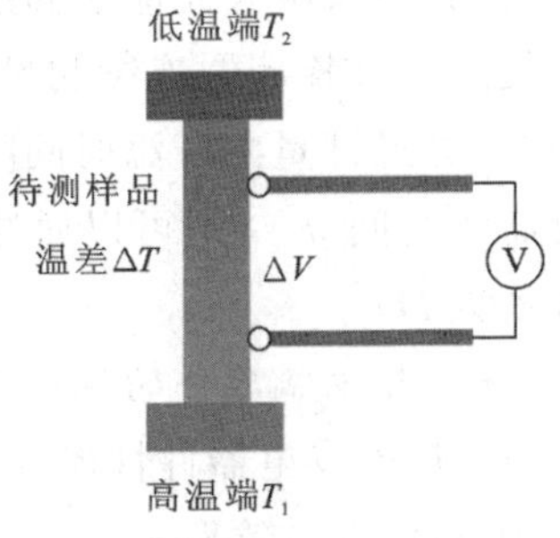


图 4.43 Seebeck 系数测量示意图

值 20 K、30 K、40 K。

$$\alpha(T_1)=\lim_{T_2\to T_1}V(T_2,T_1)/(T_2-T_1) \tag{4.28}$$

半导体的应用过程中，必然会涉及半导体与金属电极的接触。在测试接触电阻的过程中，可以明显发现接触电阻突变的地方，Seebeck 系数也会相应突变，因此，可以同时测量材料的 Seebeck 系数。由于金属材料与半导体材料的 Seebeck 系数不同，可以利用 Seebeck 系数的差异进一步验证接触电阻的测试结果。

接触电阻的测试原理图如图 4.44 所示。首先在探针 A 与 D 之间通过一强度为 $I$ 的电流，然后测量探针 B 和 C 之间的电势差 $F$，则 B 与 C 之间的电阻可以表示为：

$$R_{BC(x)}=\rho x/S+R_c$$

式中，$\rho$、$x$、$S$ 和 $R_c$ 分别为电阻率、探针间距、横截面积以及接触电阻。

Seebeck 系数的测试原理如图 4.45 所示。探针针头温度为 $T_1$，当针尖接触到样品表面时，会对附近区域进行加热，造成温度梯度，样品连接外加电源另一端的温度为 $T_2$。根据 Cu 及 CuNi 金属线的 Seebeck 系数，结合所测电压 $U_1$、$U_2$ 可以得到如下方程组：

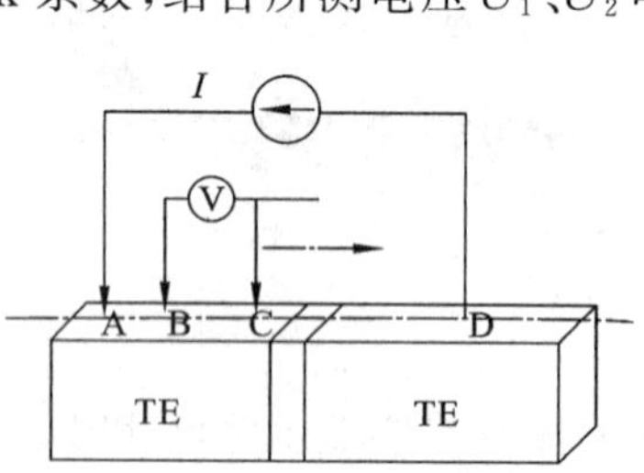


图 4.44　接触电阻测试原理图

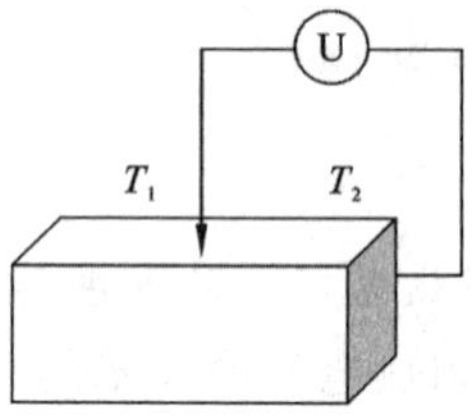


图 4.45　Seebeck 系数的测试原理图

$$U_1=(\alpha-\alpha_{Cu})(T_1-T_2) \tag{4.29}$$

$$U_2=(\alpha-\alpha_{CuNi})(T_1-T_2) \tag{4.30}$$

测得样品表面的 Seebeck 系数为：

$$\alpha=\alpha_{Cu}+\alpha_{CuNi}*U_1/(U_2-U_1) \tag{4.31}$$

(2) 热导率($\kappa$)的测试

热导率的计算方式为：

$$\kappa=D\rho C_p \tag{4.32}$$

式中　$\rho$——材料密度，可以采用阿基米德排水法获得，具体过程见实验 3.3；

$C_p$——恒压热容，可以用德拜模型得到。德拜模型认为当温度高于德拜温度时，材料的热容几乎趋于稳定值 $3NR/M$（其中 $N$ 为原子数量，$R$ 为普适气体常数，$M$ 为平均摩尔质量）；

$D$——热扩散系数，可以采用激光非稳态法获得。

热扩散系数的测试原理如下：由激光源（或闪光氙灯）在瞬间发射一束光脉冲，均匀照射在样品下表面，使其表层吸收光能后温度瞬时升高，并作为热端将能量以一维热传导方式向冷端（上表面）传播。使用红外检测器连续测量上表面中心部位的相应温升过程，得到温度（检测器信号）与时间的关系曲线，通过计量半升温时间[在接收光脉冲照射后样品上表面温度（检测器信号）升高到最大值的一半所需的时间]$t_{1/2}$，则可以通过公式 $D=0.1388*d^2/t_{1/2}$（$d$：样品的厚度）得到样品在温度 $T$ 下的热扩散系数 $D$。

4.4.2.6　热电微器件的性能参数及其表征

(1) 热电发电器件性能参数及其表征

① 器件发电效率 $\eta$

器件发电效率 $\eta$ 是热电器件的主要发电参数。在器件两端处于一定温差情况下，评价其发电性能的最重要指标是发电效率。发电效率定义为：

$$\eta=\frac{P}{Q_h} \tag{4.33}$$

式中 $\eta$——发电效率；

$P$——输出功率；

$Q_h$——器件吸热量。

② 最大能量转换效率及输出功率

假定热电器件两端结合界面处于理想情况，即忽略接触电阻、热阻及单臂汤普逊热，且不计侧面热量损失，则可以简化为封闭体系，该体系接收的净热量只在冷热面中单向传递，总热量即为传热量 $K(T_h-T_c)$ 和 Peltier 传导热 $\pi_{np}I$ 之和（其中 $K$ 为器件热电臂的总热导，$I$ 为回路电流，$\pi_{np}I$ 为总 Peltier 系数），该值应与热端吸热量 $Q_h$ 和自身焦耳热 $\frac{1}{2}I^2R$ 的和相等，可得

$$\pi_{np}I+K(T_h-T_c)=Q_h+\frac{1}{2}I^2R \tag{4.34}$$

因 Peltier 系数与 Seebeck 系数存在关系 $\pi_{ab}=\alpha_{ab}T$，则器件从外部获取的热量为：

$$Q_h=\alpha_{np}T_hI+K(T_h-T_c)-\frac{1}{2}I^2R \tag{4.35}$$

其中，$\alpha_{np}$ 为 p、n 热电臂的总 Seebeck 系数。

回路中产生的电压为 $V=\alpha_{np}(T_h-T_c)$，设外接负载阻值为 $R_1$，则在回路中的电流及输出功率表示为：

$$\begin{aligned}I&=[\alpha_{np}(T_h-T_c)]/(R+R_1)\\P&=\{[\alpha_{np}(T_h-T_c)]/(R+R_1)\}^2R_1\end{aligned} \tag{4.36}$$

则发电效率可表示为：

$$\begin{aligned}\eta&=P/Q_h=I^2R/[\alpha_{np}T_hI+K(T_h-T_c)-\frac{1}{2}I^2R]\\&=[\alpha_{np}^2(T_h-T_c)R_1]/[(1/2)\alpha_{np}^2R(T_h-T_c)+\alpha_{np}^2T_hR_1+K(R+R_1)]\end{aligned} \tag{4.37}$$

由式(4.26)可知，热电优值 $Z$ 还可以表示为：

$$Z=\frac{\alpha^2\sigma}{\kappa}=\alpha_{np}^2/(R\kappa)$$

其中，$R=\frac{l_n}{A_n}\rho_n+\frac{l_p}{A_p}\rho_p$；$\kappa=\frac{l_n}{A_n}\kappa_n+\frac{l_p}{A_p}\kappa_p$；$\rho$ 和 $\kappa$ 为热电材料柱的截面积与长度，则发电效率又可表示为：

$$\eta=\frac{T_h-T_c}{T_h}\frac{R_1/R}{(1+R/R_1)-\frac{T_h-T_c}{2T_h}+\frac{(1+R/R_1)^2}{ZT_h}} \tag{4.38}$$

式中，$\frac{T_h-T_c}{T_h}$ 为卡诺循环极限效率。设 $\varepsilon=R_1/R$，令 $\frac{\partial\eta}{\partial\varepsilon}=0$，可以求得当 $\varepsilon=R_1/R=\sqrt{1+Z\overline{T}}$ 时（$\overline{T}$ 为平均温度），达到最大能量转换效率 $\eta_{max}$，$\eta_{max}$ 为：

$$\eta_{max}=\frac{T_h-T_c}{T_h}\frac{\sqrt{1+Z\overline{T}}-1}{\sqrt{1+Z\overline{T}}+T_c/T_h} \tag{4.39}$$

可以看出，热电器件发电过程的最大能量转换效率只取决于器件两端温差及材料的 $Z$ 值大小，其效率将远低于卡诺循环效率。

同理可得，当外界负载 $R_1$ 和内阻 $R$ 匹配，$\varepsilon=R_1/R=1$ 时，其最大输出功率为：

$$P_{max}=[\alpha_{np}^2(T_h-T_c)^2]/(4R)=(\alpha_{np}^2\Delta T^2)/(4R) \tag{4.40}$$

(2) 热电制冷器件性能参数及其表征

① 制冷效率 COP

热电制冷器件的制冷效率 COP 定义为：

$$\mathrm{COP}=\frac{Q_h}{P}=\frac{Q_h}{Q_h-Q_c} \tag{4.41}$$

式中　$Q_c$——冷端吸热量(制冷量)；

$P$——输入的电能。

根据 Peltier 效应，回路电流 $I$ 由 n 型电偶臂流入 p 型电偶臂，在节点处吸热，从而在两端建立起温差 $\Delta T=T_h-T_c$(其中，$T_h$ 为热端温度，$T_c$ 为冷端温度)。单位时间内，器件从冷端向热端的传热量为 $\pi_{np}I$($\pi_{np}=\alpha_{np}T$，其中 $\pi_{np}$ 为 p、n 热电臂的总 Peltier 系数，$\alpha_{np}$ 为 p、n 热电臂的总 Seebeck 系数)。与发电过程类似，器件内热流为 $K\Delta T$。此外，器件内阻还会产生焦耳热，设系统内阻为 $R$，单位时间内由于焦耳热而流入冷端的热量为 $\frac{1}{2}I^2R$。综合分析上述结果，把制冷器件看作一个封闭的绝热系统，建立冷端平衡方程：

$$Q_c+\frac{1}{2}I^2R-\pi_{ab}I=-K(T_h-T_c) \tag{4.42}$$

可获得接头处单位时间内的制冷量 $Q_c$ 为：

$$Q_c=\frac{1}{2}I^2R+\pi_{ab}I-K(T_h-T_c) \tag{4.43}$$

而制冷器的输入功率 $P$ 为：

$$P=IV=I^2R+\alpha_{np}(T_h-T_c)I \tag{4.44}$$

由此可得制冷器的制冷效率为：

$$\mathrm{COP}=\frac{\alpha_{np}T_cI-\frac{1}{2}I^2R-K(T_h-T_c)}{I^2R+\alpha_{np}(T_h-T_c)I} \tag{4.45}$$

② 最大温差 $T_{max}$

热电制冷器的另外一个重要的性能参数是器件两端所能建立起来的温差 $\Delta T=T_h-T_c$。显然，该温差与器件制冷能力、外接负载有关。利用器件两端的热平衡方程式可以求得：

$$\Delta T=\frac{\alpha_{np}T_cI-\frac{1}{2}I^2R-Q_c}{K} \tag{4.46}$$

当器件冷端处于绝热状态，即 $Q_c=0$ 时，类似地，令 $\frac{\mathrm{d}\Delta T}{\mathrm{d}I}=0$，可以求得相应于 $\Delta T$ 取极值时的最佳电流 $I_t$：

$$I_t=\alpha_{np}T_c/R \tag{4.47}$$

当制冷器工作于这个最佳电流时，具有的最大温差为：

$$\Delta T_{max}=\frac{1}{2}ZT_c^2 \tag{4.47}$$

③ 最大制冷量 $Q_{c,max}$

当所用材料确定时，单位时间内，制冷器件从外界吸入的热量(或称制冷量)与输入电流和两端温差有关；对于不同的外接电流和冷热端温差，其制冷量也会不同。同样若令 $\mathrm{d}Q_c/\mathrm{d}I=0$，可以获得相应于 $Q_c$ 取极值时的最佳电流值 $I_p$：

$$I_p=I_t=\alpha_{np}T_c/R \tag{4.49}$$

相应的制冷量 $Q_c$ 为：

$$Q_c=[\alpha_{np}^2T_c^2-K(T_h-T_c)]/(2R)-K(T_h-T_c) \tag{4.49}$$

当器件两端的温差为 0 时，器件的最大制冷量 $Q_{c,\max}$ 为：

$$Q_{c,\max}=\alpha_{np}^2T_c^2/(2R) \tag{4.50}$$

### 4.4.3　实验设计思路

$Bi_2Te_3$ 基热电材料是低温区（300～500 K）高性能热电材料的典型代表。近年来，通过纳米化手段已显著提高了其热电性能。尽管目前 $Bi_2Te_3$ 基热电材料在固态制冷和温差发电等领域已得以广泛应用，但低转换效率仍是限制其大规模应用的关键问题。为此，引导学生查阅文献，了解 $Bi_2Te_3$ 的晶体结构、$Bi_2Te_3$ 基热电材料制备工艺对热电性能的影响，以及影响 $Bi_2Te_3$ 基热电微器件性能的因素。

上述文献调研完成后，设计实验方案和技术路线。

（1）$Bi_2Te_3$ 基热电材料的制备方法

自蔓延燃烧合成（self-propagation high-temperature synthesis，SHS）是利用物质反应热的自传导作用，使不同的物质之间发生化学反应。特点是在极短的瞬间形成化合物，反应一旦开始即能自我维持，并迅速扩展、蔓延至整个试样区。

等离子活化烧结（plasma activated sintering，PAS）是将金属等粉末装入石墨等材质制成的模具内，利用上、下模冲及通电电极将特定烧结电源和压力施加于粉末，经放电活化、热塑变形和冷却制备高性能材料的烧结技术。特点是烧结时间短、烧结温度低，可有效抑制晶粒长大，一般可在 5 min 左右完成致密化过程且致密度高，力学性能和电学性能优异。

为此，本实验采用自蔓延燃烧合成结合等离子活化烧结技术制备 $Bi_2Te_3$ 基块体材料。

材料的自蔓延燃烧合成温度与材料化学反应过程中放热量有关，需要通过查阅热力学手册，获取化学反应的放热焓变和热容随温度的变化关系，根据热力学方程计算 $Bi_2Te_3$ 的绝热燃烧温度。

（2）测试 $Bi_2Te_3$ 基热电材料的热电性能

测试电导率和 Seebeck 系数、热导率和热扩散系数、霍尔系数、接触电阻和 Seebeck 系数等热电性能，总结制备工艺对热电性能的影响。

（3）组装热电微器件并进行性能测试

按热电材料切片表面电镀切粒、基板点胶、模具组装及摆模、脱模及器件焊接的工艺过程，组装微型热电器件，测试 $Bi_2Te_3$ 基热电微器件的发电性能曲线和制冷性能曲线，获得器件的发电效率、最大能量转换效率及输出功率、制冷效率、最大温差、最大制冷量等性能参数，总结制备工艺、材料热电性能对器件性能的影响规律。

### 4.4.4　实验过程实施

#### 4.4.4.1　实验材料、仪器及设备

（1）实验材料

4 mol/L 的 Bi 粉和 Se 粉、5 mol/L 的 Sb 粉和 Te 粉。

（2）实验设备及器件真空发电制冷性能测试平台

实验设备包括 PAS 烧结设备（Ed-PAS-III，Elenix，Japan）、热电系数测量系统（ULVAC-RIKO ZEM-3）、电火花数控线切割机（DK7725）、密度测定仪（YDK01，Sartorious）、激光热导仪（LFA-457）、综合物性测试系统（PPMS-9）、PSM 扫描 Seebeck 系数测试仪（Potential Seebeck Microprobe）、自动点胶机、显微镜（×50，×100，×200）、RTP 快速热退火炉、ACR 阻值测试仪（TL2812 型 LCR 数字电桥）、半导体制冷快速测试平台、器件真空发电制冷性能测试平台、游标卡尺等。

器件真空发电制冷性能测试平台由真空腔体、TEC 智能温控平台、Agilent 34972A 数据采集器、可控电子负载 IT8500 及双通道恒流源组成，见图 4.46。真空腔体的作用是隔绝器件制冷过程中的

对流热损失；TEC 智能温控平台的作用是控制器件冷热端表面的温度，将器件表面接触的热电偶和测试电路所得的各种参数反馈到数据采集器。TEC 智能温控平台由半导体制冷芯片进行温度调节，其最低温度达－30 ℃，可调节最大温度为 120 ℃，调节精度在±0.01 ℃，能较快准确地控制腔体内上下平台温差；Agilent 34972A 数据采集器由一个 3 插槽主机和一个内置的 6 1/2(22-bit) 内置数字万用表组成，每秒扫描多达 250 个通道，8 种开关和控制插入模块可供选择，每个通道可以单独配置，内置信号调整功能用于测量热电偶、RTD 和电敏电阻、直流/交流电压和电流、电阻、频率和周期。微型器件测试需要在表征电压电流的同时，控制器件上下表面的温度，对多种参数进行集中调控；可控电子负载 IT8500 系列是单路输入可编程直流电子负载，拥有高密度体积、高分辨率和高精度，同时具有动态测试和自动测试等多种测试功能，可应用于 LED driver 测试、开关电源测试、电池性能检测等多个行业领域，也可以提供标准 SCPI 通信协议，方便组建智能化测试平台。在本测试系统中该仪器用于外接负载阻值变化的设定，从而测试出器件的一系列发电性能。

**图 4.46　器件真空发电制冷性能测试平台**

4.4.4.2　实验步骤

（1）$Bi_2Te_3$ 基热电材料的合成与制备

本实验自蔓延燃烧合成结合等离子活化烧结(SHS-PAS)技术制备 n 型和 p 型 $Bi_2Te_3$ 基热电材料。

① 按化学计量比 $Bi_ySb_{2-y}Te_{3-x}Se_x$($0\leqslant x\leqslant 3$，$0\leqslant y\leqslant 2$)称量配料，混合均匀后冷压成块。

② 将压块置于石英玻璃管中并真空密封，采用直接起爆或恒温起爆的方式进行 SHS 合成，反应完成后自然冷却。对样品进行组成、结构和形貌表征。

③ 取出块体，研磨成粉，然后进行 PAS 烧结。烧结温度为 723～753 K、烧结压力为 20～40 MPa、烧结时间 5～30 min。对样品进行组成、结构、形貌表征以及密度测试。

（2）热电性能测试

① 样品制备

利用电火花数控线切割机将制备的致密 $Bi_2Te_3$ 材料进行切割，利用砂纸对样品表面进行打磨，并且保证样品的平整度，测量并记录样品尺寸。

② 电导率和 Seebeck 系数测试

样品尺寸为 3 mm×3 mm×12 mm。将样品置于 ZEM-3 设备样品台上，抽真空和充 He 气对腔体气氛进行置换(连续 3 次)，最后保持在 0.5 个大气压 He 气条件。测试前先输入样品尺寸、测试温度范围(298～773 K)、电流范围等测试参数，然后开始测试。

电导率测量的误差在10%以内，主要来源于探针距离的确定和样品尺寸的测量。

对样品进行Seebeck系数测试时，样品两端的温差分别设置为10 K、20 K和30 K，两个侧面探针之间的温差一般为1～5 K。Seebeck系数的测试误差在7%以内，误差与样品的尺寸无关，主要来源于温差的测定，故当侧面探针被污染时，需要将侧面探针打磨干净或更换侧面探针。

③ 热输运性能测试

样品尺寸分别为2 mm×8 mm×8 mm、2 mm×6 mm×6 mm或者$\phi 6/\phi 8$ mm等，用阿基米德排水法（用无水乙醇）测量$Bi_2Te_3$材料密度$\rho$（具体测试过程见实验3.3）。

采用激光热导仪测试样品的热扩散系数，其结构示意图见图4.47。样品尺寸为2 mm×8 mm×8 mm，测量样品厚度$d$，样品上下表面喷涂一层碳粉，防止激光束照射到样片表面发生反射导致测量误差；将样品置于腔体中升温至所需温度（300～550 K），打开激光器，使激光照射样品下表面，使上下表面产生温差，连续测量样品上表面中心部位的温度-时间关系曲线，得到$t_{1/2}$，代入公式$D=0.1388*d^2/t_{1/2}$，得到样品的热扩散系数$D$；根据热导率公式$\kappa=D\rho C_p$计算$Bi_2Te_3$在300～550 K温度范围的热导率。

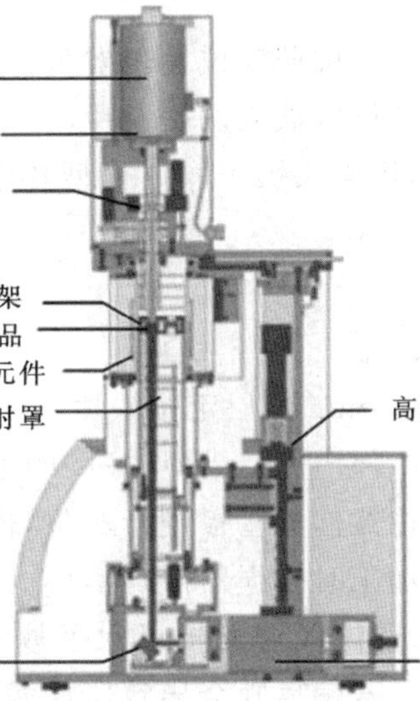


**图4.47　激光导热仪结构示意图**

④ 霍尔系数测试

样品尺寸为1.2 mm×2 mm×7 mm。使用PPMS对样品的霍尔系数$R_H$、电阻率$\rho$进行测试，根据载流子浓度公式$n_H=1/R_He$、载流子迁移率公式$\mu_H=R_H/\rho$计算载流子浓度和迁移率，具体测试过程见实验3.10。

⑤ 热电材料与电极间的接触电阻测试

a. 打开PSM总电源，打开Keithley源表和位移控制器电源，将位移控制器切换到PC控制，按顺序打开仪表电源、电脑和相机电源，弹出相机镜头。

b. 启动PSM程序，启动测量程序；将位移控制器设为Joystick控制，将探针移动到样品区域的上方，缓慢控制探针接触样品表面，若刚刚碰上位移台$z$方向控制灯左边红灯亮起，表明样品电接触良好，位移台的$z$方向电控限位运行正常。

c. 将位移控制器切换到PC控制；在Parameter标签页，左右移动并点击一下VelocityZ的滑块，以确保探针下降速度被PC读取。

d. 在Photo标签页，点击拍照按钮对样品拍一张照片，定义样品测量区域的形状，图片会自动出现测量区域的网格图（尽量不要选择样品边缘，避免误差导致探针超出样品范围，一直下降，损坏探针，如需测量边缘，一定要进行相机校准）。

e. 在 Parameter 标签页，定义 $x$、$y$ 方向测量步长，在 Seebeck 测量页或 Potential 测量页，点击测量按钮进行预测。

f. 根据预测结果，调节 Indent、Seebeck Measurement、Potential Measurement 的参数，选择测量模式（一般选择 SP 模式），点击开始按钮，测试接触电阻和 Seebeck 系数。

g. 点击 STOP 按钮暂停或终止试验。

(3) 热电微器件的制备组装

本实验将完成 4.7 mm×4.9 mm 尺寸微型热电器件的组装与焊接，包括热电材料切片表面电镀切粒、基板点胶、模具组装及摆模、脱模及器件焊接等工艺过程。

① 基板点胶

打开自动点胶机总电源，确认锡膏针管安装正确，与气泵连接正常；用平头镊子夹取基板侧片放入自动点胶机的固定位置，调用对应基板程序，开始点胶；点胶后用平头镊子取下基板备用，准备进行器件组装。

② 模具组装及摆模

取模具底座置于显微镜下的硅胶板；按照定位销位置放入 0.15 mm 下层定位铁片；将点胶后的下基板放入定位铁片框格；按照定位销位置放入网格铁片，调整网格位置，将锡膏点与网格对应，然后利用夹具固定；调整显微放大镜倍数，用尖头镊子取 p、n 型热电材料粒子放入对应位置进行摆模，完成微型热电器件 $\pi$ 型串联。

③ 脱模及器件焊接

a. 按住网格铁片，将夹具缓慢取下。

b. 按照定位销位置放入多片 0.15 mm 上层定位铁片。

打开真空吸管，用手指堵住吸管中部出风口，将点好胶的上基板背面置于真空吸管口，缓慢翻转至上基板锡膏面向下，用真空吸嘴吸住器件上基板进行对位，松开手指即完成器件上基板的定位，在模具中心位置安放一片阻挡层（防止加压时划损器件），模具组装完成。

c. 将模具固定在焊接板上，用水平仪保持焊接板水平放置，随后用砝码对器件垂直方向加压。焊接面的水平会影响器件加压的方向，若偏离则会导致器件两边的焊接情况不同，且因是串联构架，将对器件整体性能有所影响。

d. 采用真空快速热退火焊接炉进行焊接。焊接时，将热电偶涂覆导热硅脂伸入焊接板中心的钻孔，测量焊接过程中的实时焊接温度，保证焊接温度曲线的准确性。关闭焊接炉腔门，抽真空至 $10^{-3}$ MPa，调取锡膏对应工艺曲线进行器件的焊接。

e. 焊接退火完成后，打开焊接炉腔门，用镊子取出焊接板至培养皿冷却，取下模具，在显微镜下拆解模具，用平头镊子取出焊接后器件，进行下一步测试。

(4) 器件性能的初步判定与性能测试

① 器件性能的初步判定

将器件置于显微放大镜下，打开 ACR 阻值测试仪电源，夹取测试用金针，在显微镜下将针头置于微型热电器件的正负电极处，读取器件 $R_{ac}$ 阻值，根据阻值大小判断器件的短路和断路情况，器件是否受损，如果有裂化，阻值将变大。实验所用为 TL2812 型 LCR 数字电桥 ACR 阻值测试仪，基本精度达到 0.25%，测试频率可调至 100 Hz、120 Hz、1 kHz、10 kHz，每秒可扫描 12 次。

打开半导体制冷快速测试平台电源，打开电脑测试软件，输入器件尺寸、对数、材料参数和测试时热端温度（一般定为 27 ℃）等数值，将器件置于快速测试平台，打开对应通道，将测试触针置于器件正负电极，绿灯亮即开始测试，测试时在样品上施加很小的直流电脉冲，等待 30 s 后，测试平台鸣笛即测试完成。记录瞬态电压、器件最大制冷温差、最大温差电流和电压、电阻（环境温度 23 ℃时的电阻值）以及最大制冷功率等基本参数，据此对组装的器件性能进行快速评估和分类，挑选满足要求的器件进行性能表征。

② 发电性能测试

本测试中采取铜块控温原理，借助铜块积攒热量达到所需温度。使用线切割技术在铜块中心钻直径为 1.5 mm 的圆孔。打开器件真空发电制冷性能测试平台各仪器电源。在器件上下表面用导热硅脂连接（或焊接）大小相等、表面光洁的长条状铜块，将热电偶涂覆导热硅脂后置于铜块中心孔，用焊枪将器件导线与测试电路连接，调节 TEC 智能温控平台，控制器件热端温度恒定在 33 ℃。分别设定冷端温度为 32 ℃、30 ℃以及 23 ℃，通过控制滑动变阻表以自动调节外接负载阻值，依次测量得到其 $I_1$，$I_2$，$I_3$，…，$U_1$，$U_2$，$U_3$…，绘制电流-电压曲线、电流-输出功率曲线，从而得到器件发电的开路电压和短路电流，并计算其最大输出功率。

③ 制冷性能测试

实验采用对称热流法测量器件的最大制冷温差等制冷性能。要测定温差组件的热电转换效率，难点在于计量输入的热功率，本实验采用一种新型温差发电组件热电转换效率测试方法，从而巧妙地计量出输入的热功率，测定温差发电组件热电转换效率，同时测定温差发电组件的输出特性。

测试时，先将薄膜加热器置于两个型号相同、阻值接近的温差发电组件之间，中间夹住插有 K 型热电偶的铜块，结合处利用导热硅脂连接，形成三明治结构，然后置于上下温控平台之间夹紧，结构如图 4.48 所示。注意，薄膜加热器的面积必须与温差发电组件的面积相等，同时，由于薄膜加热器的厚度很小，我们可以忽略其侧面热损失，因此，可以假设薄膜加热器所施加电热功率的一半通过其中一个温差发电组件。

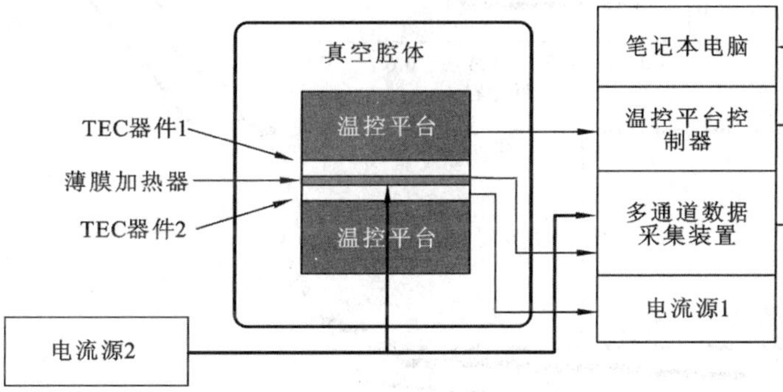


**图 4.48　对称热流法测试原理**

将上下两个 TEC 器件串联后与电流源 1 连接，薄膜加热器与电流源 2 连接，温控平台温度（器件热端温度）控制在 300 K（27 ℃），设置 TEC 器件电流为 $I_1$，待温度稳定后，设置电流源 2 电流，使中心热电偶温度为 300 K，此时加热功率达到 $Q(P=UI,W)$，为热平衡状态。

等待 30 s 后记录通过薄膜加热器的电流 $I_1'$、电压 $U_1'$ 和 TEC 器件两端电压 $U_1$；逐渐减小薄膜加热器电流，依次记录薄膜加热器两端电流（$I_2'$、$I_3'$、$I_4'$…）、两端电压（$U_2'$、$U_3'$、$U_4'$…）和 TEC 器件两端电压（$U_2$、$U_3$、$U_4$…）。

改变 TEC 器件电流 $I_2$，重复上面的测试过程，得到不同输入电流下器件电压、薄膜加热器功率等参数，从而得到器件的制冷性能、转换效率以及阻值变化等多种关系图。

### 4.4.4.3　实验记录和数据处理

(1) $Bi_2Te_3$ 基热电材料的合成与制备

记录 SHS 合成样品的 XRD 数据和 SEM 图片，绘制 XRD 图谱。

记录 PAS 烧结样品的烧结曲线、SEM 图片和密度，绘制烧结条件与密度关系曲线。

(2) $Bi_2Te_3$ 基热电材料热电性能测试

记录样品尺寸、测试温度、电流、温差、电压，计算材料的电导率和 Seebeck 系数，绘制电导率-温度关系曲线。

记录样品尺寸、密度、测试温度和测试时间，获得温度-时间关系曲线，根据测得的 $t_{1/2}$，计算样品的热扩散系数 $D(D=0.1388d^2/t_{1/2})$，考虑到材料密度和热容随温度变化很小，可以认为基本不变，因此，可以计算材料在 300 ～550 K 温度范围的热导率 $\kappa(\kappa=D\rho C_p)$，绘制热导率-温度关系曲线。

记录样品尺寸、霍尔系数 $R_H$、电阻率 $\rho$，计算载流子浓度（$n_H=1/R_H e$）和迁移率（$\mu_H=R_H/\rho$）。

记录探针距离、接触电阻和 Seebeck 系数。以探针距离为横坐标、电阻为纵坐标，绘制距离-电阻散点图，示意图见图 4.49。由图 4.49 可见，随探针距离的增加，电阻先缓慢增加，然后出现突跃区，最后电阻急剧增大，曲线上的跳点是因为仪器状态不稳定导致的，属于仪器误差，可以删去。由图 4.49 可知，小斜率直线为 Cu 电阻、大斜率直线为 $Bi_2Te_3$ 电阻，突跃区的电阻差即为导体材料 Cu 与半导体材料 $Bi_2Te_3$ 间的接触电阻。图 4.49 中插图是探针距离-Seebeck 系数散点图，可以看到，在接触电阻突跃区域，材料的 Seebeck 系数也发生突跃，前半部分为导体材料 Cu 的 Seebeck 系数，后半部分为半导体材料 $Bi_2Te_3$ 的 Seebeck 系数，二者的实验结果相互验证，说明了实验数据的可靠性。

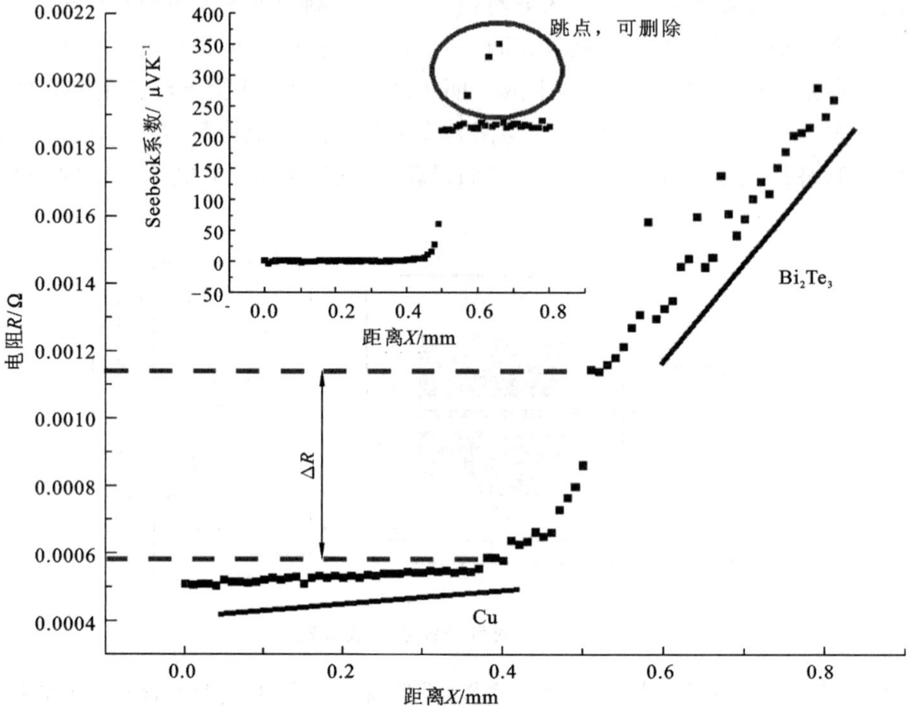


**图 4.49　电阻与探针距离之间的关系**

（3）热电微器件性能测试

① 热电微器件发电性能

设器件热端温度为 33 ℃，冷端温度分别为 32 ℃、30℃以及 23 ℃，改变外接负载阻值，记录电流、电压值，以电流为横坐标、电压为纵坐标，绘制不同温差下器件的 *U-I* 曲线，绘图时注意数据的筛选及误差较大数据的排除。

根据器件的 *U-I* 曲线上得到的开路电压和短路电流，计算出最大功率值；根据测得的电流、电压计算器件的输出功率，以电流为横坐标、输出功率为纵坐标，绘制输出功率曲线。

② 热电微器件制冷性能

记录不同输入电流下器件的制冷温差，以输入电流为横坐标、制冷温差为纵坐标，绘制输入电流-制冷温差曲线，得出最大制冷温差。

计算在不同输入电流下器件的制冷效率，以输入电流为横坐标、制冷效率(COP)为纵坐标，绘制输入电流-制冷效率(COP)曲线，得出最大制冷效率(COP)。

在输入电流一定时，记录减小薄膜加热器功率时器件的制冷温差，以冷端传热量为横坐标、制冷温差为纵坐标，绘制制冷温差与冷端传热量关系曲线。

在输入电流变化时，记录器件两端电压，以制冷温差为横坐标、器件两端电压为纵坐标，绘制器件两端电压与制冷温差关系曲线。

4.4.4.4 注意事项

(1) 进行实验操作时需按相关要求穿实验服、戴保护手套、口罩和护目镜；

(2) 设备操作前需学习相关的实验原理、操作方法和安全常识；

(3) 操作设备时需要有实验负责人在场，未经允许不能擅自操作仪器；

(4) 实验完成后及时清理实验设备；

(5) 实验场所严禁嬉戏、打闹、饮食等；

(6) 燃烧反应过程中涉及高温过程，需要注意预防烫伤，做好防护；

(7) 材料电性能测试样品需要打磨平整，样品形状规整；

(8) 器件焊接过程中禁止直接接触焊接炉腔体，防止烫伤。

### 4.4.5 实验结果评价

4.4.5.1 实验结果分析

(1) $Bi_2Te_3$ 基热电材料的合成与制备

根据 XRD 和 SEM 的实验结果，对比 SHS 合成前后的物相组成与结构，研究 SHS 过程中发生的化学反应。

根据 PAS 烧结样品的烧结曲线、SEM 图片和密度关系，分析样品不同烧结阶段的特征，确定最佳烧结条件，制备密度超过 95%的块体样品。

(2) $Bi_2Te_3$ 基热电材料热电性能结果分析

根据电导率-温度关系曲线，分析材料的变温电导率和材料的导电特性。

根据热导率-温度关系曲线，分析材料的金属热传导特性和半导体热传导特性。

根据电导率、热导率、霍尔系数、接触电阻、Seebeck 系数综合评价 $Bi_2Te_3$ 基热电材料的热电性能。分析烧结工艺对 $Bi_2Te_3$ 基热电材料热电性能的影响。

(3) 热电微器件性能结果分析

根据输出功率、器件发电效率 $\eta$ 及最大能量转换效率分析器件的发电性能，根据最大制冷温差、制冷效率(COP)、最大制冷量，分析制冷温差为什么会随着输入电流的增加先增大后减小，最大制冷温差对应的电流值有何含义，综合评价热电微器件的制冷性能。分析热电材料制备工艺、器件组装对热电微器件性能的影响。

4.4.5.2 实验设计评价

将实验所得的 $Bi_2Te_3$ 基热电材料的热电性能和热电微器件的发电和制冷性能与已有文献报道的结果，或者市售参数进行对比，分析实验设计中存在的问题并提出提升材料热电性能、器件发电和制冷性能的解决方案。

### 4.4.6 综合创新能力拓展

热电转换技术是利用半导体材料热电材料实现热能与电能之间直接转换的新能源转换技术，是清洁能源领域的一个重要发展方向。

$Bi_2Te_3$ 基热电材料是低温区(300～500 K)高性能热电材料的典型代表，在固态制冷和温差发电等领域已得以广泛应用，但低转换效率仍是限制其大规模应用的关键问题。

提高热电器件的热电转化效率并实现热电器件微型化，其关键一是制备高性能热电材料，二是超高精度模具的加工及器件组装焊接材料和技术。微型芯片所需材料粒子的尺寸在 300～500 $\mu$m，而材料粒子的完整性对温控性能有重要的影响，因此对热电材料的力学性能提出很高要求，采用区域融化法制备的材料力学性能差，而采用粉末冶金法制备的材料则热电性能较差，且都存在能耗高、污染大、制备周期长等问题，难以高效制备出兼具高热电性能和力学性能的材料。此外，国内厂商现有生产设备难以满足微型加工精度要求，粒子表面光洁度达不到要求，且自动化程度较低。

我国从事热电材料、器件和应用产品的生产企业有 20 多家，但绝大多数集中从事热电制冷器生产，尽管在国际市场上占有 80%左右的份额，年产值规模在 20 亿元左右，但材料性能和器件水平方面都处于低端，难以满足高端需求。

我国要进一步加大支持热电材料的基础研究与应用，要通过创新体制机制，强化协同创新，尽快破解热电材料研究与应用上的瓶颈，发现更多性能更好、成本更低、环境更友好的新型材料，全面提升热电材料性能和利用效率，拓宽热电材料与器件应用场景，为国家战略性新兴产业和经济高质量发展提供重要支撑。

因此，请同学通过广泛的调查研究，了解热电材料及器件行业领域的规范、政策、法律和法规，了解不同领域应用的热电材料及器件的制备工艺特点、行业发展、社会影响、环保措施、市场情况，总结和评价他们的解决方案对社会、环境、可持续发展的影响，了解我国未来的相关扶持政策和创新机制，提出材料工作者在其中应承担的责任。

### 4.4.7 思考题

(1) 燃烧反应具有哪些特点？影响燃烧反应的因素有哪些？

(2) 等离子活化烧结具有哪些特点？影响等离子活化烧结反应的因素有哪些？

(3) 四探针与两探针测量有什么区别？测量过程会产生什么影响？

(4) 影响材料的 Seebeck 系数测量精度的因素有哪些？

(5) 材料的热容除了利用德拜模型近似得到以外，还可以利用哪些方法进行测试？任选一种阐述其测试原理。

(6) 材料的导热性能测试方法众多，大体可分为稳态法与瞬态法两大类，请简述这两种方法的区别。

(7) 如何根据 Hall 测试中的相关实验参数获取材料的导电类型？

(8) 如何通过接触电阻的测试结果计算材料的电导率？

(9) 接触电阻的测试方法有哪些？各测试方法的适用范围是什么？

(10) 热电微器件的制备组装过程有哪些技术难点？与实际操作相结合进行说明。

(11) ACR 阻值分别显示什么数值时，器件短路、断路和正常？

(12) 在热电微器件的性能测试过程中存在哪些误差？导热硅脂连接和焊接有什么区别？

(13) 制冷性能测试中对称热流法相较于基本测试方法有何优缺点？

# 实验 4.5　结构功能一体化材料(透明陶瓷)性能综合评价

## 4.5.1　实验目的

(1) 了解结构功能一体化的材料在高新技术领域中的重要作用;

(2) 掌握透明陶瓷的组成-结构-性能的相依性,理解影响陶瓷透明性的因素;

(3) 掌握脉冲激振法测试陶瓷材料的弹性模量;

(4) 了解透明陶瓷材料的行业发展、应用领域。

## 4.5.2　实验原理

材料按功能可分为结构材料和功能材料两大类。结构材料是利用材料的高强度、高硬度、耐高温、耐腐蚀、化学稳定好等特性,广泛用作各种高温结构材料、耐磨材料、耐腐蚀材料,如涡轮发动机叶片、火箭喷嘴、陶瓷轴承、切削刀具、磨料磨具、汽车尾气净化器等。功能材料则主要利用材料所特有的电学、热学、光学、磁学等功能特性,如超导材料、电子陶瓷、光学玻璃、磁性材料、生物陶瓷等。

随着科学与技术的进步,各种结构和器件的小型化、集成化和多功能化已成为主要的发展趋势,一方面对材料的性能提出了越来越高的要求,另一方面,还要求材料同时具备结构和功能的特性。因此,材料研究的一个重要方向是不断探索新功能、多功能,特别是具有结构功能一体化的材料以及与之相应的先进工艺。例如,先进陶瓷材料的结构功能一体化成为拓展其在高新技术领域中应用的关键,如何实现先进陶瓷的结构功能一体化,显然对不同的材料和应用环境、结构功能一体化的要求和技术方案也不尽相同,透明陶瓷就是结构功能一体化材料的典型代表。

4.5.2.1　透明陶瓷概述

透明陶瓷(transparent ceramics)是指采用陶瓷工艺制备的在特定波段可以透光的多晶材料,一般在可见、红外、微波等波段有较好的透过性能。普通的多晶陶瓷材料,因晶粒之间产生消光因素,加之其内部杂质和气孔吸收和散射可见光,所以一般是不透明的。20 世纪 50 年代末,美国 GE 公司的 Coble 博士成功研制出半透明的氧化铝陶瓷“Lucalox”,一举打破了陶瓷材料不透明的传统观念,拉开了透明陶瓷研究、制备和应用的序幕。

长期以来,无机非金属透明材料主要是光学玻璃和单晶,传统的多晶多相陶瓷是不透明的。陶瓷从传统不透明发展到半透明,最后接近完全透明涉及大量的基础科学条件,经研究人员通过大量试验结果表明,对陶瓷透明性的影响因素主要表现在以下几个方面:

① 气孔率:气孔率是影响陶瓷透光性的最大因素。传统的普通陶瓷材料即使具有很高的致密度,但通常都是不透明的,因为其中有非常多封闭的气孔,气孔与多晶本身的折射率相差过大导致入射光的强烈散射。要达到透明首先陶瓷内部致密度要高,接近于理论密度(为理论密度的 99.5% 以上)。

② 晶界结构:透明陶瓷和不透明陶瓷的晶界结构是不同的。透明陶瓷的晶界与晶体的光学性质差别小,晶界窄而干净,没有第二相夹杂物及位错,散射很弱,消光现象不明显;不透明陶瓷是多晶体,晶界较厚,有气孔、第二相物质及位错等缺陷,晶粒之间的消光现象导致陶瓷不透明。

③ 晶体结构:在各向异性的晶体中,光从一个晶粒向邻近的晶粒入射时,由于各个晶粒的取向均是随机的,双折射现象会产生散射,因此要得到透明的多晶体,双折射必须很小,一般选用对光各向同性的立方晶系材料制备透明材料,如 YAG、YGO、$Y_2O_3$ 等,而对光各向异性的晶系(低对称性)则很难得到透明度很高的透明陶瓷,如 $Gd_2O_2S$、$Lu_2SiO_5$ 等陶瓷的透光性则不是很好。

④ 原料与杂质(第二相):透明陶瓷体的要求是均一、连续的单相结构,这要求原料必须是具备高

纯、超细、高分散等特性的粉体，且制备过程中决不能引入杂质。原因是陶瓷中的杂质以及第二相与晶体的光学性质不一致，会成为散射和吸收中心，从而降低了陶瓷的透光性。

⑤ 晶粒尺寸与添加剂：研究表明晶粒的大小和分布会影响陶瓷的透光性，若晶粒的直径与入射光的波长相同，晶粒对入射光散射最强，若晶粒直径小于入射光波长，光线可以容易地通过。制备透明陶瓷时，为了控制晶粒尺寸，往往需要添加添加剂。添加剂对透明陶瓷的影响主要体现在：偏析在晶界上，抑制晶界的移动，抑制晶粒的生长；形成液相，促进烧结。

⑥ 表面加工光洁度：陶瓷的透光性还会受到材料表面光洁度的影响，表面粗糙度越大，漫反射就越严重，陶瓷的透明度就越低。由于陶瓷表面的粗糙度与所用原料的细度有关，在制备过程中除了应选用超细原料以外，还应对陶瓷表面进行高精度的光学加工。

经过几十年的发展，目前已经研制出了几十种透明陶瓷。按成分可以分为氧化物透明陶瓷和非氧化物透明陶瓷。典型的氧化物透明陶瓷除最常见的氧化铝透明陶瓷之外，还包括氧化钇透明陶瓷、氧化镁透明陶瓷、铝镁尖晶石透明陶瓷、钇铝石榴石透明陶瓷、铝镁酸透明陶瓷、透明铁电陶瓷(PLZT)等。非氧化物透明陶瓷包括氮化铝透明陶瓷、氮氧化铝透明陶瓷以及经研究发现适合被作为透明陶瓷的 α-Sialon 透明陶瓷；按结构可分为单晶透明陶瓷、多晶透明陶瓷；按功能用途可分为结构透明陶瓷、功能透明陶瓷，主要有 $Nd^{3+}$、$Yb^{3+}$ 等稀土离子掺杂的 YAG 以及 $Tm^{3+}$、$Ho^{3+}$ 等稀土离子掺杂的 $CaF_2$ 激光透明陶瓷，镁铝尖晶石($MgAl_2O_4$)、AlON 和 $Y_2O_3$ 红外透明陶瓷，应用于医学领域的氧化钇钆(YGO)、硫氧化钆(GOS)、钆镓石榴石(GGG)等闪烁透明陶瓷，应用于可见至红外波段的 TGG 和 TAG 磁光透明陶瓷，氮化物体系、钇铝石榴石体系和多铝酸盐体系荧光透明陶瓷，锆钛酸铅镧(PLZT)等铁电透明陶瓷，以镁铝尖晶石($MgAl_2O_4$)和 AlON 为代表的透明装甲陶瓷。透明材料性能对比见表 4.15。

**表 4.15　透明材料性能对比**

| 性能 | 材料 | | | | | |
|---|---|---|---|---|---|---|
| | AlON 透明陶瓷 | $MgAl_2O_4$ 透明陶瓷 | YAG 透明陶瓷 | $Y_2O_3$ 透明陶瓷 | 蓝宝石 | 石英玻璃 |
| 密度/($g/cm^3$) | 3.69 | 3.59 | 4.55 | 5.03 | 3.98 | 2.2 |
| 杨氏模量/GPa | 334 | 268 | 308 | 179 | 420 | 73 |
| 硬度/GPa | 19.5 | 15.2 | 13.4 | 7.2 | 22.0 | 60 |
| 抗弯强度/MPa | 380～700 | 170～220 | 300 | 150 | 400 | 5.2 |
| 透过波段/μm | 0.2～5.5 | 0.16～6 | 0.25～6 | 0.25～8 | 0.14～6 | 0.2～3.4 |
| 折射率 | 1.722 (3.39 μm) | 1.665 (3.00 μm) | 1.82 (1.00 μm) | 1.859 (4.00 μm) | 1.704 (3.24 μm) | 1.45 (1.00 μm) |
| 双折射 | 无 | 无 | 无 | 无 | 有 | 无 |
| 热导率/(W/(m·K) | 12.6 | 14.6 | 12.0 | 14.0 | 35.1 | 1.3 |
| 热膨胀系数/($10^{-6}$/K) | 5.8 | 5.6 | 7.8 | 6.6 | 5.3 | 0.52 |
| 介电常数 | 9.19 | 9.28 | 10.8 | 11.8 | 11.58 | 3.33 |
| 大尺寸制造能力 | 中 | 中 | 中 | 中 | 小 | 大 |

透明陶瓷既具有陶瓷材料所共有的高熔点、高强度、高绝缘、耐腐蚀、耐高温、介电性好等性能，又具备良好的透光性，相较于普通的光学材料拥有许多优势，因此可制成多种用途的电一光、电一机器件，在空间科学、医学、激光、红外探测、特种仪器制造、电子技术及高温技术、航空航天和国防装备等民用与军用方面具有广阔的应用前景。

4.5.2.2　透明陶瓷的制备工艺

透明陶瓷的制备工艺主要分为粉体制备、成型、烧结、后处理四个过程。

① 粉体制备。粉体的质量直接决定着透明陶瓷的质量。理想中的优质粉体应具备以下特征：高的烧结活性、粉体纯度高、颗粒呈球形、颗粒细小且粒径均匀、颗粒分散无团聚现象。目前，粉体的制备方法主要有固相反应法、溶胶-凝胶法、燃烧法、共沉淀法、水热法、醇盐水解法、激光法、微波等离子体化学法、自蔓延高温合成法等。

② 成型。成型过程是在陶瓷粉料中加入一定量的黏结剂等制成陶瓷坯料，然后经过处理，再将其加工成特定形状的过程。目前，透明陶瓷的成型方法主要有干压成型、等静压成型、流延成型、注射成型和注浆成型等。

③ 烧结。烧结是指成型后的陶瓷坯体在一定的温度、压力和气氛的条件下通过坯体颗粒黏结、物质传递、体积收缩、气孔排除等过程形成一定的几何形状，并获得一定程度的密度、强度以及其他物理性能提升的过程。对于透明陶瓷而言，烧结工艺是陶瓷致密化的核心环节，直接决定着透明陶瓷的光学质量。因此，烧结时，需要尽可能消除陶瓷中的残余气孔，并有效避免陶瓷内部缺陷、第二相的产生。目前，透明陶瓷的烧结方法主要有常压烧结、真空烧结、热压烧结、微波烧结、气氛烧结和放电等离子烧结等。

④ 后处理。刚烧结制备的透明陶瓷表面非常粗糙，会引起入射光的漫反射，降低陶瓷的透光率。因此，需要对制备的陶瓷进行研磨和抛光以提高其透光率。

4.5.2.3　透明陶瓷的结构与性能表征

理想的透明陶瓷应该是兼具优良机械、热学和优异光学性能的材料。建立透明陶瓷的组成、晶体结构与力学、热学、光学和介电性能之间的关系，是实现有目的地调控透明陶瓷结构功能一体化的基础，对于开发新体系、提高材料的综合性能、满足实际应用需求具有重要意义和价值。本节介绍表征透明陶瓷的结构、光学性能、力学性能的原理和方法。

(1) 透明陶瓷的结构表征

采用X射线衍射分析透明陶瓷的物相，实验原理及测试方法见实验3.1。图4.50是不同真空烧结温度下烧结4 h的$(Tb_{0.5}Lu_{0.5})_2O_3$陶瓷的XRD图谱。由图4.50可见，真空烧结后，没有显示出$Tb_2O_3$和$Lu_2O_3$两相混合的特征峰，而是单一的$(Tb_{0.5}Lu_{0.5})_2O_3$特征峰，由于立方相的$Tb_2O_3$和$Lu_2O_3$具有相似的晶体结构，说明$Lu_2O_3$已经完全固溶入了$Tb_2O_3$的晶格中，形成的固溶体$(Tb_{0.5}Lu_{0.5})_2O_3$仍然是立方相，这就为陶瓷的透明性提供了物相基础。

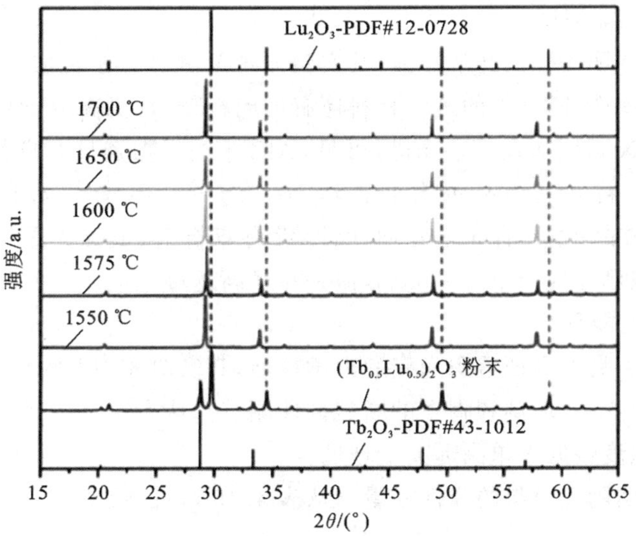


图4.50　不同真空烧结温度下$(Tb_{0.5}Lu_{0.5})_2O_3$陶瓷的XRD图

采用SEM、相对密度分析透明陶瓷的显微结构，实验原理及测试方法见实验3.2微观形貌的观察和实验3.3材料的密度、气孔率、吸水率测试。图4.51是1650 ℃真空烧结4 h$(Tb_{0.5}Lu_{0.5})_2O_3$陶瓷的SEM图。由图4.51可见，粒径约2.6 μm，无开口气孔，少量的第二相杂质，晶界上还残留有少量的气孔，相对密度超过96%。图4.52是1650 ℃真空烧结4 h+176 MPa1600 ℃热等静压3 h $(Tb_{0.5}Lu_{0.5})_2O_3$陶瓷的SEM图。由图4.52可见，晶界上没有残留气孔，不存在任何第二相杂质，晶粒尺寸显著增加，相对密度超过99%，透过率进一步提高，633 nm透过率73.6%、1064 nm透过率78.8%。

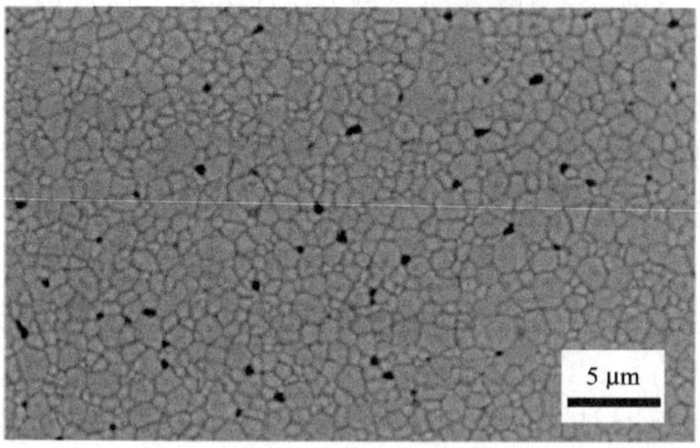


**图4.51**　1650 ℃**真空烧结**4 h $(Tb_{0.5}Lu_{0.5})_2O_3$**陶瓷的**SEM**图**

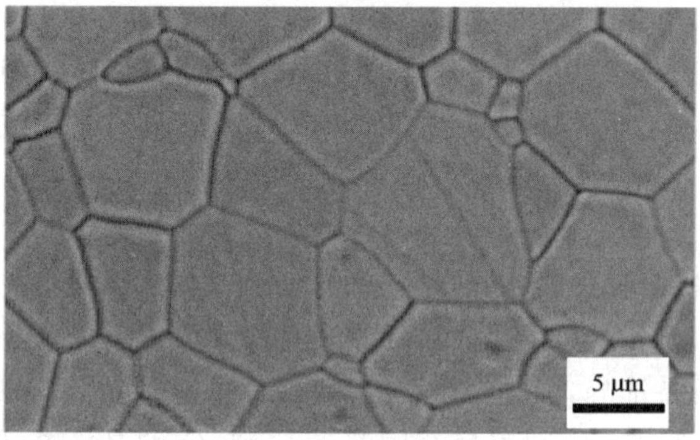


**图4.52**　1650 ℃**真空烧结**4 h+176 MPa1600 ℃**热等静压**3 h $(Tb_{0.5}Lu_{0.5})_2O_3$**陶瓷的**SEM**图**

（2）透明陶瓷光学性能测试

采用透过光谱表征透明陶瓷的光学性能，其实验原理及测试方法见实验3.13材料的吸收光谱、透过光谱测试。除透明陶瓷外，常见的透明材料还有玻璃材料、有机高分子材料、单晶材料。图4.53是注浆成型制备的AlON透明陶瓷透过光谱，可见，AlON透明陶瓷具有良好的透光性能，透过波段宽0.2～6 μm，覆盖紫外-可见-近红外-中红外波段，在0.4～4 μm波段最高透过率接近80%，同时AlON透明陶瓷属于立方晶系，具有光学各向同性，没有双折射，成像无重影。由表4.15还可以看到，透明陶瓷的透过波段已经优于单晶和玻璃，但是在最高透过率上还有差距。

（3）透明陶瓷力学性能测试

采用维氏硬度与断裂韧性表征透明陶瓷的力学性能，其实验原理及测试方法见实验3.19玻璃的显微维氏硬度测试、实验3.20玻璃和陶瓷的断裂韧性测试。从表4.15可见，透明陶瓷的硬度与单晶相当但低于玻璃，抗弯强度略低于单晶远高于玻璃。

采用动态法表征透明陶瓷材料的弹性模量。从表4.15可见，透明陶瓷杨氏模量略低于单晶但远高于玻璃。

弹性主要指材料在弹性变形范围内的物理量，包括弹性模量（$E$，又称杨氏模量）、剪切模量（$G$）和

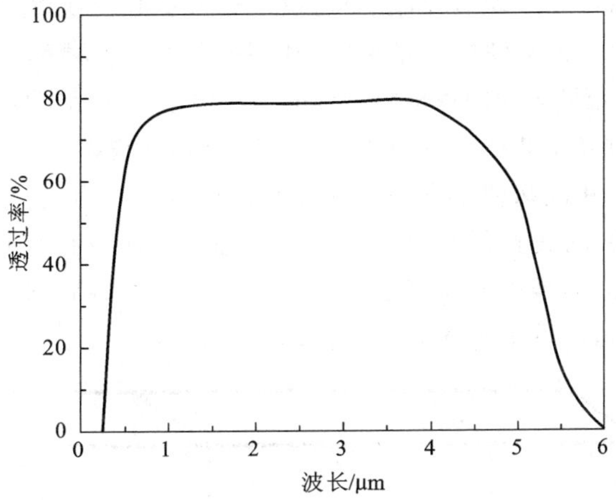


**图 4.53 注浆成型制备的 AlON 透明陶瓷透过光谱**

泊松比($\mu$),其中弹性模量和剪切模量是表征固体材料弹性的重要力学参数,反映了固体材料抵抗外力产生形变的能力。

弹性模量 $E$ 是固体材料在弹性形变范围内正应力与相应正应变的比值,即 $\sigma=E\varepsilon$。弹性模量的大小反映了材料的刚性,与物体的几何外形以及外力的大小无关,仅与材料的结构、化学成分和加工制造方法等有关。对于一定的材料而言,弹性模量是一个常数。

测量弹性模量的方法主要有两大类,即静态法和动态法。静态法是用静力学法测量,通常就称杨氏模量,如静态拉伸或压缩法、静态扭转法、静态弯曲法;动态法是用动力学法测量,也称为动态杨氏模量,如共振法、敲击法。动态法适用于各种金属及非金属(脆性)材料的测量,测定的温度范围极广,可从液氮温度至 2000 ℃左右。由于在测量上的优越性,动态法在实际应用中已经被广泛采用,也是国家标准推荐使用的测量弹性模量的一种方法。

固体试样在受敲击力激发后将产生瞬变响应受迫振动,该响应取决于外力的大小、方向和位置、材料本身的性质、试样质量分配以及支撑条件等因素。当外力消失后,试样所储存的能量总有一部分在阻尼或黏滞过程中耗散,故试样将呈自由阻尼振动。振动过程非常复杂,可视为各种振型的波的叠加,其中只有基型振动储存有最大的能量,其他振型储存的能量较少,且容易衰减。当振动波与试样本身的固有频率一致时即发生共振,此时振幅最大、延时最长。当以不同频率的交变应力使试样产生振动,连续改变激发频率时,试样振动的振幅发生变化,在某一应变频率激发下会出现最大值。此时激发振动的频率即为共振频率,对于一定大小和形状的试样,共振频率取决于试样的弹性模量。

动态弹性模量仪通过探针或麦克风传感器将振动波转换成电信号,经特定的信号识别电路准确地对基频信号进行分析、判断,选出基频,从而测出试样的固有频率。由于梁试样自由振动的基频是由试样的尺寸、弹性模量和试样质量唯一确定的,因此,测出基频后且在试样的质量和尺寸已知的情况下,再由下式计算出试样的动态弹性模量:

$$E=Cmf^2 \tag{4.51}$$

式中 $C$——与试样尺寸、几何形状及材料的泊松比有关的常数;

$M$——试样质量;

$f$——弯曲振动的基频。

注意,弹性模量取决于弯曲响应频率,剪切模量取决于扭转响应频率,泊松比由材料的弹性模量和剪切模量决定,三者中只有两项是独立的。

本实验利用脉冲激励器来激励矩形截面的陶瓷试样,测量常温下试样的弯曲或扭转频率。作用在试样上的瞬时激励是通过自动激发装置或手动小锤的敲击来实现的。激励引起试样的自由振动,通过试样上方的信号接收器得到振动信号，进而通过快速傅里叶变换得到自由振动前几阶的频率，首先利用弯曲振动的基频算出试样的弹性模量，进而利用扭转振动主频率计算出剪切模量。

本实验采用激振法测试矩形截面陶瓷材料试样的弹性模量。样品支撑如图 4.54 所示，在试样受迫产生共振的情况下，试样两端及 1/2 处振幅最大，称之为波腹，在离两端 0.244$L$ 处振幅最小，几乎等于 0，称为节点或波节，实验时采用泡沫树脂支撑在样品的振动波节点附近。通过敲击试样，产生激振，并通过声学传感器确定弯曲振动或扭转振动基频。本实验所用的动态弹性模量测试仪（GrindoSonic MK7）由声学传感器、激发器、信号放大器等部件组成，其中测试样品可通过悬丝或泡沫支架支撑，用激发器敲击试样，压电传感器或声学传感器接收振动信号。

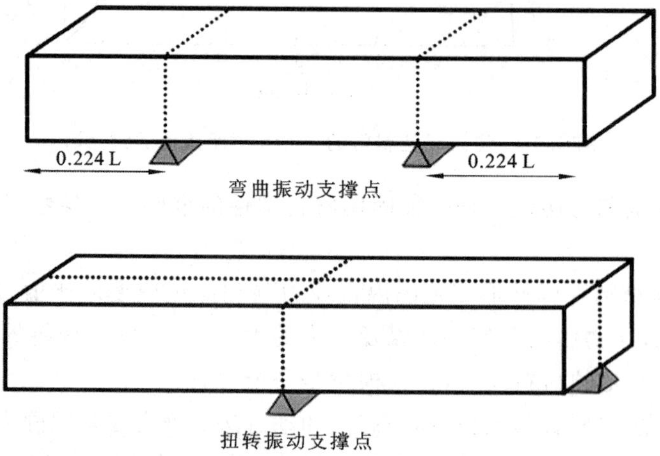


**图 4.54　试样激振位置及传感器位置**

矩形截面试样的杨氏模量计算公式如下：

$$E=0.9465\left(\frac{mf_f^2}{b}\right)\left(\frac{L^3}{t^2}\right)T_1 \tag{4.52}$$

式中　$m$——试样质量；

$L$、$b$、$t$——试样的长、宽、高；

$f_f$——弯曲振动基频；

$T_1$——与试样尺寸和泊松比有关的校正系数。

$$T_1=1+6.585(1+0.0752\mu+0.8109\mu^2)\left(\frac{t}{L}\right)^2-0.868\left(\frac{t}{L}\right)-\frac{8.340(1+0.2023\mu+2.173\mu^2)\left(\frac{t}{L}\right)^4}{1.000+6.338(1+0.1408\mu+1.536\mu^2)\left(\frac{t}{L}\right)^2} \tag{4.53}$$

式中　$\mu$——材料的泊松比。

当 $L/t \geqslant 20$ 时，$T_1$ 通常采用式(4.54)的简化形式来计算。

$$T_1=1+6.585\left(\frac{t}{L}\right)^2 \tag{4.54}$$

当 $L/t < 20$ 时，$T_1$ 的计算须给定泊松比，基于计算所得的杨氏模量、剪切模量及泊松比进行迭代计算。

剪切模量通过扭转振动基频计算，如下所示：

$$G=\frac{4Lmf_t^2}{bt}\left(\frac{B}{1+A}\right) \tag{4.55}$$

$$B=\frac{\frac{b}{t}+\frac{t}{b}}{4\left(\frac{t}{b}\right)+2.52\left(\frac{t}{b}\right)^2+0.21\left(\frac{t}{b}\right)^5}$$

$$A=\frac{0.5062-0.8776\left(\frac{b}{t}\right)+0.3504\left(\frac{b}{t}\right)^2-0.0078\left(\frac{b}{t}\right)^3}{12.03\left(\frac{b}{t}\right)+9.892\left(\frac{b}{t}\right)^2}$$

式中　$G$——剪切模量；

$f_t$——扭转振动基频。

对于均相陶瓷样品，其泊松比可通过下式计算。

$$\mu=\frac{E}{2G}-1 \tag{4.56}$$

### 4.5.3　实验设计思路

多晶陶瓷中的晶界、气孔、杂质等结构特征导致了对入射光的散射，晶体能带的激发及杂质造成的色心等导致了对入射光的吸收。因此，制备高性能透明陶瓷的关键就是尽可能地消除这些散射源和吸收源。

为此，引导学生查阅文献，了解晶体结构对透明陶瓷结构和性能的影响规律。选择尖晶石型透明陶瓷（如 $MgAl_2O_4$ 和 AlON 等）为研究对象，分析结构对透明陶瓷光学性能、力学性能的影响，实现先进陶瓷的结构与高透过率、宽波段、低密度、高弯曲强度、良好耐腐蚀性和耐磨损性、大尺寸等功能的一体化。

上述文献调研完成后，设计实验方案和技术路线：

（1）结构表征

对陶瓷的物相、显微结构、密度进行表征。

（2）光学性能测试

将陶瓷加工成薄片并对表面进行严格抛光，测量陶瓷的厚度与透过光谱，分析结构对光学性能的影响。

（3）力学性能测试

测量陶瓷的维氏硬度、断裂韧性和动态弹性模量，分析结构对力学性能的影响。

### 4.5.4　实验过程实施

#### 4.5.4.1　实验材料、仪器及设备

游标卡尺、分析天平、紫外-可见光分光光度计（UV-2550，Shimadzu，Japan）、维氏硬度计（Model 430SVD，Wolpert）、动态弹性模量测试仪（GrindoSonic MK7）。

#### 4.5.4.2　实验步骤

（1）透明陶瓷结构表征

测试透明陶瓷的 XRD 图谱、扫描电镜照片、相对密度。

（2）透明陶瓷透过率测试

测量透明陶瓷样品厚度。试样两面须平行，表面平整、光洁，厚度不超过 2 mm，每个样品测量 5 次以上，取平均值。

紫外可见分光光度计的自动校准。紫外-可见分光光度计自动检测完成，选择测试条件：波长范围为 200～800 nm、步长为 1 nm、狭缝宽为 2 nm，然后自动调零，调零结束后，进行极限校准。

测量透明陶瓷的透过率。放入抛光后的透明陶瓷，确保光路经过待测试样品。点击“开始”，测试自动开始。点击工具栏文件，保存测试结果为 txt 格式。

(3) 透明陶瓷硬度与断裂韧性测试

试样准备。试样两面须平行,表面平整、光洁,一般使用 1 μm 的研磨介质抛光陶瓷表面,并消除机械抛光产生的残留变形,其表面粗糙度在 0.1 μm 以下。试样在压痕操作前不应进行浸蚀。试样厚度不小于压痕对角线长度的 1.5 倍或者压痕深度的 10 倍。

维氏硬度测试。试样安置后,其试验面与仪器台面平行。设置 0.015～0.070 mm/s 的加载速度施加负荷,负荷通过压头作用在试样上,并保持一定时间后卸除。加载时间过长,实验易受到外界环境振动和冲击的影响。负荷保持时间愈长,材料变形愈充分,计算硬度值愈低,一般定为 10～15 s,总加载时间不少于 15 s。负荷在加载后平衡、均匀地卸除,避免冲撞和振动。表面状态较好、质地均匀的样品,选择 5～10 个有效测试点。不均匀样品选择不少于 10 个有效测试点。根据硬度计算公式计算硬度值,确定平均值和实验误差。

断裂韧性测试。通过显微维氏硬度仪对样品施加合适的载荷,使试样表面形成压痕,并在压痕的 4 个顶点产生裂纹且不发生破裂,测量压痕对角线长度 $d$、压痕对角线方向裂纹长度 $2c$,然后计算出断裂韧性。

(4) 透明陶瓷动态弹性模量测试

① 测量试样质量和尺寸

质量测试精确度应在±0.2%以内,试样长、宽和厚测试精确度应在±0.2%以内。

② 运行设备

打开设备的电源控制开关,让设备稳定运行;采用标准试样检验设备的稳定性,或利用已知杨氏模量的试样检验设备的稳定性。

③ 弯曲振动频率测定

把支撑条放置在距离试样两端 0.224$L$ 处,如图 4.55 所示,也可把试样直接放在软质泡沫衬垫上。

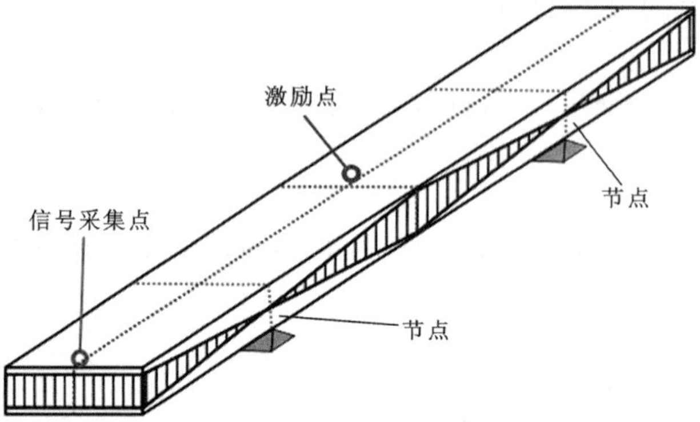


**图 4.55 弯曲振动频率测定激发位置与探测位置**

确定传感器的最大灵敏度方向,固定传感器,使其能以最大灵敏度测试试样的机械振动。

a. 接触式传感器:传感器的位置与要获得的振动信号密切相关。传感器不应放置在反节点(振幅最大)处,以防自身质量改变试样的固有频率。传感器应放置在尽可能远离节点及反节点的地方,以确保获得足够信号。传感器的合适放置位置见图 4.56,这个位置将使传感器阻抗影响降至最小。

b. 非接触式传感器:传感器放置在反节点的正上方。为了获得更准确的信号,应尽可能地接近试样表面,但不能影响试样的自由振动。

轻轻敲击试样的正中心或中心对面。记录从频率分析器中读取的数据,重复敲击和记录数据,直到 5 个读数之间的偏差在 1%以内,取这 5 个数据的平均值为试样的固有弯曲共振频率。

④ 扭转共振频率测定

用十字支架,将试样支撑在其长度和宽度的中点(扭转节平面)上(见图 4.56),此时试样划分为 4

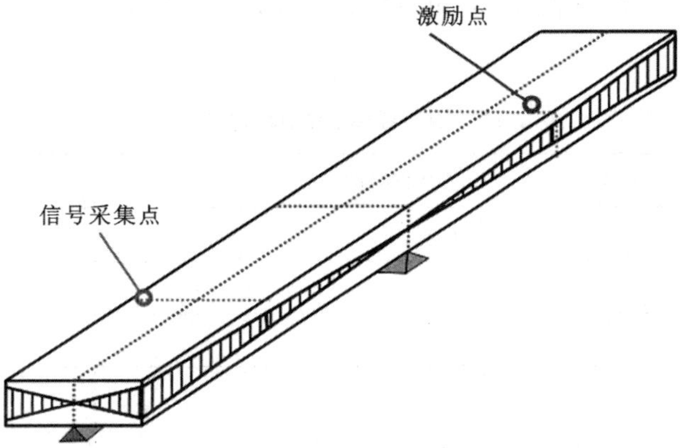


图 4.56 扭转振动频率测定的激发位置与探测位置

个象限。将传感器放在样品的一个象限处，距离一端边缘大约 0.224$L$。这个位置是弯曲振动的节点，可以最大限度地避免检测到虚弯曲振动。

在放置传感器对角线方向的象限上打击试样，敲击点距离末端约 0.224$L$。记录结果并重复测试。测试 10 次，数据误差在±10%。循环实验研究显示，数据点误差变大(>10%)，可能测试的并不是扭转共振频率，而是干扰振动或二次谐波。如果无法测试 10 个数据点，则至少有 5 个测试数据应在平均值的±10%以内。取平均值可确定扭转的基本共振频率。

4.5.4.3 实验记录和数据处理

(1) 透明陶瓷结构

记录试样的 XRD 数据、SEM 图片和密度，绘制 XRD 图谱。

(2) 透明陶瓷紫外-可见吸收光谱

对所测试的试样的厚度取平均值，并计算厚度方差，用标准实验数据形式给出样品厚度。

对所测试的试样以透过率为纵坐标、波长为横坐标，绘制紫外-可见波段透过光谱。经过数据转换后，以吸光度为纵坐标、波长为横坐标，绘制紫外-可见波段的吸光光谱。

选取一个波长，计算该波长下抛光后试样的吸光系数。

(3) 硬度与断裂韧性

记录试样成分、种类、规格尺寸信息。记录试样测试试验力、试验温度、总压痕数和有效压痕数、显微镜放大倍数。记录每个压痕的对角线长度 $d$、对角线方向裂纹长度 $2c$。

根据实验 3.19 玻璃的显微维氏硬度测试、实验 3.20 玻璃和陶瓷的断裂韧性测试，计算试样的维氏硬度和断裂韧性。

(4) 动态弹性模量

将试样尺寸、质量、弯曲共振频率和扭转共振频率记录在表 4.16 中，并计算平均值和误差。

表 4.16 试样尺寸、质量、共振频率测试结果

| 测试参数 | 1 | 2 | 3 | 4 | 5 | 平均值 | 误差 |
|---|---|---|---|---|---|---|---|
| 长 $L$/mm | | | | | | | |
| 宽 $b$/mm | | | | | | | |
| 厚 $t$/mm | | | | | | | |
| 质量 $m$/g | | | | | | | |
| 弯曲振动频率 $f_f$/kHz | | | | | | | |
| 扭转共振频率 $f_t$/kHz | | | | | | | |

根据误差传递公式计算弹性模量、剪切模量、泊松比的平均值及测试误差，结果记录在表 4.17 中。

**表 4.17　弹性模量、剪切模量测试结果**

| 测试结果 | 平均值 | 误差 |
|---|---|---|
| 杨氏模量 $E$/GPa | | |
| 剪切模量 $G$/GPa | | |
| 泊松比 $\mu$ | | |

4.5.4.4　注意事项

(1) 紫外-可见分光光度计的自动校准分为自动调零和基线校准两个部分。

(2) 压痕法测试断裂韧性是经验性的，实验 3.19 玻璃的显微维氏硬度测试、实验 3.20 玻璃和陶瓷的断裂韧性测试，做了详细阐述。已发展的压痕模型主要包括 Half-penny 和 Palmqvist 模型。相关压痕法测试断裂韧性标准及研究文献可延伸阅读："Quinn GD，Bradt RC，*J. Am. Ceram. Soc.*，90[3]673-680(2007)"、"Moradkhani A，Baharvandi H，et al.，*J. Adv. Ceram.*，2[1]87-102(2013)"和 GB/T 37900—2019。

(3) 采用声学传感器测试材料振动基频时，传感器探头不接触样品。

(4) 激振法测试弹性模量已形成多个测试标准，有 ASTM C-1259、ASTM C-1198、GB/T 8411.2—2008 等，可供延伸阅读。

### 4.5.5　实验结果评价

(1) 实验结果分析

分析透明陶瓷结构与光学性能的关系，讨论散射源和吸收源对透明陶瓷光学性能的影响，为提高陶瓷的透过率和拓展透过波段提供理论支持。

分析透明陶瓷结构、光学性能和力学性能的关系，讨论高透过率和高力学性能的一体化的结构相依性。

(2) 实验设计评价

将实验所得的透过率与力学性能实验结果与已有报道的透明陶瓷的结果进行对比，分析实验设计中存在的问题并提出提升透明陶瓷综合性能的解决方案。

### 4.5.6　综合创新能力拓展

透明陶瓷既具有陶瓷材料所共有的高熔点、高强度、高绝缘、耐腐蚀、耐高温、介电性好等性能，又具备良好的透光性，相较于普通的光学材料拥有许多优势，因此可制成多种用途的电-光、电-机器件，在空间科学、医学、激光、红外探测、特种仪器制造、电子技术及高温技术、航空航天和国防装备等民用与军用领域具有广阔的应用前景。

我国在透明陶瓷领域有着大量的专利，但大多集中在科研机构，难以实现市场化，因此，目前透明陶瓷的主要核心技术掌握在美、日、德企业手中。近几年，随着全球部分电子产业向我国转移，以及国内自主研发实力的提升，部分国内企业能够独立生产透明陶瓷产品，但产品多集中在低端领域，在高端领域仍旧依赖进口，产能以及产品质量与海外企业存在差距。

请基于材料科学、材料化学、材料工程的相关背景知识，通过调研了解与透明陶瓷相关的研究结果和技术标准，了解透明陶瓷的制备工艺特点、应用领域，总结和评价他们的解决方案对民用材料、军工材料等的影响。

### 4.5.7 思考题

（1）对于固体材料而言，材料内部有哪些因素可能导致透过率在特定波长或一定波长范围降低？

（2）从压痕法测试硬度的计算公式中推测，如何对硬度计进行校准？

（3）压痕法测试断裂韧性适合哪一类材料？

（4）根据杨氏模量计算公式分析试验结果的误差分布情况，影响因素包括试样的尺寸、质量及共振频率的测量。计算各参数1%的测量误差对弹性常数计算结果的影响，推断哪个参数的误差对计算结果影响最大。结果记录在表4.18中。

**表4.18 各参量误差对计算结果的影响**

| 测试参数 | 测量误差 | 公式中变量指数 | 计算误差 |
|---|---|---|---|
| 长 $L$ | 1% | $L^2$ | |
| 宽 $b$ | 1% | $b^{-1}$ | |
| 厚 $t$ | 1% | $t^{-3}$ | |
| 质量 $m$ | 1% | $m$ | |
| 频率 $f$ | 1% | $f^2$ | |

（5）制备透明陶瓷时，为什么往往选择具备等轴晶系的材料体系？

（6）对比分析不同透明材料的组成、结构与性能。

# 实验 4.6　$TiO_2$纳米管阵列制备与光催化性能测试

## 4.6.1　实验目的

（1）掌握 $TiO_2$纳米管阵列的结构与光催化性能的相依性；

（2）了解光催化材料研究进展、行业发展、社会影响；

（3）通过实验项目的实施，能够合理分析、评价光催化材料与器件解决方案对环境可持续发展的影响。

## 4.6.2　实验原理

$TiO_2$纳米管阵列的形成机理如图 4.57 所示。在氧化初期[图 4.57(a)]，钛在电解液中快速发生阳极溶解，产生大量的 $Ti^{4+}$。$Ti^{4+}$与介质中含氧离子快速相互作用，在钛基体表面形成一层致密的 $TiO_2$薄膜。同时，钛向 $TiO_2$的转变伴随着体积的变化，从而导致氧化膜内应力的产生。此应力在氧化膜中的不均匀分布导致电解液对致密氧化膜的不均匀腐蚀，从而在 $TiO_2$膜表面产生一些微小的凹陷[图 4.57(b)]，这些小的凹陷将作为孔的形成中心。因阳极氧化过程是在恒压条件下进行的，当氧化膜表面出现凹陷时[图 4.57(b)]，凹陷处底部的电场强度增大，氧化膜的腐蚀速度加快，又因为凹陷处底部是弯曲的，导致凹陷变得更宽更深，从而产生原始的扇形纳米孔洞[图 4.57(c)]。随着时间的推移，这些纳米孔洞进一步生长，使其底部的阻挡层不断向钛基底部推进，最终导致纳米管的形成[图 4.57(d)、图 4.57(e)]。

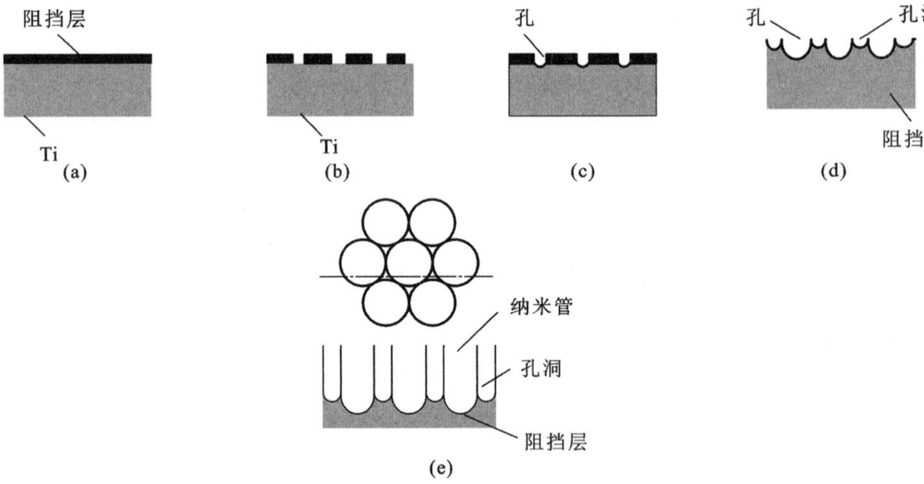


图 4.57　$TiO_2$纳米管阵列形成机理示意图

$TiO_2$纳米管阵列的制备方法见实验 2.4 阳极氧化法制备氧化物纳米管阵列。$TiO_2$光催化机理和光催化活性的评价方法见实验 3.17 光催化性能测试。

## 4.6.3　实验设计思路

$TiO_2$作为一种重要的无机功能材料，具有光敏、湿敏、气敏和光电等优越的性能，一直以来都是各领域研究的热点。$TiO_2$纳米管是 $TiO_2$存在形式之一，由于其具有高比表面积、高深度比和尺寸依赖效应等特性，近年来越来越受到人们的关注。与 $TiO_2$的其他存在形式相比，由于其特殊的管状阵列结构，$TiO_2$纳米管表现出更高的光催化能力，并且提高了光电转换效率，在太阳能电池、光解水制氢、光催化降解有机污染物、生物医学以及传感器等领域有着重要的发展前景。为此，引导学生查阅文献，了解 $TiO_2$ 纳米管阵列各种制备方法的特点、光催化活性的表征方法、$TiO_2$ 纳米管阵列的结构及其与光催化活性的关系，据此设计实验方案和技术路线。

(1) 制备 $TiO_2$ 纳米管阵列

$TiO_2$ 纳米管阵列的制备方法中，用阳极氧化法制备的纳米管管径均一、长度和层数可控，因此本实验采用阳极氧化法制备 $TiO_2$ 纳米管阵列。

(2) $TiO_2$ 纳米管阵列的结构表征

对 $TiO_2$ 纳米管阵列的结构、微观形貌进行表征。

(3) $TiO_2$ 纳米管光催化性能测试

确定目标降解物，设计光催化测试实验装置，测定光催化降解前后结晶紫溶液的吸光度，获得降解率，得出微观形貌对光催化活性的影响规律。

## 4.6.4 实验过程实施

### 4.6.4.1 实验材料、仪器及设备

实验药品纯度均为 A.R，材料有钛金属片、氟化铵($NH_4F$)、尿素[$CO(NH_2)_2$]、硝酸($HNO_3$)、双氧水($H_2O_2$)、乙醇($C_2H_5OH$)、结晶紫[氯化甲基玫瑰苯胺($C_{25}H_{30}N_3Cl$)]。

二电极装置(见实验 2.4)、光催化活性测试装置(见实验 3.17)、电阻炉、X 射线粉末衍射仪、FE-SEM 电子显微镜、紫外-可见分光光度计(UV755B)。

### 4.6.4.2 实验步骤

(1) 阳极氧化法制备 $TiO_2$ 纳米管阵列

钛片预处理，配制电解液，阳极氧化，清洗干燥，热处理。

(2) $TiO_2$ 纳米管阵列结构表征

利用 XRD 对所制备的 $TiO_2$ 纳米管阵列进行物相表征；利用 FE-SEM 对所制备的 $TiO_2$ 纳米管阵列进行微观形貌表征，需要表征正面图像和侧面图像。

(3) $TiO_2$ 纳米管光催化性能测试

配制结晶紫水溶液，浓度为 5 mg/L。

光催化活性在太阳光照射下进行，反应容器为表面皿。反应开始前，在表面皿中加入 100 mL 结晶紫溶液，再放入尺寸为 6 cm×6 cm 的催化剂。每隔一定降解时间(1～1.5 h)，从被降解的结晶紫溶液中取出 1 mL，注入 3 mL 蒸馏水进行稀释，用紫外-可见分光光度计测定该溶液的吸光度。

### 4.6.4.3 实验记录和数据处理

(1) $TiO_2$ 纳米管阵列结构

记录试样的 XRD 数据、SEM 图片，绘制 XRD 图谱。

(2) $TiO_2$ 纳米管光催化性能

记录每隔一定降解时间取出的结晶紫溶液的吸光度，根据实验结果绘制波长-降解时间-吸光度曲线，结果记录在表 4.19 中，计算降解率，绘制结晶紫溶液的光催化降解率曲线。

**表 4.19 $TiO_2$ 纳米管阵列催化光照后结晶紫溶液的吸光度和降解率**

| 性质 | 降解时间/h | | | |
|---|---|---|---|---|
| | 0 | 1 | 2 | … |
| 初始吸光度 $A_0$ | | 0 | 0 | 0 |
| 吸光度 $A$ | | | | |
| 降解率 $\eta=(A_0-A)/A_0\times100\%$ | | | | |

### 4.6.5　实验结果评价

（1）实验结果分析

分析阳极氧化工艺电解电压、电解时间等对二氧化钛纳米管结晶状态、取向性生长和形貌的影响。

分析物相、显微结构、降解时间对光催化活性的影响，分析试样的降解规律。

（2）实验设计评价

查阅文献，将实验所得的 $TiO_2$ 纳米管阵列的结构、光催化性能与报道的 $TiO_2$ 光催化材料进行对比，分析实验设计中存在的问题并提出提升其光催化性能的解决方案。

### 4.6.6　综合创新能力拓展

光催化学科是催化化学、光电化学、半导体物理、材料科学和环境科学等多学科交叉的新兴研究领域。光催化剂的研究应用一旦获得突破，将可以使环境和能源这两个人类在 21 世纪面临的重大生存问题得以解决。利用太阳能光解水制氢将彻底解决能源问题，利用环境光催化将彻底解决污染问题。光催化以其室温深度反应和可直接利用太阳光作为光源来驱动反应等独特性能而成为一种理想的环境污染治理技术和洁净能源生产技术。

目前，以二氧化钛为基础的半导体光催化存在一些关键科学技术难题，使其广泛的工业应用受到极大制约，而这些问题的解决有赖于深入系统的基础研究。最突出的问题在于：量子效率低（约 4%），难以处理量大且浓度高的废气和废水，难以实现光催化分解水制氢的产业化；太阳能利用率低，由于 $TiO_2$ 半导体的能带结构（$E_g = 3.2$ eV），决定了其只能吸收利用紫外光或太阳光中的紫外线部分（太阳光中紫外辐射仅占约 5%）；多相光催化反应机理尚不十分明确，以半导体能带理论为基础的光催化理论难以解释许多实验现象，使得改进和开发新型高效光催化剂的研究工作盲目性大；光催化应用中的技术难题，如在液相反应体系中光催化剂的负载技术和分离回收技术，在气相反应体系中光催化剂的成膜技术及光催化剂活性和稳定性问题。

上述关键问题也是目前国内外光催化领域的研究焦点，围绕这些问题开展进一步的研究不仅可望在光催化基础理论方面获得较大的突破，而且有利于促进光催化技术在上述众多领域得到大规模工业应用。

请基于材料科学、材料化学、材料工程的相关背景知识，通过调研了解与二氧化钛光催化材料相关的研究进展，了解不同领域应用的光催化材料的制备工艺特点和行业发展，总结和评价他们的解决方案对环境、可持续发展的影响，提出材料工作者在其中应承担的责任。

### 4.6.7　思考题

（1）分析纳米 $TiO_2$ 的结构、形貌对光催化性能的影响；

（2）以 $TiO_2$ 光催化材料为例，总结光催化材料存在的问题和研究进展。

# 实验 4.7 固体电解质的制备、结构和性能综合分析

## 4.7.1 实验目的

(1) 了解全固态电池的结构、工作原理和特点,掌握固体电解质的类别和特点;
(2) 了解氧化物固体电解质材料的制备、改性及应用等方面的研究进展;
(3) 掌握固体电解质材料的结构与性能的关系;
(4) 通过实验项目的实施,能够合理分析、评价制备固体电解质材料对环境的影响。

## 4.7.2 实验原理

### 4.7.2.1 固体电解质概述

全固态电池是一种由固体材料组成的二次电池,电池内部结构包括固体正负极材料和固体电解质材料。全固态电池的结构组成如图 4.58 所示,采用固体电解质材料代替液体有机电解质和隔膜。

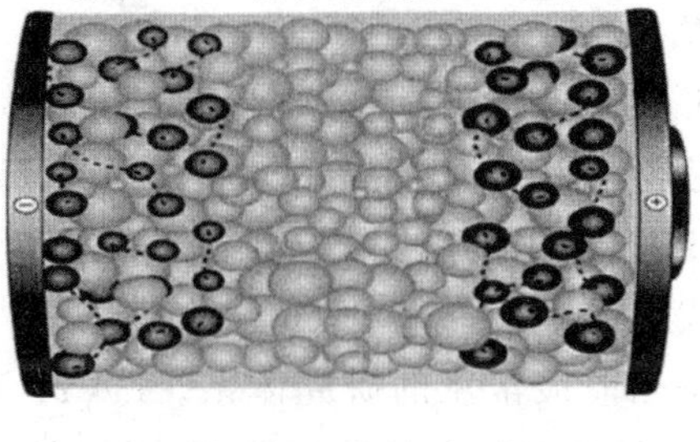


图 4.58 全固态电池的结构示意图

电解质是电池的重要组成部分,为离子传输提供通道,从而在外电路中形成电流。液体电解质存在能量密度低、不稳定、易燃等缺点。固体电解质具有不易燃、化学稳定性高、循环寿命高、能量密度高、电化学窗口宽、工作温度高等优势,但也存在低温下的电化学性能不理想、离子电导率低几个数量级、界面阻抗大和界面相容性不好等问题。

固体电解质按组成分为无机固体电解质和聚合物固体电解质。无机固体电解质有氧化物固体电解质、硫化物固体电解质、硼氢化物固体电解质以及卤化物固体电解质。具体的氧化物固体电解质有钙钛矿型、反钙钛矿型、NASICON 型和石榴石型等;聚合物固体电解质通常由有机聚合物和碱金属盐一起混合组成,聚合物主要有聚偏氟乙烯、聚氧化乙烯、聚丙烯腈和聚甲基丙烯酸甲酯等。最近,研发人员将含有一定量液体,同时固体电解质依然占据主体的电解质也归属于固体电解质范畴,称为固液复合固体电解质。图 4.59 用雷达图量化对比了固体电解质体系在离子电导率、电化学稳定性、空气稳定性、热稳定性、机械性能、成本和安全性方面所处的水平。

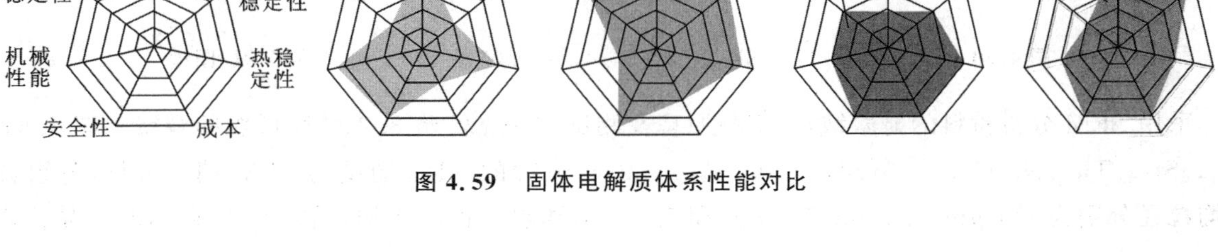


图 4.59 固体电解质体系性能对比

4.7.2.2　氧化物固体电解质

氧化物固体电解质材料具有安全性高、稳定性良好、成本低廉和环境友好等优点，是储能应用的研究热点，目前主要开展了制备、改性及应用等方面的研究。

(1) 钙钛矿型固体电解质

钙钛矿型固体电解质 $Li_3La_{2/3-x}TiO_3$(LLTO)电导率较高，热稳定性和力学性能良好，但是制备温度较高。为了提高 LLTO 的离子电导率，通常采用的方法是离子取代、复合和烧结气氛调控。采用 Pr、Nd 和 Y 等部分取代 La，或者采用 Al、Zr、Cr、Nb、Ta、W 等部分取代 Ti，可有效提高离子电导率；添加烧结助剂、改善烧结性能、降低烧结温度、提高致密度，可降低晶界阻抗。

(2) 石榴石型固体电解质

石榴石型固体电解质 $Li_7La_3Zr_2O_{12}$(LLZO)离子传输性能良好($10^{-3}$ S/cm)，对锂金属稳定性优异。立方相(c-LLZO)在室温下是亚稳定相，但离子电导率更高，同时内部存在的缺陷依然会导致枝晶的生长，最终导致电池失效，因此，设法在室温下稳定立方相、提高致密度是 LLZO 材料制备领域的研究重点。采用合适的离子取代骨架离子可促进立方相室温稳定性和提高离子电导率；优化制备方法、助熔剂复合和单晶制备，可有效减少内部缺陷。组装电池时，LLZO 与锂金属属于点对点的固-固接触，接触面积小且不润湿，导致界面阻抗较大，且截面处锂枝晶生长，影响实用性，可通过在 LLZO 表面沉积润湿界面层，使原先疏锂表面转变为亲锂表面。

(3) NASICON 型固体电解质

NASICON 型固体电解质 $Li[A_2B_3O_{12}]$(A、B 分别代表 4 价和 5 价骨架离子)，制备工艺简便，易于加工处理，对空气稳定，热稳定性和力学性能良好。常见的有 $LiZr_2(PO_4)_3$(LZP)、$LiTi_2(PO_4)_3$(LTP)和 $LiGe_2(PO_4)_3$(LGP)。LTP 和 LGP 的离子电导率明显高于 LZP，为了进一步提高离子电导率，通常采用的方法是离子取代，$Li_{1.3}Al_{0.3}Ti_{1.7}(PO_4)_3$(LATP)和 $Li_{1.5}Al_{0.2}Ge_{1.5}(PO_4)_3$(LAGP)的电导率均可达 $10^{-3}$ S/cm 量级，是当前最常见的研究体系。LATP 和 LAGP 内部的 $Ge^{4+}$ 和 $Ti^{4+}$ 在热力学上对锂不稳定，影响实用性，可通过组分优化以及引入界面层的方式改善其负极稳定性。

4.7.2.3　结构与性能表征

(1) 粉料的结构表征

采用 X 射线衍射分析粉料的物相，实验原理及测试方法见实验 3.1 X 射线衍射法进行物相分析。图 4.60 为 $Li_{2x-y}Sr_{1-x}Ti_{1-y}Nb_yO_3$($x=3y/4$，$y=0.25, 0.5, 0.6, 0.7$)系列固体电解质的 XRD 图谱。可见，各衍射峰与 $SrTiO_3$ 标准谱图(PDF＃35-0734)相似，没有明显的杂质相，说明合成了具有立方相的钙钛矿结构。

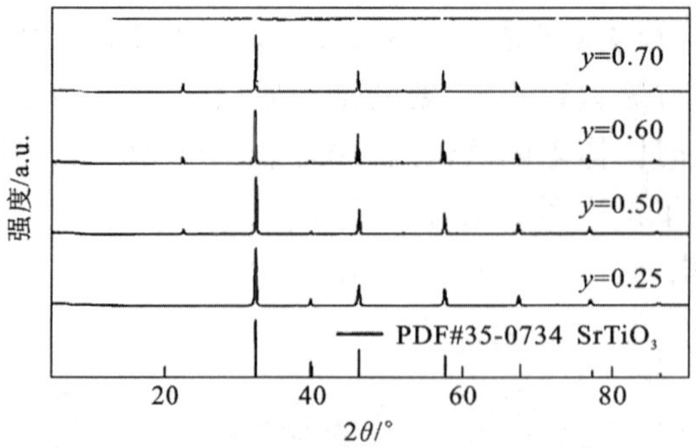


**图 4.60**　$Li_{2x-y}Sr_{1-x}Ti_{1-y}Nb_yO_3$($x=3y/4$，$y=0.25, 0.5, 0.6, 0.7$)的 XRD 图谱

采用 SEM 分析粉料的显微结构，实验原理及测试方法见实验 3.2 微观形貌的观察。图 4.61 为 $Li_{2x-y}Sr_{1-x}Ti_{1-y}Nb_yO_3$($x=3y/4$，$y=0.25, 0.5, 0.6, 0.7$)的 XRD 图谱的 SEM 图。可见，各组分的平均粒径分别为 2.1 μm、3.8 μm、5.2 μm 和 5.7 μm，随着 $y$ 值的增加，晶粒尺寸逐渐增大；晶粒之间

结合较为紧密，但随着锂含量增加，逐渐出现了锂元素挥发产生的气孔。

图 4.61 $Li_{2x-y}Sr_{1-x}Ti_{1-y}Nb_yO_3$ ($x=3y/4$, $y=0.25, 0.5, 0.6, 0.7$)的 SEM 图

(2) 性能测试

采用四探针法测量材料的变温电导率，实验原理及测试方法见实验 3.7 四探针法测量半导体材料的变温电阻率。

采用交流阻抗谱测量固体电解质的离子电导率，实验原理及测试方法见实验 3.9 交流阻抗谱测试。通过拟合测得交流阻抗谱，获得固体电解质片的总电阻，通过下式计算固体电解质片的离子电导率。

$$\sigma = L/(R \cdot S) \tag{4.57}$$

式中 $\sigma$——离子电导率，$S \cdot cm^{-1}$；

$L$——固体电解质片厚度，cm；

$R$——固体电解质片的总电阻，Ω；

$S$——固体电解质片的面积，$cm^2$。

固体电解质片的活化能($E_a$)由 Arrhenius 方程计算得到，其公式如下：

$$\sigma = A\exp\left[-E_a/(k_B \cdot T)\right] \tag{4.58}$$

式中 $\sigma$——离子电导率，$S \cdot cm^{-1}$；

$E_a$——固体电解质片的活化能，$kJ \cdot mol^{-1}$；

$k_B$——玻尔兹曼常数，$J \cdot K^{-1}$；

$T$——温度，K。

采用交流阻抗谱测量不同温度下的阻抗，代入式(4.57)得到不同温度下的离子电导率，根据式(4.58)绘制 $\ln\sigma \sim 1/T$ 曲线，曲线斜率即为 $E_a$。

采用示差法测量材料的线膨胀系数，实验原理及测试方法见实验 3.5 材料热膨胀系数的测量。

### 4.7.3 实验设计思路

钙钛矿型($ABO_3$)复合氧化物中，当部分 A 位离子被 $Ca^{2+}$、$Sr^{2+}$、$Ba^{2+}$ 等碱土金属离子取代时，为了达到电荷平衡，材料中会形成部分空穴和氧空位，有利于电子-离子导电性、电催化活性的提高。

在 $La_{1-x}Sr_xFeO_3$ 体系中，当 $Sr^{2+}$ 取代 $La^{3+}$ 时，为了维持系统的电中性，部分 $Fe^{3+}$ 被氧化为 $Fe^{4+}$，同时形成少量氧空位。当引入 $Sr^{2+}$ 时，由于 $Fe^{4+}$ 半径明显小于 $Fe^{3+}$ 半径，于是[$BO_6$]八面体中的 $O^{2-}$ 向 $Fe^{4+}$ 偏移，使 B—O 键键长减小，同时，半径较大的 $Sr^{2+}$ 取代半径较小的 $La^{3+}$ 会引起晶格在 $C$ 轴方向膨胀，这与 $Fe^{4+}$ 的形成所引起的晶格收缩相互补偿，所以 $Sr^{2+}$ 掺入不会影响结构稳定性。对于 $La_{1-x}Sr_xFeO_3$ 体系，$Sr^{2+}$ 含量的变化会引起材料中 $Fe^{4+}$ 浓度、空穴和氧空位浓度的变化，从而引起电子导电性、离子导电性和热膨胀系数的变化。

低温自燃烧法具有成本低、工艺简单、能精确控制化学反应计量比和反应条件、合成粉体粒度细小均匀等诸多优点。

上述文献调研完成后，设计实验方案和技术路线。

（1）粉体合成及结构表征

本实验采用低温自燃烧法制备 $La_{1-x}Sr_xFeO_3$ 体系粉体材料，对材料的物相、显微结构进行表征。

（2）陶瓷制备及性能测试

经压制成型、烧结得到条状或片状陶瓷样品，测试样品的变温电阻率、离子电导率、活化能和线膨胀系数。

### 4.7.4 实验过程实施

#### 4.7.4.1 实验材料、仪器及设备

实验药品纯度均为分析纯。材料有硝酸镧（$La(NO_3)_3 \cdot 6H_2O$）、硝酸锶（$Sr(NO_3)_2$）、硝酸铁（$Fe(NO_3)_3 \cdot 9H_2O$）和甘氨酸（$C_2H_5NO_2$）。

所需仪器及设备有恒流源、四探针测试架、TH2818 自动元件分析仪、石英膨胀仪。

其他辅助设备包括电子天平、电炉、烧杯及玻璃棒、马弗炉、研钵、坩埚、游标卡尺、数字万用电表、模具、压力机等。

#### 4.7.4.2 实验步骤

（1）低温自燃烧法制备 $La_{1-x}Sr_xFeO_3$ 粉体

本阶段包括配料、燃烧反应、研磨及热处理，具体过程见实验 2.1 低温自燃烧法合成氧化物陶瓷粉体及陶瓷的制备。

（2）$La_{1-x}Sr_xFeO_3$ 粉体结构表征

利用 XRD 对所制备的 $La_{1-x}Sr_xFeO_3$ 粉体进行物相表征；利用 FE-SEM 对所制备的 $La_{1-x}Sr_xFeO_3$ 粉体进行微观形貌表征。

（3）$La_{1-x}Sr_xFeO_3$ 陶瓷制备

本阶段包括研磨及造粒、成型（条状和片状）、排胶和烧结，具体过程见实验 2.1 低温自燃烧法合成氧化物陶瓷粉体及陶瓷的制备。

（4）性能测试

将样品磨平、抛光，使互相平行的两个平面保持干净平整，测量样品尺寸。采用四探针法测量样品的变温电导率。采用交流阻抗谱测量样品的离子电导率。采用示差法测量样品的线膨胀系数。

#### 4.7.4.3 实验记录和数据处理

（1）$La_{1-x}Sr_xFeO_3$ 粉体结构

记录试样的 XRD 数据，绘制 XRD 图谱；记录试样的 SEM 图片，获取平均粒径。

（2）$La_{1-x}Sr_xFeO_3$ 固体电解质性能

变温电导率。记录各测试温度下的电流和电势差值，并利用公式计算相应温度下样品的电导率，绘制电导率与温度的关系曲线。

离子电导率和活化能。根据测试数据绘制样品在不同温度下的交流阻抗谱图，获得固体电解质片的总电阻，计算固体电解质片的离子电导率。绘制 $\ln\sigma \sim 1/T$ 曲线，曲线斜率即为活化能。

线膨胀系数。每隔 5 ℃记录一次千分表的读数，当千分表上的读数向后退时，每隔 3～5 ℃记录一次千分表的读数，直到记录 5 个读数为止。绘制线膨胀曲线，计算平均线膨胀系数，确定特征温度。

#### 4.7.4.4 注意事项

（1）进行粉料和陶瓷制备时，注意研磨过程一定要充分。

（2）镀电极前条状或片状样品表面须磨平、抛光，相互平行的两个平面须严格平行。

（3）由于样品表面电阻可能分布不均，测量时应对一个样品多测几个点，然后取平均值。样品的实际电阻率还与其厚度有关，需根据厚度修正系数，进行修正。

（4）Ag 电极浆料涂覆应均匀，不宜过厚。在银电极烧制过程中，升温速度不宜过快，宜保持在

100 ℃/h。

(5) 在四探针法和交流阻抗谱测试过程中，放置样品时要仔细，避免弄断银电极和银引线，不能将电极与样品压得过紧，以免高温膨胀使样品断裂。

### 4.7.5　实验结果评价

(1) 实验结果分析

分析不同化学组成、制备工艺参数对粉料结构的影响。分析粉料结构对电解质片的变温电阻率、离子电导率、活化能和线膨胀系数的影响，讨论组成、工艺和性能的关系，确定最佳配方和工艺条件。

(2) 实验设计评价

将实验所得的离子电导率、活化能和热膨胀系数等实验结果与已有报道的氧化物固体电解质的结果进行对比，分析实验设计、制备中存在的问题并提出提高离子电导率、热稳定性的解决方案。

### 4.7.6　综合创新能力拓展

近几十年来，电池作为一种安全、高效的储能设备被广泛研究并得到迅速发展。电解质是电池的重要组成部分，然而由于有机液态电解质的使用，传统电池往往具有能量密度低、不稳定、易燃等缺点。全固态电池被认为是21世纪极具前景的电化学储能设备。在全固态电池中，有机液体电解质和多孔聚合物隔板被固态离子导体所替代，有望实现更高的安全性和能量密度，从而解决液态电解质电池面临的问题。

实用固态电解质有多方面的性能要求，如高离子电导率（一般认为室温下离子电导率应达到1 $mS \cdot cm^{-1}$以上）、高化学稳定性、高热稳定性以及电极-电解质界面的化学稳定性等。然而，与离子电导率普遍在$10^{-2}$～10 $S \cdot cm^{-1}$间的液态电解质相比，固态电解质的离子电导率往往要低几个数量级，能满足实用需求的固态电解质仍然有限。因此，开发高性能固态电解质材料对未来固态电池的发展具有重要意义。

请基于材料科学、材料化学、材料工程的相关背景知识，通过调研了解固态电解质的研究进展，了解固态电解质材料的制备工艺、性能指标，合理分析固体电解质材料制备对环境的影响，总结和评价他们的解决方案对未来固态电池发展的影响。

### 4.7.7　思考题

(1) 低温自燃烧法有哪些优点？还有那些化学合成方法可以合成超细粉料？

(2) 本实验中，可能影响$La_{1-x}Sr_xFeO_3$体系合成粉末形态的主要因素有哪些？

(3) 分析$La_{1-x}Sr_xFeO_3$体系材料随温度变化的电导率特征，从缺陷角度分析其变化的原因。

(4) 升温速度的快慢和保温时间的长短对离子电导率和热膨胀系数的测试结果有无影响？为什么？

(5) 总结固体电解质的种类和特点。

# 实验 4.8 量子点敏化太阳能电池的制备及光电性能测试

## 4.8.1 实验目的

(1) 了解太阳能电池材料与器件的行业发展、社会影响、环保措施；

(2) 熟悉量子点敏化太阳能电池的工作原理和影响光电转换效率的因素；

(2) 通过实验项目的实施，能够合理分析、评价太阳能电池材料与器件解决方案对社会、环境可持续发展的影响，理解材料工作者应承担的责任。

## 4.8.2 实验原理

能源是人们生活中不可缺少的物质。21 世纪以来，随着人类经济和工业文明的迅猛发展，人类社会面临的能源危机和环境污染问题日益突出，能源问题已经成为世界各国经济和社会发展面临的首要问题。当前我们主要的能源来源是矿物燃料，主要包括石油、煤和天然气等，而这些能源都是有限的。特别是近几年来，能源短缺问题越来越突出，由此引发了许多国际和社会争端；与此同时，这些能源的使用也导致了温室效应和环境污染等一系列的问题。为了解决这些问题，保持整个社会生产的不断发展和人民生活水平的不断提高，开发出高效无污染的可再生型清洁能源势在必行。太阳能是一种取之不尽，用之不竭的无污染能源。利用太阳能可进行光能和电能的转换，开发太阳能电池成为解决世界范围内的能源危机和环境污染问题的重要途径。因此，制造出高效廉价的太阳能电池、大规模研究和利用太阳能成为国内外研究者追求的重要目标。

将量子点作为敏化剂附着到半导体光阳极上即称为量子点敏化太阳能电池，是目前新兴发展的典型的第三代太阳能电池。由于量子点材料的量子限制效应可以调节能级结构，使其吸收光谱能够匹配太阳光光谱；量子点吸收一个光子能够产生多个光子；量子点电子态与光阳极导带间的部分重合促进了电子的快速传递，阻碍了电子-空穴对的复合。因此，量子点敏化太阳能电池具有成本低、光电转换效率高等优点，它是目前太阳能电池发展的热点之一。

### 4.8.2.1 量子点敏化太阳能电池的结构

图 4.62 是量子点敏化太阳能电池的结构和工作原理示意图，主要包括光阳极、敏化剂、电解液和对电极四个部分。半导体光阳极为电子传输提供通路，也是量子点敏化附着的载体。目前研究较多的光阳极材料是 $TiO_2$，其他的宽带隙半导体如 ZnO、$SnO_2$、$Nb_2O_5$、CdO、CeO 等也是很有潜力的光阳极材料。量子点敏化剂 QDSSCs 是吸收光子的关键部分。量子点通常是ⅡB-ⅣB 族和ⅢB-ⅤB 族元素组成的化合物，常用的量子点有 CdS、CdSe、CdTe、PdS、PdSe、InAs、InP、$CuInS_2$ 等。为了达到敏化效果，量子点的价带要比电解质的氧化还原电势低，导带要比光阳极半导体的导带高。

### 4.8.2.2 CdS 量子点敏化机理

经过量子点敏化后，薄膜太阳能电池的能级结构发生改变，如图 4.63(a)所示。在太阳光的照射下，由于量子点对紫外光和可见光具有独特的吸收性能，吸收的光能量大于量子点能带宽度，量子点价带中的电子就被激发到导带中，从而产生光生电子-空穴对。由于 $TiO_2$ 纳米晶的导带电位高于量子点导带的，因此量子点导带的激发电子更容易流向电位更高的 $TiO_2$ 纳米晶材料的导带，而量子点价带中留下的空穴依旧保持在原处，进而使得电子与空穴得到了有效分离，减少了光生载流子的复合。与此同时，$TiO_2$ 纳米晶材料中被激发的电子与空穴也能够得到一定程度的分离。

在量子点中能量分布是不连续的，大部分的载流子激发后逃离出量子点，而空穴留在量子点中。部分载流子通过碰撞电离产生了额外的电子并从价带激发至导带，如图 4.63(b)所示。因此，当量子

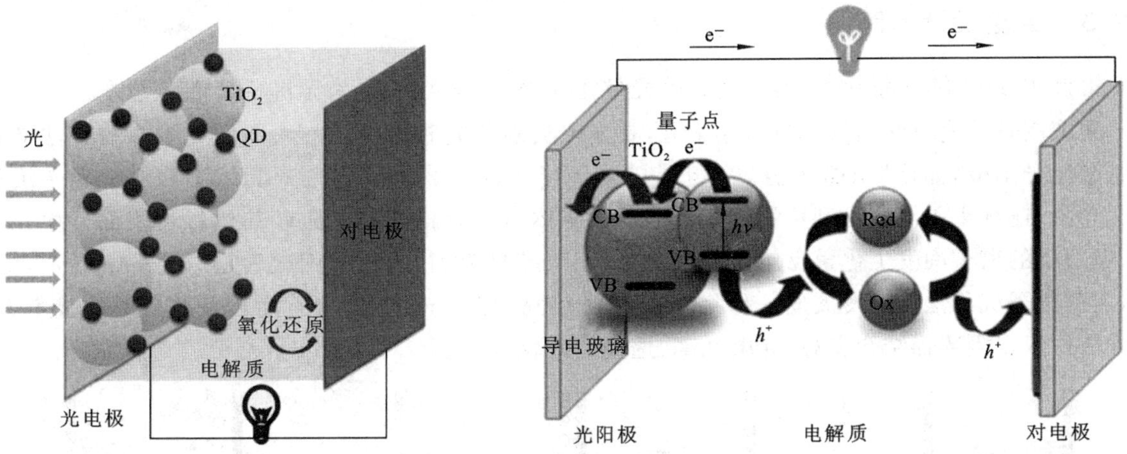


(a) (b)

**图 4.62 量子点敏化太阳能电池的结构和工作原理示意图**

(a) 结构；(b) 工作原理

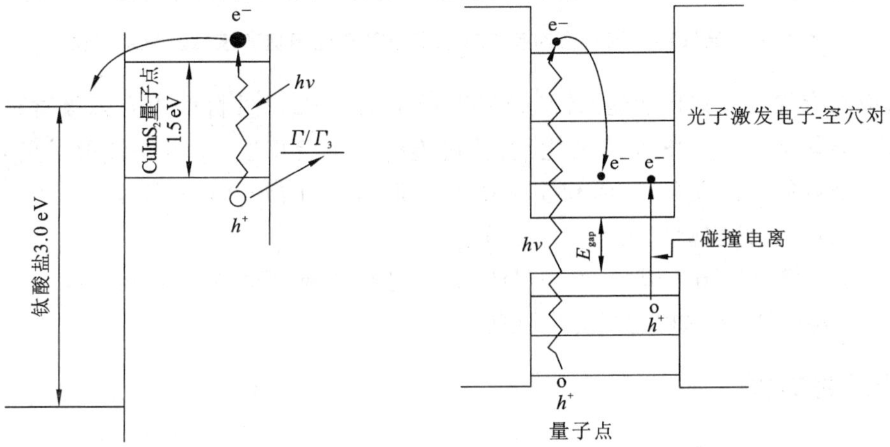


(a) (b)

**图 4.63 量子点敏化机理示意图**

点吸收的光子能量大于其禁带宽度时，量子点产生多对载流子，进而产生多个光生电子，显著提高光电流。

通过量子点敏化后的 $TiO_2$ 纳米晶薄膜光阳极，能够更有效地吸收紫外光和可见光，减小电子-空穴的复合，并产生更多的光生电子，从而获得更高的光电转换效率。

4.8.2.3 量子点敏化光阳极薄膜的结构与性能、电池性能表征

(1) 量子点敏化光阳极薄膜的结构表征

采用 X 射线衍射分析薄膜的物相，实验原理及测试方法见实验 3.1。采用 SEM 分析薄膜的显微结构，实验原理及测试方法见实验 3.2。

(2) 量子点敏化光阳极薄膜的光学性能测试

采用紫外-可见吸收光谱表征薄膜的光学性能，实验原理及测试方法见实验 3.13。通过吸收光谱获得薄膜的禁带宽度。

(3) 电池性能测试

采用 *I-U* 特性曲线测试电池的开路光电压、短路光电流密度、填充因子、光电转换效率等光电性能参数，并测试电池的单色光光电转化效率，实验原理及测试方法见实验 3.16。

## 4.8.3 实验设计思路

锐钛矿 $TiO_2$ 纳米晶(P25)具有优良的光催化性能,量子点 CdS 为无机窄禁带半导体。

薄膜制备技术,操作复杂,技术难掌握,是光阳极制备的瓶颈问题。人们研究了多种方法制备量子点敏化光阳极,如化学浴沉积法、自组装单分子层法、电化学沉积法、光沉积法和连续离子沉积法等。其中,连续离子沉积法利用特定溶液中的前驱体离子(离子团)在活性基体材料表面发生化学吸附,吸附层的离子间发生化学反应,反应产物沉积于基材表面,形成表面改性层,如图 4.64 所示。目前,连续离子沉积法已经发展成一种将 CdS 量子点材料与光阳极薄膜连接起来的有效的技术方法,该方法可以得到界面结合良好、导电性高、透光的敏化界面。

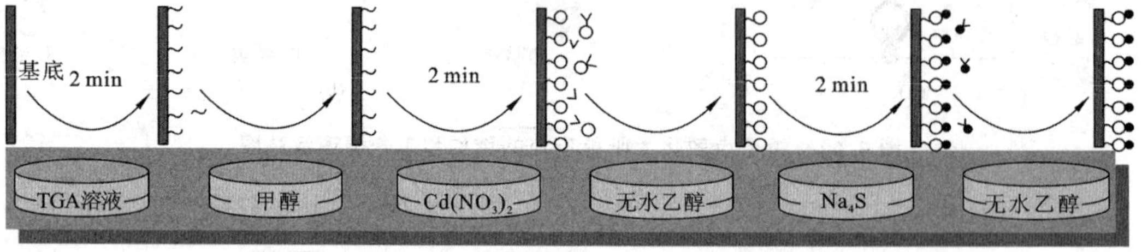


**图 4.64 连续离子沉积法制备 CdS 量子点敏化光阳极薄膜的反应示意图**

本实验选取具有优良光催化性能的锐钛矿 $TiO_2$ 纳米晶(P25)材料作为光阳极材料,并选用合适的无机窄禁带半导体量子点 CdS 作为敏化剂,通过连续离子沉积法,使半导体量子点与光阳极材料实现有效吸附与良好的界面复合,从而有效地提高太阳能电池的光电转换效率。

文献调研完成后,设计实验方案和技术路线:

(1) 制备量子点敏化光阳极薄膜,对薄膜的物相、显微结构、吸收光谱进行表征。

(2) 组装太阳能电池,测试电池的光电性能。

## 4.8.4 实验过程实施

### 4.8.4.1 实验材料、仪器及设备

实验材料、仪器及设备有锐钛矿 $TiO_2$ 纳米晶(P25)、硝酸镉、硫化钠、ITO 玻璃、超声波振荡仪、恒辉气动有限工程公司的 S450DF 丝网印刷机、日本岛津公司的 UV-2550 紫外-可见光谱仪、荷兰 PANalytical 公司的 X-Pert Pro X 射线衍射仪、美国 Keithley 公司的 91160-300W 太阳光模拟器和 Keithley4200 型半导体特性分析系统、美国 Newport 公司的 TLS-300 IPCE 测试平台。

其他辅助设备包括玻璃刀、研钵、烧杯、电子天平、电阻炉等。

### 4.8.4.2 实验步骤

(1) ITO 玻璃衬底清洗

本实验以 ITO 玻璃为衬底,对衬底进行了以下清洗过程:

① 将 ITO 玻璃浸泡在去离子水中,置于超声波振荡仪中清洗 10 min,然后取出放在无水乙醇中,再置于超声波振荡仪中清洗 10 min;

② 从无水乙醇中取出,用去离子水清洗 10 min,再放入丙酮中,置于超声波振荡仪中清洗 10 min;

③ 从丙酮中取出,用去离子水清洗 10 min 后取出 ITO 玻璃,最后放入盛有无水乙醇溶液的烧杯中,用保鲜膜封好备用。

(2) CdS 量子点敏化光阳极薄膜的制备

① 光阳极薄膜的制备

将锐钛矿 $TiO_2$ 纳米晶(P25)材料作为原料，与聚乙二醇 2000(PEG－2000)、乙基纤维素一起加入松油醇中混合研磨成浆料，采用丝网印刷法镀膜，热处理之后制备光阳极薄膜。

② CdS 量子点敏化 $TiO_2$ 纳米晶薄膜的制备

用乙醇溶液对光阳极表面进行清洗处理，然后将 $TiO_2$ 纳米晶薄膜在一定浓度的硝酸镉醇溶液中浸泡一段时间，使得硝酸镉醇溶液吸附在 $TiO_2$ 纳米晶薄膜表面，再次经过乙醇溶液清洗后，再在一定浓度的硫化钠醇溶液浸泡中一段时间，这就是连续离子沉积法。经过前述处理并烘干后，即可在 $TiO_2$ 纳米晶薄膜表面原位形成 CdS 量子点。上述过程经一定次数循环，最终制备 CdS 量子点敏化的 $TiO_2$ 纳米晶薄膜，然后采用无水乙醇溶液清洗表面以除去多余的量子点材料和溶剂，其流程图如图 4.65 所示。

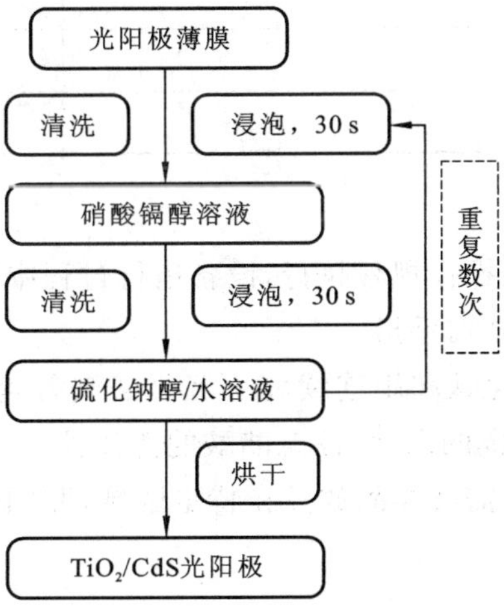


**图 4.65　CdS 量子点敏化 $TiO_2$ 纳米晶薄膜的流程图**

(3) $TiO_2$ 纳米晶薄膜、CdS 量子点敏化 $TiO_2$ 纳米晶薄膜的物相、显微结构、吸收光谱表征

① 测试薄膜的 XRD 图谱、扫描电镜照片。

② 测量薄膜的吸收光谱，波长范围为 300～800 nm、步长为 1 nm。

(4) 太阳能电池的组装

采用碘的乙腈溶液作为太阳能电池的电解液。分别取浓度为 0.4 mol/L 碘化锂，0.05 mol/L 碘，0.4 mol/L 碘化铵和 0.5 mol/L 四叔丁基吡啶溶于乙腈溶液中混合，配制成电解液。然后以制备好的 CdS 量子点敏化 $TiO_2$ 纳米晶薄膜为光阳极，磁控溅射 Pt 的 ITO 玻璃为阴极，中间用厚度为 50 $\mu$m 的 surlyn 膜隔开，在 Pt 电极上取 0.25 $mm^2$ 的小孔，将电解液注入其中，然后用玻璃将其密封，组装成量子点敏化太阳能电池器件。

(5) CdS 量子点敏化太阳能电池的光电性能表征

① $I$-$V$ 特性曲线及光电转换效率测试

以 350 W 的氙灯为光源模拟太阳光，采用平衡电桥补偿电路，调节恒压源，测量不同扫描速度的偏压下样品的电流，即可得到 $I$-$V$ 特性曲线，根据 $I$-$V$ 曲线测试太阳能电池的光电转换效率。

② 单色光光电转化效率测试

调节汞灯等入射到单色仪，使单色仪波长刻度与其保持一致；将汞灯等平行入射到单色仪，将标准参比电池接于电流计的两端；测量参比电池在 200 nm 单色光照射下的电流信号，测量波长范围为 200～1100 nm；换上 CdS 量子点敏化太阳能电池，在同样条件下采集数据。

4.8.4.3　*实验记录和数据处理*

(1) 太阳能电池各薄膜的结构表征与光学性能测试

记录 $TiO_2$ 薄膜和 CdS 量子点敏化 $TiO_2$ 薄膜的 XRD 数据、SEM 图片，绘制 XRD 图谱。

对测试的 $TiO_2$ 薄膜和 CdS 量子点敏化 $TiO_2$ 薄膜，以吸光度为纵坐标、波长为横坐标，绘制紫外-可见波段的吸光光谱，计算薄膜的禁带宽度。

(2) 太阳能电池的光电性能测试

记录 $I$-$V$ 特性曲线，将电池的开路光电压、短路光电流密度、填充因子、光电转换效率等光电性能参数记录在表 4.20 中。

记录电池的单色光光电转化效率 IPCE 曲线，并验证 $I$-$V$ 测试结果的可靠性。

**表 4.20　量子点敏化太阳能电池的光电性能参数一览表**

| 序号 | 开路电压 $V_{OC}$/V | 短路电流密度 $J_{SC}$/(mA/cm$^2$) | 填充因子 FF | 光电转换效率 $\eta$ |
|---|---|---|---|---|
| 1 | | | | |
| 2 | | | | |
| 3 | | | | |

4.8.4.4　注意事项

(1) 所有设备的使用均应按照操作规程执行，设备运行过程中应有专人看管，并不得擅自离开。

(2) 切割玻璃时注意安全，勿划伤手指。

(3) 清洗玻璃、研磨制备二氧化钛和用连续离子沉积法制备硫化镉时，需要戴好手套、口罩和护目镜，特别要注意丙酮、甲醇、硝酸镉的毒性，注意醋酸的挥发性。

(4) 对太阳能电池进行测试时需将样品放置在特定区域，并固定距离，防止由于光强等因素引起性能测试误差。

## 4.8.5　实验结果评价

(1) 实验结果分析

分析 CdS 量子点敏化前后和敏化工艺对薄膜物相和显微结构的影响规律。

分析 CdS 量子点敏化前后和敏化工艺对薄膜的吸收性能的影响，讨论薄膜的禁带宽度的影响因素。

分析薄膜物相、显微结构、禁带宽度与量子点敏化太阳能电池的光电性能的关系，讨论其影响规律。

(2) 实验设计评价

根据实验所得的电池性能和电池各组成部分的材料选取，与报道的太阳能电池性能进行对比，分析实验设计中存在的问题并提出提升电池性能的解决方案。

## 4.8.6　综合创新能力拓展

太阳能是新能源开发利用最活跃的领域。目前，市场上的太阳能电池主要是单晶硅和多晶硅两种。但这两种太阳能电池最大的问题在于工艺条件苛刻，制造成本过高，不利于广泛应用。而 20 世纪 90 年代出现的纳米 $TiO_2$ 有机半导体复合太阳能电池和有机/聚合物太阳能电池，工艺条件简单，成本较低，有可能成为 21 世纪太阳能电池的新贵。光老化试验的结果表明，染料敏化太阳能电池的光电转化效率几乎不变，且高达 15%，在一定程度上优于非晶硅太阳能电池，具有广阔的应用前景。

近年来，量子点敏化太阳能电池具有优良的性能，因此其发展前景广阔。虽然量子点敏化太阳能电池的最高效率可达 13%，但是与其 44% 的理论效率相比依然有很大的差距，因此，通常选择不同的电极材料去提高各项性能指标。就目前研究情况来看，限制电池应用的主要原因有以下几点：(1) 在光阳极薄膜上的量子点吸附性较差；(2) 量子点敏化剂禁带宽度的影响。目前 CdS、CdSe 等一些具有出色稳定性的量子点敏化剂，都有较宽的禁带宽度，这就限制了其对光的吸收峰偏紫外光，在光谱中的偏红外光及大部分可见光都得不到有效利用，从而减小了光生电子的效率，可通过调控带隙宽度，减小量子点的带隙，扩展量子点对太阳光能量的吸收效果，进而优化改良电池整体的应用性转换效率；(3)量子点敏化太阳能电池的合成更加复杂，量子点内部存在的晶格缺陷会加剧电荷复合现象的发生，所以可以通过降低光阳极薄膜内部电子空穴对的复合概率来增加量子点导带中电子与价带中空穴的数量，进而提高电池的光电转换效率；(4)含有 Pb、Cd 等有毒重金属元素的量子点敏化剂的使用不仅对身体有害而且对环境污染较大，并没有在实际发展中应用，所以不应该只用光电效率来衡量敏化剂的选择，要同时评估各类材料是否对环境影响大，是否对人体有害以及是否为贵金属等。制备环境友好的高质量量子点敏化太阳能电池仍是一项巨大的挑战。

请基于材料科学、材料化学、材料工程的相关背景知识，通过调研了解与量子点敏化太阳能电池及其关键材料相关的研究进展，了解量子点敏化太阳能电池的材料选择和制备工艺特点，总结和评价它们的解决方案对环境的影响，认识材料工作者在其中应承担的责任。

### 4.8.7　思考题

(1) 太阳能电池相比于传统能源有哪些优点？

(2) 量子点敏化太阳能电池的工作原理是什么？

(3) 影响量子点敏化太阳能电池光电转换效率的因素有哪些？

(4) 分析本实验中影响环境的原料和工艺过程，通过查阅文献，寻找替代方案。

(5) 总结太阳能电池的分类和特点。

# 参 考 文 献

[1] 刘光华.现代材料化学[M].上海:上海科学技术出版社,2000.

[2] 张联盟,黄学辉,宋晓岚.材料科学基础[M].武汉:武汉理工大学出版社,2008.

[3] 梁敬魁.粉末衍射法测定晶体结构[M].2版.北京:科学出版社,2011.

[4] 顾少轩,余倩卿,赵修建.$Li_2O$-BaO-$TiO_2$-$TeO_2$透明微晶玻璃的二阶非线性光学效应[J].华中科技大学学报(自然科学版),2009,37(2):92-95.

[5] 中本一雄.无机和配位化合物的红外和拉曼光谱[M].4版.北京:化学工业出版社,1991.

[6] 孔明.$TiO_2$纳米晶缺陷调控及光催化、光热协同催化性能研究[D].武汉:武汉理工大学,2011.

[7] 唐伟忠.薄膜材料制备原理、技术及应用[M].2版.北京:冶金工业出版社,2007.

[8] 顾少轩,胡海平,赵修建.CdS掺杂Ge-Ga-S玻璃XPS研究[J].硅酸盐通报,2006,1:69-71.

[9] 徐祖耀,黄本立,鄢国强.材料表征与检测技术手册[M].北京:化学工业出版社,2009.

[10] 关振铎,张中太,焦金生.无机材料物理性能[M].2版.北京:清华大学出版社,2011.

[11] 伍洪标.无机非金属材料实验[M].北京:化学工业出版社,2008.

[12] 陶海征.$(Ga,In)_2S_3$-基硫卤玻璃的组成、结构与性能研究[D].武汉:武汉理工大学,2004.

[13] 张思远.稀土离子的光谱学:光谱性质和光谱理论[M].北京:科学出版社,2008.

[14] 徐甲强.材料合成化学[M].哈尔滨:哈尔滨工业大学出版社,2003.

[15] 曾兆华,杨建文.材料化学[M].北京:化学工业出版社,2008.

[16] 唐小真.材料化学导论[M].北京:高等教育出版社,2004.

[17] 林建华,荆西平.无机材料化学[M].北京:北京大学出版社,2006.

[18] 徐如人,庞文琴,霍启升.无机合成与制备化学[M].北京:高等教育出版社,2009.

[19] 吴庆银.现代无机合成与制备化学[M].北京:化学工业出版社,2010.

[20] 曹茂盛.材料合成与制备方法[M].哈尔滨:哈尔滨工业大学出版社,2001.

[21] 朱世富,赵北君.材料制备科学与技术[M].北京:高等教育出版社,2006.

[22] 乔英杰.材料合成与制备[M].北京:国防工业出版社,2010.

[23] 李松林.材料化学[M].北京:化学工业出版社,2008.

[24] 吴雪梅.材料物理性能与检测[M].北京:科学出版社,2012.

[25] 熊兆贤.材料物理导论[M].北京:科学出版社,2002.

[26] 田莳.材料物理性能[M].北京:北京航空航天大学出版社,2001.

[27] 许天旱,王党会,张雅妮.材料理化分析[M].北京:中国石化出版社,2016.

[28] 高智勇.材料物理性能及其分析测试方法[M].哈尔滨:哈尔滨工业大学出版社,2015.

[29] 王吉会.材料力学性能[M].天津:天津大学出版社,2006.

[30] 彭瑞东.材料力学性能[M].北京:机械工业出版社,2018.

[31] 周静.功能材料制备及物理性能分析[M].2版.武汉:武汉理工大学出版社,2021.

[32] 苏言杰,张德,徐建梅,等.柠檬酸盐凝胶自燃烧法合成超细粉体[J].材料导报,2006,5(20):142-144.

[33] 刘建华,于美,李松梅.溶胶-凝胶燃烧合成制备NiO纳米颗粒的研究[J].材料工程,2006(增刊):110-113.

[34] 张智慧,李楠.多孔陶瓷材料制备方法[J].材料导报,2003,17(7):30-31.

[35] 王旭华,钱家盛,章于川.有序二氧化硅介孔固体材料制备的研究进展[J].过程工程学报,2004,1(1):84-89.

[36] 李文涛,黄承亚.二氧化硅介孔膜材料的研究进展及应用前景[J].合成材料老化与应用,2007,36(6):42-47.

[37] HOYER P. Langmuir, formation of a titanium-dioxidenanotube array[J]. Langmuir, 1996, 12:1411 -1413.

[38] ZHANG Q H, GAO L, SUN J, et al. Preparation of long $TiO_2$ nanotubes from ultrafine rutile nanocrystals [J]. Chem. Lett, 2002, 31:226 -227.

[39] 邓崇海,胡寒梅,韩成良,等.简捷微波合成氧化锌纳米棒[J].硅酸盐通报,2008,27(2):390-393.

[40] 孔祥荣,邱晨,刘强,等.微波法快速合成氧化锌纳米棒[J].传感技术学报,2006,19(5):2331-2336.

[41] 许红亮.玻璃工艺学[M].北京:化学工业出版社,2008.

[42] 西北轻工业学院.玻璃工艺学[M].北京:中国轻工业出版社,2005.

[43] 刘晓勇.玻璃生产工艺技术[M].北京:化学工业出版社,2008.

[44] 周绍民.金属电沉积理论与研究方法[M].上海:上海科学技术出版社,1987.

[45] 李秋.电化学原理[M].北京:北京航空航天大学出版社,2002.

[46] 安茂忠.电镀理论与技术[M].哈尔滨:哈尔滨工业大学出版社,2004.

[47] 田英良,孙诗兵.新编玻璃工艺学[M].北京:中国轻工业出版社,2009.

[48] 沈民,张天友,张东.氧化石墨烯玻璃方法的研究进展[J].炭素,2009,139(3):13-18.

[49] 李旭,赵卫峰,陈国华.石墨烯的制备与表征研究[J].材料导报,2008,22(8):48-52

[50] 左演声.材料现代分析方法[M].北京:北京工业大学出版社,2000.

[51] 常铁军.材料近代分析测试方法[M].哈尔滨:哈尔滨工业大学出版社,1999.

[52] 朱明华.仪器分析[M].北京:高等教育出版社,2000.

[53] 潘清林.材料现代分析测试实验教程[M].北京:冶金工业出版社,2011.

[54] 徐祖耀,黄本立,鄢国强.材料表征与检测技术手册[M].北京:化学工业出版社,2009.

[55] 潘清林.材料现代分析测试实验教程[M].北京:冶金工业出版社,2011.

[56] S. J. 格雷格,K. S. W. 辛.吸附、比表面与孔隙率[M].北京:化学工业出版社,1989.

[57] 孙以材.半导体测试技术[M].北京:冶金工业出版社,1984.

[58] 孙恒慧,包宗明.半导体物理实验[M].北京:高等教育出版社,1985.

[59] 林祖镶,郭祝昆,孙成文.快离子导体[M].上海:上海科学技术出版社,1983.

[60] 史美伦.交流阻抗谱原理及应用[M].北京:国防工业出版社,2001.

[61] 曹楚南,张鉴清.电化学阻抗谱导论[M].北京:科学出版社,2004.

[62] 朱明华.仪器分析[M].北京:高等教育出版社,2000.

[63] 赵藻藩.仪器分析[M].北京:高等教育出版社,1990.

[64] 赵文宽.仪器分析实验[M].北京:高等教育出版社,1997.

[65] J. 扎齐斯基.玻璃与非晶态材料(R. W. 卡恩,P. 哈森,E. J. 克雷默.材料科学与技术丛书(第 9 卷))[M].北京:科学出版社,2001,543-578.

[66] 舒尔兹.玻璃的本质结构和性质[M].黄照柏,译.北京:中国建筑工业出版社,1984,229-266.

[67] GUO H T, LIU L, WANG Y Q, et al., Hoat dependence of spectroscopic properties of $Dy^{3+}$-doped and $Dy^{3+}$, $Tm^{3+}$-codped Ge-Ga-S-$CdI_2$ chalcohalide glasses[J]. Optics Express, 2009, 17(17): 15350-15358.

[68] 南京玻璃纤维研究设计院.玻璃测试技术[M].北京:中国建筑工业出版社,1987.

[69] 汪丽梅,窦立岩.材料化学实验教程[M].北京:冶金工业出版社,2010.

[70] 全国工业陶瓷标准化技术委员会.精细陶瓷断裂韧性试验方法单边预裂纹梁(SEPB)法:GB/T 23806—2009[S].北京:中国标准出版社,2009.

[71] 全国工业玻璃和特种玻璃标准化技术委员会.超薄玻璃硬度和断裂韧性试验方法小负荷维氏硬度压痕法:GB/T 37900—2019[S].北京:中国标准出版社,2019.

[72] 龚江宏.陶瓷材料断裂力学[M].北京:清华大学出版社,2001.

[73] 董承远.薄膜晶体管原理及应用[M].北京:清华大学出版社,2016.

[74] 刘哲,付红志.现代电子装联工艺学[M].北京:电子工业出版社,2022.

[75] 王蔚,田丽,任明远.集成电路制造技术:原理与工艺[M].北京:电子工业出版社,2016.

[76] 张俊宇.$(Tb_{1-x}Lu_x)_2O_3$ 磁光透明陶瓷的制备与性能研究[D].上海:中国科学院大学(中国科学院上海硅酸盐研究所),2021.

[77] 宗潇.MgAlON 透明陶瓷的设计、制备及组成-结构-性能关系研究[D].武汉:武汉理工大学,2021.

[78] 李海龙.氮氧化铝透明陶瓷制备及其光学性能[D].成都:中国科学院大学(中国科学院光电技术研究所),2022.

[79] 郭立,赵永田,石红春,等.烧结工艺对镁铝尖晶石透明陶瓷物相、显微结构及光学性能的影响[J].硅酸盐学报,2022.50(12):3230-3235.

[80] 邓铭,杨卓,丁洁颖,等.闭式十氢十硼酸盐的制备及其固体电解质应用研究进展[J].无机化学学报,2022,38(11):2127-2142.

[81] 张乾.锂(钠)固体电解质材料的制备与性能研究[D].上海:上海大学,2021.

[82] 张强强.钠基固体电解质及固态电池的研究[D].北京:中国科学院大学,2021.

[83] 吴敬华,杨菁,刘高瞻,等.固态锂电池十年(2011—2021)回顾与展望[J].储能科学与技术,2022,11(9):2713-2745.

[84] 卢佳垚,厉英,倪培远,等.钙钛矿型锂离子固体电解质 $Li_{2x-y}Sr_{1-x}Ti_{1-y}Nb_yO_3$ 的性能[J].工程科学学报,2021,43(8):1024-1031.

[85] 杨杰,朱光.量子点敏化太阳能电池光阳极的制备方法[J].宿州学院学报,2014,29(5):63-65.

[86] 李玲,马泽元,李紫祥,等.量子点敏化太阳能电池研究进展[J].河北大学学报(自然科学版),2020,40(5):469-476.